Fernando Alegría

Nueva historia de la novela hispanoamericana

EDICI NES
del N RTE

Nueva historia de la novela hispanoamericana

PQ
7082
N7
A5
1986

Portada, José Rosa

Después de una reelaboración total, cuyo resultado es un libro puesto al día y alivianado de todo lo que el tiempo rindiera super-fluo, el autor nos ofrece esta novísima versión de su *Historia de la novela hispanoamericana* editada en México por Pedro Frank de Andrea (Andrea, cuarta edición, 1974).

INDICE

Prefacio

Debo confesar que, en cierto momento, tuve la tentación de titular este libro "Verdadera historia de la novela hispanoamericana". A Dios gracias, cambié de opinión. El crítico Hernán Díaz Arrieta, haciendo gala de ingenio, le puso a su obra magna Historia personal de la literatura chilena y a sus memorias: Pretérito imperfecto. Este libro, que el lector tiene en sus manos, es así mismo, una historia personal, qué duda cabe, y su ámbito posiblemente "imperfecto". Todo esto es de esperarse. Pero, resulta que también lo considero "nuevo" y es de toda necesidad que ofrezca mis razones.

Es nuevo si se le compara con mi Historia de la novela hispanoamericana editada por el ilustre bibliófilo canadiense-mexicano don Pedro Frank de Andrea. En esa obra pesaba la base decimonónica y, también, el buceo por los cauces y confluentes de los orígenes de nuestra novela. Hoy enfoco centralmente la novelística del siglo XX y, en particular, las obras cumbres de los últimos cuarenta años. Mi punto de vista crítico, es claro, ha cambiado. Descarto, por artificiosas, las excesivas clasificaciones cronológicas y geográficas. Armar un naipe a base de cinco generaciones en un siglo es pasatiempo para personas hábiles y acuciosamente geométricas. De pronto, aparece una carta traviesa y mágica, un genial comodín y la escalerilla real se viene ruidosamente al suelo. Los generacionistas tendrán que empezar de nuevo. Prefiero tratar de captar, identificar y describir tendencias examinando algunas novelas claves que marcaron un hito y cuya resonancia y reverberación se prolongan y crecen con el paso del tiempo, Dos ejemplos bastan a este respecto: Pedro Páramo de Juan Rulfo y Los ríos profundos de José María Arguedas. Novelas son éstas que no sólo perfeccionaron el arte de narrar de una generación, sino que, poco a poco, han contribuido a la formulación de una concepción del mundo hispanoamericano que nos identifica con signos propios.

Las ediciones de mi vieja historia aparecían disminuidas y, a la vez, aumentadas, según mi intención de producir un texto con rigor autocrítico. Por lo demás, ya se sabe que nombres de novelistas y títulos de novelas suelen volar con el tiempo como las hojas de los calendarios en las películas del cine mudo.

Nadie niega la trascendencia y la originalidad de la narrativa latinoamericana de los últimos cincuenta años. Todos sabemos que varios de nuestros novelistas se han consagrado entre los más eminentes de la literatura contemporánea. Dos recibieron el Premio Nobel, un tercero lo ganó a medias (dícese que Alejo Carpentier era el elegido para el año en que murió). Dos o tres lo recibirán pronto, cuando la rueda geopolítica de la fortuna literaria se detenga en sus respectivos países.

Esta floración frondosa, para muchos mágica, de nuestra narrativa produjo, como corolario, la súbita aparición de una nueva crítica. Digo súbita porque surgió no tanto de aulas académicas largamente establecidas, sino del fragor de la batalla de los años 60, desde *revistas y periódicos, de reducidas prensas en patios y traspatios de México, Centro y Sudamérica. Allí afilaron y pulieron sus armas precoces estructuralistas, firmes adelantados de la crítica marxista, sociológica y antropológica, talentos brillantes que no tuvieron tiempo de ser pioneros, pues aparecieron y se consagraron, algunos dictaron y dictan cátedra. Es posible que ellos, desde el atajo hayan regresado al camino real y que el hermetismo de su formalidad acelerada empiece ya a ceder.*

Hoy en día, para críticos como para lectores ha de ser una tentación sumarse sin reservas al jolgorio creador de la nueva novela. Mientras tanto, es preciso establecer perspectivas y tratar de ordenar todo eso que dos siglos de narrativa, más o menos, nos dejaron como herencia: un siglo de tanteos dentro de una nomenclatura europeizante y otro de experimentos en medio de crisis sociales que aún no consiguen dar forma independiente a nuestras naciones. No debiéramos, quizá, intentar sumas infalibles, sino más bien deleitarnos con la lectura de excepcionales novelas. Pero ¿quién decidirá cuáles son ellas? Desde luego, nadie que asuma autoridad jerárquica, ni el lector de criterio historicista o sociológico, ni el devoto formalista. Las novelas no se escriben para mejorar el mundo, sino para alucinar, entretener, preocupar y enfrentarnos a una realidad que no nos convence. El enfrentamiento se da en los términos de una relación misteriosa entre un lenguaje que habla y canta y un receptor que escucha y recrea. Ya se ha dicho: a las novelas que cantan se las oye con oído cómplice. ¿Qué dirá el crítico de una novela como El amor en los tiempos del cólera *(1985) de Gabriel García Márquez? Se escribirán volúmenes para explicarla. El lector común de novelas (¿pero es que existe legítimamente otro?) no necesita semejantes explicaciones. Se solaza con estas aventuras, las multiplica como si fueran* un pan bíblico y las convierte en el best-seller del siglo. He aquí el comodín diabólicamente juguetón del naipe. Cuando se creía que la historia estaba terminada, comienza de nuevo. El narrador de García Márquez cuenta todas las historias de amor del mundo en una sola tierna, cómica y patética definición del mal de los siglos:

"El padrino de Florentino Ariza, un anciano homeópata que había sido el confidente de Tránsito Ariza desde sus tiempos de amante escondida, se alarmó también a primera vista con el estado del enfermo, porque tenía el pulso tenue, la respiración arenosa y los sudores pálidos de los moribundos. Pero el examen le reveló que no tenía fiebre, ni dolor en ninguna parte, y lo único concreto que sentía era una necesidad urgente de morir. Le bastó con un interrogatorio insidioso, primero a él y después a la madre, para comprobar una vez más que los síntomas del amor son los mismos del cólera" (Bogotá: Editorial La Oveja Negra Ltda., 1985, pp. 88-89).

Léanse, pues, las grandes y pequeñas novelas de Hispanoamérica para solaz del corazón, no para purgar los trabajos del cerebro y del hígado. Con tal criterio he cumplido mi intento de historiar lo que, acaso, nunca deba tener historia.

Unas palabras más: las bibliografías de mi viejo libro seguirán siendo útiles, quizá indispensables. Lo digo como un modestísimo homenaje a Pedro Frank de Andrea, quien fue motor y eje de ellas y de todo lo que se edificó sobre sus cimientos.

F.A.
1986

Nueva historia de la
novela hispanoamericana

Primera Parte: Orígenes y siglo XIX

Los comienzos

A través de los años y, particularmente, en la segunda mitad del siglo XX, los investigadores han buscado con ahínco el libro o manuscrito que estableciendo un hito en nuestra historia literaria les permita anunciar un descubrimiento portentoso y decir: he aquí la primera novela hispanoamericana, obra de autor criollo en pleno siglo XVII. Si los aislados esfuerzos de estos críticos podían descartarse hace algunos años considerándolos intentos vanos de presentar la literatura histórica o seudo-histórica como conatos de ficción, hoy adquieren ellos una nueva significación. Me parece que, paulatinamente, las investigaciones de Andrés Rodríguez Moñino, Pupo Walker, José J. Arrom, Luis Leal, Raquel Chang-Rodríguez, Jorge Ruffinelli comienzan a centrarse alrededor de un concepto único, intuido pero no planteado cabalmente, que vincula la crónica histórica y fantástica al desarrollo posterior de la novela latinoamericana.

Es evidente que nuestros novelistas a partir del siglo XIX han creado una tradición narrativa en que se asimilan las más diversas corrientes de la novelística europea, pero han mantenido indefectiblemente una constante que le confiere a esa tradición su peculiaridad, novedad y permanencia.

Trátese de la picaresca de Lizardi o de la novela política argentina o de la épica de la revolución mexicana, en nuestro mundo de ficción, predomina una tendencia a hacer crónica no propiamente histórica, sino fantaseosa, creadora y recreadora en la cual se vierten autobiografías ficticias, memorias apócrifas, épicas de aventuras e imaginación, historias, en una palabra, que refutan a la *historia* oficial, la distorsionan y la corrigen para transformarla en un arte de fabulación, intrínsicamente subjetivo en el que, sin embargo, alienta la más auténtica realidad de nuestro contexto social. Así se explica el lector moderno que García Márquez, al recibir el Premio Nobel, aludiendo con marcada intención a la nueva narrativa latinoamericana, se refiriera a los cronistas del siglo XVI, y que Carpentier, Vargas Llosa y Fuentes reconozcan las influencias que en su arte de novelar han ejercido las novelas de caballería.

Carpentier ha ido más lejos y en una conferencia pronunciada en la Universidad de Yale en 1979 planteó sin ambigüedades una tesis que coincide con las observaciones que yo hiciera en 1959 (cf. F.A., *Breve historia de la novela hispanoamericana,* México, Editorial Studium):

"Por lo demás, nunca he podido establecer distingos muy válidos entre la condición del cronista y la del novelista. Al comienzo de la novela, tal como hoy la entendemos, se encuentra la crónica".

A estas palabras añade más adelante otras que dan aún mayor énfasis a su conclusión:

"Por lo tanto, no veo más camino para el novelista nuestro en este umbral del siglo XXI que aceptar la condición de cronista mayor, Cronista de Indias, de nuestro mundo sometido a trascendentales mutaciones, cuyos signos anunciadores aparecen ya en muchos lugares del mapa". ("La novela latinoamericana en vísperas de un nuevo siglo" en *Suplemento Literario, Revolución y Cultura,* No. 1, La Habana, 1985, pp. 27-41).

Hubo una época en que los críticos armaban inteligentes argumentos para defender la índole novelesca de obras como *Verdadera historia de la conquista de Nueva España* de

4

Bernal Díaz del Castillo, *Los naufragios* de Alvar Núñez Cabeza de Vaca, *Cautiverio feliz* de Núñez de Pineda, *Restauración de la Imperial* de Barrenechea y Albis, *Miscelánea austral* de Diego Dávalos Figueroa, *La Florida del Inca* y *Comentarios reales* del Inca Garcilaso de la Vega. Reafirmaron también la vigencia de la tradición pastoril en nuestra América refiriéndose a Francisco Bramón y *Los sirgueros de la Virgen* y a Juan Palafox y Mendoza y *El Pastor de Nochebuena;* así como reconocieron la tradición picaresca en *Los infortunios de Alonso Ramírez* de Carlos de Sigüenza y Góngora. Han llegado más lejos: en 1966 el ilustre bibliófilo Antonio Rodríguez-Moñino revisando la biblioteca de Solórzano Pereira da con una breve narración titulada *La endiablada* (ca. 1624) y no vacila en calificarla de "primera ficción novelesca que se escribe en el Perú". La afirmación resulta desconcertante porque ficción puede haber en *La endiablada,* así como narrativa de significación social, según Raquel Chang-Rodríguez (cf. *Prosa hispanoamericana virreinal,* Barcelona: Borras Ediciones, 1978, p. 44) pero no es novela; trátase de un modesto relato dialogado entre personajes identificados como pobres "diablos". Un atisbo de crítica social alumbra apenas entre las tinieblas de una noche limeña.

Estudiando en forma particularmente novedosa los *Comentarios* del Inca Garcilaso, Enrique Pupo Walker ha desentrañado de la obra una caracterización que sugiere un curioso parentesco con formas de novelar propias de nuestro siglo. Observa Pupo Walker que el Inca se proyecta autobiográficamente en su libro dándole a lo narrado un movimiento creativo que supera los márgenes de la historia como ciencia positivista. El Inca escribe para "revelarse" como individuo. Es, pues, narrador partícipe de una "ficción histórica". Digo "ficción" porque planteada la estructura del relato desde una posición creadora —imaginadora y artística—, no serán los hechos "históricos" los que prevalezcan, sino su proyección emotiva y su carga mítica. Por otra parte, el Inca, claramente consciente del papel que se asigna en la narración, vuélvese a menudo sobre sí mismo para explicarse en su acto creador y, así, contribuye a que su obra se analice desde adentro.

"El Inca —dice Pupo Walker—, termina, como se verá, por glosar casi obsesivamente su propia escritura. Y al reconocer ese hecho, identificamos un rasgo que, a mi entender, sugiere en los *Comentarios* una concepción eminentemente literaria del discurso. Me refiero a que en el texto del Inca esa confección esmerada de la palabra y el esquema narrativo, se convierte en un objetivo central hasta el punto en que la narración se desdobla para transformarse parcialmente en crónica de su propia elaboración". (*Prosa,* p. 33).

Pero hay un punto más en que la perspicacia de Pupo Walker permite asociar el proceso creativo del Inca Garcilaso a un tipo muy especial de narrativa. "De hecho —dice—, al aproximarnos al ámbito personal de Garcilaso, conviene siempre tener presente —para entender mejor su postura— que el Inca redactó los *Comentarios* en la vejez, con la memoria henchida de reminiscencias nostálgicas y cuando sentía, tal vez más que nunca, la pesadumbre de sus fracasos y de su soledad. Compuesta la obra en esas circunstancias, no debe hoy sorprendernos el personalismo de su escritura ni la frecuencia con que los acontecimientos de la historia derivan en evocaciones íntimas e idealizadas del pasado" (*ibid.*, p. 29).

Pupo Walker habla de la facultad creadora de Garcilaso como un ejemplo valioso "de la peregrinación imaginativa hacia la historia" (*ibid.*, p. 41). No nos dice que el Inca escribió una novela, al menos no en el sentido tradicional de la palabra. Pero, lo que sugiere Pupo Walker lo confirma espléndidamente José J. Arrom refiriéndose a una brevísima narración de Bernardo de Torres impresa en Lima en 1657.

El cuento —porque eso es, un cuento—, trata de la depravada conducta de dos hermanos, curas de profesión, que violan a su hermana, mantienen relaciones sexuales con ella, escondiéndose el uno del otro, y la obligan luego a denunciar a un inocente como seductor y padre de la criatura que viene en camino. Asesinan al denunciado, haciendo alarde del crimen y, por fin, la matan a ella para asegurar su propia inmunidad. ¿Crónica de una muerte anunciada? Arrom no sugiere tal cosa. Se limita a analizar su texto:

"Adviértase, además, que de los dos hermanos, al segundo el autor ni siquiera le da nombre propio. Asimismo que, en el acto de desembarcar, apunta que 'no se sabe quién fuera' el que pereció en el agua. Esto, creo yo, no lo hace ni por capricho ni por azar. Mediante esa deliberada ambigüedad insinúa una vez más que los dos sacerdotes son un solo personaje, visto como en espejos contrapuestos, para duplicar la imagen e intensificar tanto la gravedad de los yerros como el rigor del castigo. Y es por eso, ahora se ve claro, que el incesto fuese por partida doble, que juntos cometiesen el asesinato del caballero y el de la hermana, que juntos huyesen a Panamá y que allí los dos tuviesen un horrible fin. Se trata, por consiguiente, de un protagonista y su doble. Como es bien sabido, este recurso narrativo es de uso muy frecuente en la mejor novelística hispanoamericana actual. De lo que acaso no nos habíamos percatado es que se usaba ya entre nosotros en pleno siglo XVII" (*ibid., pp. 94-95*).

Arrom señala que hay aquí más de un narrador y concluye:

"Este otro recurso de inventar un narrador dentro de la narración, que funcione a manera de amanuense del propio autor es, desde luego, el mismo que llevó a Cervantes a crear su Cide Hamete Benengeli y, en nuestros días, a que García Márquez atribuyese al Gitano Melquíades la historia de los Buendía" (*ibid., p. 95*).

De esta observación de Arrom a una meditación filosófica y estética sobre la concepción de la historia, hay tan sólo un paso. Luis Leal lo ha ensayado y en el trance deja datos valiosos ("*El Cautiverio feliz* y la crónica novelesca", en Chang-Rodríguez, *op cit., pp.* 113-140). Recuerda, por ejemplo, la discordia entre el cura y el ventero en *Don Quijote* en la cual, mientras se discuten los méritos de las crónicas frente a las novelas de caballería don Quijote alude al mérito que acarrea la verdad de la ficción frente a la verdad de la historia.

"Con esas palabras de Don Quijote —dice Leal—, Cervantes se propone indicar que no es fácil deslindar lo histórico de lo ficticio ya que se pueden atribuir hechos imaginados a personajes históricos, o hechos reales a personajes ficticios.

Y es eso precisamente lo que ocurre con las crónicas de Indias. "Y ocurre, asimismo, en la novela latinoamericana actual, al menos en sus ejemplos más representativos."

"Con suma facilidad esa crónica verdadera, histórica, pasa en América a ser crónica novelesca y hasta protonovela. A veces no sabemos si lo que se relata es historia verdadera o historia fingida" (*ibid.*, p. 118).

Leal procede a caracterizar este género de la *cronovela* basándose en una original lectura del *Cautiverio feliz* de Francisco Núñez de Pineda.

Dice:

"Pero es nuestra opinión que la crónica barroca hispanoamericana se distingue por otra tendencia estructural técnica, la de crear un doble punto de vista desde donde se interpretan, por un lado, los acontecimientos históricos, las referencias eruditas y los enjuiciamientos políticos, y por el otro la aventura personal; el primero es objetivo, como el del historiador, y el segundo subjetivo, como el del novelista" (*ibid.*, p. 133).

Tal procedimiento atañe a la naturaleza misma del tiempo narrativo, estableciendo una dualidad cronológica que no sólo determina la estructuración de la materia narrada, sino que también separa la omnisciencia del narrador tradicional del tiempo de la acción de la novela.

Luis Leal destaca el poder imaginativo de Pineda y concluye diciendo que el *Cautiverio feliz* se lee:

"No para recopilar información histórica sino por el placer estético que nos proporciona; más que historia es un viaje por un país donde la realidad es siempre maravillosa, donde los acontecimientos narrados nos parecen tan irreales como los que encontramos en *La vorágine, Don Segundo Sombra,* o *La Casa Verde*" (*ibid.*, p. 140).

Leal pudo haber subrayado la palabra maravillosa, pero discretamente no lo hizo.

¿Qué significación tan especial adquieren estas investigaciones y observaciones críticas en la consideración de los orígenes de la novela hispanoamericana?

Ninguno de estos autores nos dice literalmente que hubo

novela criolla antes del siglo XIX. Apuntan, en realidad, a otra cosa. Pienso que resulta legítima su revisión de esta prosa novelesca si al hacerlo nos damos cuenta de que en ella apreciamos los verdaderos gérmenes de una forma de novelar hispanoamericana. En otras palabras, si Carpentier, García Márquez, Vargas Llosa, Roa Bastos, Sábato, Fuentes, al dar forma a su mundo de ficción pónense frente a la historia como ante una fuente de leyendas y mitos, y le dan el movimiento que requiere la fantasía, entonces, los orígenes de nuestro arte de novelar están en el barroco de los cronistas del siglo XVII. Bienvenidos sean los Bascuñanes, los Valbuenas, los Bramones, Mendozas y Ochoas como antecedentes de un arte que ha renovado la novelística del siglo XX.

¿Por qué no hubo novela propiamente tal en Latinoamérica antes del siglo XIX?

La primera respuesta a tal pregunta la dieron críticos de la escuela de Menéndez Pelayo, como Pedro Henríquez Ureña, por ejemplo, para quienes el valor del documento histórico era sagrado; no la hubo, dijeron, porque las autoridades españolas prohibieron la entrada de las novelas a Hispanoamérica y, al hacerlo, evitaron que se formaran las condiciones necesarias para el desarrollo del género. Esta afirmación se basa en un curioso dato histórico: el 4 de Abril de 1531 se dictó una cédula real prohibiéndose el envío a Indias de "libros de romance, de historias vanas o de profanidad, como son de Amadís, e otros desta calidad, porque esto es mal ejercicio para los indios, e cosa en que no es bien que se ocupen ni lean". La razón de tan peregrino dictamen, que a los ojos del español del siglo XVI era fundamentalmente moral, adquirió una especial significación político-religiosa en su aplicación al caso americano. En efecto, en Cédula Real de 1543 se argumentó que era preciso evitar que los "indios", reconociendo el carácter ficticio de las novelas, fuesen a creer que también la Sagrada Escritura y "otros libros de doctores" eran obras de la fantasía. Para complementar esta prohibición se ordenó —también por Cédula Real— que, en las partidas enviadas a América, cada libro debía ser consignado por título; se esperaba así hacer más difícil el contrabando.

En 1906, don Ricardo Palma dio a conocer en España una anécdota que puso en duda la falta de novelas en la época colonial. En su libro *Mis últimas tradiciones peruanas* (Barcelona, 1906) y bajo el título de "Sobre el Quijote en América", cuenta, con su jocosa erudición característica, haber oído de labios del cervantista peruano José Dávila Condemarín que en diciembre de 1605 el Conde de Monterrey, Virrey de Perú, recibió desde México un ejemplar del *Quijote,* el cual regaló al padre Diego de Ojeda (el autor de la *Cristiada*). Tan improbable parecía semejante cosa —recuerde el lector que la primera edición del *Quijote* apareció en enero de 1605— que los críticos e historiadores, alarmados, se lanzaron a buscar la evidencia para probar o desacreditar el cuento de don Ricardo.

El ilustre investigador español F. Rodríguez Marín revisó pacientemente el Archivo General de Indias y los registros de las naves que salieron en aquella época para América. Descubrió que, desde 1580 y con el beneplácito de la Inquisición, se mandaban desde España a América toda clase de libros de imaginación: entre ellos obras de Boccacio, de Mateo Alemán, y novelas de caballería. ¿Cómo explicarse la actitud de la Inquisición? El término "prohibido" debió aplicarse no a "libros de romance de historias vanas o de profanidad" sino exclusivamente a libros contra la fe y el dogma. Ya el 25 de febrero de 1605—a un mes de aparecer la primera edición del *Quijote*— el librero Pedro González Refolio pedía el permiso de la Inquisición para exportar a América cuatro cajones de libros en que se incluían cinco ejemplares de la novela de Cervantes. Según Rodríguez Marín, a mediados de 1605 se despacharon no menos de 262 ejemplares junto con novelas de caballería y libros de poemas. En total contó 346 ejemplares del *Quijote* registrados en 1605 para ser enviados a América: pero, añade, esta cifra no representa sino una pequeña fracción de la cantidad de ejemplares que, en realidad, se exportó. Rodríguez Marín es de opinión que casi toda la primera edición del *Quijote* fue exportada a las colonias de América. Por lo general, las ediciones de una novela de aquella época no pasaban de 750 ejemplares.

El hispanista norteamericano Irvin A. Leonard, siguiendo las huellas de Rodríguez Marín, investigó con mayor precisión aun el Archivo General y llegó a resultados de gran interés para nuestra historia literaria. Desde luego, pudo determinar geográficamente la distribución del *Quijote* después de llegados los ejemplares en la "Flota de Tierra Firme" a mediados de 1605. Según Leonard, de la primera edición hecha por Juan de la Cuesta llegaron a América 184 ejemplares, tal vez más; de los cuales 100 fueron a "Cartagena" (Colombia) y 84 al Ecuador y al Perú. No todos los libros despachados al Perú alcanzaron su destino; algunos se quedaron en Panamá. En Lima se repartieron 63; otros fueron a dar al Cuzco. Lo más interesante de la investigación de Leonard es su estadística de los títulos que se incluían en el cargamento de libros para el Perú: contrariamente a lo que podría pensar el lector moderno después de imponerse de la rapidez con que se exportó el *Quijote* a América, de los 163 títulos consignados (2895 libros) sólo un 12% estaba constituido por obras de imaginación. En su gran mayoría se trataba de libros eclesiásticos, de medicina, veterinaria, monografías sobre piedras preciosas, compendios de leyes, obras históricas, biografías, tratados de filosofía, y almanaques. Entre las obras de literatura Leonard anotó ejemplares del *Quijote,* romanceros, un ejemplar de *El Caballero de Febo* de Esteban de Corbera, uno de *Don Florisel de Niquea* de Feliciano de Silva, 5 comedias de Lope de Vega, 32 ejemplares del *Galateo Español* de Lucas Gracián Dantisco y *La vida del Lazarillo de Tormes, castigado;* cinco ejemplares de *La toledana discreta* de Eugenio Martínez, y 32 ejemplares de *El viaje entretenido* de Agustín de Rojas.

De las investigaciones de Rodríguez Marín y Leonard se concluye, entonces, que aun cuando la prohibición real no se cumplió al pie de la letra y las colonias hispanoamericanas recibieron regularmente y con rapidez las obras de imaginación de mayor éxito en España, tales obras llegaron en cantidades relativamente pequeñas. Y esto explica otra cosa:

censurada la novela de todo tipo por los moralistas del siglo XVI y las autoridades de España, impedida su amplia difusión en las colonias, no llegó a formarse un público de lectores. Los autores americanos no demostraron interés por un género que no les traía ventajas, sino que, por el contrario, les crearía una peligrosa reputación. Nótese cómo los novelistas españoles que visitaron Hispanoamérica o se radicaron por un tiempo en las colonias, jamás novelaron sus observaciones. ¿Por qué arriesgar su reputación e invitar una condenación eclesiástica escribiendo novelas, cuando el prestigio y las ganancias estaban en la crónica políticamente bien pagada y en el poema eulogístico? Sea como fuere, ni Mateo Alemán, que residió en México en 1608, ni Tirso de Molina, en Santo Domingo entre 1616 y 1618, ni Bernardo de Balbuena, residente de México y Puerto Rico, ni Agustín de Salazar y Torres que vivió en Nueva España, escribieron novelas "americanas".

Olvidémonos del factor moralista y analicemos el problema desde otro punto de vista: ¿cómo puede explicarse el hecho de que entre los conquistadores mismos no surgiera un novelista? Hubo entre ellos grandes poetas y cronistas ¿por qué no trató ninguno de emular a Cervantes, después de la publicación y el gran éxito del *Quijote*? Parte de la respuesta a esta pregunta se encierra en una característica general de la literatura de la Conquista: su celo apostólico. Resulta curioso anotar que aún en pleno siglo XIX, Fernández de Lizardi mostraba escrúpulos de identificar sus libros como "novelas". Prefería llamarlas "obritas" o "historietas" y en el prefacio de *La Quijotita y su prima* deja esta aclaración que puede considerarse típica: "Mas después de todo, yo no he de desairar a Ud. Voy a escribir una obrita, y ésta no será una novela, sino una historia verdadera que he presenciado, y cuyos personajes Ud. conoce" (p. 12, Cámara Mexicana del Libro).

Recordemos, asimismo, que la aparición del *Quijote* marca la decadencia de la novela de caballería y que, ni en la segunda mitad de siglo XVII ni en todo el siglo XVIII, se desarrollan nuevas tendencias en la novela española, por el contrario, se acentúa su decadencia como género, de modo que cuando Hispanoamérica viene a contar con un público de lectores y un ambiente propicio para el crecimiento del género, no tiene ya un ejemplo que seguir en España y habrá de volver, tardíamente, sus ojos a Francia e Inglaterra, donde ocurre un resurgimiento de la picaresca.

Sin embargo, un estilo de pensar, concebir y vivir originado en la atmósfera de fantasía y aventuras caballerescas que respiró el conquistador en la España del siglo XVI, se extendió a través de los océanos y pasó sin mengua a tierra firme. Sabemos, gracias a las investigaciones de Leonard, que en el conquistador escondía su fructífera potencia la semilla de un vasto mundo de ficción: podía predicar la fe y buscar el oro, pero secretamente corría tras el espejismo de las fascinantes leyendas de la época, de las Amazonas, de Cíbola, de la Fuente de la Juventud, o de la Ciudad de los Césares. Emulaba a héroes fantásticos y no es extraño que, así como a flor de labios llevaba la cita de un romance, así también los nombres y hazañas de héroes de caballería se deslizaran en sus conversaciones. Leonard mismo se pregunta ¿Cómo es posible que ninguno de estos hombres tuviera la tentación de narrar sus aventuras en forma de novela histórica o picaresca? Y se responde: en primer lugar, porque la mayor parte de esos soldados no sabía leer ni escribir. Les leían en alta voz, de allí su conocimiento de los libros famosos de la época. Y, en segundo lugar, porque, como ya se ha dicho, la novela sufría entonces de un grave descrédito moral.

Una observación más. De las obras que, por lo común se citan a manera de antecedentes históricos de la novela hispanoamericana, una sola hay que en realidad posee cualidades novelescas: *El Lazarillo de ciegos caminantes* (1773) narración de carácter picaresco de Alonso Carrió de la Vandera.

Sin embargo, para ser novela, le falta a este *Lazarillo* un argumento literariamente organizado; es, además, pobre de acción y su autor o narrador jamás llega a encarnar la personalidad del clásico anti-héroe de la picaresca. Por otra parte, es preciso reconocer que muchos de sus ingredientes son característicos del género picaresco: el protagonista narra en primera persona el vagabundear a través de pueblos y naciones al servicio de diversos amos. El tono es satírico y la intención social. Sin ser una novela en el sentido exacto de la palabra, la historia de Concolorcorvo, con su armazón picaresca, es un anuncio del *Periquillo* de Lizardi.

JOSE J. FERNANDEZ DE LIZARDI (1776-1827), cronológicamente el primer novelista hispanoamericano, usó el género novelesco como vehículo para expresar sus ideas políticas, filosóficas y religiosas cuando le fue imposible hacerlo en panfletos o en artículos periodísticos a causa de la persecución a que le sometieron las autoridades coloniales. En cuatro años, desde 1816 a 1820, produce toda su obra de novelista; tan pronto se restauran las garantías constitucionales abandona la novela y se entrega a la faena periodística, la única que sirvió por genuina vocación y con natural talento. Obsesionado por la magnitud y la urgencia de su misión educadora, sus obras resultaron predio fácil para la crítica que ha visto en ellas un atiborramiento de lecciones éticas apenas matizadas por el humor de algunas anécdotas, el costumbrismo de ciertas descripciones y el lenguaje de típica raigambre popular mexicana.

Es importante recordar estos hechos y enfrentarse a la obra de Lizardi con el convencimiento de que estudiamos a un panfletista quien, obligado por las circunstancias políticas de su época, debió defender sus ideas por medio de narraciones novelescas. Juzgado con tal criterio relativo, se comprenderá mejor el significado de su contribución a la historia de la literatura hispanoamericana. Lizardi no fue el producto de una educación escolástica, sino de la propaganda liberal que respiró en la atmósfera de su época y entresacó de panfletos, enciclopedias, novelas y ensayos pseudo-científicos de autores franceses y españoles.

Nacido en ambiente modesto, su educación fue incompleta. Su padre, un médico de poca monta, aficionado a la literatura, vivió en lucha constante para mantener una numerosa familia. Muy joven, Lizardi debió abandonar los estudios para dedicarse al periodismo. A los 34 años de edad, sus biógrafos le describen ocupado en publicar versos, panfletos y artículos de vena satírica y popular, que se venden en calles y portales entre el público aficionado a la truculencia. Sus ideas de reforma política y social provocan la ira de las autoridades. El 9 de Octubre de 1812 Lizardi publica el primer número de su célebre periódico *El pensador mexicano,* hecho que coincide con el comienzo del gobierno constitucional en México. La publicación del número 9 provocó un escándalo público y Lizardi fue a parar a la cárcel. Durante los seis meses que estuvo prisionero escribió sin desmayar. La iglesia católica le declara la guerra a muerte. Perseguido por las autoridades, censurado su periódico, no pudiendo continuar sus campañas ideológicas por medio de panfletos, Lizardi se vuelve a la novela como al único medio que le resta de expresión. En 1816 aparece su *Periquillo sarniento.* Animado por el éxito comercial, publica en 1818 *Noches tristes* y el primer volumen de *La Quijotita y su prima,* cuyo segundo volumen aparecerá en 1819 y su edición completa en 1831-32. De 1819 data *Don Catrín de la Fachenda.* En 1825 escribió una pieza dramática contra la esclavitud: *La segunda parte del negro sensible,* que no llegó a representarse. En los últimos años de su vida fue director de La Gaceta del Gobierno. Murió de tuberculosis el 27 de Junio de 1827, en la pobreza más abyecta, olvidado de todos. Le enterraron en un lugar que se convirtió más tarde en corral de puercos y que se borró de la memoria de sus connacionales.

Su carácter de predicador y misionero político formado en la escuela del enciclopedismo francés, su alta conciencia de los deberes intelectuales y, en especial, de su función de educador, le hacen concebir la novela como el arte de reproducir lo verídico que, para él, es sinónimo del bien. Nada inventa Lizardi en sus novelas, que no sea de naturaleza exterior y efímera —aquello que menos vale en su obra—, lo esencial es verídico y característico de la sociedad mexicana de su época, en particular de la clase media y de los descastados. La corrupción de las costumbres que ataca en sus novelas y que, dicho sea de paso, parece un reflejo de la crisis social de España en la misma época, sirve igualmente de materia a sus sátiras en verso y a sus ensayos dramáticos.

Lizardi tuvo una alta concepción de su papel de satirista: estudió y tradujo a Juvenal, a Horacio, a Plauto y a Terencio; imitó a Quevedo, a Cervantes, a Feijoo, a Samaniego, a Iriarte, a Torres Villarroel. Su sátira moralizante es de la misma categoría de sus contemporáneos españoles, franceses e ingleses. Señalar el carácter pseudo-científico de sus divagaciones no significa negar la condición de escritor culto que le corresponde. Esa pseudociencia era la ciencia de su época y esas fuentes que con tanto orgullo y desparpajo despliega ante los ojos del lector —Muratori, Blanchard, el Marqués de Caraccioli, el Padre Almeida, Fenelon y Campes— eran las indiscutidas autoridades de su generación. No puede afirmarse a este respecto que la influencia francesa sea más notable en su obra de panfletista que en sus novelas; no puede afirmarse tal cosa porque es imposible distinguir entre Lizardi panfletista y Lizardi novelista. Su obra es una y en ella entera vació este caudal académico.

La apabullante preponderancia del lenguaje popular en sus diálogos y explicaciones de las artes de los pícaros ha inducido a críticos y lectores a censurar su estilo calificándole de inculto y desaliñado. Bien mirado, el lenguaje de Lizardi es, por lo general, castizo y tan estrictamente ceñido a normas neoclásicas como el de Feijoo, o el Padre Isla. Es precisamente este marco rígido de fórmulas retóricas con que antecede, conduce y concluye su torrente de vulgares charlatanerías que, a la larga, se impone al lector como sello típico de su modo de novelar. Realismo pedestre, sátira de clásica prosapia, son dos características fundamentales de su obra de novelista.

De las cuatro novelas que escribió Lizardi, tres, *El Periquilla sarniento, Don Catrín de la Fachenda* y *La Quijotita y su prima,* pertenecen al género picaresco, la cuarta, *Las noches tristes,* a la tradición gótica inglesa iniciada por Young.

El hecho de que el origen de nuestra novela esté en la picaresca ha despertado toda clase de comentarios críticos. Torres-Ríoseco, por ejemplo, declara:

"Parece extraño que más de dos siglos después de la boga de la novela picaresca en España haya surgido en el Nuevo Mundo este Periquillo, descendiente de Guzmanes, Rinconetes, Pablos, y hasta con el mismo nombre de uno de sus antepasados, Periquillo, el de las Gallineras" (*La novela en la América Hispana,* p. 176).

Y más adelante agrega:

"Tan tardío fue el nacimiento de este libro, que nadie imitó el ejemplo de Lizardi y la picaresca nace y muere en América con este autor" (p. 176).

Pero ¿es realmente extraño que el Periquillo surja en América en 1816? ¿Apareció en realidad "dos siglos" después de la boga de la novela picaresca en España? No puede responderse a estas preguntas si no se toma en cuenta que Le Sage había publicado su *Gil Blas* entre 1715 y 1735, que Torres Villarroel su "vida" entre 1743 y 1758, y el Padre Isla su *Fray Gerundio de Campazas* entre 1758 y 1768. Es decir, no es extraño este florecer de la novela picaresca en América porque ella nunca dejó de ser un género popular ni en España ni en Francia, ni mucho menos en Inglaterra donde tiene un rebrote magnífico de pura cepa española en los discípulos victorianos de Cervantes: Fielding, Defoe, Smollett, Sterne, Thackeray. *El Periquillo* nace en un momento de la historia literaria en que la novela picaresca se afirma con nuevas raíces en medio de la crisis social del siglo XVIII que le ofrece sus temas. Al adoptar el género picaresco para sus ensayos novelescos, Lizardi no hace más que seguir el ejemplo de los novelistas ilustres de su época. Tan permanentes habían de ser esas raíces de la picaresca en el México de Lizardi como en la España del Padre Isla y por eso, por su castiza tradición, el género no muere ni en España ni en América y reaparece intermitentemente a través del siglo XIX y del XX en las novelas de un Baroja o de un Cela, de un Manuel Rojas, un José R. Romero y un Xavier Icaza que adaptan el género a nuevas formas de novelar.

Importa recalcar este fondo europeo de la picaresca que inspiró a Lizardi para apreciar las modificaciones que él ensayó en el género.

Analizando el conjunto de la crítica llega uno a la conclusión de que el rasgo distintivo de la picaresca de Lizardi, aquel que le diferencia de la española y que bien pudo ser una consecuencia de su familiaridad con la literatura novelesca y filosófica de Francia, es la base estricta y auténticamente moral de su caracterización del pícaro. Más que tomado de la realidad, Periquillo es un producto de la ideología social de Lizardi. De ahí su consistencia y su integridad. Sin ser de un carácter estrictamente alegórico, como los sintéticos personajes de *La Quijotita y su prima,* Periquillo es, no obstante, un portavoz de su creador. Lizardi predica con el ejemplo de su héroe y por eso su esfuerzo en mantenerlo moralmente íntegro a través de todas sus peripecias para que, al fin, arrepentido pueda regenerarse y coronar así la abstracción ética que ha intentado demostrar.

El Periquillo sarniento es, entonces, el relato de las aventuras y peripecias de un pícaro y de su arrepentimiento final, con los sermones que dedica a sus descendientes en forma de nutridas memorias. Todos los elementos de la picaresca están aquí presentes: el origen atribulado y miserable del héroe; los consejos absurdos de una madre que ambiciona convertirlo en hombre de rango y rechaza la idea de darle un oficio manual por considerarlo indigno de su nombre y antepasados; el triste peregrinaje por rancias academias; los ocios y perversiones bajo la autoridad de pobres diablos disfrazados de maestros; el intermedio amable con el genuino educador; y la farsa del bachillerato inmerecido. Agréguense a todo eso la sucesión interminable de grotescas situaciones, a veces en un medio que por contradictorio resulta absurdo, el monasterio; el desfile de personajes típicos de una sociedad en bancarrota, la virreinal —al borde mismo de las guerras de la Independencia—; la visión caricaturizada de las instituciones coloniales y de los tristes sujetos que las explotan en medio de la corrupción general; el examen clínico de la pocilga en que sufre su miseria el pobre, de la cárcel donde paga su ignorancia y desamparo, de la corte de los milagros donde aprende el arte de no trabajar, del alero nauseabundo donde ejercita su pericia de tahur y de bandido; del hospital donde viene, en fin, a morir. Todo esto se halla descrito en marcos de estricta moralización y superpuesto a la imagen de una nación curiosamente desprovista de paisaje.

En la picaresca de Lizardi hay una especie de rigor pictórico que le da el aspecto de una vasta pintura mural donde la intención alegórica desplaza a los detalles naturales. Esta tendencia muralista en la representación de México a través de la novela, va a ser perfeccionada por los novelistas de la Revolución en nuestro siglo, ya sea que se ocupen de gestas campesinas como Azuela, de alegorías indígenas como López y Fuentes, o de evocaciones provincianas como J.R. Romero.

El Periquillo sarniento es una novela recargada de disquisiciones y, por tanto, abrumadora para el lector moderno. Su interés radica en la autenticidad del retrato de las condiciones sociales de México a principios del siglo XIX, en el sabor regional del lenguaje, en ciertos detalles íntimos de la vida del hampa y en el tímido intento del autor de analizar los problemas personales que provoca una época de decadencia nacional. Inferior a *Don Catrín de la Fachenda,* como novela, es, sin embargo, la más ambiciosa de todas las obras propiamente literarias de Lizardi.

"Desde que leí las *Noches Lúgubres* del Coronel D. José Cadalso, propuse escribir otras *tristes* a su imitación, y en efecto, las escribí y las presento aprobadas con las licencias necesarias" (*Noches tristes,* México, 1818, p. 3).

Con esta candorosa confesión abre Lizardi las páginas de su segunda novela. Lizardi ensaya aquí una expresión poética que es superior a sus fuerzas. La primera de las cuatro *Noches* sorprende. A pesar de la forma dialogada —teatral— es un extenso monólogo interior. Detrás de los personajes es el narrador quien diva sobre la fatalidad, las injusticias del destino y la maldad de los hombres; olvidado de picardías y costumbrismos, narra de modo funambulesco un extraño incidente. Las *Noches tristes* es una novela a la manera renacentista, así como *Don Catrín de la Fachenda* lo es a la manera cervantesca de las *Novelas ejemplares.* Su importancia histórica es innegable. No sólo anuncia la novela romántica de la segunda mitad del siglo XIX, sino que en su carácter alegórico —*la Primera Noche* especialmente— antecede a ciertas creaciones modernas.

En *La Quijotita y su prima* Lizardi se propone ilustrar los problemas en la educación de la mujer. De todas las novelas de Lizardi ésta es, quizá, la que muestra más vivamente la influencia de la literatura francesa moralizante. Situaciones hay en la novela que nos recuerdan no sólo las teorías de Rousseau, sino también las narraciones de Voltaire, el teatro de los discípulos dieciochescos de Molière, y, particularmente, el aparato de símbolos y moralejas de la "Comédie larmoyante". A pesar del artificio, algo hay en un segundo plano de esta historia que suena a auténtico y humano; es quizá el presentimiento de que, por muy convencionales que sean los "prudencianos", Pomposas han existido y existirán, todas ellas compartiendo el triste destino que le adjudica Lizardi a su heroína. Esta incierta sospecha es la única impresión que redime a *La Quijotita y su prima* ante el lector moderno.

Don Catrín de la Fachenda, publicada póstumamente en 1832, es la más curiosa de las novelas de Lizardi. La exposición de la trama es breve y directa, la unidad se mantiene sin dificultades. Consciente de las críticas hechas al *Periquillo* por sus indigestos sermones, Lizardi afirma con algo de ironía y mucho de buen sentido:

"No, no se gloriará en lo adelante mi compañero y amigo el *Periquillo sarniento* de que su obra halló tan buena acogida en este reino; porque la mía, descargada de episodios inoportunos, de digresiones fastidiosas, de moralidades cansadas, y reducida a un solo tomito en octavo, se hará desde luego más apreciable y más legible..." (pp. 3-4).

Los incidentes de la vida de Don Catrín, sucediéndose en

rápida secuencia, se apoderan firmemente de la atención del lector. En comparación con el *Periquillo* y la *Quijotita*, este relato podría considerarse como el esqueleto de una obra de mayor aliento. Lizardi no tuvo tiempo ni espacio para falsear el carácter de su héroe: las pocas líneas que sirven para ambientarlo son de un realismo brutal; los incidentes, típicos de una vida jugada al desgaire entre criminales y vagabundos; su derrota, consecuencia de la falsa tradición en que se cría. Provisto de honrosos títulos familiares, de una repugnancia innata por el trabajo y de una sed insaciable de holgar en la abundancia, Catrín ensaya un arte tras otro en la vasta lista de timos característicos de la picaresca: soldado, pierde su plaza al tratar de seducir a una jovenzuela adinerada; petardista, inventa una hermana y una madre para engañar a un ingenuo que le mantiene, a él y sus cómplices durante una temporada; ladrón, le descubren y le encarcelan en el Morro de la Habana; por amante le acuchillan y pierde una pierna; de mendigo casi alcanza la paz y la felicidad acomodado con una hacendosa Marcela; el alcohol le causa, según el narrador, una hidropesía que le lleva a la tumba.

En ninguna otra novela ha sabido Lizardi calar tan honda y acertadamente la psicología de un personaje. Tan sentidas le salen a veces sus blasfemias en primera persona que, aterrado de las consecuencias, añade notas al pie de la página desmintiéndose y previniendo al posible censor. Hay trozos donde la amargura y el resentimiento del héroe alcanzan una sinceridad conmovedora, como en aquella tirada en defensa de vagos y mendigos (pp. 133-134) que parece anunciar la elocuencia de otro pícaro más reciente, Pito Pérez, aficionado a compadecerse del demonio.

LA NOVELA ROMANTICA

El romanticismo alemán, francés, e inglés, introdujo elementos en la novela europea que escaparon a Lizardi y que, en cambio, brotaron en abundante floración en la obra de otros novelistas mexicanos y sudamericanos. Muchos de estos escritores aprendieron su rebelión social y política en el romanticismo y la vivieron con las armas en la mano a través de cruentas y dramáticas guerras de independencia nacional y luchas civiles. Forjaron su estilo en la gesta republicana y crearon, como un pórtico del auténtico romanticismo hispanoamericano, una poesía, un teatro, un periodismo y una novela de la revolución. Esa poesía y ese teatro fueron elocuentes pero de poco mérito artístico. El periodismo destacó por su riqueza ideológica y el vigor de su expresión. La novela asumió un claro tono de documento histórico y fue política en la Argentina, a consecuencias de la guerra civil, evocativa en México, Venezuela, el Perú, Chile y en los países del Caribe, cuando no simplemente aventurera o folletinesca; se fijó con mirada admirativa —idealizadora— en el paisaje de América, buscó con creciente orgullo la expresión criolla y hasta indígena, fue consistentemente humanitaria en sus ideales asumiendo, casi por instinto, no sólo la defensa de las colonias en sus guerras patrióticas, sino también de las fuerzas democráticas en las luchas contra las dictaduras y de las masas indígenas contra los esclavistas y encomenderos. A esta actitud de conciencia social se agregó una tendencia moralizante que, por desgracia, causó estragos en manos de novelistas poco afortunados. Todo salió en una vena de exaltación lírica que, en muchos casos, involucraba un falseamiento de la realidad inmediata y una obvia glorificación de los héroes.

Color local, sentimentalismo, aventuras, idealización, contribuyen en diferentes medidas y matices a forjar la novela romántica hispanoamericana que llega a su más amplio período de difusión a mediados del siglo XIX —acaso más cerca del último tercio del siglo, al umbral de la moda realista y naturalista— y que cuenta con sus más numerosos y aplicados intérpretes en México, aunque sus figuras eminentes pertenezcan a Colombia, a la Argentina y, si hemos de tomar por romántico a Alberto Blest Gana, a Chile.

Narrativa política argentina

Un fenómeno de carácter histórico determina la aparición del segundo foco de interés en la novela hispanoamericana del siglo XIX: a la picaresca mexicana sigue, en pocos años, la narrativa política argentina, nacida a raíz de la guerra civil y la dictadura de Juan Manuel Rosas.

Así como Lizardi, respondiendo a las necesidades políticas del momento, debió recurrir a la ficción para expresar su crítica a la sociedad y al gobierno coloniales, así también un grupo de escritores argentinos, en lucha abierta con un ambiente hostil recurrieron a la crónica, al verso y a la novela para llegar hasta el pueblo con sus ataques a la dictadura e inspirarle una gesta libertaria. La República Argentina, que había declarado su independencia de España en 1810, se vio envuelta en una prolongada guerra civil. Más que un choque entre ideologías políticas este conflicto tomó el contorno de una montonera en que caudillos de ambicioso y agresivo individualismo se disputaron el poder. El Director Juan Martín de Pueyrredón (1777-1850) propiciaba una política centralista, mientras que desde las provincias surgía un fuerte movimiento federal cuya dirección asumió el coronel Manuel Dorrego (1777-1828). La derrota y fusilamiento de éste a manos del general Juan Lavalle (1797-1841) desencadenó la guerra civil que duró doce años. Juan Manuel Rosas (1793-1877), a su vez, venció a Lavalle y gobernó dictatorialmente al país desde 1829, año en que fue elegido Gobernador de Buenos Aires, hasta 1851, con una breve interrupción. Rosas fue derrocado por el general Justo José de Urquiza (1800-1870), después de la batalla de Monte Caseros, y murió en Inglaterra.

Personaje de compleja significación, Rosas se transformó en el mito de un movimiento revolucionario que representaba la oposición sangrienta del habitante primitivo de las pampas ante el avance de la civilización occidental. Rosas, que debía representar al federalismo era, en la práctica, campeón de un centralismo que operaba desde Buenos Aires, la ciudad europea por excelencia. Su férrea dictadura acabó con todo intento de caudillaje o de autonomía en las provincias. Los unitarios, por otra parte, desalojados de la capital, contribuían a dividir la nación en zonas armadas, celosamente conscientes de su regionalismo.

Desde los comienzos de la dictadura de Rosas la intelectualidad argentina de tradición liberal estableció una línea de resistencia que fue asumiendo diversos tonos: desde el apasionado antirosismo de Sarmiento y Mármol, hasta la ecuanimidad de Echeverría, quien acabó condenando el profesionalismo político de los grupos en lucha para promover el idealismo de las nuevas generaciones argentinas en búsqueda de una auténtica democracia.

La narrativa política —no histórica— que nació de esta época revolucionaria interpretó un conflicto que, en términos muy generales, Sarmiento describe como una lucha entre "Civilización y Barbarie". Para el autor de *Facundo* el problema era de raíz cultural y lo confrontó desde un punto de vista sociológico, haciendo uso de todos sus conocimientos de historia, geografía y economía. Mármol, en cambio, se interesó exclusivamente en la intriga política, y Echeverría captó el símbolo de aquella crisis que conmovía al pueblo argentino desgarrándolo física y espiritualmente.

Es interesante anotar que, a pesar de la intensidad del combate político durante la dictadura de Rosas, hubo escritores que en el campo de la novela prefirieron evadirse de la realidad inmediata y seguir la norma europea explotando la novela romántica de índole histórica o sentimental. Entre ellos sorprende encontrar los nombres de destacados líderes en la lucha contra Rosas; los más distinguidos novelistas de este grupo que tan curiosamente separa la política de la literatura son: Bartolomé Mitre (1821-1906), autor de *Soledad* (1847), Juan María Gutiérrez (1809-1878) cuya novela *El capitán de Patricios* es de fecha incierta pero, según Anderson Imbert, no anterior a 1843, y Vicente Fidel López (1815-1903), autor de una novela sobre las aventuras del pirata Francis Drake en Lima titulada *La novia del hereje,* escrita en 1840 y publicada en 1854.

Novelas son éstas, y otras de escasa nombradía que aparecieron durante la misma época, de inspiración francesa o inglesa, sentimentales, anecdóticas, recargadas, a veces, de erudición; ellas forman un extraño paréntesis en medio de la poderosa literatura polémica del siglo XIX argentino. Dos novelistas de esos años, tan conscientes de la moda europea como los escritores nombrados, no logran, sin embargo, librarse de la opresión del ambiente y, con el ardor del convencimiento político y del celo libertario, escriben sendas novelas descriptivas de la época de Rosas: Juana Manuela Gorriti (1819-1892) —una de las iniciadoras de la novela indianista en *El tesoro de los Incas y El pozo de Yocci*—, produce una narración de carácter folletinesco con el título de *La hija del mashorquero;* y Juana Manson, en *Los misterios del Plata,* hace uso de un incidente político, la prisión y fuga de Valentín Alsina, para escribir una novela romántica que, publicada en 1846, antecede en cinco años a la famosa *Amalia* de Mármol.

Tres son los nombres cúspides de la literatura argentina de los tiempos de Rosas: Echeverría, Sarmiento y Mármol. Sólo uno de ellos —Mármol— es novelista, pero el estudio de los otros dos ayuda a comprender la historia ideológica de la novela hispanoamericana.

ESTEBAN ECHEVERRIA (1803-1851), figura señera del romanticismo argentino, ofrece el caso curioso de un escritor cuya máxima ambición fue la de ser poeta y cuya reputación literaria descansa hoy casi exclusivamente en el mérito de un cuento: *El matadero.* Echeverría fue un producto de la mejor época del romanticismo francés. A los veinte años viajó a París y no volvió a Buenos Aires sino en 1830 cuando ya se había roto en su patria el frágil equilibrio político intentado por Rivadavia, y Rosas veía extenderse las raíces de su dictadura. Desde 1830 hasta 1837 Echeverría publica poemas que le consagran en el ambiente de apasionada elocuencia del romanticismo hispanoamericano: "El regreso", "Elvira o La novia del Plata", "Los Consuelos" y "La cautiva". En 1835 Rosas había "aceptado" oficialmente el poder gubernativo con "facultades extraordinarias". La juventud intelectual de Buenos Aires se estremecía entre ardorosos períodos oratorios sin descubrir aún el curso de acción política que debía liberarla. Se funda el Salón Literario en 1837 y a él llevan su exuberación romántica Vicente Fidel López, Juan María Gutiérrez, Juan Bautista Alberdi y Echeverría. Al año siguiente, el Salón es reemplazado por la Asociación de Mayo, fundada por Echeverría, institución combativa que identifica por primera vez y de modo inequívoco el romanticismo literario con el espíritu liberal de la oposición armada contra Rosas. La persecución del gobierno arrecia y los jóvenes revolucionarios emigran a Montevideo. Echeverría tiene a la sazón 36 años; Sarmiento, que ha emigrado a Chile, sólo 29. Encendidos de entusiasmo patriótico los proscriptos desencadenan un intenso movimiento de creación tanto como de autocrítica que provoca un renacimiento cultural en Montevideo y Santiago. Definiendo la posición de los escritores argentinos en el exilio, Giménez Pastor ha dicho:

"Política y estética se confunden en un concepto de trascendentalidad social que no ha de querer ya arte ni poesía dentro de sus fines propios, sino con significado y proyecciones de sentido ideológico que llegan a infundirse pintorescamente aun en lo trivial" (*Historia de la literatura argentina,* Buenos Aires: Labor, 1945, t. I, p. 157).

Echeverría acumula datos, notas, esquemas, papeles, que usará luego en sus composiciones en verso. Para su poema "Avellaneda" comienza a escribir unas notas sobre "tipos y caracteres rosistas", el esbozo de una historia, el esqueleto de una obra maestra: *El matadero.* ¿Cuándo escribió Echeverría estas "notas"? No sabemos con certeza. Si datan de 1838 serían la expresión auténtica de su contacto directo con el terror rosista.

La trama de *El matadero* puede resumirse así: El Restaurador acaba de mandar cincuenta reses al Matadero de la ciudad para que el pueblo tenga carne, después de una época de escasez provocada por una sequía. Ansiosos, frenéticos de entusiasmo, se lanzan los matarifes a la tarea. Degüellan las reses entre gritos y vivas, salpicándose de sangre, de grasa, de lodo. Se corta un lazo y la cuerda vibrante le corta la cabeza a un niño que contempla la escena. Aparece un joven a caballo. Alguien advierte que no luce la divisa federal en el frac, ni luto en el sombrero. Tiene, además, la patilla en forma de U. No cabe duda; es un unitario. Le derriban del caballo, le amarran de pies y manos, le acuestan en una mesa, le cortan la barba y se aprestan para azotarle, cuando el joven revienta en sangre y muere.

El lector concluye fascinado la lectura del brevísimo relato. La alegoría es clara: no es de un Matadero que escribe Echeverría, sino de un país; no son animales los degollados, sino hombres: ese niño y ese joven que mueren, sangrando a chorros, mueren a diario en todas partes de la Argentina. De pronto, adquieren sentido los vivas de los matarifes, los rótulos y pendones que agitan las negras. Sobre una tarima invisible, rodeado por un túmulo de cabezas degolladas, se adivina la presencia del tirano, comandando al borde mismo de una infernal arena donde millares de seres se acuchillan y destripan.

El ambiente es brutalmente real. En estilo directo, desnudo de todo afán retórico, Echeverría dispone sus elementos: el solar del Matadero, la sangre, las vísceras, la grasa; los matarifes, las negras, los niños, disputándose las entrañas de los animales; poco a poco se integra esto en una visión sobrecogedora. Una locura salvaje se apodera del ambiente. Estallan los gritos, los insultos; gesticula la multitud. La asimilación de hombres y animales en la matanza se completa. Pero falta todavía un detalle: el sacrificio del joven unitario en la mesa del suplicio. Los límites de la escena crecen hasta abarcar los confines del país. Las acciones y los objetos adquieren una premeditada significación. El fenómeno alegórico se ha consumado y *El Matadero* se convierte en un símbolo de la tiranía sangrienta, símbolo que emana de la fusión del hombre y el animal en la orgía de sangre y muerte.

En los comienzos de la novela hispanoamericana el breve relato de Echeverría asume una importancia precursora.

Sin ser una novela, sino más bien un cuento largo, *El Matadero* enseña una lección de realismo alegórico que no será oída por los novelistas del siglo XIX, ocupados como están en el perfeccionamiento de un costumbrismo superficial, sino por los escritores neorrealistas de la época moderna.

No es la *Vida de Juan Facundo Quiroga* (1845) una novela, ni fue DOMINGO FAUSTINO SARMIENTO (1811-1888) un novelista. Sin embargo, ¿cómo podríamos prescindir en una historia de la novela hispanoamericana del *Facundo,* cuando en este libro está la raíz ideológica y el fondo político y social no sólo de la literatura polémica sobre la época de Rosas sino también, y en forma muy especial, de *Amalia,* la famosa novela de Mármol? Podría decirse, además, que con *Facundo* Sarmiento inicia la interpretación literaria de un conflicto que, con el tiempo, ha llegado a constituirse en el tema más claramente identificado con la novela hispanoamericana: el conflicto entre Civilización y Barbarie. En su forma más obvia este problema es parte del argumento de numerosas narraciones criollistas que llegan a estereotiparlo, convirtiéndolo en trivial rivalidad de fuerzas ciudadanas y campesinas. En su forma más profunda, la raíz ideológica de Sarmiento penetra impetuosamente en la obra de una generación entera de ensayistas, novelistas y críticos argentinos contemporáneos. A estos últimos parece dirigirse Sarmiento en el *Facundo* cuando dice:

"Si un destello de literatura nacional puede brillar momentáneamente en las nuevas sociedades americanas, es el que resultará de la descripción de las grandiosas escenas naturales y sobre todo de la lucha entre la civilización europea y la barbarie indígena, entre la inteligencia y la materia; lucha imponente en América, y que da lugar a escenas tan peculiares, tan características y tan fuera del círculo de ideas en que se ha educado el espíritu europeo, porque los resortes dramáticos se vuelven desconocidos fuera del país donde se tornan los usos, sorprendentes y originales los caracteres" (Madrid: Col. Universal, 1924, p. 36).

Para Sarmiento el conflicto entre civilización y barbarie tenía, como se sabe, una base real inmediata: Argentina vivía el fenómeno de una revolución gestada en el campo, entre gente "bárbara", para oponerse a los poderes incomprensibles de la civilización europea. El gaucho desataba su furia individualista como un elemento más de la pampa; se rebelaba ofendido por una organización social que no lograba entender, que le repugnaba y por un orden de cosas materiales que le parecía inhumano al aplicarle las medidas de su primitiva civilización. Sarmiento insiste en el poder mitológico que asume el caballo en la vida del gaucho; en el desprecio de éste por las convenciones europeas; en su alarde de fuerza física y de crueldad: en su tendencia desbocada hacia la muerte violenta. Atormentado por el presentimiento de su derrota, por su impotencia ante el genio del hombre comercial y urbano, responde a golpes de cuchillo. Sus descendientes, empujados hacia la ciudad, el orden y la máquina, buscarán al caudillo que redima la tradición de la pampa.

Sarmiento, pensador liberal, tuvo que incurrir en aparentes contradicciones para afirmar su simpatía por la civilización contra la barbarie gaucha. Su raíz romántica debía inducirle a simpatizar con el hombre primitivo de América; su desdén por la decadente cultura española le empujaba a patrocinar los valores autóctonos; no sólo los discípulos de Bello en Chile, sino sus mismos admiradores veían en él la encarnación de un gaucho ideal; y él mismo hubiese querido, en alardes algo bohemios, ser considerado como una expresión de la pampa en una especie de genial primitivismo. Pero, en la contienda política no mostró vacilaciones ni afición por las sutilezas: Rosas era el caudillo de la barbarie, Facundo, la fuerza bruta de la pampa echando el peso muerto de sus salvajes soledades ante el avance de la civilización.

El *Facundo* apareció por primera vez en Chile en 1845. Sarmiento lo escribió como folletín para *El Progreso,* sin cuidarse mayormente de la forma, atento sólo al impacto político que ansiaba producir en América tanto como en los Estados Unidos y Europa. *Facundo* fue traducido al inglés por la esposa del famoso educador norteamericano Horace

Mann y publicado en Londres en 1868. Su vida en el exilio no daba tiempo para refinamientos literarios. En los quince años que pasó en Chile, desde 1840 hasta 1855, se ganó la vida como jornalero en las minas del norte, dependiente de almacén, maestro de escuela y periodista. Tal llegó a ser su influencia en Chile que Manuel Montt, al ser elegido a la Primera Magistratura le dijo a Sarmiento: "Excepto Presidente de la República, usted será en Chile lo que quiera ser". Sarmiento prefería combatir y rehusó honores. En toda obra, sea política, cívica o literaria, Sarmiento está buscando y definiendo, muchas veces sin notarlo, el alma de la nación argentina, la razón de su grandeza en el abismo de la crisis que estrangulaba sus instituciones. De ahí que su antinomia de Civilización y Barbarie alcance una significación tan especial en su vida; analizando el drama político de la época de Rosas, Sarmiento analiza sus propias raíces y las persigue en el suelo patrio y en su gente.

Toda la primera parte del *Facundo* es una extensa y detallada introducción destinada a aclarar la significación que Sarmiento da al término "barbarie", aplicado a la situación creada por la guerra civil argentina. Analiza el cuerpo y el alma de la nación: su aspecto geográfico, su contextura social, su división política, la disposición de las diferentes clases sociales. Arma el escenario donde se realiza el drama de la revolución. Usando voces donde el lirismo se confunde con la ira, y el asombro con la más vehemente censura, va describiendo el origen del caudillismo gaucho. Nada tiene que ver este "gauchismo" con tendencias literarias de carácter sentimental, por el contrario, es en defensa de principios políticos y filosóficos del enciclopedismo que Sarmiento se incorpora al combate contra el "pseudo-americanismo" y defiende el derecho de las nuevas generaciones a crear una literatura nacional de auténtico valor artístico. Para Sarmiento, como para Echeverría y Mármol, el gauchismo es la semilla del caudillaje y el caudillaje es Rosas o Quiroga, es decir, la reacción del ser primitivo contra un concepto de libertad que es la negación misma de su barbarie.

El gaucho de Sarmiento poco o nada tiene de común con

el gaucho idealizado por la literatura costumbrista del siglo XX, ni su americanismo, ése que defendió en sus polémicas chilenas, es el americanismo chauvinista que los caudillos gritaban a la cara de los representantes diplomáticos franceses e ingleses durante la guerra civil: en *Facundo* Sarmiento observa al gaucho despojándolo de todo exotismo romántico. Le conoce de cerca y lo clasifica de acuerdo con sus ocupaciones campesinas y sus relaciones con la ley del hombre blanco. Cuatro tipos de gaucho distingue Sarmiento: el baqueano, el rastreador, el cantor y el gaucho malo o forajido; a ellos dedica perspicaces semblanzas situándolos en el momento histórico en que aparece Quiroga.

Nadie representa más gráficamente el concepto americanista de Sarmiento durante la época de Rosas que el grupo de jóvenes exiliados en Montevideo, los mismos que Mármol convertirá en los héroes de *Amalia*. Ante los ataques de los federales que le acusan de traición a la patria por haber buscado la alianza con los franceses contra Rosas, comenta Sarmiento:

"Hablo de la alianza de los enemigos de Rosas con los franceses que bloqueaban a Buenos Aires, que Rosas ha echado en cara eternamente como un baldón a los unitarios. Pero en honor a la verdad histórica y de la justicia, debo declarar, ya que la ocasión se presenta, que los verdaderos unitarios, los hombres que figuraron hasta 1829, no son responsables de aquella alianza; los que cometieron aquel delito de leso americanismo; los que se echaron en brazos de la Francia para salvar la civilización europea, sus instituciones, hábitos e ideas en las orillas del Plata, fueron los jóvenes; en una palabra: ¡fuimos nosotros!... Los unitarios más eminentes, como los americanos, como Rosas y sus satélites, estaban demasiado preocupados de esa idea de la nacionalidad, que es patrimonio del hombre desde la tribu salvaje y que le hace mirar con horror al extranjero... La juventud de Buenos Aires llevaba consigo esta idea fecunda de la fraternidad de intereses con la Francia y la Inglaterra; llevaba el amor a los pueblos europeos asociado al amor a la civilización, a las instituciones y a las letras que la Europa nos había legado, y que Rosas destruía en nombre de América, substituyendo otro vestido al vestido europeo, otras leyes a las leyes europeas, otro gobierno al gobierno europeo.

"Esta juventud impregnada de las ideas civilizadoras de la literatura europea, iba a buscar en los europeos enemigos de Rosas sus antecesores, sus padres, sus modelos; el apoyo contra la América tal como la presentaba Rosas: bárbara como el Asia, despótica y sanguinaria como la Turquía, persiguiendo y despreciando la inteligencia como el mahometismo...

"En Montevideo, pues, se asociaron la Francia y la República Argentina europea para derrocar el monstruo del americanismo hijo de la Pampa..." (pp. 340-343).

La segunda parte del *Facundo* es la única que puede estudiarse en el campo de la novela. Por sí sola —sin el peso de la introducción sociológica, estrictamente didáctica, y de la tercera parte, que es un esquema biográfico de Rosas— se lee esta sección como una moderna biografía novelada. Sin perder de vista el conflicto histórico que sirve de base a toda la obra, Sarmiento narra los orígenes del gaucho Facundo Quiroga en La Rioja y su irrupción en la política argentina. El triunfo de Facundo en las provincias acabó, paradójicamente, con el ideal federalista, pues aunque los unitarios fueron derrotados en el campo de batalla, tan avasalladora fue la influencia del caudillo que ahogó, con sangre, todo anhelo de libertad en los pueblos. Rosas, por su parte, defendía la causa federal desde la fortaleza de un poder político centralizado en Buenos Aires. Sarmiento aprovecha esta contradicción para dar relieve a su relato buscando sus efectos no en el plano de la política palaciega, sino entre las masas de la ciudad y del campo, entre caudillos de poca monta y su turbamulta de matones.

Obedeciendo a su instinto pedagógico, Sarmiento creyó necesario dar mayor base a su libro con datos que no dejarían de impresionar al lector europeo y norteamericano; de ahí que añadiese la tercera parte dedicada a Rosas y los apéndices con las proclamas de Facundo Quiroga. El interés de esta tercera parte parece estar en las páginas que Sarmiento dedicó a la ideología de los proscriptos en Montevideo, pues en ellas pudo haberse basado Mármol al relatar las entrevistas de Daniel Bello con los líderes universitarios en exilio.

Naturalmente, Sarmiento no pudo limitarse a un estricto marco histórico en su semblanza de Rosas; pronto estalla en acusaciones llenas de fuego y orgullo patrióticos y, con particular elocuencia, sintetiza su programa de gobierno para el día en que caiga la dictadura.

Dividido su interés entre Facundo y Rosas, Sarmiento no llega a integrar ambas personalidades en un solo símbolo del caudillismo gaucho, que hubiera dado valor artístico universal a su obra. Pero, a pesar de su carácter abigarrado en que se mezcla la novela, el ensayo, la historia y la crónica, el *Facundo* encierra una visión literaria de hondas proyecciones: hay allí el presentimiento de una conciencia americana nacida entre pujos de sangre, luchando con palabras y conceptos que no llegan a cristalizar. Este espíritu de Sarmiento, esta voz que no siempre alcanza a ser idea, ha inspirado en planos interiores a más de una novela filosófica o social de la Hispano América contemporánea y podría decirse, sin temor a exagerar, que un novelista como Eduardo Mallea, por ejemplo, se formó en la atmósfera de Sarmiento y en *Facundo* se originó su apasionada preocupación por descubrir las raíces que sujetan, rompiendo, las diversas formas sociales de su país y, sobre todo, la fe en el destino de su tierra que a él y a otros escritores de su generación les sostiene en las épocas más negras del caudillismo bárbaro. (Como ejemplo de una fuente de Mallea, véase *Facundo*, p. 400).

JOSE MARMOL (1817-1871). *Amalia,* escrita en los momentos álgidos del movimiento romántico argentino, es una de las novelas políticas de mayor mérito en la literatura hispanoamericana. Para ser histórica a *Amalia* le falta la perspectiva del tiempo, ya que su autor la concibió al calor mismo de la lucha revolucionaria en que iba a comprometer su vida entera. *Amalia,* como alegato contra Rosas, fundamentada en documentos oficiales, recortes de prensa, panfletos, cartas, esgrimida como caso jurídico para probar la tesis del autor, tuvo en su época una actualidad política inmediata y candente. Aun hoy el lector no puede menos de establecer semejanzas curiosas entre la situación política descrita por Mármol a mediados del siglo XIX y la turbulenta crisis que conmovió a la nación argentina a mediados de nuestro siglo.

José Mármol tuvo una breve pero fecunda carrera literaria. Escritor de combate, militante contra la dictadura de Rosas, puso su pluma al servicio de las fuerzas revolucionarias y desde 1839, año en que se exilió a Montevideo, hasta 1852 en que regresó a Buenos Aires a la caída del tirano, mantuvo en alto la fe de los proscriptos con sus cascadas de versos tribunicios, sus dramas y pronunciamientos inspirados en fuentes excelsas del romanticismo europeo. *Amalia* fue escrita en el exilio y empezó a conocerse en Montevideo en 1844, pero la primera parte no apareció sino en 1851 y la segunda en 1855. El retorno de Mármol a la Argentina significa el fin de esta actividad de creación literaria; en adelante, la política y la diplomacia consumirán los mejores años de su vida. Morirá viejo, venerado, ciego, consumido por la nostalgia de los años mozos, vibrando aún con el recuerdo de su romántica bohemia en Montevideo. Su poesía seguirá viviendo en el mausoleo de las antologías e historias literarias, su teatro no dejará huellas; su novela, en cambio, se editará y re-editará, mientras más censurada por el crítico académico, más leída y saboreada por el que no entiende de sutilezas estéticas y busca sólo la emoción del pueril romance, la familiaridad de escenas y paisajes, y el drama siempre apasionante de la conjuración en el seno mismo de la tiranía.

Al lector moderno le basta leer un centenar de páginas para advertir que el romántico diseño de amores y aventuras de que se vale Mármol tratando de aligerar su narración es de importancia secundaria y que la médula de la novela consiste en la caracterización del dictador y en la denuncia de sus métodos de gobierno. Si *Facundo* no se considera como una novela en el sentido estricto de la palabra, *Amalia* marca el verdadero punto inicial de una tendencia polémica en la novela argentina que, con altos y bajos, había de ganar importancia a través del siglo XIX hasta convertirse, en los primeros cincuenta años de este siglo, en rasgo característico de un grupo de escritores argentinos.

Pero Mármol, además de polemista, fue narrador constreñido por los lugares comunes de la moda romántica. En ocasiones se alza, sin embargo, con genuino lirismo para resplandecer en descripciones del paisaje argentino, especialmente de Buenos Aires y del Río de la Plata. Sería absurdo decir que Mármol ha escrito una gran novela sentimental. Los amores de Amalia, la joven viuda, y el aristocrático Eduardo Belgrano, así como los del galante Daniel Bello con Florencia, son de una cursilería apabullante. Vea el lector la descripción de Florencia (Barcelona, S.A., 2 vols., p. 107), de Daniel (p. 144), de Amalia (pp. 166-170), una declaración de amor (pp. 204-215), un diálogo de enamorados (vol. II, p. 161) y tendrá un cuadro típico de la estereotipada literatura romántica hispanoamericana del siglo XIX.

Belgrano es, de los dos héroes, el menos convincente. Al comienzo de la acción —durante el mes de septiembre de 1840, en un instante crítico de la guerra civil, cuando las fuerzas unitarias de Lavalle se hallan a las puertas de Buenos Aires y a punto de establecer contacto con el ejército enemigo— Belgrano trata de huir a Montevideo. Los esbirros de Rosas caen sobre él y sus compañeros entablándose una sangrienta lucha. En momento oportuno aparece Daniel Bello y le salva. Malherido, Belgrano debe buscar refugio en casa de Amalia, prima de Daniel. Desde la quinta de Amalia ninguna ayuda puede prestar en adelante a los unitarios y, cuando debido a la astucia de doña María Josefa, la hermana política del tirano, debe fugarse de su paradisíaco refugio y correr de escondite en escondite evitando a la Mazorca, Belgrano, más que un personaje de destino propio, se convierte en la sombra de Daniel Bello. En los momentos en que celebra su boda con Amalia es sorprendido por la policía y asesinado a cuchilladas. Daniel Bello es, a pesar de lo que ha dicho tradicionalmente la crítica, un personaje de atractivos relieves. Sus aventuras, propias de un Pimpinela Escarlata, llenan las tres cuartas partes de la novela; haciendo uso de fantásticos recursos lucha por dividir a las autoridades rosistas creando un ambiente de desconfianza y de traición; ayuda a los unitarios rezagados en la capital para que huyan a Montevideo; y organiza las guerrillas que se unirán a las fuerzas de Lavalle en la hipotética batalla por la posesión de Buenos Aires. Prototipo del héroe romántico, Daniel Bello va por salones, coartadas, lances nocturnos, citas secretas, imbatible en toda lid, as de corazones. En él Mármol ejercita con destreza los recursos que aprendiera en Walter Scott y Alexandre Dumas.

Si la caracterización de los héroes es convencional, la del tirano Rosas y de otros personajes secundarios como Manuelita Rosas, doña María Josefa, don Cándido —el ex maestro de Bello—, el cura Gaete, es admirable por su profunda humanidad. Desde luego, salta a la vista que cuando Mármol no "idealiza" a sus personajes sino que, por el contrario, arremete contra ellos con ánimo satírico, más cerca está de interpretarlos en todas sus dimensiones. Diríase que el arma de mayor eficacia que usa Mármol en la caracterización de sus personajes es el diálogo. Rosas vive en la novela a través de su lenguaje grosero y pintoresco, de sus bromas socarronas, de los sobrenombres e insultos con que hiere a sus servidores y enemigos, a través de las voces de desprecio con que aplasta al ministro inglés, o las palabras de mórbida crueldad con que maneja a su hija y al idiota Vigua. Podría el autor no añadir una sola línea descriptiva de su apariencia física o de sus gestos y, sólo por sus conversaciones, surgiría la fascinante contextura psicológica del dictador.

Precisamente dos de los trozos cumbres de la novela sobresalen a causa de este manejo del diálogo de que hace gala Mármol. El primer trozo a que me refiero es el de la presentación de Rosas (vol. I, pp. 55-68). Con toques de gráfico realismo, en blanco y negro, como en ciertas escenas que pintan Dostoievski o Pérez Galdós, o el inglés R.L.

Stevenson en algunos de sus cuentos, Mármol va componiendo la atmósfera siniestra en que actúa el dictador: la misteriosa casa en las tinieblas, el olor de miseria y suciedad, la sombra de una mujer echada, el general senil que arrastra el sable entre las piernas temblequeantes mientras le hace mandados al Restaurador, el mulato dormido como un perro a los pies del amo, los escribientes sin espinazo, el doctor castigado como un infante, y el idiota, figura ésta digna de Goya, fríamente repulsivo y espeluznante. Junto a ellas está la imagen contradictoria de Manuelita y, por encima de todo, el tirano comiendo. ¡Qué comida! Cada detalle contribuye a completar la psicología animal de Rosas hasta la culminación: aquella escena en que le ordena al idiota, babeante, que bese a Manuelita en su presencia. En esta escena así como en otra donde Mármol describe a Rosas en su cuartel de campaña (vol. II, pp. 203-205) y, entre su lenguaje procaz y socarrón, le muestra al borde de la crisis, con un vaso de agua en la mano, agua que en el rojo sol del crepúsculo se transfigura en sangre, el lenguaje de Mármol alcanza un sentido simbólico, donde no hay sombra de artificio, sino por el contrario, genuina intuición artística. De tan humano que le presenta Mármol, el tirano consigue atraernos con su machismo burlón, sabio y popular... A su lado vive la turbamulta de los Mashorqueros (de "más" y "horca") a quienes Mármol describe en una memorable sesión de la Sociedad Popular Restauradora, trozo digno de antología por el poder de la sátira y el realismo pesadillesco de los detalles (pp. 156 y sig.).

Desde el punto de vista ideológico, Mármol entrega lo más efectivo de su argumentación en el tomo segundo de la novela, especialmente al interpretar la historia colonial de América y Argentina como una introducción a la tiranía de Rosas, siguiendo muy de cerca ideas de Sarmiento (cap. VIII, pp. 112-123). A la revolución de la Independencia, dice Mármol, siguió un conflicto de los poderes: de una parte estaba "el pueblo colonial atrasado, ignorante y apegado a sus tradiciones seculares" y de otra "la clase ilustrada de las ciudades, que representaba el principio civilizador".

Al tratar los innovadores de implantar su utopía republicana estalló "el pronunciamiento espontáneo y franco del pueblo semi-salvaje de las florestas, restaurando el absolutismo y la ignorancia de sus abuelos y bisabuelos". Todos los principios reaccionarios se encarnaron en un hombre: Rosas. "Rosas que era el mejor gaucho en todo sentido; que reunía a su educación y sus propensiones salvajes, todos los vicios de la civilización; porque sabía hablar, mentir y alucinar." Estallada la lucha no fue ya "cuestión de unitarios y federales, eran la civilización y la barbarie las que quedaron para disputar más tarde su predominio" (pp. 120-121).

Esta interpretación de la crisis política que siguió a la guerra de la Independencia es tanto más interesante para el lector moderno cuanto que parece presagiar fenómenos que iban nuevamente a dividir a la nación argentina en pleno siglo XX. Desde el punto de vista estrictamente literario muchos son los defectos de *Amalia*. A pesar de todo, su lectura es fascinante para el estudioso de los fenómenos políticos y sociales de Hispanoamérica y hasta podría ser de gran interés para el lector corriente si un editor hábil pudiera reducirla a una cuarta parte de su extensión sin sacrificar el vuelo arrebatado de la inspiración de Mármol.

La novela sentimental

La novela sentimental, con rasgos costumbristas y psicológicos, halla su más alta expresión en *María* (1867), la célebre obra del colombiano JORGE ISAACS (1837-1895), en la que se advierte un esfuerzo por dar categoría estética al paisaje y al detalle realista criollo. *María* dio origen a una tendencia sentimentalista que dejó huellas en casi todos los países de la América Hispana. El estudio de las imitaciones de *María* podría constituir un capítulo aparte en la historia de nuestra novela si ellas hubieran participado del mérito literario del original; por desgracia, salvo dos o tres excepciones, no llegan a constituir obras de calidad reconocida por la crítica. Leída con lágrimas en los ojos en las postrimerías del siglo XIX, *María* pudo aún hacer suspirar a los adolescentes de 1900, entretuvo a los lectores de gustos simples, entrado ya nuestro siglo, y preocupa, si no apasiona, a los profesores, estudiantes y críticos de literatura del presente. En ella se dan todas las características de la novela romántica: ni siquiera falta la exaltación del Cristianismo que, en la pluma de un judío, adquiere riquezas misteriosas e insospechadas, ni el exotismo que no consiste, claro está, en la descripción de aspectos autóctonos de América, como en la *Atala* de Chateaubriand, sino en la intervención de elementos africanos. Esta significación representativa explica la pasmosa influencia que la novela ejerció en todas partes de la América Hispana.

Isaacs combatió en las guerras civiles de su patria, leyó sus versos a jóvenes de tan arrebatada inspiración como la suya, viajó en representación diplomática a Chile y al Perú, se retiró luego a los trabajos agrícolas y a la faena educativa de su tierra natal. Publicó la primera edición de *María* en 1867; quinientos ejemplares que no anticipaban aún el éxito que alcanzaría en subsecuentes ediciones. Diez años más tarde se publicaba ya en México una edición que reunía el homenaje de escritores como Francisco Sosa, Justo Sierra, Guillermo Prieto y varios otros.

El tono altamente lírico de *María,* su emoción tensa y constante, hacen recordar a las novelas más famosas del romanticismo europeo, especialmente a *Paul et Virginie,* de la cual toma ciertos temas y detalles, a *Atala* y aun al *Werther* de Goethe. Isaacs mismo nombró a sus modelos: Efraín menciona a Byron y lee con arrobamiento *Atala* (pp. 20 y 30, Ed. Fondo de Cultura Económica). A este propósito dice Anderson Imbert:

"Pero fue Chateaubriand quien enseñó a Isaacs a orquestar estéticamente su vago erotismo. Por eso cuando Efraín lee a María la novela *Atala* anota muy significativamente que María 'era tan bella como la creación del poeta, y yo la amaba con el amor que imaginó'. Más aun: la lectura de Chateaubriand anuncia a Efraín y María el triste desenlace de este libro que vivían, como si Atala fuera de modo muy sutil el libreto de un drama que ellos representaran. Al chateaubrianizar hubo algo en que Isaacs se sintió seguro: fue su visión del paisaje. Chateaubriand había escrito una América ideal: Isaacs describirá la América concreta en que amaba, trabajaba y luchaba" (*Historia,* p. 160).

Escrita en primera persona, la novela de Isaacs es un poema en prosa en que se combinan sabiamente la evocación romántica del paisaje antioqueño y la apasionada confesión de un joven amante que acaba de perder a su enamorada. El drama: dos jóvenes, Efraín y María —ésta, huérfana, fue recogida muy niña por los padres de Efraín. Enferma de epilepsia, María sufre con las alternativas de su amor. Efraín se aleja, por consejo de su padre, y va a Europa a concluir sus estudios de medicina. María enferma gravemente y, antes de que Efraín llegue a su lado, muere.

El lector moderno tiende a dividir drásticamente la novela en dos aspectos: uno, el romántico y sentimental que, sin duda alguna, ha perdido hoy todo interés; y, otro, el regionalista en que, a juicio de muchos, pudiera basarse actualmente su prestigio. Tal división entraña un error básico. Porque, aun cuando Isaacs describe con gráfica agudeza los oficios campesinos y las costumbres regionales de Colombia y emplea con verdadera maestría el lenguaje antioqueño en toda su riqueza de pintorescos giros y vocablos, si su novela no consistiese sino en esto, no pasaría de ser un catálogo más en la pesada tradición del costumbrismo regionalista de la novela hispanoamericana. Por el contrario, es en su aspecto ideal —incluso en el romance mismo, suspirado como es, lloradísimo y arrobado—, en la síntesis de candor y de fuerza, de sensibilidad poética y vigor rudo del campo, de poesía y prosa típicamente americanas, que reside su aliento universal. A estos dos factores, el contemplativo y el dinámico, se une un tercero, más sutil acaso, e indeciso, pero medular; la sensibilidad de Isaacs es la de un judío fascinado por la maravilla del mundo salvaje de la América Hispana. Al contacto de esta sensibilidad todo adquiere en su expresión un acento especial. Su confesión de amor, la separación, la nostalgia, su desesperación trágica, lejos de constituir una imitación de recetas literarias europeas, son el testimonio de una adolescencia apasionada hasta el frenesí. Esta autenticidad de la pasión justifica el tono exclamativo de la novela.

El novelista busca como por instinto la presentación del conflicto a través de una mentalidad adolescente de modo que el mundo al que se enfrenta el lector es siempre el mundo "ideal", vale decir novelesco, de Efraín y María, donde el sentido común y las prosaicas soluciones y contradicciones están de más. Sobre este hilo tan endeble y, a la vez, tan fino en su tensión poética se levanta la estructura de *María.* A la fábula del amor adolescente no podía corresponder más que la palabra y el paisaje arrebatados de romántico artificio.

Contra lo que se suele decir, me parece que los trozos regionalistas no sólo no constituyen lo más significativo de *María,* sino que en algunos casos son inoportunos y contraproducentes. Los diálogos campesinos (pp. 200 y siguientes) resultan pesados y aunque valiosos desde un punto de vista lingüístico, carecen de interés novelesco. El dramático viaje por el río (pp. 240 y siguientes) abunda en pintorescos detalles y es, qué duda cabe, un modelo de *La vorágine* de José E. Rivera, pero desconcierta, pues el lector ansiando saber qué le ha sucedido a María se agota en tanto detalle descriptivo y quisiera que el narrador, después de provocar la ansiedad con la enfermedad de la joven y el retorno de Efraín desde Londres, marchara sin dilación al trágico desenlace que se presiente. Tan excesivo resulta este largo trozo regionalista como la "novela corta" que introduce Isaacs para relatarnos la historia de la esclava Feliciana, y que no es más que una concesión al exotismo de los románticos europeos.

María, en resumen, es una novela impresionante en sus defectos tanto como en sus cualidades. Ya lo hemos dicho: ha perdido su actualidad, pero no su interés literario. En ella están las semillas del regionalismo del siglo XX. Los escritores que cronológicamente siguen a Isaacs —Blest Gana, Cambaceres, Rabasa, Gamboa— adolecen de muchos defectos, pero, después del éxito popular de *María,* evitarán uno: la pesadez y el artificio académicos. Con el ejemplo del colombiano muy presente, tratarán de producir novelas "novelescas".

RAFAEL DELGADO (1853-1914). En pocos novelistas hispanoamericanos se da tan bien como en Rafael Delgado esa conjunción de realismo y romanticismo que constituye la nota típica de nuestra novela en la segunda mitad del siglo XIX. Su obra —*La Calandria* (1890), *Angelina* (1893), *Los parientes ricos* (1901-1902), *Historia vulgar* (1904)— oscila entre las expansiones sentimentales de la novela francesa de fines del dieciocho y principios del diecinueve, el costumbrismo español y las incursiones psicológicas de los Goncourt y sus discípulos.

Críticos antiguos y modernos han elogiado la perfección de sus descripciones costumbristas, la riqueza de sus evocaciones del campo, la seguridad de movimiento de sus narraciones; hasta se ha admirado la sencillez de la psicología de sus personajes, pero su rasgo típico, el sello que le individualiza entre los novelistas de su época y que, a la postre, da la medida exacta de su valor y sus debilidades es el sentimentalismo: una especie de atmósfera de tiempo viejo prendida como transparente tela de araña a todas sus novelas y en la cual paisajes y caracteres se desperezan recatadamente. Proponiéndose retratar el mundo mexicano de su época con la mirada atenta en Balzac, el modesto profesor provinciano que fue Rafael Delgado no pudo con los torrentes de vulgaridad que le soplaba en el rostro la capital y se defendió en retirada, cubriéndose con los falsos conflictos de una burguesía de provincia, mesurada y cursi. Azuela, que ha querido hacer de él un maestro del realismo mexicano, se desconcierta tratando de explicar las ingenuidades de Rafael Delgado y acaba definiéndolo con admiración, pero sin entusiasmo, en esta justísima semblanza:

"Las novelas de Delgado son fundamentalmente burguesas, escritas para la burguesía por un burgués satisfecho y contento de la clase a que pertenece, pero también de un artista que con fidelidad laudable deja la imagen de su pueblo y de su tiempo. La vida semipiadosa de los pequeños centros de población de la era porfiriana, dejó en Delgado no sólo su mejor pintor, sino su más sincero y leal panegirista. Sus frescos del paisaje provinciano son tan bellos y exactos como sus descripciones de las solemnes festividades piadosas" (*Cien años*, pp. 140-141).

Poco cuesta, por lo demás, identificar la formación literaria de Delgado. Los personajes de sus novelas son particularmente locuaces cuando se trata de comentar las lecturas de la época o de ilustrar un episodio con una cita de prestigio. Vuelan nombres: Cervantes, Chateaubriand, Hugo, Gautier, Fernán Caballero...

> Allí, en un asiento musgoso y desportillado —dice el héroe de *Angelina*— me entregaba yo a la lectura de mis autores favoritos; allí leí la *Atala* y el *Renato;* el *Rafael* y la *Graciela;* allí devoré el *Conde de Monte Cristo,* y repasé, por mi mal, algunas novelas de Jorge Sand, que acongojaron mi corazón y dejaron en mi alma sedimentos de acíbar (C.E.M., p. 93).

En otra parte añade:

> Acaso bebí el germen pesimista en las fuentes románticas: en algunas páginas de Chateaubriand, en el *Werther,* en las cartas de Foscolo, que repasé mil y mil veces; en los melancólicos versos de mis poetas favoritos. Después he leído las obras de Leopardi, de Schopenhauer y de Hartmann... (p. 140).

Y para completar el cuadro de sus lecturas concluye confesando:

> Entonces leí buena parte de *El Fistol del Diablo;* devoré las novelitas de Florencio del Castillo, y en dos días me eché al coleto los dos tomos de *La guerra de treinta años,* de Fernando Orozco, el más intencionado de nuestros novelistas... (p. 308).

En cuanto al héroe de *Los parientes ricos* "hablaba inglés, francés e italiano; seguía con empeño el movimiento literario de Francia; se sabía de memoria versos de Lamartine, de Musset, de Hugo, de Verlaine, de Baudelaire y de todos los poetas de la última generación" (C.E.M., p. 232).

Se adivina en sus novelas al profesor. No en vano dedicó Delgado largos años de su vida a la enseñanza en ese mismo Colegio Nacional de Orizaba donde hizo sus estudios. En su propia tierra —la Córdoba veracruzana que se disfraza bajo diversos nombres en sus novelas, pero nunca pierde su pintoresca individualidad— se le venera como maestro tanto o más que como escritor.

Dirigiéndose al lector en el prólogo de *Angelina,* dice Delgado que su novela es "la historia de un muchacho pobre: pobre muchacho tímido y crédulo, como todos los que allá por el 67 se atusaban el naciente bigote, creyéndose unos hombres hechos y derechos" (página 3). ¿Qué puede haber en la historia de un joven del 67, empozado entre ranas y lunas de Veracruz, que justifique una narración de más de 400 páginas? ¿Amoríos apasionados? ¿Tenebrosas intrigas? ¿Una agitación política como la de *María*?

"Tampoco busques —continúa Delgado—, en los capítulos que vas a leer 'hondas trascendencias y problemas' al uso. No entiendo de tamañas 'sabidurías', y aunque de ellas supiera me guardaría de ponerlas en la novela...una novela es una obra artística: el objeto principal del arte es la belleza, y... ¡con eso le basta!" (pp. 3-4).

Desde la inicial escena de la historia —el avance de la diligencia por los polvorientos caminos de la provincia mexicana, cargando la melancólica inquietud del estudiante en vacaciones— hasta el capítulo final donde se acumulan en desconcertante precipitación una y otra decepción amorosa, una muerte y una resignación más bien insípida, *Angelina* es una organización de menudos episodios sentimentales, de paisajes espléndidos en cuya esencia romántica flotan las opacas gentes de Córdoba, ciudad ésta que el autor disfraza con el nombre de Villaverde. Arte hay, arte menor, de minucia amable e inconsecuente, arte que es el resultado de ingenuas armonías; armonía de piano polvoso, de plaza pueblerina, de coches de caballos sobre callejas de piedra, y, la más fundamental, de los diálogos adolescentes con su contrapunto de llantos, de sonrisas y silencios.

Todo esto es *Angelina,* todo en equilibrio, bien medido, pesado y dispuesto. La diferencia profunda entre las novelas de Delgado y *María* estriba precisamente en esto. Isaacs es poético en su costumbrismo; Delgado, en cambio, es costumbrista en su poesía. La narración de Isaacs, descriptiva, episódica o puramente sentimental, fluye a gran altura sostenida por un vuelo de inspiración apasionada que no decae. Esta cualidad poética —golpe de inspiración, no disciplina retórica— arde en *Angelina* y se apaga de inmediato bajo el peso del ornamento neoclásico o de la minucia costumbrista que Delgado suelta como polvo seco, pegado a la ropa de los villaverdinos.

Esa gente de Villaverde es real, ni duda cabe. Rodolfo es un adolescente común, con todas sus veleidades, sus ímpetus desorientados, sus tres amores, en ninguno de los cuales se compromete genuinamente. Angelina, por otra parte, es personaje que despierta poca simpatía, precisamente porque retratada como está en un ambiente de realidad escueta, no apasiona, no sorprende, se le sabe su flaqueza de ánimo y se le adivina la fuga final a la sombra acogedora del convento. La admiración del lector moderno va hacia Gabriela, bella mujer, inteligente, discreta, en quien se adivina la capacidad de una pasión que el apocado de Rodolfo jamás se atreve a provocar. Las tías del héroe representan una especialidad de Delgado: por todas sus novelas abunda ese tipo de viejecilla dulzona y sentimental. Poco a poco estas tías dominan el plano central de la narración con su ternura de caramelo. Dominan al héroe, también, no con sentimientos maternales, como parece sugerir Delgado, sino con una especie de amorfia, vegetativa posesión, que acaba por dejar fea marca en el carácter del joven. Tanta perspicacia emplea Delgado en la caracterización de los personajes secundarios —el abogado, sirvientes, curas— que, sin proponérselo, abre una veta inoportuna a través de la historia principal, distrayendo al lector que a veces olvida las peripecias sentimentales de Rodolfo.

En pocas palabras, para ser digna sucesora de *María* le sobra a esta *Angelina* costumbrismo y le falta un idilio único, apasionante, que se mantuviera como una sola nota exclamativa, operática, como el do de pecho que diera Isaacs. Descartada la significación poética de *Angelina,* nos queda, un episodio de juventud en marco costumbrista, una amable evocación de la vida provinciana en el México del siglo XIX.

En su siguiente novela, *Los parientes ricos,* Delgado cae en un denso y copioso hacinamiento de detalle cotidiano, agigantado por su don descriptivo. En el prefacio a la novela declara: "he querido que *Los parientes ricos* fuesen así, copia exacta de la vida mexicana" (p. 8). Copia sí lo es, pero no de una vida que es típica, sino de un mundo que el escritor ha detenido para ofrecerlo exangüe, como una gran plaza provinciana al sol. Eso es la novela de Rafael Delgado: una casa de pueblo, una viuda, dos hijas y dos hijos, todos ligeramente idiotizados por la buena crianza, las buenas costumbres, el catecismo y la pobreza vergonzante. Encima de ellos, cae desde París, como un águila de batientes bigotes, el pariente rico, su mujer y dos hijos, uno bueno y sentimental, el otro seductor. A través de cuatrocientas páginas de minucia doméstica, de lugares comunes y cursilerías, el hijo bueno enamora a la prima rubia, mientras que el hijo malo seduce a la ciega y la abandona embarazada. La bondad y la virtud se reparten en porciones muy bien medidas.

Los personajes leen y recitan: pretenden reírse de la sensiblería pueblerina y caen de bruces en ella. La vida de la capital mexicana aparece descrita con riqueza de matices. Quedan ciertas imágenes parpadeando: dos parejas que se cruzan en una avenida frondosa de Chapultepec y, mientras a la distancia les marca el tiempo el rítmico rodar de una berlina, reviven en una mirada un drama adolescente; o es el recelo de una sirvienta rodeada por el tufo alcohólico de cocheros y mozos en la plataforma fantasmagórica de la estación de ferrocarriles; o una visión rápida de la muchedumbre de penitentes luchando por acercarse al templo de Guadalupe.

Preocupado siempre de estampar el sello típico, ya sea en sus campos de Veracruz o en la capital, a cada episodio sentimental le cuelga Rafael Delgado su paisaje, y lo cuelga con lujo de artesanía, jugando con estilos que a veces se remontan al realismo cervantino, o se quedan almidonados en la retórica dieciochesca, o se disuelven en la exclamación vibrante y pintoresca del romanticismo regionalista. Escribiendo a fines del siglo XIX, no ignora la revolución modernista con que Darío renueva poesía y prosa y en páginas selectas despliega su lujo barroco. Léase esta descripción de un comedor de la época como ejemplo:

"Inmensa oleada de luz inundó el recinto: centelleó la argentería; subió el mantel en nitidez; brillaron con transparencia incomparable vasos y garrafas; duplicaron los boles su glauco tinte, y aviváronse granates y rubíes en los póculos de burdeos y de chablí, reservados por don Cosme y el clérigo. Lucieron las frutas su belleza rústica: las pomas califórnicas su carmín amoratado; las mandarinas su ardiente juboncillo; las naranjas cordobesas su ropilla jalde; los racimos el ámbar róseo de su orujo dorado y las ananás, aunque tardías, espléndidas, sus penachos esmeraldinos y sus regios ipiles recamados de oro" (p. 302).

Psicología elemental, personajes estereotipados, sentimentalismo cursi, conflictos de moralidad burguesa, más propios de Francia que de México en la época en que se desarrollan, costumbrismo de gráfico y pintoresco relieve, son los ingredientes de *Los parientes ricos,* novela que don Mariano Azuela elogió sin medida y que, en verdad, se deja leer a duras penas, más como documento de la época que como obra literaria.

Transición al realismo

Azuela tiene razón cuando habla de novelas "fundamentalmente burguesas escritas para la burguesía por un burgués satisfecho". Se refiere, por supuesto, a un período en que la oligarquía patrocina el crecimiento de una clase media comerciante tanto en la metrópolis como en las ciudades de provincia. Poco más tarde la lucha por el poder económico en Hispanoamérica se hará enconada y, en muchos casos, cruenta. Para el novelista será tiempo de hacer crónicas de asonadas y caudillejos con el ojo puesto en la reestructuración social que anuncia la confrontación entre la oligarquía y la clase media, mientras las masas obreras comienzan a organizarse y a jugar un papel directo en la revolución industrial que se avecina.

¿Qué lee la burguesía a que se refiere Azuela, si en realidad condesciende a leer a "sus" novelistas? La novela de una guerra civil en Santiago y las aventuras del joven Martín Rivas, quien llega de provincia a conquistar su lugar social en la patria nueva; la novela de una guerra llamada de la Reforma, del triunfo liberal de Juárez y de la guerrilla móvil del sur de México; el drama pasional que rompe el frente idílico de un hogar burgués en medio de la intriga creciente del mundo bursátil de Buenos Aires; narrativas de un barrio, una cárcel, de los ultramuros y la gran miseria en que van cayendo los pobres vergonzantes al iniciar el éxodo en masa desde el campo a la gran ciudad. Puede ser la vasta crónica de una gran familia que se afirma y apuntala para conservar su poder en el campo, y de la mano dura que parcha la economía semicolonial a través de crisis periódicas. En el fondo, maniobran los civilistas como Portales, o los déspotas paternales como don Porfirio, dos extremos y entre uno y otro la invasión del imperio del Norte, la era de conquistas y rapiñas, y, a la cabeza, los sátrapas uniformados abanderándose, repentinamente enriquecidos.

¿Se leían estas novelas en la América Latina de las mansiones y parques neoclásicos, de los viajes familiares a Europa, de las inversiones en la bolsa de Nueva York y Londres, de la consagración poética en Madrid y París? No parece ser así. La crítica de la época prefiere historiar la literatura como un producto de lujo, marginal.

Lo importante es no olvidar que cuando la crítica dice "novela romántica", "realista", "naturalista", "psicológica", simplemente ata los cabos sueltos que cuelgan entre una tradición libresca colonizadora y una sociedad convulsa que no acaba de ordenarse para imponer sus propias categorías estéticas. La etiqueta, pues, no logra esconder la crudeza del producto. La novela es una crónica de señoríos venidos a menos, de círculos sociales abriéndose al poder del dinero, de clases que se invaden con renuncias y rebeliones. *La rumba, La linterna mágica, Los bandidos de Río Frío, Pipiolos y Pelucones, ¡Tomichic!,* son escenografías de un drama que comienza, testimonios a medias del conflicto que definirá a Latinoamérica como un continente subcolonial en vías de ser avasallado por una nueva Conquista astuta e implacable, con su marcha de torturas y crímenes en nombre de la contrainsurgencia. Un éxodo comienza a lo largo del río donde van cayendo los ídolos sagrados. La clase media registra los hechos en la crónica-ficción que reemplaza al expediente.

Lizardi, Micrós, Facundo, Blest Gana, Groussac, son los escribientes del Estado que entra en quiebra. Las crisis económicas de las naciones hispanoamericanas en la segunda mitad del siglo XIX acusan el hundimiento de la agricultura colonial y la zozobra de la pequeña minería burguesa. Los escribas anotan el comienzo del fin de la gran familia, la convulsión de las provincias, el paso o el salto del mutualismo a la revolución sindical.

Pasado el medio siglo, la novela hispanoamericana entra por cauces de inesperado vigor que aceleran su desarrollo y la llevan a través de variadas tendencias desde el romanticismo sentimental hasta el más exagerado naturalismo. Se nutre de influencias europeas que, al llegar a América, pierden su estricta connotación histórica. Es el momento en que la novela hispanoamericana simultáneamente rinde culto al idealismo de Saint Pierre y Chateaubriand, al historicismo de Scott y Hugo, al folletinismo de Dumas, y al realismo de Balzac y Pérez Galdós. En los últimos treinta años del siglo XIX nuestros novelistas no dejan aún de ser realistas románticos cuando, imitando a Zola, se entregan ya a los experimentos del realismo naturalista. Resulta difícil, por eso, discernir con claridad el verdadero curso que va tomando lo mejor de la producción novelística en estos años antes de adquirir el sello impuesto por la ideología del modernismo y del celo americanista de fin de siglo.

Entre los románticos que superaron el sentimentalismo y el historicismo para acercarse a un estilo realista que constituye el primer signo de una novela regionalista americana, es preciso recordar a los mexicanos Ignacio Manuel Altamirano, Angel del Campo, Manuel Paynó, Luis G. Inclán y José Tomás de Cuéllar; al chileno Alberto Blest Gana; a los colombianos José Caicedo Rojas, José M. Marroquín y Eustaquio Palacios; a los argentinos Miguel Cané y Paul Groussac; y al cubano Cirilo Villaverde. En mayor o menor grado, estos novelistas logran liberarse de la tendencia a idealizar el paisaje y se esfuerzan por reproducir ambientes típicos, del campo o de la ciudad; buscan al personaje criollo y lo retratan con rasgos autóctonos que, por desgracia, no tardan en estereotiparse; le estudian el lenguaje y tratan de reproducirlo con fidelidad. No falsean ni comprometen la realidad social acumulando el artificio de la novela exotista francesa. Les fascina el ciclo social de las novelas de Balzac o el regionalismo de Daudet. El campo ya no es una arcadia. Es un lugar de lucha. La ciudad no es ya un conglomerado de salones: junto a la mansión aparece el suburbio obrero y el amargo vecindario de la clase media empobrecida. Estos novelistas representan un instante de transición. Nada más que un instante. Puede decirse que nunca dejan de ser románticos y en el momento mismo en que ensayan la objetividad realista, se ha establecido ya firmemente en Hispanoamérica el regionalismo.

ALBERTO BLEST GANA (1830-1920) es el iniciador de la novela en Chile y su representante máximo en el siglo XIX. Antes de la publicación de su primera obra, *Una escena social* (1853), aparece uno que otro conato de arte narrativo: *Antaño y ogaño* —publicado en 1885, —pero hay cuentos que datan de 1843— de José Victorino Lastarria (1817-1888), por ejemplo, y el folletín histórico *El inquisidor mayor* (1852) de Manuel Bilbao (1827-1895). Paralelamente a la obra de Blest Gana, desde 1845 para ser más exactos, crece también una literatura folletinesca en Chile, copiada de modelos franceses y españoles, cuyos representantes más afamados fueron: Martín Palma (1821-1884), Daniel Barros Grez (1834-1904), Liborio E. Brieba (1841-1897) y Ramón Pacheco (1845-1888). Ni unos ni otros—los aprendices de costumbristas, como Lastarria, y los folletinistas—, alcanzan el plano de la creación literaria auténtica. Pedestres, engorrosos, melodramáticos, llenan miles de páginas con una burda imitación de lances leídos en Dumas, Sue, Feval, Fernández y González. Por fortuna, no dejan huella.

No goza Blest Gana de una reputación tan amplia y una esfera de influencia tan vasta como otras grandes figuras del romanticismo hispanoamericano. En Chile se le venera, se estudia su obra; nunca ha decaído su popularidad, por el contrario, parece afirmarse con el tiempo. Se admira su concienzuda y empecinada devoción a una especie de épico localismo, rico en materia histórica, observación de costumbres, caracterización de tipos autóctonos y diálogo regional. El lector chileno entra a las novelas de Blest Gana como a un museo histórico donde las figuras, al verse reconocidas, comienzan a agitarse en la sombra y a revivir una curiosa parodia de gestos y actitudes que aún pueden identificarse en el Chile de hoy.

Blest Gana trabaja a base de evocaciones. En su memoria se grabó el transcurso de ciertos hechos, se grabó también el paso de ciertas gentes —sus encuentros y separaciones, sus amores y sus odios—, pero no la huella que esas gentes abrieron a golpes de pasión en un plano subterráneo, íntimo.

La apacible lucidez para manejar evocaciones —no sucesos de ocurrencia inmediata— es signo de buen cronista y Blest Gana compuso sus novelas, sus mejores novelas, en actitud de cronista. Comenzó a escribir muy joven. A los 23 años publica su primera novela. Regresaba de Francia, donde hizo estudios de ingeniería como parte de la carrera militar. El entusiasmo por la literatura le hizo abandonar el ejército. Quería ser el Balzac chileno. Tuvo la ventaja de descubrir pronto su vocación y de forjarse un plan de trabajo que abarcaba nítidamente las ambiciones literarias de toda una vida. A los 30 años había publicado ya ocho novelas. Eran obras de aprendizaje: folletines sentimentales que acusaban una fuerte influencia francesa. Sin embargo, el ambiente le fue propicio desde un comienzo.

La Universidad de Chile le premió *La aritmética del amor* en 1860; las palabras del jurado dejaban traslucir una admiración entusiasta por las dotes del joven escritor. Esa novela cierra la primera época en la producción de Blest Gana; en ella deben incluirse *Una escena social* (1853), *Los desposados* (1855), *Engaños y desengaños* (1858), *El primer amor* (1858), *La fascinación* (1858), *Juan de Aria* (1859) y *Un drama en el campo* (1859). La segunda época abarca desde 1860 a 1864 y en ella publica siete novelas de dispar importancia; además de *La aritmética del amor,* ellas son: *El pago de las deudas* (1861), *Martín Rivas* (1862), *El ideal de un calavera* (1863), *Venganza* (1864), *Mariluán* (1864) y *La flor de la higuera* (1864).

En 1864 Blest Gana asume el puesto de Intendente de Colchagua y, dos años después, el gobierno de Chile le nombra Encargado de Negocios en Washington. No volverá a publicar novelas hasta el año 1897. Al fin de ese lapso reanuda su tarea con la naturalidad de quien la interrumpió hace sólo un momento. Pero en esos años Blest Gana sufrió un cambio que acaso él mismo no aquilató en toda su significación y que sus biógrafos más ilustres, Silva Castro y Alone, no destacan suficientemente. Cortó el contacto directo con su tierra. Vio a los chilenos como proyectados en una pantalla cinematográfica para relatarnos, luego, el "argumento" de lo que les sucedía. Si faltaba una reflexión filosófica o moral para ilustrar la trama, esa reflexión correspondía a un clisé francés; si era preciso complicar la acción para no interrumpir el diseño de una historia, recurría a incidentes cuyo modelo estaba en las novelas del romanticismo europeo. *Los trasplantados* (1904) y *Gladys Fairfield* (1912) —que con *Durante la Reconquista* (1897) y *El loco Estero* (1909), constituyen la tercera época de su labor creativa—, son obras en que se superimpone la estructura de una realidad francesa a una realidad criolla, como había sucedido ya en sus novelas primerizas. Desde 1866 hasta 1920 Blest Gana vive una existencia rica en apasionantes acontecimientos; es diplomático en las cortes más brillantes de Europa, testigo de guerras y revoluciones, defensor de su patria en circunstancias dramáticas que le llevan a moverse en el mundo de la alta banca, del espionaje internacional, de los constructores de barcos y fabricantes de armamentos; viaja, lucha, triunfa y cae, en seguida, víctima de la ingratitud. Hay en esos años materia fabulosa para un novelista. Blest Gana la desecha; rehúsa conectar su vida con su obra, obstinándose en animar siluetas de un retablo provinciano o en rememorar las glorias épicas de la patria vieja.

Su fama descansa, pues, en dos obras que ilustran a la perfección su concepto del arte de novelar y que por su tema y la proyección que su autor les dio están destinadas a gozar de una difusión más bien local: *Martín Rivas* y *Durante la Reconquista*. En la primera, Blest Gana crea una obra de ambiente característicamente chileno, con personajes típicos de la clase media y la clase alta, les hace hablar en un lenguaje de la época, regional pero no exageradamente criollista, y estampa al fondo, como un diseño mural de amplias y abigarradas proporciones, un instante de crisis en el desarrollo social de Chile. Graves acontecimientos políticos dividen a la nación en bandos irreconciliables. La clase media provinciana empieza a asediar a los potentados capitalinos presintiendo ya la hora de asumir el poder. En la figura de Martín Rivas pudo Blest Gana simbolizar este nacer de una nueva fuerza social en Chile. Lo sugiere, pero descarta pronto el tema político y, en su lugar, prefiere dar relieve al conflicto doméstico y sentimental que, a la postre, se soluciona con la victoria romántica del joven provinciano. De novela social, entonces, *Martín Rivas* sólo tiene rudimentos; es novela de ambiente, pero sobre todo, una historia de amor, al estilo de *La novela de un joven pobre* de Fouillet y de *Rojo y negro* de Stendhal, como ha indicado Silva Castro. Blest Gana "crea" el tipo de novela chilena que va a constituir la moda durante años. *Martín Rivas,* con todo y ser una obra de escuela, desborda espontaneidad. De ahí su simpático vuelo y amenidad, de ahí el ritmo de apasionante interés que adquiere el idilio entre Martín y Leonor, y de ahí también el significado dramático que asume la narración de los tumultos políticos ocurridos en 1851, en los cuales, dicho sea de paso, Blest Gana muestra un recatado liberalismo. El aliento romántico que transforma el amor de un provinciano por una joven de clase privilegiada en símbolo de una época y de una crisis social, le da a *Martín Rivas* la vigencia que aún posee.

Durante la Reconquista, reputada como la obra maestra de Blest Gana, es acaso la mejor novela histórica que se escribió en Hispanoamérica durante el siglo XIX. En ella se narra la lucha entre españoles y patriotas chilenos a raíz del desastre de Rancagua. Chile ha perdido una batalla y la causa de la Independencia está en peligro. Aparecen revolucionarios y guerrilleros: tejen sus intrigas los simpatizantes de la monarquía española; la sociedad colonial se divide, el terror, el odio, la pasión política predominan. Con un interesante fondo de intrigas políticas, conflictos amorosos, episodios históricos, Blest Gana organiza su galería de héroes y villanos. Idealiza a los patriotas, a Manuel Rodríguez entre ellos, pero no denigra al enemigo, por el contrario, llega a escribir semblanzas memorables como las de San Bruno, Osorio y Marco del Pont. Dejándose guiar por un magnífico instinto de narrador Blest Gana crea un personaje criollo, el roto Cámara, para simbolizar en él las virtudes combativas de la patria. Se critica a *Durante la Reconquista* su extensión, el detalle de sus muchas descripciones costumbristas, la complejidad exagerada de la trama. Todos estos defectos en nada desmerecen su valor señero: en ella tiene la literatura chilena su contribución más valiosa a la tradición del realismo romántico. Cierra, además, y brillantemente, el ciclo histórico que se impusiera el autor en los comienzos casi de su carrera de novelista.

IGNACIO MANUEL ALTAMIRANO (1834-1893) es el novelista más importante del romanticismo mexicano. Puede afirmarse también que Altamirano es el primer escritor hispanoamericano que ensaya una concepción moderna de la novela. Nació en Tixtla, estado de Guerrero. De raza india y condición social humilde, Altamirano no aprendió el español sino hasta los catorce años de edad. Estudió en el Instituto Literario de Toluca. Más tarde fue al Colegio de

San Juan de Letrán para seguir la carrera de leyes. Desde sus años de estudiante se adhirió al movimiento liberal y tomó parte en la revolución de Ayutla y en la Guerra de la Reforma. Después de servir como diputado en 1861 combatió contra los franceses con el grado del coronel y, bajo el mando del general Riva Palacio, peleó en el sitio de Querétaro.

Altamirano fue uno de los líderes de la juventud liberal de su patria. Desarrolló una intensa actividad periodística. Con Ramírez y Prieto fundó *El Correo de México.* En 1869 inició la publicación de *El Renacimiento,* revista de importancia en la historia de la literatura mexicana. Más tarde editó *El Federalista* (1871) con Manuel Paynó, *La Tribuna* (1875) y *La República* (1880). Incorporado al servicio diplomático, fue Cónsul General de México en España (1889) y, luego, Cónsul en Francia. Murió en San Remo el 13 de febrero de 1893.

Viviendo intensamente y en sus más apasionantes alternativas la historia literaria de su época, Altamirano, como Lastarria, Bello y Sarmiento en Sudamérica, reconoció la necesidad de liberar la literatura de su patria de la tradición neoclásica española. Animó a los jóvencs a interesarse en libros y autores de Inglaterra, Alemania, Rusia, los Estados Unidos, para recoger en ellos las novedosas corrientes de la literatura moderna. El mensaje de Altamirano puede resumirse así:

1) La historia de México es rica en material novelesco: la época precolombina, así como la guerra de la Conquista y la dominación española "son un manantial de leyendas poéticas magníficas" ("Revistas literarias de México" en *La literatura nacional,* t. 1, México, 1949, p. 10). Las guerras de Independencia, la era republicana, el Imperio y el pueblo de México "mísero y despreciado, levantándose poderoso y enérgico, sin auxilio, sin dirección, y sin elementos" son asuntos dignos de una epopeya. "¿Pues acaso James Fenimore Cooper tuvo más ricos elementos para crear una novela americana y rivalizar con Walter Scott en originalidad y fuerza de imaginación?" (p. 12).

2) La novela mexicana no ha de ser copia ni de la española ni de la francesa. Refiriéndose a Mármol, Esteban Echeverría, Pombo y otros, dice: "Cantan su América del Sur, su hermosa virgen morena, de ojos de gacela y cabellera salvaje. No hacen de ella ni una dama española de mantilla, ni una *entretenue* francesa envuelta en encajes de Flandes. ¡Esos poetas cantan sus Andes, su Plata, su Magdalena, su Apurimac, sus pampas, su gaucho...!" (p. 14).

3) La novela mexicana tiene ante sí una misión política y moral. "La novela suele hoy ocultar la biblia de un nuevo apóstol o el programa de un audaz revolucionario" (p. 18), "...es necesario apartar sus disfraces y buscar en el fondo de ella el hecho histórico, el estudio moral, la doctrina política, el estudio social, la predicación de un partido o de una secta religiosa: en fin, una intención profundamente filosófica y trascendental en las sociedades modernas." (pp. 17-18). Para llegar a sus conclusiones Altamirano emprende una suscinta historia del género novelesco, remontándose a sus orígenes en la literatura griega. Insiste en su función social: "La novela es el libro de las masas", dice, y añade: "entretanto llega el día de la igualdad universal y mientras haya un círculo reducido de inteligencias superiores a las masas, la novela, como la canción popular, como el periodismo, como la tribuna, será un vínculo de unión con ellas, y tal vez el más fuerte" (pp. 39-40).

Tres obras pueden considerarse típicas de la producción novelística de Altamirano: *Clemencia* (1869), *La Navidad en las montañas* (1871) y *El Zarco* (novela póstuma, 1901). Nos referiremos solamente a esta última.

La trama de *El Zarco* se desarrolla en los años 1861 a 1863, pasado el período culminante de la guerra de Reforma, cuando Benito Juárez afirma su poder ante las fuerzas reaccionarias derrotadas y dispersas pero no inactivas, y los franceses preparan su invasión. En el sur de México, grupos de bandidos, llamados los Plateados, dominan los campos, las haciendas y pequeñas poblaciones. Asaltan, roban, secuestran, asesinan impunemente, pues cuentan con efectivo apoyo dentro de las filas del gobierno. En este ambiente

Altamirano teje una intriga amorosa que envuelve a cuatro personajes centrales: Manuela, la belleza del pueblo, El Zarco, bandido de quien ella se enamora, Nicolás, el herrero, hombre de bien que es rechazado por Manuela; y Pilar, la joven tímida y recatada que ama a Nicolás en silencio.

El procedimiento del autor es el mismo que usara en *Clemencia:* pone ante el lector un mundo narrativo dividido en dos planos: uno, ideal, especie de edad de oro en que la felicidad bucólica es reemplazada por una comodidad burguesa, configurada en moldes franceses del siglo XVIII y del siglo XIX, y otro plano, "real", dividido por incongruentes contradicciones y luchas, donde ciertos héroes van predestinados a triunfar y ciertos villanos a perderse. Este mundo de combates y conflictos sociales es el que nos interesa hoy. En este plano, Altamirano despliega la fuerza de su ideología liberal, la originalidad de ciertos tipos, el Zarco, el Tigre, Manuela, Enrique, Martín Sánchez por ejemplo. Lucen también su clarísima y gráfica visión del paisaje mexicano — Guadalajara en *Clemencia,* el sur tropical en *El Zarco*— el encomiable esfuerzo por reproducir el lenguaje popular de su tierra y, por encima de todo, la dinámica visión de la guerra civil, con su galería de figuras pintorescas y el proceso de transformación política y social que la acompaña. Este Altamirano, el autor de *El Zarco,* es incuestionablemente un precursor de la novela de la revolución mexicana del siglo XX.

PAUL GROUSSAC (1848-1929), nacido en Francia y avecindado en la Argentina, es autor de una de las novelas que mejor representan la transición del romanticismo hacia el realismo naturalista de fines del siglo XIX: esa novela se llama *Fruto vedado* (1884) y hoy no la leen sino los profesores de literatura y los lectores que presienten un tema escabroso bajo el título entre bíblico y pasional. Groussac llegó a la Argentina a los dieciocho años.

"Se argentinizó —dice, hablando de él, Germán García— pero no totalmente, porque si manejó el castellano como pocos, conoció nuestro pasado como el que más y se movió dentro de nuestras fronteras con la libertad de cualquier argentino de prosapia, hubo siempre en su vida y en su obra un poco de nostalgia de la patria lejana y algo de acíbar en lo que escribiera destilado sin duda por una íntima y tal vez subconsciente amargura de desterrado" (*La novela argentina,* Buenos Aires: Ed. Sudamericana, 1952, pp. 96-97).

En *Fruto vedado* Groussac narra una intensa historia de amor que se inicia con la candidez de un idilio adolescente, avanza a través de fatalidades, decepciones, empecinamientos y arrebatos, crece en ímpetu sensual, convertida ya en adulterio, y termina provocando un suicidio. La primera parte de la novela —el idilio entre el ingeniero francés y la joven argentina— flota, superficial y amena, en uno de esos limbos campestres que glorificó el romanticismo de Isaacs. Groussac conoce el campo argentino —las faenas, las costumbres, el paisaje—, pues ha vivido en ese mundo criollo absorbiéndolo hasta convertirlo en parte substancial de su vida; de ahí la autenticidad del gauchismo de ciertos personajes como el pintoresco Capdebosc. Hay algo, no obstante, que diferencia medularmente a Groussac de otros regionalistas de su tiempo: en su obra —tanto en la novela ya nombrada, como en sus *Relatos argentinos*— se advierte el propósito de superar el sentimentalismo convencional de la literatura romántica de medio siglo y ahondar en los abismos de la pasión erótica, sin prestar atención a los escrúpulos y prejuicios que coartaban a sus compañeros de generación. Acaso es Groussac el primer novelista hispanoamericano que lleva a su heroína y a su héroe a la cama, abiertamente, con elegancia y arte del detalle, en el gran estilo de la novela pasional francesa.

Groussac estudió con provecho el arte narrativo de simbolistas y parnasianos. Sus *Medallones* (1884) son prueba de ello. Maestro del detalle, Groussac viste y desnuda a sus heroínas cada vez que las describe. No desdeña cinta ni encaje, ni pliegues ni ruedos; busca los colores con sensual sabiduría, contrastando la blancura de un cuerpo con el negro o el rojo de un vestido. Sus descripciones de Andrea, vestida para la Opera (p. 264) y desvestida en un reservado del Bois de Boulogne (pp. 310-311) son buen ejemplo de su poder de sugerencia. Ningún escritor hispanoamericano del siglo XIX pudo competir con él describiendo la riqueza de los ambientes parisinos, el sabor de realidad íntima que se respira en las alcobas, en los coches, en los palcos, en los solitarios jardines. Aquello que Mármol, Blest Gana, Delgado, buscaban afanosa pero inútilmente, Groussac lo consigue sin esfuerzo y no lo pierde en la atmósfera violenta del criollismo: por el contrario, se halla presente en cada detalle de sus descripciones gauchas, es precisamente lo que les da relieve y hondura. Darío sintió esta particularidad de Groussac. Vio que en su obra había un "estilo" francés, no un afrancesamiento; por eso le admiró. Páginas hay en *Fruto vedado* que llevan ya la riqueza colorista, la musicalidad, la sugerencia poética de la mejor prosa modernista:

"Una vaga armonía de pianos lejanos se levantaba en medio de la fragancia de las magnolias y diamelas de los patios de las casas, desbordando de casi todos los follajes de bananeros y madre-selvas. La luz crepuscular doraba las torres de las iglesias, los miradores profusamente pintados, y las azoteas donde jugaban las chinitas descalzas..." (p. 99).

En todo esto reside la significación de su obra: viene a liberalizar, a humanizar la novela romántica hispanoamericana; a regalarnos un poco de sensualidad y auténtico erotismo. Dícese que su obra es autobiográfica. Mayor mérito, pues ha logrado estilizar en una novela lo que otros hubieran "confesado" en prosa ensayística. De ahí que su nombre adquiera un relieve que otros escritores autobiográficos de su misma generación no alcanzaron. Miguel Cané (1851-1905) narra con naturalidad, con emoción y dibuja hábilmente sus caracteres en *Juvenila* (1884), pero no es novelista. Tampoco lo es Eduardo Wilde (1844-1913) en *Aguas abajo*. Groussac juega con los elementos de un drama personal, encarnado no sólo en la figura de Marcel Renault, sino también en la de Capdebosc. Transmuta, en una palabra, la realidad en ficción y crea una auténtica novela, una obra importante en la evolución del realismo hispanoamericano.

ANGEL DEL CAMPO (1868-1908) es uno de los precursores del realismo moderno mexicano. Hombre de recursos modestos, de existencia sacrificada, abandonó sus estudios de medicina para dedicarse a la enseñanza y, especialmente, a escribir en diarios y revistas de su patria. Su obra, compuesta de cuentos, crónicas y bocetos de novelas, fue reunida en tres libros: *Ocios y apuntes* (1890), *Cosas vistas* (1894) y *Cartones* (1897). Para el lector moderno Angel del Campo —más conocido por su pseudónimo MICROS— sobrevive por el mérito de su novela corta: *La Rumba*. Las "cosas" —cosas empozadas, estables— son la médula del mundo de Micrós; cosas que están pegadas a la tragedia, como si la vistieran, o como si fueran la cicatriz que le da el carácter a un rostro. Si ellas faltaran, las criaturas de su novela flotarían en un limbo. Por esto, antes de hacer vivir a sus personajes Micrós hace vivir a La Rumba, la plazoleta miserable y tenebrosa, resumidero de todo desperdicio, donde las gentes naufragan como basura de acequia en el remolino de la alcantarilla.

Las noches de lluvia se hacían un lago de la inmensa Rumba, lago en que flotaban cadáveres de animales, pedazos de sombreros de palma, ollas despostilladas, petates deshechos y hojas de maíz con canastas desfondadas y zapatos boquiabiertos... (Ed. de E.H. Miller, México, 1951, pp. 7-9).

Detalles son éstos con que Micrós fija la contextura de su historia. Para dar vida a sus personajes recurre a un método semejante: le bastan los rasgos agudos, a veces brutales de la caricatura.

Micrós les mueve en una trama vulgar que parece el boceto de una crónica policial: una mujer joven, nacida en el hampa, costurera de oficio, hija de un herrero, se deja seducir por un vendedor de paños; se va con él, soporta hambre, golpes, insultos, hasta que una noche, mientras riñen, lo mata de un balazo. Al margen de esta intriga aparece la figura de un comerciante de La Rumba, quien ha de ser, a la postre, la única esperanza de salvación para Remedios, la heroína. Junto a ellos asoman sus rostros innumerables personajes que con actitudes y voces de guiñol transforman el ambiente en un mundo de máscaras, grotesco, escalofriante a veces, irónico en otras ocasiones. Esto, la ironía, es rasgo que identifica a Micrós. Parece comprender la limitación de su actitud narrativa y, sin llegar a burlarse de ella —no podría hacerlo sin destruir la moraleja de su historia— la desvirtúa con algo del cinismo de la picaresca, burlándose del cura, del maestro o del periodista o de los abogados y jueces y hasta de los mismos infelices de La Rumba. Semejante ironía volverá a aparecer más tarde en el *Pito Pérez* y *Una vez fui rico* de José Rubén Romero.

María del Carmen Millán, en su edición de las obras de Micrós (México, 1958, dos tomos), resume las características y significación de *La Rumba* del siguiente modo:

"En *La Rumba* pueden encontrarse la fidelidad fotográfica del realismo, el cuidadoso análisis naturalista y el subjetivismo dramático del romanticismo. Es que Micrós no podía guardar distancias entre él y sus obras, porque, más que hijas de su ingenio, eran hijas de su corazón. A pesar suyo, sus emociones brotan y se desbordan en presencia de la fatalidad que destroza a sus personajes y, finalmente, es la compasión humana la que recoge todo lo que ha deshecho y revuelto el pesimismo, la ironía y la curiosidad científica" (p. XVII).

Acaso no sea la ironía la que salva a Micrós y le consagra entre los buenos narradores mexicanos del siglo XIX; quizá la ternura, que esconde sólo a medias, y sin la cual esas gentes que se mueven por la ciudad en un destartalado tranvía, como figuras grotescas de carrousel, no tendrían en su desolación esa suave luz de piedad y esperanza que las alumbra.

Con MANUEL PAYNO (1810-1894) se inicia la novela romántica en México y en este comienzo se fijan de inmediato sus más sobresalientes características. Le apasiona la historia y la utiliza, como los folletinistas franceses y españoles, para inflar desproporcionadamente sus complicados argumentos. Rinde homenaje, no obstante, a la objetividad de los costumbristas:

"Escribo escenas de la vida real y positiva de mi país —dice— cuadros más o menos bien trazados de costumbres que van desapareciendo, de retratos de personas que ya murieron, de edificios que han sido derrumbados; que son una especie de bosquejo de lo que ha pasado, que se ligan más o menos con lo que pasa al presente. Si así sale una novela, tanto mejor..." (Azuela, *Cien años de novela mexicana,* México, 1947, p. 84).

El fistol del diablo (1845), novela apreciada por su fiel descripción de ambientes y personajes característicos de la época, se mueve con engorrosa lentitud a pesar de la emoción que trata de inyectar el autor a la trama con peripecias folletinescas. La crítica social de Payró no siempre fluye con naturalidad, pero deja una huella que, acaso, supere al valor anecdótico de la novela. En su obra más famosa, *Los bandidos de Río Frío* (1889-1891), por el contrario, las tendencias dispares, que no llegan a integrarse en su novela inicial ni en *El hombre de la situación* (1861) —obra ésta que dejó trunca—, hallan un cauce definitivo. La crítica recientemente parece haber redescubierto esta novela de Payró señalándola como uno de los documentos de más gráfico realismo que produjo la literatura mexicana durante el siglo XIX. Se la compara a un inmenso y rico mural en que divagan figuras típicas del México dieciochesco frente a un fondo de concreta y detallada precisión arquitectónica. El valor documental de la obra es innegable; su amplitud es, sin embargo, contraproducente. Las mil páginas de *Los bandidos de Río Frío* son mortales para el lector que busca simple y amena diversión.

LUIS G. INCLAN (1816-1875), narrador folletinesco, esencialmente popular, ganó fama con una sola novela, *Astucia, el jefe de los Hermanos de la Hoja, o los charros contrabandistas de la rama* (1865-1866). Nada parece haber en el ambiente campesino de México que Inclán ignore: nació y creció entre charros y trabajó con ellos hasta que decidió radicarse en la capital y convertirse en impresor.

Conoce la faena del vaqueano contrabandista, sus rutas secretas cuando elude a las autoridades, conoce sus leyendas y sus aventuras, domina su lenguaje, le comprende en su ingenuo tradicionalismo, en sus ansias de justicia; admira su código del honor y sus alardes de quijotismo. Con tales elementos, Inclán da la imagen de un charro varonil, intrépido, estoico, justiciero. Que en esta imagen sobresalgan virtudes de cepa tradicionalmente burguesa —el patriotismo, un piadoso sentido hogareño y filial, la religiosidad— es algo que no preocupa a los admiradores de Inclán. Pues *Astucia,* como hace notar Ralph E. Warner (*Historia,* pp. 30-33) no es sólo un anecdotario de las peripecias que sufre la romántica banda de contrabandistas de tabaco, sino que es, al mismo tiempo, un rico cuadro de personalidades campesinas: al narrar la vida de cada uno de los héroes menores —Pepe el Diablo, Tacho Reniego, Chepe Botas, el Charro Acambareño— Inclán propone un arquetipo y lo cimenta con semblanzas de individuos que conoció en la vida real. Mariano Azuela gusta de referirse a Inclán llamándolo charro y considerándolo un intérprete absolutamente genuino del campo mexicano.

Dice Azuela:

"Inclán nos deja un tipo nuevo y perdurable: el ranchero, producto legítimo de la guerra de Independencia. El ranchero que desde entonces ha sido factor de primerísimo orden en las sucesivas revoluciones de México y a cuya sangre se deben los cambios verificados en nuestra estructura social. Por la reciedumbre de estos hombres, por la verdad del ambiente, por la precisión de los procesos psicológicos, tales como aparecen en *Astucia,* esta novela no tiene rival en nuestras letras. Podría desaparecer toda la literatura imaginativa y no más con *Astucia* los investigadores sabrían encontrar el asiento de las reservas vivas de México" (*op. cit.,* pp. 69-71).

Preferible es dejar que hable Azuela —sintiendo como siente una tan apasionada admiración por Inclán— a permitirnos un pecado de irreverencia, pues para el lector que se acerque hoy a *Astucia,* más que la hermosa tradición ranchera de que habla el autor de *Los de abajo,* resaltan defectos literarios que son, por cierto, el producto de una época y de una moda.

JOSE TOMAS DE CUELLAR (1830-1894), que popularizó el pseudónimo de "Facundo", es un animado y excéntrico retratista de caracteres, ambientes y costumbres del México republicano durante la segunda mitad del siglo XIX. Tiene sobre Lizardi —a quien se asemeja por el tono picaresco de sus narraciones— la ventaja de ser breve, directo y entretenido. Le falta, en cambio, el vuelo y la trascendencia social del Pensador Mexicano, así como la profundidad en su crítica de costumbres. "Facundo" es pintor de miniaturas.

Muchas veces es teatral: no le preocupa otra cosa que traer personajes a escena, empujarlos a un primer plano, describirlos con rasgos caricaturescos y, en seguida, ponerlos a hablar. Sus novelas comienzan sin vanas introducciones, van derecho al grano y una vez que dan con el grano, se acaban: "Facundo" no sabe qué hacer con él. En la primera página está la médula de la historia; de allí parte el tren de caracteres y acontecimientos moviéndose a ritmo acelerado, sin dilación alguna, sobre un plano de eufórica y amena superficialidad. "Facundo" sabe interesar al lector. Seguimos leyendo sus novelas aun cuando nos damos cuenta del vacío que esconden bajo la actividad costumbrista. El secreto de su amenidad parece estar en el genuino interés con que se acerca a tipos característicos de ese mundo de la clase media y del pueblo que es el suyo propio. Cuando les describe no es que les descubra, les conoce ya demasiado: más bien nos habla de ellos como familiarizándonos con viejas amistades.

"Yo he copiado a mis personajes a la luz de mi linterna, no en drama fantástico y descomunal, sino en plena comedia humana —dice en el prólogo a *Ensalada de pollos*— ...Esta es la linterna mágica: no trae costumbres de ultramar, ni brevete de invención; todo es mexicano, todo es nuestro, que es lo que nos importa; y dejando a las princesas rusas, a los dandíes y a los reyes de Europa, nos entretendremos con la 'china', con el 'lépero', con la 'polla', con la 'cómica', con el indio, con el 'chinaco', con el tendero y todo lo de acá" (pp. XVI-XVII).

Por eso le llama *La linterna mágica* a su colección de novelas y por eso estas novelas —*Ensalada de pollos, Historia de Chucho el Ninfo, Isolina la ex-figurante, Las jamonas, Las gentes que "son así", Gabriel el cerrajero, Baile y cochino, Los mariditos, Los fuereños* y *La noche buena* (1869-1890)— parecen un mundo de medias luces en el que vemos colgadas toda clase de estampas en blanco y negro. Hay, entre ellas, estampas recortadas por mano maestra: Chucho el Ninfo; Lupe, la de Saldaña; las Machuca. "Facundo" no siempre consigue poner un alma en estos figurines. El mejor ejemplo de este arte suyo —y una de sus novelas más aplaudidas— es *Baile y cochino*. El "baile" a las pocas páginas adquiere una significación desmedida, extravagante, fuera de toda posible proporción; se transforma en un mito en el que se va acumulando la locura de un grupo de excéntricos en que se dan galanes y mujercillas aventureras que parecen salir de un afiche impresionista francés, al lado de fregonas, ladrones, bolsistas, peluqueros, militares y vagos extraídos del bajo fondo mexicano. Por un instante, estos personajes se comportan con la febril desfachatez que es característica en los cuentos de Chejov y en ciertas novelas de Dostoievski; pero la ilusión dura un momento y nada más, porque "Facundo" no ve por encima del juego de circunstancias y, si se trata de profundizar, moraliza echando mano de vulgares muletillas. Es un costumbrista de escuela. Tuvo sus modelos españoles: Larra, Mesonero, Ramón de la Cruz, y, como adelantado discípulo, entregó su aporte a la novela mexicana.

La novela histórica

La novela histórica es en sí un fenómeno literario digno de cuidadoso estudio pues irrumpe entre nosotros en época temprana —*Jicoténcal,* la primera novela histórica hispanoamericana aparece en 1826, anticipándose a los comienzos del género en España— y pronto se establece con firmes y hondas raíces, apasionando por igual a lectores y novelistas a través de todo el siglo XIX. En su ímpetu narrativo, en su vuelo de siglos, descubren los novelistas románticos la inspiración para evocar episodios casi desconocidos de las guerras entre españoles e indios. Con el realismo pintoresco de los viejos cronistas describen la rutina colonial resucitando leyendas, supersticiones, lances de capa y espada, venganzas, intrigas de amor y de odio, melodramas, en fin, que animan durante años la imaginación folletinesca del lector educado en las novelas de Walter Scott, Víctor Hugo, Alexandre Dumas, Eugene Sue o Alessandro Manzoni. De esta curiosa confluencia —la tradición que dejara la Crónica de la Conquista y el ejemplo de la novela histórica y folletinesca europea— nace la novela histórica hispanoamericana. Ello implica sus variadas características: es teorizante y predicadora de un liberalismo racionalista en *Jicoténcal*; es documentada, lenta, vale decir "colonial" en *Enriquillo* (1878) de Manuel de Jesús Galván; es evocadora, líricamente atenta a lo americano en la *Sibila de los Andes* (1849) del venezolano Fermín Toro (1807-1865), así como puerilmente exótica en *La viuda de Corinto,* de este mismo autor, donde se narran las luchas entre musulmanes y cristianos; es sentimental, heroica, aventurera en *El capitán de Patricios* —escrita en 1843— de Juan María Gutiérrez (1809-1878), así como en *La novia del hereje* (1854) de Vicente F. López (1815-1903) y *El Inquisidor Mayor* (1852) del chileno Manuel Bilbao (1827-1895). En estos escritores y en el grupo de novelistas históricos mexicanos —Justo Sierra O'Reilly (1814-1861), Juan Díaz Covarrubias (1837-1859), Juan A. Mateos (1831-1913), Vicente Riva Palacio (1832-1896) y Heriberto Frías (1870-1925)— la afición de hacer literatura predomina sobre el prurito de hacer historia y es en sus obras donde surge con mayor relieve el nexo con la novelística de ingleses y franceses del siglo XIX.

Hacia fines del siglo la novela histórica hispanoamericana se va a hacer más personal, interesada, "comprometida" en el caudal de hechos políticos y sociales que maneja. El novelista argumentará en un plano cada vez más directo y con voz más airada a favor o en contra de causas que le atañen y cuya significación se impone al interés circunstancial de los episodios propiamente literarios. De la presentación novelesca, pero doctrinariamente interesada, de un motín revolucionario en Chile —aludimos al motín de 1851 que describe Blest Gana en *Martín Rivas*— y pasando por el testimonio sobre indios y mestizos de Lucio Mansilla (1831-1913) en *Una excursión a los indios ranqueles* (1870), el lector llegará a enfrentarse con el apasionamiento personal apenas reprimido de Daniel Barros Grez (1834-1904), el autor de *Pipiolos y Pelucones* (1876), cuyo padre fue fusilado durante la época de Irisarri, y sentirá, por fin, la fuerza candente del mensaje revolucionario de *¡Tomichic!* (1894), la vigorosa novela de Heriberto Frías en la cual el pasado se confunde de modo dramático con el presente y la historia se hace ante los ojos y en las manos mismas del novelista. La novela histórica hispanoamericana entra, entonces, a nuestro siglo convertida en documento de testigos o participantes que al narrar un episodio parecen descargar una responsabilidad individual.

MANUEL DE JESUS GALVAN (1834-1910), escritor dominicano, escribió una de las novelas históricas más famosas del siglo XIX: *Enriquillo* (1a. parte 1878, ed. completa 1882) con la noble idea de exaltar la personalidad del Padre Bartolomé de las Casas y encarnar en un joven héroe las virtudes de estoicismo y heroicidad de las razas aborígenes de América. Propósito tan plausible le lleva a forjar una obra que —al igual que las Crónicas de la Conquista— sirva de argumento en Europa a quienes disputan sobre la Leyenda Negra. Se documenta cuidadosamente, teoriza y especula con brillo de lenguaje, cruza y entrecruza los episodios novelescos; la época y el lugar historiados —la primera mitad del siglo XVI en Santo Domingo— atraen con su lujo de detalles; los personajes actúan con prestancia romántica; héroes y villanos desempeñan su cometido; el Padre las Casas preside la acción con venerable sapiencia y filantropía, y sin embargo...el conjunto resulta, en mi opinión, indigesto para el lector moderno. Quien se aventure por las páginas frondosas del *Enriquillo* necesita paciencia de investigador. Reconozco que mi opinión no coincide con la de críticos distinguidos como Anderson Imbert, por ejemplo, quien ha escrito páginas brillantes sobre la novela de Galván. A esas páginas recomiendo que recurra el lector y aquí me limito a transcribir algunas frases suyas:

"Al evocar la colonia española de Santo Domingo de 1502 a 1533 —dice Anderson Imbert—, Galván supeditó la marcha de su novela a normas de fidelidad histórica: sacrificó el valor artístico del relato cada vez que debió elegir entre su imaginación y los documentos; y aun en los casos en que no encontró documentos, en vez de inventar, interrumpió el relato. Apoyó la verdad histórica en los documentos originales, hasta el punto de transcribir páginas enteras de Las Casas y de explicar los episodios con lecciones de historia. Es asombroso que Galván haya logrado una novela de tanta calidad literaria, a pesar de las dificultades de su complejo tema histórico y de su método académico". (*Historia,* pp. 215-216).

JUAN DIAZ COVARRUBIAS (1837-1859) murió fusilado a manos de los secuaces del Tigre de Tacubaya cuando sólo tenía veintidós años de edad. A juzgar por lo que alcanzó a escribir, Covarrubias pudo haberse convertido en uno de los valores más preclaros de la novela romántica mexicana. Dejó cuatro libros: *Impresiones y sentimientos* (1857), *Gil Gómez el insurgente* (1858), *La clase media* (1858) y *El diablo en México* (1858). La fama de Covarrubias ha tenido altos y bajos. Hasta hace algunos años si se le recordaba era más bien con veneración patriótica y con la admiración que causa su martirio. Perspicaces investigadores le han redescubierto últimamente y, apartando la hojarasca de su obra, dejan a la luz una visión juvenil, graciosa, ácidamente gráfica del México novecentista. Clementina Díaz y de Ovando le estudia con particular penetración crítica. Ralph E. Warner encuentra la primera edición de *Gil Gómez el insurgente* y la juzga luego en breve y acertada página en su *Historia de la novela mexicana en el siglo XIX;* y finalmente, Pedro Frank de Andrea descubre la primera edición de *El diablo en México,* dedicándole, a su vez, un prólogo consagratorio.

A juicio de Warner la obra más importante de Díaz Covarrubias es *Gil Gómez;* la considera "una de las mejores novelas del siglo hasta aquel tiempo". A base de historia e imaginación el autor arma un argumento en el que se combinan las peripecias de un romance sentimental con la gesta patriótica del Padre Hidalgo. Díaz Covarrubias alimenta la esperanza de crear un verdadero ciclo de novelas históricas y así lo declara en el prólogo de *Gil Gómez:*

"Esta novela —dice— es el primer ensayo de ese género; forma la primera página de un libro que dentro de algunos años contendrá bajo un aspecto lo más agradable que me sea posible, la historia de nuestro país, desde nuestra emancipación de la corona de España hasta la invasión americana de infeliz memoria" (*Obras Completas,* t. 2. México: UNAM, 1959, p. 147).

La sola enunciación de plan tan ambicioso en los años que apenas marcan el comienzo de la novela en Hispanoamérica, es mérito notable. Warner no ha dejado de reconocer los defectos de la obra que estudia: "Adolece la obra de Díaz Covarrubias —afirma— de la sensiblería tan común a los románticos, pero no llega a las exageraciones de Orozco y Berra ni de Del Castillo, *Gil Gómez* es un producto juvenil pero se atisba en la obra una madurez que no podríamos esperar en los antecesores inmediatos del autor." (*Historia,* p. 26).

Refiriéndose a *El diablo en México,* por su parte, reconoce De Andrea que se trata de "un boceto novelístico de limitada pretensión". Señala luego los dos ejes alrededor de los cuales gira el mundo literario de Díaz Covarrubias: el amor y la patria.

69

"La desilusión amorosa —escribe De Andrea— campea en la totalidad de su obra. Todas sus novelas tienen un marcado matiz confesional, autobiográfico, y se esfuman con la muerte en la sombra... Sensible a las desdichas de su patria, su espíritu se cubrió de luto aun antes de sacrificarse por ella. Aunque cifre la salvación de México en la clase media, su simpatía por la muchedumbre morena se patentiza por doquier en sus obras" (Prólogo, *El diablo en México,* 1955).

Impulsado por estos sentimientos Díaz Covarrubias "vincula lo estético con lo social democratizando su lenguaje", forjando un cuadro de auténtico mexicanismo en el mundo lírico y sentimental de la época romántica. Su mérito es el de un precursor. Considerada en conjunto, su producción novelística ayuda a comprender un período importante de la historia de México; tiene el mérito de la concepción clara y de una nítida estructura.

HERIBERTO FRIAS (1870-1925) anunció, como se ha dicho, el advenimiento de la novela de la Revolución Mexicana con *¡Tomichic!* (1894), dramático relato de una rebelión indígena contra la dictadura de Porfirio Díaz en el estado de Chihuahua. ¿Puede llamarse histórica a una novela como ésta que relata sucesos vividos por el autor? La misma pregunta se hace el historiador de la literatura mexicana al enfrentarse a obras como *El águila y la serpiente* y *Memorias de Pancho Villa* de Martín Luis Guzmán. Falta en estas obras la perspectiva que permita a un novelista evocar una época. Los hechos asumen un dramatismo inmediato y de quemante actualidad. La guerra civil envuelve al autor y le compromete. Se trata entonces de una crónica, cuya fuerza y trascendencia derivan de la emoción personal con que el autor narra los acontecimientos y de la interpretación ideológica a que los somete. Frías es un cronista combatiente, como lo fue Díaz del Castillo en la Conquista y como lo fueron Guzmán y el norteamericano John Reed en nuestros tiempos. Desde su puesto de oficial en el ejército federal,

Frías se acercó al acontecer histórico tomando notas como un testigo y acabó denunciando iniquidades políticas e injusticias sociales y exaltando la causa de los rebeldes. La significación de su novela no está en los resabios románticos que la complican, ni en el tono medido que le impuso a veces la posición oficial del autor; se halla, más bien, en el tono directo y comprometido con que se describen las acciones de los revolucionarios, en la pasión contenida, en la amargura viril de sus páginas finales. ¡*Tomichic!* es un documento de primaria importancia en la historia de la liberación social del indio americano, ni más ni menos que *Huasipungo* de Jorge Icaza. Más que novela histórica es, por eso, testimonio de una rebelión popular.

"Este libro tan sencillo, tan humilde y tan humano —ha escrito Azuela refiriéndose a ¡*Tomichic!*— posee incuestionablemente valor para ascender a la categoría de símbolo. Es la lucha inveterada de la civilización contra la barbarie, del progreso contra las fuerzas estancadas y retardatarias. ¡Menguados progreso y civilización los que atan al hombre, lo corrompen, lo esclavizan y lo aniquilan!..."

Y en otra parte de su encomioso ensayo sobre Frías añade:

"Cierta armonía extraña se desprende de las páginas de esta novela desde sus comienzos: la tristeza profunda del agrio e inclemente paisaje norteño, el aliento de desolación del combatiente anónimo que lleva la ofrenda de su vida en cumplimiento de un oficio que se le ha impuesto a la fuerza, el soldado levantado por la leva que peleará por causas que desconoce, por ideales que no existen, que va a morir sin gloria, sólo por obedecer la consigna del Dictador, porque siguen siendo los deberes del siervo obedecer y callar... ¡*Tomichic!* produce una sensación de alivio y descanso de tanta literatura amielada y fofa, que se nos suministra con el nombre de novela" (*Cien años,* pp. 218, 219 y 223).

EUGENIO MARIA DE HOSTOS (1839-1903), el ilustre pensador y patriota portorriqueño, fue autor de una novela que ha originado contradictorias opiniones por parte de la crítica. Hay quienes la exaltan con entusiasmo y llegan a considerarla como una obra maestra de imaginación, de fuerza poética y celo libertario; otros hay que la descartan por su excesiva intención didáctica y su tono declamatorio. *La peregrinación de Bayoán* (1863) es obra alegórica en que se funden las doctrinas de libertad y patriotismo, características del movimiento independentista de las Antillas en el siglo XIX, con los anhelos de experimentación literaria del romanticismo hispanoamericano. Su condición forzadamente alegórica le resta méritos en una época en que predominan las tendencias más directamente realistas de la literatura política argentina. Hostos, preocupado por símbolos y abstracciones, no encaja en la novelística de su tiempo, aunque sí contribuye al desarrollo de un estilo narrativo que cristalizará más tarde en la prosa poética del Modernismo.

La novela de idealización del indio

La primera reacción literaria a la condición de los indios en el siglo XIX se originó en narradores de la clase oligárquica, católicos devotos, descendientes del latifundismo colonial. Educados en colegios religiosos, graduados de universidades europeas algunos, cultos y viajados, regresaban con horror al feudo familiar. El 90% de la tierra productiva estaba en manos de un 5% de la población en la mayor parte de nuestros países. Los agros de Sudamérica se extendían de lado a lado de un país, hasta las fronteras del país vecino y eran regentados por manos patriarcalmente duras. La tierra se trabajaba a mano y de sol a sol; la mano de obra: el indio y el peón mestizo, amarrados al propietario por medio de deudas de tiendas y pulperías, sobreviviendo con salarios de hambre; la familia entera entregada al feudo por medio de un pacto no escrito, herencia de esclavitud disimulada e institucionalizada socarronamente por la república de los sátrapas.

Don Juan León Mera, doña Clorinda Matto de Turner, doña Gertrudis Gómez de Avellaneda, observan el drama desde las casas patronales del feudo y narran para el lector europeo una fábula humanitaria y cristiana envuelta en trucos de folletín. No es con criterio político que escriben, aunque se informan y para denunciar levantan la voz. Pasarán años, años decisivos de guerras, como la del Pacífico y la del Chaco, de invasión imperialista, la de *Mamita Yunai,* antes de que un pensamiento revolucionario recoja los hechos, saque conclusiones y proponga un proyecto político de raíces marxistas: será el aporte de José Carlos Mariátegui.

Quienes narran la condición del indio a fines de siglo predican, entonces, y fabulan. Algunas de sus obras las edita Garnier en París. El suyo es un clamor de personas filantrópicas. Por esos mismos años Harriet Beecher Stowe se dolía de la suerte de los negros en *La cabaña del tío Tom.*

Se hablará de Mera, Avellaneda y Turner, por lo tanto, en función de la historia literaria para establecer vínculos e hitos, sin entrar aún a la narrativa polémica que exigirá cambios drásticos en la economía agrícola y en la organización social de los países latinoamericanos de alta población indígena.

La idealización romántica del hombre primitivo sustentada en el plano filosófico por Rousseau y en el literario por Voltaire, Saint-Pierre y, especialmente, por Chateaubriand, tuvo importante eco en América tanto en la poesía como en el teatro y la novela. De *Atala* nace una compleja red de ramificaciones que extienden su caudal en español y portugués a lo largo de todo el siglo XIX. Esta literatura produce en América consecuencias que, acaso, no vislumbraron los románticos europeos. Lo que en Europa fue exotismo entre nosotros paulatinamente se convirtió en genuino regionalismo; lo que allá fue lírica utopía de sentimientos humanitarios, acá pronto llegó a ser una ambición de reformas sociales. Imitando a Chateaubriand nuestros novelistas descubren el paisaje de América y lo interpretan con sentimiento lírico que viene a superar el seco objetivismo de la escuela neoclásica; incorporan vocablos indígenas enriqueciendo así el lenguaje literario; acumulan datos sobre costumbres y tradiciones; dramatizan leyendas autóctonas; ensayan, por fin, un balbuceo de psicología colectiva al contrastar caracteres europeos y americanos. En la segunda mitad del siglo XIX el romanticismo florece ya como una planta americana en *María* de Isaacs, es indianismo —sentimental, si se quiere, pero documentado— en *Cumandá* de Mera, y viene a ser un principio de testimonio social en *Aves sin nido* de Clorinda Matto de Turner.

Al establecer raíces en América el romanticismo indianista ha completado, en verdad, un ciclo: en sus comienzos fue prédica social que emergió de América durante el siglo XVI en la *Brevísima relación* del Padre Bartolomé de las Casas y en *La Araucana* de don Alonso de Ercilla. Convertido en médula de la Leyenda Negra, fue captado por Montaigne en uno de sus famosos ensayos, *Des Cannibales;* por Voltaire en su tragedia *Alzire* (1736) y en su novela *Candide* (1759), por Marmontel en su novela *Les Incas* (1777). El primitivismo regresa, idealizado por la sensibilidad romántica, a través de *Paul et Virginie* —traducido al español en 1879— cuyo ambiente tropical fascina a poetas y narradores hispanos del siglo XIX, y de *Atala,* cuya primera traducción al español hecha por Fray Servando Teresa de Mier data de 1801.

La historia de este proceso ha sido minuciosamente investigada por la autora puertorriqueña Concha Meléndez en su obra *La novela indianista en Hispanoamérica* (Madrid, 1934).*

---

*Baste decir aquí, como guía del lector, que la novela indianista hispanoamericana parece haberse iniciado en Cuba como protesta contra la esclavitud con *Francisco* de Anselmo Suárez —escrita en 1838, publicada en 1880— y con *Sab* (1839) de Gertrudis Gómez de Avellaneda; continuó luego, en forma de admiración romántica por los aspectos exóticos del indigenismo en *Guatimozín* (1846), de esta misma autora, y se hace legendaria en dos novelas argentinas sobre

Si hemos de atenernos a méritos literarios o, por lo menos, a la significación histórica, creo que no es necesario dar relieve sino a tres novelistas de este período: a Mera, a Gertrudis Gómez de Avellaneda y a Clorinda Matto de Turner, quienes ilustran los aspectos más característicos del género indianista, sus cualidades tanto como sus defectos.

JUAN LEON MERA (1832-1894) nació en Ambato, Ecuador. Paralelamente a su actividad literaria, desempeñó una carrera política de vastas proyecciones; fue diputado, presidente del Senado, Gobernador de Tungurahua y de León. Su ideología política fue conservadora; en el campo literario, sin embargo, se identificó con la vanguardia del romanticismo.

Cumandá (1871) es una novela sentimental que, concebida dentro de las normas de una escuela literaria en decadencia, ha perdido gran parte de su significación. Hoy no nos emociona su trama pseudo-legendaria, ni siquiera nos deleita su arrebatada, pero retórica, descripción de la zona oriental del Ecuador donde se desarrolla la historia. No obstante, la

---

la leyenda de Lucía Miranda, una por Rosa Guerra (?-1894) y la otra por Eduardo Mansilla (1838-1892). En Venezuela explota el tema José Ramón Yepes (1822-1881), autor de *Anaida* (1860) e *Iguaraya* (1879). Los mexicanos, mientras tanto, utilizan el género para hacer una evocación de la Conquista y de la época precortesiana; por ejemplo, José María Lafragua (1813-1875) en *Netzula* (1832), Eligio Ancona (1836-1893) en *Los mártires del Anahuac* (1870) y *La cruz y la espada* (1866), esta última sobre los indios yucatecos; Irineo Paz (1836-1924) en *Amor y suplicio* (1873); J.R. Hernández en *La flecha de oro* (1878) y Eulogio Palma y Palma (1851) en *La hija de Tutul-Xiu* (1884). Manuel de Jesús Galván alcanza la más alta expresión de este género en Santo Domingo con *Enriquillo* (1879-1882). Concha Meléndez cita, además, como novelas indianistas de índole poética *Matanzas y Yumuri* (1837) por el cubano Ramón de Palma y Romay (1812-1860) y *La palma del cacique* (1862) por el puertorriqueño Alejandro Tapia y Rivera (1827-1882).

obra de Mera tiene valor histórico pues en ella se encuentran las raíces de la moderna novela indianista de carácter social. Al escribir su novela, Mera tuvo el propósito de revelar ante los lectores europeos un fragmento de la realidad hispano-americana que permanecía aún desconocido y en el cual creyó ver elementos dramáticos de tanto interés como los que Chateaubriand y Cooper usaron en sus obras. El mismo lo declara en el prefacio a su novela, escrita en forma de carta dirigida al Director de la Real Academia Española (Quito, 1879, p. ii). Ni duda cabe de que Mera se documentó sólidamente. Hoy nos sorprenden sus conocimientos etnológicos y etnográficos. No desperdicia detalle para crear un cuadro de evocación histórica en que las costumbres, las tradiciones y, hasta cierto punto, el lenguaje de los indios jíbaros y záparos, viven en todo su primitivo color regionalista. Los personajes centrales son abstracciones literarias. Orozco, el latifundista despótico que abusa de los indios y les explota, convencido de su derecho de vida y muerte sobre ellos, llegará a ser típico en la novela indianista contemporánea; su tragedia es, sin embargo, secundaria dentro de la trama principal y Mera la narra, de paso, en el capítulo VI. Más le interesaba al autor su juego de coincidencias y melodramáticas sorpresas.

Bajo las influencias del primitivismo romántico, Mera transforma la palabra "salvaje" en un concepto de excelencia y grandeza. El cristianismo es elemento central de su idealización (cf., p. 41). Su aporte a la novela indianista no reside, por cierto, en estas características. No olvidemos que el factor básico del drama descrito por Mera es de naturaleza social: la tragedia de los Orozco es el resultado de la tiranía que el jefe de la familia ejerce sobre los indios y la rebelión de éstos, más que una venganza, es una protesta contra la injusticia y el abuso de que son víctimas. Analice el lector las observaciones que al respecto anota Mera comparándolas con las ideas que sustentan Icaza, López y Fuentes, Alegría o Asturias sobre el problema del indio en América (cf. *Cumandá,* pp. 42, 43, 48, 49 y 50). Por muy sentimental que sea la protesta de Mera, no puede pasarnos inadvertida la básica diferencia que la separa de la defensa del indio hecha por los campeones de la Leyenda Negra. Mera escribe en la segunda mitad del siglo XIX, es decir, cuando el régimen republicano ha reemplazado —al menos políticamente— al régimen de la encomienda y cuando la formación de una clase media de conciencia política hace posible en América la reivindicación integral del indio. Sus ideas, expresadas con ardor y exaltación, abrían una herida que, convertida en llaga, iba a conmover no sólo al Ecuador, sino a toda la América Hispana. Mera es, entonces, un precursor de la novela indianista del siglo XX, no por sus tendencias literarias, sino por sus sentimientos de reivindicación social y justicia económica.

GERTRUDIS GOMEZ DE AVELLANEDA (1814-1873), poetisa, dramaturga y novelista cubana, es autora de tres relatos que por su fondo social, su despliegue de elementos autóctonos y su concepción idealista y humanitaria, deben figurar destacadamente en el panorama de la novela romántica hispanoamericana. Ellos son: *Sab* (1839), *Guatimozín* (1846) y *El Cacique de Turmequé* (1860, publicada en 1871), novela breve de intrigas amorosas en que figuran como personajes centrales el hijo de un conquistador español y una princesa indígena. De los tres, *Guatimozín* es el más importante. No es una novela de tesis, ni es una exaltación sentimental del primitivismo a la manera de *Cumandá:* se trata, más bien, de una novela histórica, fundamentada en sólida documentación. Gómez de Avellaneda narra con abundancia de observación realista; el diálogo es artificial: españoles e indios hablan con similar grandilocuencia. El ambiente del México de Moctezuma está descrito con admirable lujo de detalles; el paisaje es un telón de fondo típico de la moda romántica. Descartando la trama sentimental —los amores de Velázquez con la hija de Moctezuma, Tecuixpa—, la novela impresiona por la épica grandeza de las acciones guerreras y del sacrificio de Guatimozín y los príncipes aztecas. Vibra la pluma de la escritora cubana al exaltar el espíritu heroico de los indígenas. Concha Meléndez resume con acierto la significación de *Guatimozín* al decir: "Aunque Avellaneda es mucho más serena al juzgar la Conquista que los autores de la Enciclopedia, y aunque logra un retrato realista y hasta bello de Cortés, no oculta su simpatía por los vencidos, y las páginas más interesantes son aquellas en que describe las costumbres y los mitos de los mexicanos y la rebeldía de los príncipes indígenas: la descripción del palacio de Moctezuma, el torneo celebrado en honor de los españoles, la muerte de Cacumatzín, el heroísmo de Cuauhtémoc" (*op. cit.*, p. 77).

CLORINDA MATTO DE TURNER (1854-1909) es, sin duda alguna, la precursora más directa de la novela indianista moderna. Escritora combativa y prolífica, dirigió en 1876 *El Recreo del Cuzco* y redactó posteriormente *La Bolsa de Arequipa;* publicó tres novelas, *Aves sin nido* (1889), *Indole* (1891) y *Herencia,* además de un volumen de *Tradiciones y leyendas cuzqueñas* (1884-1886). Su obra cumbre, *Aves sin nido,* aunque romántica en su idealización del indígena, en su lírico despliegue de paisajes y en el lenguaje que se llena a menudo de un pseudo trascendentalismo poético, es una airada denuncia contra la condición de explotado en que vivía el indio peruano. La autora conoció de cerca el ambiente en que se desarrolla la novela —Killac, cerca del Cuzco— y según Luis Alberto Sánchez, muchos de los protagonistas están tomados de la realidad, incluso el esposo de la novelista "a quien personificó de modo muy halagador" (cf., Sánchez, *Proceso*, p. 549).

Haciéndose eco de las campañas reformistas de Manuel González Prada, que dirigió el renacimiento liberal peruano después de la Guerra del Pacífico, Clorinda Matto hurgó en las raíces mismas de los males sociales de su país y atacó con valentía a los responsables, sin parar mientes en las consecuencias de su protesta. Al margen de los trucos literarios, suplantándolos, dando vigor y trascendencia a la novela hay, en el fondo, un amor genuino por el pueblo indígena, una apostólica ansia de justicia y una palabra de fuego para condenar a los déspotas. *Aves sin nido,* producto de un período literario en que los entusiasmos del romanticismo se veían atenuados por el respeto a lo específico y positivo, puede no sacudirnos con el impacto brutal del neorrealismo contemporáneo, pero, en su tiempo, creó un estado de alarma, despertó una conciencia civil y contribuyó al avance de una concepción social y revolucionaria de la novela. Una frase del prólogo de *Aves sin nido* define mejor que todo comentario la actitud de la novelista peruana y la índole precursora de su obra:

"Amo con amor de ternura a la raza indígena —dice—, por lo mismo que he observado de cerca sus costumbres, encantadoras por su sencillez, y la abyección a que someten a esa raza aquellos mandones de villorrio, que, si varían de nombre, no degeneran siquiera del epíteto de tiranos".

Las novelas del naturalismo

Quienes juzgan al Naturalismo como una teoría literaria de rígidos principios y a Emile Zola como un "naturalista puro" se apresuran a decir que Hispanoamérica escapó, por lo general, a la influencia de esta escuela tanto como de su líder. Pero si aceptamos el hecho de que existe un abismo entre las doctrinas de Zola y su obra novelística, hasta el extremo de que la crítica francesa ha llegado a considerarle como un romántico equivocado, entonces debemos reconocer también que sí dejó huella entre nosotros, y huella de vastas proporciones. A fines del siglo XIX y comienzos del XX abundan en Hispanoamérica las denuncias sentimentales, densas de documentación concreta, pletóricas de fe positivista, dirigidas a exponer y corregir los males de la sociedad burguesa y a defender los derechos de la clase obrera, de la mujer y el niño desvalidos, denuncias que llevan el sello inconfundible de Zola y de su robusta pasión por la justicia social.

Los novelistas hispanoamericanos que se desvían de las corrientes literarias predominantes en aquella época responden a una situación social crítica y a un período literario de transición. Escritores como Federico Gamboa, Luis Orrego Luco, o Manuel Gálvez, conocedores de las titánicas campañas del autor de *Germinal,* advirtieron que al combatir la prostitución y defender los derechos de la familia obrera, así como al constatar la decadencia de la burguesía, no imitaban una escuela literaria francesa, sino que tomaban parte en una crisis que les comprometía directamente y que no podía dejar de influir en el rumbo de su obra creadora.

A través de guerras económicas, de luchas civiles, de intensas campañas políticas, las naciones hispanoamericanas movíanse, en su mayoría, desde la plácida servidumbre colonial a la organización de una economía independiente, de base industrial y comercial, regida por poderes surgidos de la clase media cuyos ideales políticos correspondían, más o menos, a los del liberalismo manchesteriano. Junto a esta burguesía, muchas veces provinciana, que reclamaba para sí un sitio de responsabilidad en el gobierno, pues conquistaba ya las riendas del poder económico, crecía la clase obrera adquiriendo, asimismo, conciencia de su posición social. Blest Gana refleja en su obra los primeros embates de este conflicto. A medida que la burguesía hispanoamericana abre las puertas de las nuevas repúblicas a la inmigración europea e invita con atractivas ofertas al capital extranjero, cambia no sólo la faz económica de nuestros países sino también su estructura intelectual. Existe una conciencia social que no admite fronteras. Las huelgas, las revueltas callejeras, la depresión económica, los escándalos gubernativos, la bancarrota de sistemas educacionales y doctrinas políticas y filosóficas, la inadaptación del artista, la crisis de un concepto de la familia, constituyen un complejo social que es común al viejo y al nuevo mundo y que encuentra expresión en el campo de la novela.

Zola reaccionó a las conmociones sociales de su tiempo con más sentimiento que razón convirtiendo sus novelas en gigantescos resuellos épicos cuya fuerza parece derivar de un sentimiento poético de la vida social. Comprendida así la obra de Zola y teniendo en cuenta las circunstancias sociales, económicas y políticas que rigen durante la segunda mitad del siglo XIX, puede afirmarse que el autor de *Nana* tiene en Hispanoamérica numerosos y entusiastas discípulos. Naturalistas, al modo desorbitadamente realista y gruesamente poético de Zola son, por ejemplo, los argentinos José Miró (1867-1896) en *La Bolsa* (1890); Eugenio Cambaceres (1843-1888) en *Música sentimental* (1884); Lucio López (1848-1894) en *La gran aldea* (1884); Manuel Podestá (1852-1918) en *Irresponsable* (1889); así como lo será Manuel Gálvez en *Nacha Regules* (1919). Naturalistas son: el mexicano Federico Gamboa, a quien nos referiremos más adelante; el venezolano Gonzalo Picón Febres (1860-1918) en *Fidelia* (1893), *Nieve y lodo* (1895) y *El sargento Felipe* (1899), y el puertorriqueño Manuel Zeno Gandía (1855-1930) en sus *Crónicas de un mundo enfermo* (*La charca*, 1894, *Garduña*, 1896, *Redentores* y *El negocio*, 1922).

Cuando el calor de la prédica doctrinaria y la ambición de probar una tesis ceden al propósito de recrear ambientes sin descuidar el análisis de caracteres, es necesario reconocer que nuestros novelistas abandonan los modelos del Naturalismo y se inspiran, más bien, en un realismo cuyas raíces se hallan en la obra de Pérez Galdós y otros novelistas españoles del novecientos. Es el caso del chileno Luis Orrego Luco (1866-1949) en *Un idilio nuevo* (1900) y *Casa Grande* (1908); del argentino Carlos María Ocantos (1860-1949) en *León Zaldívar* (1888) y del colombiano Tomás Carrasquilla (1858-1941) en *Frutos de mi tierra* (1896) y *La marquesa de Yolombó* (1928).

Podríamos decir, en realidad, que la novela hispanoamericana, al apartarse del folletín y de la novela romántica sentimental, adopta una forma de realismo en la que coexisten tres corrientes principales: la primera lleva el sello de Stendhal, Flaubert y Daudet, y se caracteriza por lo minucioso de sus descripciones, la equilibrada interpretación psicológica y un ideal de sencillez lingüística que contrasta con la grandilocuencia del romanticismo; la segunda da importancia fundamental a los aspectos típicos del paisaje, de las costumbres, del lenguaje, sin quedarse en un pintores-

quismo estático, sino explorando conflictos sociales e intelectuales: es esta tendencia la que se entronca más claramente con el realismo español del siglo XIX; y, finalmente,
la tercera, inspirada en el realismo de Zola y los Goncourt,
conocedora de la poesía simbolista francesa, e impulsada
por arrebatos de ideología liberal y de sentimientos humanitarios, trata de captar en amplias síntesis el instante de crisis social y psicológica que viven nuestros países al iniciarse
el siglo XX.

Estas tendencias no se dan con estricta claridad en autores
determinados: se confunden, aparecen y desaparecen en la
obra de un novelista, predominan un instante —oportunidad que la crítica aprovecha para catalogar a un escritor
o a la literatura de un país—, pero ceden su lugar, luego,
sin borrar huellas al perder su beligerancia. Al hablar de
"realismo naturalista" es nuestra intención, precisamente,
sugerir este juego de tendencias secundarias dentro de una
tendencia general y básica; la correlación de todas ellas debe
servirnos como índice para caracterizar el período literario a
que aludimos.

EUGENIO CAMBACERES (1843-1888), escritor argentino de ascendencia francesa, acaudalado y elegante turista
del París de fin de siglo, político de ideas liberales, fue uno
de los más fieles discípulos que tuvo Zola en Sudamérica.
Aun en sus campañas de hombre público —una cruzada en
pro de la libertad de sufragio, un proyecto de ley para separar a la Iglesia del Estado—, hay algo del espíritu polémico
que caracterizó al defensor de Dreyfus. Pero Cambaceres,
posee, entre otras, dos características muy propias que dan
un valor de originalidad a su obra de novelista: desde luego,
en su actitud frente a la vida hay cierto cinismo burlón, muchas veces sarcástico, que da un tono picaresco a sus relatos;
y, en seguida, su lenguaje, como consecuencia de esa visión
caricaturesca que nos da de su época, se aligera y esquemati-
za hasta convertirse en una serie ininterrumpida de apartes
teatrales, cáusticos y pintorescos, llenos de francesismos e

italianismos, característicos del habla popular argentina. Las primeras frases de su novela *Pot-Pourri* (París, 1881) —la historia de un adulterio—, son sintomáticas de su actitud frente al mundo:

"Vivo de mis rentas y nada tengo que hacer. Echo los ojos por matar el tiempo y escribo" (*Obras completas*, p. 19).

En el prólogo a esta misma obra —escrito con afán dicharachero— asegura Cambaceres:

"Mis tipos del capítulo segundo son fantásticos. He estado a dos mil leguas de pretender vestir con semejante ropaje a don Fulano o a doña Zutana, personajes de carne y hueso. Son entidades que existen o pueden existir, así en Buenos Aires como en Francia, la Cochinchina o los infiernos y que me he permitido ofrecer a ustedes en espectáculo, sacar en cueros al proscenio, porque pienso con los sectarios de la escuela realista que la exhibición sencilla de las lacras que corrompen el organismo social es el reactivo mas enérgico que contra ellas pueden emplearse. ¿Digo lo mismo de mis ejemplares del Club del Progreso? No; aquí he seguido el procedimiento de los industriales en daguerrotipo y fotografía; he copiado del natural, usando de mi perfecto derecho" (*ibid.*, p. 15).

Más fielmente copió del natural en su segunda novela, *Música sentimental* (1884), breve y apasionante historia que se inicia en París, en el tono cínico, elegante y sarcástico de *Pot-Pourri*, y de pronto se convierte en una intensa tragedia pasional. A primera vista poco hay de original en las aventuras de dos jóvenes argentinos que se dedicaban a saborear la vida nocturna de París y Montecarlo, pero, a medida que los caracteres de Pablo y Loulou, su querida, se perfilan y presentimos el desenlace violento de la pasión que, uniéndoles, les divide, gana la historia en riqueza interior; se vislumbran, en una atmósfera de claro-oscuros, arrebatos de odio, celos, hastío y pasión sexual. Hasta que el peligroso juego se convierte en tragedia: un duelo, una muerte. Una escena se graba en la mente del lector: el demoníaco asalto sexual de Pablo, sifilítico, contra Loulou.

Sin abandonar la frase corta, el esbozo exacto y directo

de ambientes que son característicos suyos, Cambaceres hace un intento de novela regionalista en *Sin rumbo* (1885); no de novela gaucha, como llegan a decir sus comentadores, sino de naturalismo —con proyección social y psicológica— en un marco criollo. Más que un precursor de Güiraldes, lo es de Lynch o del uruguayo Enrique Amorim. No es la superficie pintoresca del ambiente la que interesa sino la desintegración moral del héroe. Andrés viola en el cuerpo de la campesina el amor y la fuerza de la tierra que pudieron salvarle; cuando ese amor y esa fuerza se encarnan en la hija, ya ha perdido el rumbo. Morirá ella y se matará él. Cambaceres rehúsa salvarle porque su ideología naturalista demanda que el héroe sea la víctima de sus errores. En ninguna otra novela suya Cambaceres alcanza un grado tan impresionante de realismo crudo y brutal: la escena de la operación a que se somete la niña y el suicidio de Andrés —un hara-kiri criollo— resultan inolvidables en su sangriento detallismo.

Naturalista es también Cambaceres en su última novela, *En la sangre* (1887), la historia de un hijo de inmigrante y de sus sórdidos manejos para conquistar una situación social destacada. Rica en detalles costumbristas, en matices lingüísticos, en análisis de personajes variados y típicos, *En la sangre* es un documento de innegable valor para estudiar la vida argentina de los últimos años del siglo XIX.

EMILIO RABASA (1856-1930), jurisconsulto y sociólogo, profesor y periodista, eminente figura social, política e intelectual de la época del porfirismo, escribió una novela cíclica de tendencia realista que, por su punzante ironía, su crítica de costumbres y su mensaje de firme base liberal, es reconocida hoy por la crítica como una de las obras señeras de la literatura mexicana de fin de siglo. Rabasa, al decir de Azuela, "es el primero que se enfrenta con los problemas políticos y sociales que otros novelistas mexicanos habían tocado acaso, pero sin la preparación ni los conocimientos de un verdadero sociólogo. En sus cuatro breves novelas exhibe valerosamente muchas lacras que nos afligen desde tiempo inmemorial; el caciquismo topo y voraz, el militarismo insolente, la burocracia corrompida y el imperio de la fuerza y del dinero dominando en todas las actividades del país en forma brutal" (*op. cit.*, p. 169).

Heredero de Lizardi, en las cuatro partes en que se divide su novela —*La bola, La gran ciencia, El cuarto poder* y *Moneda falsa* (1887-1888)—, Rabasa usa la vieja técnica picaresca para relatar las peripecias de un joven aprendiz de revolucionario en sus ansias de gloria y poder, en su fracaso y en su final resignación incorporado para siempre a la rutina del pueblito de donde partió. Frente al joven héroe, e impulsándole, implacable en su ferocidad y en su porfía, se alza la figura de un cacique de pueblo, militar improvisado, oportunista y aventurero de la política. Ambos son prototipos que Rabasa utiliza para probar una tesis: viven un proceso histórico cuyo curso está definido de antemano. El joven idealista, tanto como el tozudo e ignorante caudillo, van a aprender en un drama de cuatro actos que la sociedad mexicana de la época está roída por el veneno del oportunismo. No se detienen ante el crimen y el oprobio. Marchan sobre un camino de traiciones. La derrota llega fatalmente.

Rabasa es un precursor, qué duda cabe. Su definición de la "bola" es un punto de partida que pudo servirle a Azuela. Oigámosle:

"...si la revolución como ley ineludible es conocida en todo el mundo, *la bola* sólo se puede desarrollar, como la fiebre amarilla, bajo ciertas latitudes. La revolución se desenvuelve sobre la idea, conmueve a las naciones, modifica una institución y necesita ciudadanos; *la bola* no exige principios ni los tiene jamás, nace y muere en corto espacio material y moral, y necesita ignorantes. En una palabra: la revolución es hija del progreso del mundo y ley ineludible de la humanidad; *la bola* es hija de la ignorancia y castigo inevitable de los pueblos atrasados" (México, 1948, pp. 167-168).

El provinciano o campesino o estudiante alzados, ya sea por motivo de venganza, por ambición o por idealismo, entrarán a *la bola,* se precipitarán con la avalancha y acabarán solos, inmóviles, con el fusil en la mano, con una bala en el pecho, o simplemente desilusionados en epopeyas como *Los de abajo,* en sátiras como *Mi general* o *Mi caballo, mi perro y mi rifle,* o en crónicas como *Campamento* o *El águila y la serpiente.* Rabasa abrió el camino. No lo hizo con acento épico, porque no era tal su vena. Prefirió la ironía. Definió la revolución Mexicana cuando ésta ya se hallaba en gérmenes y su definición —incompleta y acaso injusta, ya que no consideró sino las circunstancias más inmediatas y la acción de los oportunistas— quedó tentando a los novelistas que le siguieron. Parecía tan cómoda y convincente en la forma esquemática que Rabasa le dio. La repitieron muchos interpretándola desde diversos puntos de vista y con mayor o menor hondura. Pero en todos quedó la raíz pesimista, el negativismo empecinado, la imprecisa ideología. "No hay manera —dice Joaquina Navarro— de saber qué pensó el novelista de los problemas de economía o de etnología; no hay la menor referencia a estas cuestiones. En asuntos religiosos tampoco se expresa Rabasa, ni en los cuatro episodios aquí estudiados ni en el pequeño relato de *La guerra de los tres años* que escribió poco después..." (*La novela realista mexicana,* p. 78).

Rabasa no predica: le basta la exposición de los males sociales y los vicios políticos, la acción caricaturizada de personajes típicos, la acumulación de anécdotas. Como en el fondo era un romántico y un sentimental, al tratarse de amores inventa un idilio de novela rosa. En *La bola* hay algo de operetesco, de abstracto: demasiada acción en muy pocas páginas, mucha violencia sin premeditación, proezas del héroe que no convencen. La refriega por la toma de la plaza es teatral. Pero ya en *La gran ciencia,* y más aún en *El cuarto poder* y *La moneda falsa,* las circunstancias encajan en el ámbito de decadencia que Rabasa se propuso describir. La política, la prensa, dejan de ser entes abstractos y asumen el rostro de un determinado cacique, de un paniaguado de carne y hueso. Hasta el amor se convierte en sórdida aventura, por un momento, antes de que, como tema novelesco, se redima en la idealización final. Es en estos volúmenes que Rabasa consigue armonizar su objetivo crítico con su idea del arte de novelar. El lenguaje pierde algo de su alambicamiento, la ironía deja de ser mecánica y se convierte en un reflejo de la amargura colectiva a que se aplica. Acaso tuvo Rabasa conciencia de sus posibilidades y limitaciones en el campo de la creación literaria, porque nunca se extiende en vuelos desmedidos. Pudo "experimentar" a la manera de Zola, o divagar para desplegar su ciencia jurídica. No lo hizo. Dialoga con el lector. Como consecuencia, sus novelas son amenas; entretienen y provocan la reflexión de carácter político. Poco a poco nos sorprenden por su lúcida esquematización de problemas que son característicos de la clase media mexicana a fines del siglo XIX, tanto como a principios de nuestro siglo.

JOSE LOPEZ-PORTILLO Y ROJAS (1850-1923), abogado de profesión, diputado, senador, magistrado, Secretario de Relaciones Exteriores y Gobernador de Jalisco, es figura característica del ambiente conservador mexicano de fines de siglo. Apoyó al porfirismo con el propósito de defender a la iglesia, pero difícil sería achacarle ideas políticas reaccionarias ya que en su obra manifiesta abierta simpatía por las clases humildes y explotadas. En 1886 fundó la revista *La República Literaria*. En su larga carrera escribió versos, un libro de viajes, ensayos de toda índole, obras de teatro, cuentos y tres novelas: *La parcela* (1898), *Los precursores* (1909) y *Fuertes y débiles* (1919).

El prólogo a *La parcela* es una firme, clara y convincente exposición de nacionalismo literario; reincidiendo en ideas expresadas ya por Altamirano, López-Portillo defiende los fundamentos de una literatura realista, cuyo estilo ha de ser castizo —sin desdeñar los regionalismos necesarios— y cuya materia debe reflejar las costumbres y la mentalidad del pueblo mexicano (*La parcela*, México, 1945, p. 3).

"Convertir a México en un París minúsculo —afirma— y prestarle a fuerza de artificio las excelencias, bajezas, vicios y virtudes de la capital francesa, es el afán harto transparente de no pocos de nuestros mejores ingenios, pues se empeñan en ser elegantes y voluptuosos como Musset, solemnes y paradójicos como Víctor Hugo, obscenos como Zola, y limadores desesperantes de la frase como Flaubert y los Goncourt. Cada escritor tiene su tipo al tenor de los enunciados, y procura imitarle a pie juntillas, y a salga lo que salga. Así es como se fantasean en nuestra república mundos que no existen, refinamientos, pasiones, cansancios y desesperanzas que no nos corresponden; y así se producen obras que suelen no tener en su abono ni el encanto de la verdad, ni el de un arte senil pero consumado" (*ibid.,* p. 6).

Si no ha de imitarse a los franceses, los escritores mexicanos deben, en cambio, seguir el ejemplo de los regionalistas españoles, de Pereda, la Pardo Bazán, Juan Valera, Pérez Gáldos, y, enriqueciendo el casticismo con una conciencia de los problemas de su tierra, producir obras de valor artístico y proyección social.

¿Qué ofrece López-Portillo como ejemplo de sus teorías sobre el arte de novelar? Por desgracia, novelas hechas a la medida, en que la acción, el diálogo y la descripción se reparten en proporcionadas pero mecánicas cantidades.

"*La parcela* —dice Azuela— es novelar de académico... Por más que su autor pretenda hacernos creer que tiene sus ojos puestos en la vida mexicana, no logra apartarlos de las novelas realistas de moda al día, especialmente en España... A mi modo de ver *La parcela* es un triunfo a medias. López-Portillo se propuso hacer una buena obra literaria y la hizo excelente; quiso escribir una buena novela mexicana y fracasó. Esta afirmación rotunda acaso escandalice a los admiradores del distinguido escritor tapatío, pero nada ha de tener de sorprendente para los que conocen de cerca la clase social o las clases sociales que pretendió copiar en su novela. Los que hemos visto al campesino mexicano no en las carátulas de revistas literarias, ni en las películas rancheras, sino por convivencia inmediata con él, podemos afirmar que los personajes de *La parcela* no son retratos sino falsificaciones" (*Cien años,* pp. 140, 150-151).

López-Portillo usa la más elemental de las técnicas narrativas: presenta un personaje y, en una especie de hoja clínica de historial médico, nos entrega todo cuanto es necesario saber sobre él. Luego le mueve: ni muy lejos ni muy rápidamente, lo justo para que tenga la oportunidad de contemplar el paisaje que el autor describe con esa morosidad característica de los discípulos hispanoamericanos de Pereda. La acción se interrumpe para que se nos diga de qué color es el cielo, qué nombre tienen los árboles, los pájaros, los insectos, qué muebles hay en un rancho campesino, las dimensiones exactas de la iglesia del pueblo y el tamaño de las piedras arrinconadas en un patio. Los retratos de personas son perfectos en su detallismo y las descripciones de ambiente, gráficas en su precisión. Es el modo narrativo de los criollistas.

Sólo dos factores quizá rediman a *La parcela:* su implícita defensa de un regionalismo americano contra el predominio del realismo romántico francés y, en segundo lugar, la actitud de simpatía hacia los desvalidos que mantiene López-Portillo al condenar los vicios del caciquismo rural. Estas dos características de su obra justifican el papel de precursor de la novela de la Revolución que críticos como Warner asignan a López-Portillo. El sentimiento humanitario —no revolucionario— se intensifica en *Los precursores* y en *Fuertes y débiles.* La primera es la historia folletinesca y engorrosa de dos huérfanos criados en un hospicio por las Hermanas de la Caridad. Antes de casarles, el autor convierte al joven en compositor de óperas y a la heroína en cantante; pero mucho más le interesa atacar las leyes anticlericales del período de Reforma. *Fuertes y débiles,* por otra parte, es novela de acerba crítica al autoritarismo de la oligarquía mexicana; en ella se dan elementos que habrán de ser típicos de la novelística de la Revolución: el patrón despótico y libertino, los colonos explotados, la revuelta sangrienta, el fusilamiento del tirano; pero tales elementos reciben su impulso dramático de un conflicto entre el pecado y el castigo divino que entronca, más bien, con una ideología religiosa que con un programa de acción revolucionaria.

FEDERICO GAMBOA (1864-1939), uno de los novelistas más importantes de México, ha sufrido en los últimos años los embates de una crítica exageradamente severa que, al rebajar su arte literario, parece más bien culparle por la popularidad de que gozan algunas de sus novelas. Gamboa fue diplomático de carrera; desempeñó misiones en Guatemala, Buenos Aires, Washington y Bruselas. Durante su permanencia en la Argentina escribió *Apariencias* (1892) y comenzó *Suprema ley* (1896). En Guatemala dio término a *Metamorfosis* (1899) y escribe ya parte de *Santa* (1903). De regreso a México, Gamboa es designado primer secretario de la Embajada mexicana en Washington. Permaneció tres años en los EE.UU., durante los cuales se familiarizó con la obra de los escritores norteamericanos de la época. Vuelve a Guatemala como Ministro Plenipotenciario para Centro América y allí termina su quinta novela *Reconquista*. En Bruselas concluye su carrera de novelista con *La llaga*, que aparece en 1912. Además de sus novelas, Gamboa dejó un volumen de cuentos, *Del natural* (1889), y dos obras autobiográficas: *Impresiones y recuerdos* (1896) y *Mi diario* (1892-1911). Escribió también algunas obras dramáticas.

Preciso es decir que no hay crítico de Gamboa que no empiece por reconocerle ciertos méritos. Azuela —su crítico más desconcertante, pues le debe lecciones de inapreciable valor en los comienzos de su carrera literaria— inicia sus comentarios sobre el autor de *Santa* con esta frase consagratoria:

"Dos figuras se destacan vigorosamente en un siglo de novela mexicana: José Joaquín Fernández de Lizardi y Federico Gamboa... Desde *El Periquillo sarniento* no volvió a aparecer otra novela tan popular y leída hasta *Santa,* cuyo éxito sin precedente llegó a todos los países de habla española. Hasta la fecha ha sido el éxito editorial más grande del libro mexicano" (*op. cit.,* p. 189).

Pero censura su "mezcolanza de gazmoñería y sensualismo", su falta de "penetración psicológica", su "pobreza mental" como filósofo y su "ingenuidad como novelista apóstol". ¡Qué diferente testimonio crítico hubiese salido del autor de *Los de abajo* si nos hubiera confesado francamente la influencia que sobre él ejerció Gamboa, especialmente a través de *Suprema ley* y *Santa*! La famosa metáfora de *Los de abajo* en que Azuela define la Revolución Mexicana como una piedra que lanzada al barranco arrastra otras en su carrera hasta convertirse en inatajable avalancha, parece haber sido inspirada por unas palabras en que Santa explica la fatalidad de su caída. Dice la heroína de Gamboa:

—Si parece que me empujan y obligan a hacer todo lo que hago, como si yo fuese una piedra y alguien más fuerte que yo me hubiera lanzado con el pie desde lo alto de una barranca, ¡ni quien me detenga!, aquí reboto, allá me parto, y sólo Dios sabe cómo llegaré al fondo del precipicio, si es que llego... ¿Y quiere usted que le diga por qué me comparo con una piedra?...Porque yo muchas veces, cuando criatura, las lanzaba así, en el Pedregal, y me causaba pena no poder detenerlas, verlas tan chiquitas golpeándose contra peñas grandes, de puntas de lanza y filo de cuchillos, que las volteaban, les quitaban pedazos...; continuaban cayendo, cayendo, más pequeñas y destrozadas mientras más caían, hasta que invisibles —y eso que me asomaba por descubrirlas, agarrándome a algo sólido— no más dejaban oír un sonido muy amortiguado, el de los golpes que se darían allá abajo... (*Santa*, 5a. ed., México, pp. 130-131).

Es a causa de esta actitud negativa de cierta crítica que, a mi juicio, se hace indispensable una reevaluación de los méritos de Gamboa; es preciso plantear una vez más los conceptos fundamentales vertidos sobre su obra por críticos mexicanos como Francisco Monterde, Julio Jiménez Rueda, C. González Peña y críticos extranjeros como E.R. Moore, R.J. Niess y, particularmente, Seymour Menton. Faena es ésta para un trabajo especializado. Bástenos aquí revisar brevemente sus méritos y defectos con la perspectiva que nos ofrece el desarrollo ulterior de la novela mexicana.

Juzgado así, Gamboa aparece como el primer novelista moderno de México; Micrós, Inclán, Rabasa, Delgado, López-Portillo, han ensayado un concepto de la novela que madura en la obra de Gamboa. Esta concepción puede parecer hoy caduca. Cuando Gamboa escribe, se halla plena de dinamismo. Gamboa es un escritor que aplica al estudio de la sociedad mexicana los principios de la escuela naturalista francesa. Su adhesión estricta a tales principios explica los defectos de que adolece su obra, pero también da mayor relieve a sus méritos. Gamboa "experimenta" con materia genuinamente autóctona: los ambientes que describe, los personajes que caracteriza, los conflictos que interpreta, son profundamente mexicanos y característicos de su época.

Los que hoy nos parecen *clisés* no lo eran en 1900, y quien descarte la crítica social y las ideas literarias de Gamboa como falta de originalidad no le está juzgando en el momento histórico que le corresponde. El parentesco de *Santa* con otras novelas mencionadas por Azuela —*Manon Lescaut, La dama de las camelias, Mimí Pinzón* y *Naná*— no es indicativo de un afán de imitar, sino de una conciencia social que les es común a los escritores europeos y americanos de fin de siglo. Ponen el dedo en la llaga de una enfermedad que es indicio tan sólo de una podredumbre y una decadencia más profundas; examinan la ruina de un sistema social y responden con un criterio de reforma o de revolución, de acuerdo con la ideología que les es característica. Gamboa, así como Manuel Gálvez, el de *Nacha Regules,* y Carlos Reyles, el de *Beba*, y Augusto D'Halmar, el de *Juana Lucero,* son intérpretes de una etapa en el desarrollo social del mundo moderno y no únicamente de una moda literaria. A través de un *tema* —la prostitución—, que no tarda en estereotiparse, es un régimen social al que se condena en sus contradicciones.

Gamboa enfrenta la ruina del régimen capitalista sin prejuicios, capa a capa, investigando cada veta y cada intersticio de su compleja urdimbre social e intelectual. Este proceso ideológico —más libre en *Suprema ley* y *Santa,* y dogmático en *Metamorfosis* y *La llaga*— no entorpece el desarrollo natural de sus narraciones. Aun dentro del marco que se fija de antemano, Gamboa lleva a la novela mexicana del siglo XIX una espontaneidad y un ímpetu narrativo que les fueron ajenos a sus compañeros de generación. Quienes le acusan de "campanudo" y retórico olvidan, o ignoran, que algunas de sus descripciones pueden encontrarse entre las más bellas e interesantes de la literatura hispanoamericana. Consideremos *Santa,* su novela más popular. Nadie ha descrito con la riqueza de Gamboa, con su sentido del color, del gesto, del movimiento, escenas tan típicas como la peña de los toreros en el Tívoli Central, o la celebración de la Independencia en el Zócalo, o la petrificada soledad del pedregal. Su galería de personajes es asombrosa. Pase el lector revista a los dueños de fonda, a los cocheros, a los agentes, a los doctores, todos personajes secundarios y, sin embargo, de honda y tensa humanidad. Azuela le censura a Gamboa que goce con lo sensual y, al mismo tiempo, moralice para uso del lector. Lo que Azuela llama "moralizar" es, en la novela de Gamboa, reflejo del sentido común y de la moral ambiente, es decir, parte del cuadro de la época. No lo tomemos en cuenta y nos quedaremos con una pintura audaz e intoxicante de una muchedumbre que se hunde gozando su tragedia, impulsada por una especie de hambre animal. Se puede acusar a Gamboa de superficialidad psicológica si en su obra no se advierte más que los complejos fundamentales que mueven a sus dos o tres personajes más importantes. Estos personajes —Santa, Hipólito, El Jarameño— son víctimas de un determinismo característico de la escuela naturalista y, por lo tanto, literario (cf., *Santa,* pp. 130 y 211). Pero deténgase el lector en escenas aparentemente sin significación —Santa asediada por la Gaditana, las rameras en la sala de testigos del Tribunal, el estudiante que recoge a Santa en la calle, un amanecer en el cuarto de doña Pepa, el desayuno en la Guipuzcoana—, y va a descubrir que bajo el fuerte colorido y entre la masa episódica, Gamboa va dejando señas de una honda simpatía humana, matices poéticos, reflexiones de tono menor y auténtica inspiración.

Ni retórico en el lenguaje —al menos no tanto como Lizardi, Altamirano o López-Portillo—, sino elocuente y vigoroso colorista; ni gazmoño, sino valiente expositor de lacras sociales, ni desconocedor del alma de su pueblo, sino, por el contrario, analista punzante de la vida interior de parias, maleantes, explotadores y víctimas heroicas, Gamboa deja una opulenta obra novelística. Azuela aprendió en él ese arte del blanco y negro psicológico que da profundidad a sus relatos del hampa; Romero aprendió la gracia del aforismo melancólico, desilusionado, con que da fondo a sus melopeas provincianas; otros novelistas más recientes heredan de él la habilidad para captar el detalle de un pintoresquismo que ya es tradición en México: compárense, por ejemplo, las páginas que Gamboa dedica a la tauromaquia en *Santa* con otras similares en una novela moderna como *Más cornadas da el hambre* de Luis Spota.

Gamboa echa ya mano de un lenguaje metafórico cuya audacia anuncia la prosa modernista.

La verdad es que Gamboa establece un nexo importante en la novela mexicana y afianza el paso del realismo neoclásico y romántico al regionalismo del siglo XX. Así como su obra no se explica sin los antecedentes que le ofrecen Lizardi y Micrós, así también la novela de la Revolución Mexicana aparecería trunca sin el naturalismo de Gamboa que le sirve de introducción.

TOMAS CARRASQUILLA (1858-1940). El prestigio de este venerable escritor colombiano ha crecido considerablemente en los últimos años gracias a los esfuerzos críticos de Federico de Onís, K.L. Levy y C. García Prada, quienes han redescubierto su obra comentándola con sólidos juicios. Carrasquilla ahuyenta al lector de hoy y, más aún, al escritor de las nuevas generaciones por la etiqueta que le colgaron los críticos de la primera época del Modernismo: sabiéndole regionalista —Carrasquilla no escribió sino sobre su tierra antioqueña— se le tildó de narrador pesado, localista y pedregoso. Mariano Latorre, el jefe de la escuela criollista chilena, fue uno de los primeros en llamar la atención sobre el injusto olvido en que se mantenía a Carrasquilla e iluminó algunos aspectos de su obra novelística. Onís le dedicó, más tarde, un macizo ensayo, justo y fundamental en su crítica; García Prada, en fin, al editar seis cuentos de Carrasquilla, afirmó lo que no podrá ya negarse: que Carrasquilla al concebir la novela como una imagen integral de la realidad de un pueblo, a la que no es ajena la función social, se anticipó a los maestros del regionalismo contemporáneo, a Gallegos, a Rivera, a Azuela, a Latorre.

Compárese una novela de Carrasquilla con otra cualquiera de los costumbristas contemporáneos suyos y se advertirá de inmediato la diferencia que las separa. Mientras el costumbrismo —el de López-Portillo, pongamos por caso— vuelca su color local en moldes de un sentimentalismo folletinesco, el regionalismo de Carrasquilla se afirma sólida y fundamentalmente en un discurso narrativo que nace de la substancia misma de la realidad popular que lo inspira. Paisaje, caracteres, costumbres, folklore, todo calza con naturalidad en la concepción estética de Carrasquilla y todo adquiere unidad. Su equilibrio clásico está hecho, pues, de autenticidad en la documentación y proyección trascendente de sus caracteres por encima de lo anecdótico. Esto último se echa de ver tanto en los cuentos como en las cuatro grandes novelas del escritor antioqueño: *Frutos de mi tierra* (1896), *Grandeza* (1910), *La marquesa de Yolombó* (1928) y *Hace tiempos* (1935-6) —compuesta esta última de tres volúmenes: *Por aguas y pedrejones, Por cumbres y cañadas* y *Del monte a la ciudad.*

El valor de la caracterización en las novelas de Carrasquilla no está en el análisis psicológico, sino en la asombrosa variedad de los tipos que presenta como figuras de retablo. A esta substanciosa riqueza de figuras humanas corresponde un lenguaje de profundo casticismo en el que reviven formas de un castellano viejo tocado por la magia del campo antioqueño; lenguaje hablado y popular es éste que adquiere en la obra de Carrasquilla una función estética. No perjudica el balance clásico a que hacíamos referencia, sino por el contrario, le da nuevas dimensiones, humanizándolo y enraizándolo en el mundo americano.

Onís y García Prada no dejan duda sobre la modernidad de Carrasquilla. Le relacionan con Galdós —no con Pereda— y con novelistas como Valle Inclán y Pérez de Ayala. Defienden su don humano, la fuerza de su regionalismo y le auguran una permanencia firme en la historia de la literatura hispanoamericana. Para el lector común que se enfrenta a Carrasquilla sin armas académicas, ni tampoco con ideas preconcebidas, es posible que la obra del antioqueño, a pesar de todo lo dicho por sus panegiristas, no alcance nunca la seducción propia de esas novelas con las que se le compara. Es demasiado estática en su macicez y en su autenticidad; está siempre un poco al margen del mundo, en un picacho inaccesible. Pero así como las cumbres atraen por el placer de probarse en la ascensión, así la atmósfera enrarecida, lejana, intemporal, de las novelas de Carrasquilla puede también atraer al lector que busca una comunión de humanidad y naturaleza y que está dispuesto a gustarla en el fondo de una áspera epopeya.

LUIS ORREGO LUCO (1866-1949) es el sucesor de Blest Gana en la novela chilena de fines del siglo XIX y comienzos del XX. Como el autor de *Martín Rivas,* Orrego cae también bajo la influencia de Balzac y, al iniciar su carrera de escritor, anuncia ya ambiciosos planes cíclicos cuyos propósitos serán evocar la historia de Chile y describir, en un cuadro realista y objetivo, su propia época. Menos dado a la divagación sentimental y a la idealización romántica que Blest Gana, Orrego Luco se esfuerza por penetrar a fondo en la psicología de la esfera social que le interesa. Sus novelas, como ha dicho Orrego Vicuña, son "documentos humanos". Al exponer una trama, Orrego Luco va desbrozando las diversas capas del medio familiar chileno y, a medida que evoca costumbres y pinta a trazos robustos y vastos el ambiente criollo, toca los puntos críticos de un proceso social que lanza a clase contra clase. En *Un idilio nuevo* (1900) el conflicto básico se refiere a un problema tradicional en la novela realista de su tiempo: triunfan los bajos intereses sobre el amor y la honestidad. En *Casa grande* (1908) la alusión a problemas contemporáneos es más clara y directa; la interpretación de los caracteres asume mayor dramatismo porque se ve al autor interesado en inyectar una tesis social. Orrego Luco es el primero de nuestros novelistas que analiza con objetividad y conocimiento de causa la mentalidad del chileno de clase alta. Y es el primero también, en hacer oír una voz de alarma. La pareja de *Casa grande* alimenta en su discordia una renuncia. Se les sabe factores de una rápida descomposición social y el desenlace —trágico— no sorprende, al contrario, surge como la coronación lógica de un proceso en que las defensas de una clase, hasta entonces privilegiada, empiezan a caer en medio de una crisis social que no logra entender. Cuando *Casa grande* apareció se le juzgó como una novela en clave. Hoy, las alusiones veladas que puedan existir en la novela han perdido, naturalmente, interés; en cambio, subsiste el valor histórico y la novedad del tema.

Además de las dos novelas mencionadas, Orrego Luco escribió algunas de índole histórica —*Memorias de un voluntario de la patria vieja* (1905) y *Al través de la tempestad* (1914)— y tres más que continúan su ciclo realista: *En familia* (1912), *Tronco herido* (1929) y *Playa negra* (1947). Su lugar en la historia de la novela chilena es estrictamente de transición; sus obras representan el nexo entre el viejo realismo del siglo XIX y el criollismo del siglo XX.

MANUEL GALVEZ (1882-1962) es nombre señero en la transición novelística hispanoamericana del siglo XIX al siglo XX. Gálvez desprecia el sentimentalismo desorientado y quejoso; reemplaza la vana lamentación por el ataque a fondo de las contradicciones sociales, contradicciones que analiza con espíritu humanitario de fondo cristiano y con una ideología reformista. El narrador de sus novelas aspira a encarnar en sí mismo la nación argentina luego de someterla a un examen minucioso en su organización social, política y económica. Gálvez sale como un iluminado a recorrer los caminos de su patria en busca de comunicación con otros seres que han de responder a su mensaje. Demasiado preocupado consigo mismo, no verá en esos seres sino una extensión de su propia angustia y de su propia fe. Sus héroes y heroínas serán entonces expresión de un estado de ánimo o de una condición social cuya realidad se basa en los conflictos íntimos del narrador. Sus novelas son novelas de tesis y lo son precisamente a causa de este subjetivismo que apuntamos. Sin ser novelas políticas, ellas llevan una denuncia y quieren impresionarnos como documentos humanos; además, son el resultado de una visión del mundo acondicionada por teorías literarias y sociales. Las ideas de Gálvez al transformarse en materia narrativa muestran una cierta plasticidad curiosa, rayana muchas veces en lo paradójico. Conminado a hacer un auto de fe, Gálvez no vacila en rechazar el materialismo dialéctico y en reafirmar su adhesión al catolicismo. (cf. prólogo de *Nacha Regules*).

Por otra parte, la debilidad o la fuerza de Gálvez como novelista parecen depender de la hondura o superficialidad que asume su arrebato lírico. De ahí el valor de un libro como *El mal metafísico* (1916) en que las ideas se encarnan en la problemática espiritual y social del héroe y evolucionan con él desde el candor romántico de la adolescencia hasta el desengaño de la madurez.

En *Nacha Regules* (1918) nos bastan unas pocas páginas para advertir que la crisis espiritual e ideológica que impulsa a Monsalvat al apostolado social es de índole más literaria que humana. El héroe es ya cuarentón cuando decide salir a procurar la salvación de Nacha y otras rameras que encuentra en el camino. Los motivos de su repentina rebeldía no son del todo claros; por una parte, el narrador lo presenta atribulado a causa de su origen bastardo; por otra parte, sugiere que pudo despertar a la conciencia de las injusticias sociales frente al espectáculo de la bárbara paliza que la policía propina a un grupo de obreros que desfilan detrás de una bandera roja. Después, conocerá a Nacha; se enamorará de ella e, indignado por su condición de víctima, condenará a la sociedad capitalista. En una comida de ambiente aristocrático no vacila en escandalizar a los asistentes con un exabrupto contra los zánganos de la burguesía enriquecida, a la vez que defiende a los proletarios explotados por el mundo de la banca internacional. El lector que conoce la novela argentina va a notar de inmediato que la herencia de Gálvez se prolonga en este tipo de detalles episódicos en la obra de autores contemporáneos como Eduardo Mallea. Se recordará que uno de los héroes de Mallea, el pintor Listas, también destruye su torre de marfil después de presenciar la tortura de un judío en manos de una pandilla callejera y también corta sus nexos con los elegantes durante una comida que le sirve de tribuna para su peroración. (cf., *Fiesta en noviembre*, 1938).

Sean o no convincentes los motivos iniciales de la rebelión de Monsalvat, su celo misionero logra interesar vivamente al lector. Gálvez hace concesiones al naturalismo de escuela (el héroe se enferma y va a parar a un sanatorio, más tarde quedará ciego..., no olvidemos a Hipólito, el ciego de *Santa*), pero le da consistencia al personaje matizando los altos y bajos de su apostolado. Más importante aún, Monsalvat predica "la unidad en la acción". En *Nacha* Gálvez asienta una reputación de luchador social, de apóstol del proletariado y de los derechos de la mujer sin recurrir a la "experimentación" de Zola, sino denunciando en un plano que a menudo alcanza un tono poético.

En *La maestra normal* (1914) Gálvez llega a un admirable balance de forma y contenido. A diferencia de los costumbristas tradicionales que sobre un fondo de prolija y detallada realidad colgaban caracteres típicos, Gálvez inyecta una apasionada vitalidad a sus personajes e ilumina el ambiente con el reflejo de la crisis constante en que se debaten. No hay otro novelista hispanoamericano de este período que logre una conjunción tan esencial entre el personaje y su condición social. El hilo de la narración va imperceptiblemente cerrando las pequeñas distancias que separan a los personajes de las cosas concretas. Pronto, es una densa madeja de incontables puntos, pausas, remates y nuevos diseños. Los personajes llegan a ser la encarnación dramática del estilo de vida que les impone la pequeña población donde viven, estilo que ha venido cargándose de una emotividad explosiva como resultado de sueños, renuncias, odios, amores, envidias y prejuicios. Solís se hunde en el cálido ambiente de la noche riojana; hombre de ciudad grande, es el "argentino" característico de Gálvez —ése que recibirá en herencia Mallea—, desgarrado por un sentimiento de fracaso. Roselda es una metáfora del decorado provinciano, pero la metáfora se desdobla y, en la soledad de piedra, barro y azahares, como la describe Gálvez, parece un idolillo más de la Rioja. Lucha contra el ambiente y no llega a emanciparse; en la derrota se endurece y vegeta, tenaz, indestructible.

Gálvez escribió esta novela consciente de las proyecciones que habría de asumir. El drama de la rutina de un pueblo chico, sus intrigas políticas y sociales, amoríos, seducciones y abandonos, miseria moral e intelectual, no era tema que pudiera atraerle en sí. Más que experimentar con él le interesaba engrandecerlo y universalizarlo. En una página de especial valor para trazar su desarrollo literario y comprender su influencia en generaciones posteriores, Gálvez expone su concepción de la novela. Dice:

Solís no estaba de acuerdo. En La Rioja no había movimiento, dramaticidad. Y la novela debía ser toda dinamismo. Quiroga contestó que ésa era la novela folletinesca, la que presentaba a los hombres en la acción. Pero había algo más importante que la acción: el ensueño. La novela que sólo presentaba a los hombres en el ensueño era la novela psicológica. Pero él prefería la que presentase a los hombres en su vida total, en la acción y en el ensueño. Esta era la novela realista, que refleja la realidad exterior y la interior.

En la historia trivial de una pobre muchacha abandonada por su novio, en la historia dolorosa de una mujer que cae, había siempre una novela. En los pueblos chicos se veía más exactamente al hombre que en las grandes ciudades. Era imposible en un pueblo ocultar sus pasiones, no mostrar el alma en toda su desnudez. En las grandes ciudades las almas se disfrazan; los hombres se adocenan en su personalidad, y al dejar de ser originales adquieren la psicología del rebaño. Por esto la verdadera novela de las ciudades es la de la multitud.

—Si yo fuera literato —continuó Quiroga—, escribiría una novela riojana. Pero el verdadero asunto de mi novela sería traducir el alma de este pueblo, evocar su soledad y su melancolía, las montañas que lo envuelven, sus músicas dolorosas...

Y hablaba de su novela, con aire de inspirado, como si ya existiese. Sería la única novela argentina, pues los tristes ensayos realizados hasta entonces apenas merecían tal nombre. Eran poemas novelescos, o formas secundarias de novelas o libros mediocres. No se escribió todavía una novela de belleza y verdad, una novela que, reflejando la vida argentina de este tiempo, fuese un libro humano, realista, profundo, un libro donde hubiese almas y no literatura (*La maestra normal*, pp. 189-190, Ed. Tor).

Ideas son éstas que parecen alimentar mucha materia de diálogos y especulaciones que ocuparán a los personajes de Mallea. Ciertas obsesiones naturalistas subsisten aún en su obra: el determinismo y la herencia serán citados una que otra vez para explicar las acciones de los personajes; el prurito clínico aparecerá en forma de minuciosas descripciones que, como en el caso del aborto de Roselda, tendrán por objeto abrumar al lector a base de objetividad pseudo científica; la acumulación de datos históricos, políticos, económicos, sociales indicará obsesiva investigación. Pero todo esto, en vez de pesar en la novela como materia muerta, la vigoriza y mutiplica su significación porque Gálvez, en medio de sus alegatos no olvida el conflicto básico de sus personajes: les sigue y persigue en su soledad, como si en esta persecución buscara la llave de su propio destino. Y es esta búsqueda filosófica, metafísica, política, la que da grandeza a sus novelas.

En la imposibilidad de referirme a la extensa obra de Gálvez en su totalidad, mencionaré tan sólo otras de sus novelas más conocidas: *La sombra del convento* (1917), *Miércoles Santo* (1930), *Escenas de la Guerra del Paraguay* (1928 y 1929), *Hombres en soledad* (1957) y *Perdido en su noche* (1958).

Segunda Parte: Siglo XX

Mundonovismo

La novela hispanoamericana experimenta en un período relativamente corto cambios de orientación que tardaron años en madurar y cristalizarse en otras literaturas.

Por una parte, la revolución modernista propone un sistema lingüístico que permite la integración del mundo mítico americano y de la mitología clásica a través de la experiencia poética parnasiana y simbolista. Pero tal sistema se sostiene en formas que de algún modo artificioso escapan al peso de una realidad social en crisis. El resultado es una explosión barroca que atañe a la superestructura literaria americana, no al proceso emancipador de una literatura calificada por la crítica como "mundonovista".

Darío, en su selva de palabras, llega a tocar la prosa narrativa de su tiempo y deja hondas huellas. El producto le habrá causado asombro, porque la reacción de nuestros novelistas de principios de siglo no se limita al culto de la ornamentación, más bien provoca en ellos una tendencia a trascender el brillo exterior para imaginar símbolos.

En su origen este fenómeno es de carácter estilístico: el novelista post-dariano le da al lenguaje una función creativa, independiente de su contenido circunstancial. De la descripción rigurosamente objetiva de un Blest Gana o del detalle clínico de un Federico Gamboa, en que la palabra representa geométricamente un objeto y el vocabulario es el amoblado de la novela, se llega al vocabulario mitológico de Rafael Arévalo Martínez, al alegórico de Rómulo Gallegos y Pedro Prado. El novelista, consciente del nuevo poder que tiene en sus manos, olvida a menudo las condiciones tradicionales del relato, desdeña el argumento y el ambiente local y se ensimisma en el proceso de vitalizar imágenes aisladas por medio de un original y audaz uso del lenguaje. De la palabra se asciende al símbolo. Ciertos modelos europeos, cuya vigencia era indiscutible en las postrimerías del siglo XIX, son desplazados por autores de una literatura exótica y misteriosa, entre los cuales predominan los rusos y escandinavos.

La novela hispanoamericana entra al siglo XX dividida en dos direcciones contradictorias: es, por una parte, idealista y subjetiva, preciosista si se quiere; y, por otra parte, asume una actitud regionalista y social en la observación del mundo americano y la interpretación de sus problemas. Estas dos tendencias se presentan simultáneamente y son como el anverso y reverso de un misma moneda.

Debe subrayarse a este respecto la significación que adquieren ciertos hechos de naturaleza económica y política. Hispanoamérica vive a comienzos de siglo la decadencia del latifundismo económico y el despertar de una revolución industrial que va a alterar su fisonomía política. La clase media conquista el poder gubernativo desplazando a las viejas oligarquías. Las clases obreras se organizan sindicalmente y, conscientes de su fuerza, exigen un sitio de responsabilidad en el gobierno. Afirman su conciencia de clase en un período de ásperas campañas políticas y dan base ideológica a sus actividades revolucionarias adhiriéndose a los programas y organizaciones internacionales del sindicalismo anarquista y del marxismo. La literatura hispanoamericana, y en forma muy especial la novela, da testimonio de este proceso de reformas sociales y refleja, estéticamente, el cambio de vida que se opera en las masas del campo y la ciudad. Los maestros del humanismo socialista europeo ejercen cierta hegemonía sobre los escritores de fin de siglo, pero no logran con su filosofía política aminorar el impacto esteticista del modernismo.

Los novelistas hispanoamericanos, representantes de una época de transición, parecen debatirse en un conflicto de ardua solución: ¿dónde se halla el motivo esencial de la creación artística americana? ¿en una fuga hacia la vieja cultura occidental, en un constante proceso de desarraigo? ¿o en una conciencia de la realidad social americana y una creación de nuevas formas estéticas que la expresen? El conflicto que Sarmiento planteara en *Facundo* y que en un instante de nuestra historia cultural llega a ser característico del mundo hispanoamericano, compromete también al novelista. Pasado el período de transición y coincidiendo con una reacción general contra el preciosismo de los discípulos de Darío, aumenta la necesidad de afrontar la condición del hombre hispanoamericano y de definirla en relación a su realidad social y a sus posibilidades de evolución. Es entonces cuando poesía y novela se apartan transitoriamente: la poesía se inclina al mundo de las abstracciones y a una concepción neo-barroca de la belleza. La novela abandona el mundo del símbolo y de la fantasía pura. Vuelve a recoger la antinomia de Sarmiento y la profundiza en todas sus consecuencias sociales, políticas y económicas. Esta forma de expresión lleva como sello característico un lenguaje que es la herencia del Modernismo. En él se esconde una variada gama de matices estéticos: va desde el decorativismo de las obras esencialmente paisajistas en que la realidad ambiente aplasta al hombre, hasta la fría y conflictiva presentación de conflictos sociales en medio de una creciente lucha de clases.

Empujada por estas corrientes la novela hispanoamericana adquiere una fisonomía propia, un ritmo típico. Para comprender en toda su significación este proceso, es necesario referirse a la obra de ciertos autores que muy bien pudieran considerarse en tres grupos diferentes: uno que representa la dualidad modernista-realista, otro que marca el triunfo del super-regionalismo, y un tercero que, a su vez, reacciona contra los excesos de tal realismo y se esfuerza por entroncar nuevamente la novela hispanoamericana con la europea y la norteamericana en un plano de universalidad tanto estética como filosófica. Ninguna separación drástica existe entre estos tres grupos, así como no existen lagunas que señalen el paso de un movimiento literario a otro en los últimos años del siglo XIX y los primeros del siglo XX.

LA NOVELA DEL MODERNISMO

Para el historiador es obvio que Rubén Darío dejó huellas en una zona importante de la novela hispanoamericana de principios de siglo. Los aforismos y las parábolas de *Azul,* así como los experimentos de Darío en el terreno del cuento, inducen a muchos escritores contemporáneos suyos a contrarrestar la rutina del costumbrismo, buscando inspiración en la Francia de Gautier, Mendès, Leconte de Lisle, Banville, Barbey D'Aurevilly, en la Inglaterra de Oscar Wilde, en la Italia de Gabriele D'Annunzio, en los Estados Unidos de Edgar Allan Poe. Esta apertura hacia nuevas corrientes literarias viene con una señal de alarma prendida en su aparato metafórico: el naturalismo, como escuela, no ha tenido tiempo de vivir su ciclo en América. La historia se repite entonces y, así como a mediados del siglo XIX los hispanoamericanos negaban ser románticos mientras imitaban a Espronceda, Zorrilla y Byron, así también, a fines del siglo, los novelistas negarán a Zola al mismo tiempo que se dan maña para aumentar la descendencia de Nana. Sucede, en consecuencia, que se produce en Hispanoamérica una curiosa literatura narrativa: la materia puede ser americana, el propósito teórico de índole experimental, pero el espíritu que la anima, así como el lenguaje que la expresa, son productos de una estética subjetivista más acorde con la decadencia simbolista europea que con el regionalismo del nuevo mundo.

Como ejemplos de esta híbrida condición estética podrían citarse: *Nacha Regules* de Manuel Gálvez, *Beba* de Carlos Reyles, *Un perdido* de Eduardo Barrios, *Juana Lucero* de

Augusto D'Halmar, obras sintomáticas de una crisis social y de un problema de conciencia que superan todo límite regionalista. En estos escritores, y en otros de similar tendencia, se agudiza un proceso intelectual semejante al de la reacción romántica contra el neoclasicismo. Representan al artista del nuevo mundo, incomprendido y rechazado por el medio ambiente pragmático en el que dominan el comerciante, el industrial, el latifundista y el político. Son enfermos de un *mal du siècle*. Pero a diferencia de los románticos, no se rebelan: se escapan. Protestan con un espíritu de cívica indignación que aprendieron de Zola. Llegará el momento en que una generación de sólidos y enjundiosos regionalistas pensará que basta con el peso del documento objetivo para contribuir, en un plano literario, a remediar las contradicciones sociales de América. Antes de que tal cosa suceda, los novelistas del Modernismo, flotando entre dos aguas, desistirán pronto de sus prédicas positivistas para retirarse con elegancia a un mundo de especulación filosófica, de evocación poética, o de fantástico exotismo. Ilustran con su obra el desconcierto típico de una sociedad que abandona la tradición colonial y entra al fárrago de la revolución industrial del siglo XX. El hecho de que siguen las alternativas de las luchas civiles indica que estos escritores modernistas, a pesar de su actitud esteticista, no cortaron del todo sus raíces con la realidad inmediata. Si no a través de la novela, por lo menos en cuentos, ensayos, artículos y aun en obras teatrales, demostraron hasta qué punto el Modernismo representaba tan sólo un aspecto en una transformación global en el mundo americano. Onís se ha referido ya a esta múltiple significación de una crisis que, en un comienzo, se creyó limitada únicamente a la esfera artística (cf. *Antología de la poesía española e hispanoamericana*, Madrid, 1934, Introducción). Más recientemente, Alfredo Roggiano ha señalado la diversidad de matices que ella asumió al comprometer el mundo de la poesía y la novela (cf. *La novela iberoamericana*, New Mexico, 1951, pp. 24-45).

La actitud escapista, como alternativa de una crisis social, explica la dualidad que se manifiesta en la obra de los grandes maestros de la prosa modernista. Con la herencia del realismo en una mano, y sosteniendo en la otra la herencia del parnasianismo y simbolismo franceses recibida directamente o por intermedio de Darío, estos escritores serán exotistas, preciosistas, alegóricos en una novela, y realistas, revolucionarios, en otras. Así se explican *Sangre patricia* y *Peregrina, Beba* y *El embrujo de Sevilla, La gloria de Don Ramiro* y *Zogoibí, El hermano asno* y *Un perdido, Alsino* y *Un juez rural, Pasión y muerte del cura Deusto* y *Juana Lucero, Sub-terra* y *Sub-sole...*

Exotistas, buscarán escape en la evocación de la España antigua; o, prefiriendo descubrir lo exótico en lo autóctono, recrearán el pasado de una América primitiva y mitológica; doctrinarios, harán crítica social, más preocupados de sí mismos que del ambiente, esforzándose por expresar en molde artístico la desgarradura moral que deja en ellos la incomprensión hostil que les rodea. ¿Puede afirmarse que estos novelistas del modernismo crearon una tradición? Me parece que no. Individualistas, se deleitaron en la contradicción y el equívoco. Confundir la novela del medio siglo con la novela "artística" de los modernistas, entrañaría un error de perspectiva. Crecen ellas desde diversas raíces culturales. No hay vínculo posible entre Agustín Yáñez, pongamos por caso, y Gutiérrez Nájera, o entre Miguel A. Asturias y Arévalo Martínez, o entre María Luisa Bombal y Augusto D'Halmar. La excepción pudiera ser Manuel Gálvez quien, obviamente, moldea a una generación: la de Eduardo Mallea y sus discípulos existencialistas.

En la obra de los novelistas que representan el período comprendido entre los años de 1890 y 1920, más o menos, existe, como se ha indicado, un hecho de naturaleza estética que le imprime su sello característico: la irresolución del conflicto entre imaginismo y realismo. Al borde de una revolución literaria de la que va a surgir un concepto nuevo del arte de novelar, y divididos en sus intereses literarios, ya sea que emulen a Zola y apliquen sus teorías naturalistas, o que imiten el humanismo de Tolstoy y Dostoievski, o el exotismo de Pierre Loti y Joseph Conrad, o el lirismo de D'Annunzio, estos novelistas llegarán al final de su carrera literaria sin abandonar su sentido de experimentación. Se inclinarán hacia uno y otro extremo, pero no conseguirán definirse. En esta indecisión se halla precisamente su peculiaridad.

MANUEL DIAZ RODRIGUEZ (1868-1927) es un novelista venezolano a quien la crítica redescubrió en los años cincuenta: Lowell Dunhamm le dedicó un entusiasta y concienzudo ensayo examinando detalladamente su vida y su obra (México, Studium, 1959). Escritor característico de la mejor época del Modernismo, Díaz Rodríguez elabora su lenguaje para captar la belleza parnasiana junto al poder de sugerencia del simbolismo. Pensador sagaz, analiza los problemas de su patria a través de un problema de conciencia —*Idolos rotos* (1901)— y destaca, en seguida, los valores de la tierra para exaltarlos en un fondo de exhuberante riqueza criolla: *Peregrina o el pozo encantado* (1922).

Básicamente, América le seduce con valores pictóricos. No le compromete. La considera, primero, con actitud romántica, enfrentándose al problema intelectual del hombre que se ha nutrido en los refinamientos culturales de Europa y tiene que aceptar, después, la amarga realidad del subdesarrollo en su propia tierra. *Idolos rotos* es precisamente el relato de tal desengaño y la imagen sentimental del artista caído en su lucha contra la ignorancia, la mediocridad y el pragmatismo del medio ambiente burgués. Díaz Rodríguez se expresa en tono exclamativo, como Gálvez en *El mal metafísico;* se confiesa, argumenta, deplora una condición en la que se ve él mismo prisionero. Pero no combate ni se define. Recordemos que Díaz Rodríguez participó activamente en la política de su país, llegando a ocupar altos cargos durante la dictadura de Gómez. Por ello incurrió en la ira y el desprecio de escritores como Blanco Fombona. Este contrasentido de una ideología romántica y liberal, por una parte, y un oportunismo político por otra, es, sin duda, la causa de la debilidad fundamental que Díaz Rodríguez reconoce en Alberto Soria, el héroe de *Idolos rotos*.

Entre su consideración sentimentalista de un problema real y la descripción criollista del paisaje en *Peregrina*, Díaz Rodríguez realizó su obra maestra: *Sangre Patricia* (1902), una de las primeras novelas de Hispanoamérica en que el mundo de la subconsciencia reemplaza a la imaginería exotista del Modernismo. En ella Díaz Rodríguez es un precursor de la novela de interpretación e intención poética que representan, más tarde, autores como Ricardo Güiraldes en *Xaimaca* y Torres-Bodet en *Margarita de Niebla*. Trabajando con una trama escasa Díaz Rodríguez crea un fabuloso mundo de sensaciones. En ninguna otra obra luce tan espléndidamente como en ésta su dominio del lenguaje, su poder de elucubración lírica, su contacto poético con el mundo mitológico de la subconsciencia. Refiriéndose a *Sangre Patricia*, dice Anderson Imbert:

"Su marco novelesco es mínimo: presentar el debilitamiento social del patricio criollo. Lo que vale es la descripción de las almas. Y esta descripción no es de psicólogo sino de escritor simbolista. Curioso, porque el tema se hubiera prestado a la novela psicológica. Después de todo es la novela de una neurastenia. La metaforería insiste más en impresiones estéticas que en observaciones psicológicas. El ambiente es también esteticista: cuadros de Botticelli, poesías de Swedenborg, música de Schumann y de Wagner, discusiones sobre Nietzsche, afirmación de lo sobrenatural sobre la realidad de los cientistas, buceos en lo subconsciente, las drogas, el tema de la catedral sumergida..." (*Historia*, p. 297).

De paso, hemos de decir que la obra de Díaz Rodríguez no es un fenómeno aislado en la literatura venezolana del Modernismo. Desde luego, le antecedió Miguel Eduardo Pardo cuya novela *Todo un pueblo* (1899) ha sido señalada como un posible modelo de *Idolos rotos*. Junto a Díaz Rodríguez aparece una importante promoción de narradores modernistas. Algunos escapistas y afrancesados, como Pedro Dominici (1872-1954), el autor de *Dyonysos* y *El cóndor* (1925); otros, de mayor penetración psicológica y no desprovistos de rasgos realistas y naturalistas como Luis Manuel Urbaneja Achelpohl (1874-1937), autor de *En este país* (1916) y *La casa de las cuatro pencas* (1937); Pedro Emilio Coll (1872-1947), autor de *El castillo de Elsinor* (1901); y otros, en fin, como Rufino Blanco Fombona (1874-1944), que ponen la novela al servicio de una doctrina. Este último, representante ilustre de una época del pensamiento liberal hispanoamericano, dejó en sus novelas —*El hombre de hierro* (1915) y *La mitra en la mano* (1927)— críticas y sátiras devastadoras, escritas con la pasión del político, pero sin mayor arte literario.

CARLOS REYLES (1868-1938) representa nítidamente la escisión básica que caracteriza a los ideales estéticos del Modernismo. Enraizado a su tierra uruguaya por tradición familiar y amor a las faenas del campo es un producto, sin embargo, de una refinada cultura europea. Los héroes de sus novelas —concebidos, por lo general, como expresión de un subconsciente poético y una conciencia teorizante— se desgarran buscándole sentido a una vida en que no caben sino la pasión y la violencia. Esta pasión, si es intelectual, puede asumir la forma de un anhelo de progreso y de grandeza en el cultivo de la tierra; si es amorosa, busca precipitadamente la consumación de un sacrificio de sangre. Racionalismo y romanticismo chocan, como chocan también formas de arte regionalistas y esteticistas. Reyles abusa del racionalismo como si quisiera redimirse de una profesión de fe intelectual por esa voluntad de morir en un acto irracional que empuja a casi todos sus héroes. No son el campo y la ciudad que se disputan el alma de sus personajes: son, más bien, la pasión bárbara, intuitiva y sangrienta, por una parte, y por otra, el intelectualismo en que se sublimó la decadencia europea. Estos dos factores chocan ya sea que se opongan en el escenario de la pampa uruguaya o en el de ciudades como Montevideo, Sevilla o París. El determinismo —manifestado en la herencia y en la acción del medio ambiente— dicta el curso que han de seguir sus relatos; es decir, el curso de los hechos circunstanciales; lo demás, aquello que permanece en plano de aliento lírico y proyección filosófica, es como una energía poética que sus personajes ganaran con el impulso que les lleva a su fin y que siguiera alentando más allá de sus fracasos o de sus modestos triunfos, al igual que una sorpresiva interrogación frente a la tesis que les dio origen.

Reyles es fundamentalmente, pues, un novelista con respaldo teórico. Así lo prueban su polémica con Juan Valera —en la que tomaron parte Pardo Bazán, Leopoldo Alas y Gómez de Baquero, (cf. Torres-Ríoseco, *Novelistas,* pp. 314-15— y su libro *El nuevo sentido de la narración gauchesca,* Montevideo, 1930). Conoceder profundo de la literatura europea, artífice lento y deliberado, jugó con ideas estéticas dispares, relacionándolas, contrastándolas, integrándolas, hasta conseguir una expresión de genuina originalidad. Su primera novela apareció en 1888, el mismo año que *Azul. Por la vida* contiene mucho de autobiográfico en la pasión con que Reyles ataca aspectos de la vida social y familiar uruguaya muy semejantes a aquellos en que se movió su juventud de millonario latifundista. Al describir a voraces albaceas y parientes parece referirse a quienes trataron de arrebatarle su fortuna a la muerte de su padre. Por encima de la alusión personal, sin embargo, se admira su sentido de composición literaria. Torres-Ríoseco, en su detallado ensayo sobre Reyles, da a conocer el método de trabajo que utilizó en la preparación de sus novelas:

"Su método arquitectónico no es nuevo pero sí raro en nuestra raza de escritores repentistas: Reyles hace primero el esquema de su novela en un rápido y breve desarrollo de situaciones; de este modo le resulta el cuento, y más tarde, después de haber elaborado largamente el problema sociológico o psicológico que quiere presentar se lanza de lleno al relato largo y sostenido. Es así como a cada una de sus novelas corresponde un cuento, en esta forma: 'El extraño' — *Raza de Caín;* 'Primitivo' — *El terruño;* 'Capricho de Goya' — *El embrujo de Sevilla;* 'Mansilla y el pial' — *El gaucho Florido;* 'Una mujer pasó' — *A batallas de amor, campos de pluma"* (*Novelistas,* p. 316).

Este esquema es indicativo de otra función más honda que debió realizarse en zonas íntimas de su creación: Reyles, que disponía los elementos de sus relatos como un arquitecto, debió sentir o intuir la presencia de fuerzas ancestrales que pugnaban por ganar dominio de su expresión artística y las buscó con audacia para enfrentarlas directamente, presintiendo una síntesis final que, en la obra de arte, le entregara el secreto de su propio destino. Esta búsqueda se halla patente en sus novelas más ambiciosas.

Beba (1894), por ejemplo, es una novela cuya idea básica representa, como en muchas de las obras de Zola y los Goncourt, una tesis de índole biológico-social. Tanto Ribero, como Isabel y Rafael, los tres personajes centrales de la obra, ilustran algún aspecto de la ideología de Reyles. El primero simboliza la actitud visionaria del hombre empeñado en renovar el sistema de explotación del campo. Su sobrina, "hija del amor", va indefectiblemente hacia un destino trágico; el esposo de ésta, Rafael, es el prototipo del figurón sin voluntad que ha de ser barrido por los ímpetus de Ribero. Los amores del tío y la sobrina no son sino el medio que utiliza Reyles para exponer una tesis determinista: consumada la pasión, Ribero, roído por los remordimientos, fracasa en sus empresas y se marcha a Europa. Isabel da a luz una criatura monstruosa y se suicida. El análisis psicológico no basta para borrar la impresión de artificio que Reyles crea involuntariamente. Mueve a sus personajes en un ámbito de realidad, pero, en el fondo, se le ve manipulando los hilos, provocando el choque de pasiones, arreglando la trampa final en que caerán los personajes sin tiempo ni voluntad para salvarse.

En *La raza de Caín* (1900) el determinismo naturalista es quizá menos evidente, pero no por eso deja de jugar un papel importante en el curso que asume la historia. Guzmán y Cosío hacen de la desorientación un estado natural de vida. La angustia de Guzmán, como la de Alberto Soria en *Idolos rotos* o la de Monsalvat en *Nacha Regules,* es el resultado de la presión psicológica que ejerce sobre un espíritu débil la civilización agresivamente materialista del mundo moderno. Los dos personajes de Reyles son víctimas fáciles del hombre fuerte, práctico, equilibrado, que Reyles exalta por contraste. Menchaca, "el eterno marido", revela hasta qué punto Reyles se había familiarizado con el psicologismo de Dostoievski.

Pero es en *El terruño* donde la fatalidad llega a ejercer una función preponderante como factor literario. Los tres personajes centrales llevan el sello de una condición moral fijada de antemano y cruzan sus caminos para descubrir el instante en que habrán de condenarse. Los dos hermanos —el "bueno" y el "malo"—, y la mujer, actúan con obstinada determinación de autómatas. Hay una tradición y una muerte que les marca el camino. Tocles no es menos fatalista en el logro de su salvación: el desenlace se ha invertido, pero la fuerza que le mueve y le lleva a conquistar la felicidad es igualmente teórica.

El embrujo de Sevilla, su novela más afortunada, le consagró en España. Escritores famosos le elogiaron con entusiasmo. Unamuno dijo: "Jamás se ha hablado del alma española con tanta novedad y profundidad". Azorín llamó a la novela "maravillosa evocación de Sevilla" y Pérez de Ayala "novela excelentísima".

¿Se justifica hoy este entusiasmo? La novela es la glorificación de un triángulo pasional característico del mundo de toros, cante jondo y baile flamenco de la tradicional Andalucía de pandereta. Edwards Bello escribió sobre España con menos alharaca preciocista y con más sabor y emoción de humanidad. Un cubano, Hernández Catá, barajó detalles costumbristas, anécdotas pasionales y metáforas de vanguardia, de modo fascinante y no menos auténtico. ¿En qué se basa, entonces, la preeminencia de Reyles como el mejor intérprete de España en América? Se basa, a mi juicio, en que conjugó a tiempo los ingredientes de un ideal literario que unió en un momento dado a los escritores peninsulares y a los de nuestro continente. Reyles alcanza en este libro la culminación de un estilo sensual y pictórico que fue uno de los ideales más preciados de la modalidad modernista. Más aún, ese estilo está iluminado por una pasión sincera y por una comprensión justa de aspectos de la vida española que nunca dejan de emocionar en el terreno del arte popular. Su imagen de España tiene una fecha y en esa fecha fue exacta. Por lo demás, Reyles va a descubrirse a sí mismo en el conflicto de pasiones que arrebata a sus personajes. Se encarna en el elegante heroísmo de Paco, en la entrega amorosa de la Pura, y en el equívoco asedio de Pitoche.

El gaucho Florido (1932), novela del campo uruguayo, fascina a muchos críticos hasta el extremo de que la señalan como la mejor obra de Reyles. En realidad, no es sino un despliegue de recursos melodramáticos.

ENRIQUE LARRETA (1875-1961) se convirtió en la figura más destacada de la novela modernista argentina con su obra *La gloria de don Ramiro* (1908), resultado de un largo viaje por Europa en el cual iba a reunir el material para un libro sobre Santa Rosa de Lima. Novelas de reconstrucción y fantasía históricas como *Salambó* de Flaubert y *Thais* de Anatole France, atraían la atención de los novelistas hispanoamericanos incitándoles a probar armas en un arte que ofrecía la posibilidad de entregarse a un virtuosismo de compleja elaboración. Dinámica y apasionante en su larga sucesión de hazañas heroicas, de amores —románticos y sensuales—, de odios y traiciones, la novela de Larreta es, por encima de todo, un *tour de force* que pone en evidencia su asombrosa imaginación y su capacidad para reconstruir la lengua, el ambiente y la psicología de uno de los períodos más apasionantes de la historia de España. Dentro de los límites de la novela histórica, Larreta creó personajes de honda significación humana —Aixa, la mora, Medrano, el escudero, Don Iñigo— y les hace vivir y perdurar en gráficas semblanzas.

En *Zogoibí* (1926) Larreta probó que también podía novelar aspectos criollos de la Argentina contemporánea. Apareció, dicho sea de paso, al mismo tiempo casi que *Don Se-*

gundo Sombra, es decir, predestinada a sufrir en injustas comparaciones. Anderson Imbert le hace justicia cuando afirma: "Sin embargo, *Zogoibí* trajo un nuevo valor: estilizar preciosamente una aventura trágica en la llanura argentina. Que no escribiera una novela de gauchos y a lo gaucho, se le reprochó. En el fondo se le reprochaba que escribiera artísticamente. Los personajes de *Zogoibí* no son fruto de la tierra, sino personas de la fantasía, y Larreta los ha creado con las leyes ideales de la novela, no con las de la naturaleza" (*Historia,* p. 298).

RAFAEL ARÉVALO MARTÍNEZ (1884-1975), maestro indiscutible entre los prosistas del Modernismo fue, al igual que Horacio Quiroga, un defensor de refinados procedimientos simbolistas a pesar de sus ocasionales incursiones por el mundo de la política guatemalteca. Conquistó la fama literaria con dos o tres minúsculos relatos que encierran la quintaesencia del ideal modernista y que representan un nexo genuino entre la novela esteticista de fines de siglo y la novela psicológica del siglo XX. Arévalo Martínez carece de biografía oficial. El mismo se ha descrito con estas palabras: "En cuanto a datos biográficos sólo le puedo decir que nací en 1884, que casé en 1911, que tengo siete hijos, un cuerpo endeble hasta lo inverosímil (peso 94 libras), una neurastenia crónica desde los 14 años. Y nada más" (cf. Torres-Ríoseco, *Novelistas,* p. 412).

Es su obra un intenso accionar de símbolos y mitos, un complejo mecanismo en que las sutilezas de una literatura de invernadero se mezclan a subterráneas corrientes indígenas. Dinámico, en un sentido especial que raya en lo morboso, hay en sus fantasías cierta diabólica condición que proviene acaso de su hábil manejo de las zonas subconscientes de su pueblo. Los indios de su tierra creen que todo hombre posee un doble que le acompaña, visible o invisiblemente, a través de su existencia y que ese doble —un animal— participa en la esencia misma de su vida. Arévalo Martínez, hombre ultra civilizado, parece haber sometido estas creencias totémicas de sus antepasados a un hábil lance de prestidigitador desde el cual emergen con la estructura de un símbolo y en el fondo, algo desconcertante, de un audaz tratado de psico-zoología. El ojo del indio le permite ver al animal que nos sigue con presencia de ectoplasma. El Angel de la Guarda se transforma en águila; Arévalo Martínez le ve el pico, las alas y las garras; o se transmuta en tigre, en caballo, en paloma, en serpiente, en elefante. El otro ojo —de filósofo y letrado— convierte la imagen en estampa racional. Con esta visión compuesta de la realidad provoca un desorden estético de fascinante acción; confunde deliberadamente los valores de la civilización occidental, los hace chocar con mitos de Oriente, contra supersticiones mayas, desviándolos, obscureciéndolos, forzándolos, hasta crear un frenesí ideológico que corresponde al hervor de su lenguaje modernista.

Dicen que sus relatos encierran una clave. El mismo Arévalo se solaza en evocar las circunstancias históricas que les dieron origen. Si no me equivoco, el poeta colombiano Porfirio Barba Jacob le sirvió de modelo para el más famoso de sus héroes: el señor de Aretal, es decir, *El hombre que parecía un caballo* (1915); el dictador Estrada Cabrera, fue el tigre de *Las fieras del trópico* (cf. *El señor Monitot,* 1922). Ha de ser así porque la impresión que nos queda después de leer estos cuentos y otros de la misma tendencia es que Arévalo Martínez escribe sus historias psico-zoológicas acerca de hombres que, amándoles él, le hirieron cruelmente. Sus cuentos son recriminaciones, despiadadas autopsias morales. Su pluma es un estilete blandido por un cortador fino y feroz que prefiere las puñaladas profundas, ésas que sangran internamente sin dejar más que un botón ambiguo en la boca de la herida. Arévalo Martínez es un moralista con el celo ético de un fanático de la belleza espiritual y física. Quien no coincida con su ideal de perfección, perece espléndida y contundentemente. Sus elucubraciones son parábolas. En el hombre que le atormenta ve al animal de apocalíptica estatura. Lo ve convertido en monstruo, después de abusar hasta el delirio de las cualidades con que le adornó Dios. Sus hombres han perdido el don de la creación. Los artistas buscan ser fecundados. Los demás son reflejos de otros seres, por lo general de seres ínfimos y pervertidos: "—Sí: es cierto— dice por ahí el señor de Aretal—. Yo, a usted que me ama, le muestro la mejor parte de mí mismo. Le muestro a mi Dios interno. Pero, es doloroso decirlo, entre dos seres humanos que me rodean, yo tiendo a colorearme del color del más bajo. Huya de mí cuando esté en mala compañía" (*El hombre que parecía un caballo,* San Salvador, 1958, p. 23).

Al verles en irremediable animalidad ya no es posible fijar la frontera entre hombre y perro, por ejemplo: "Hay perros degenerados —dice el narrador en "El trovador colombiano"—, ésas son malas especies de hombres, digo de perros, de los que no hay que acordarse; a los que hay que olvidar como hay que olvidar a ciertos perros, digo, a ciertos hombres" (*ibid.,* p. 33).

¿Qué mueve a Arévalo Martínez a calar por entre las defensas del hombre en busca de la marca maldita? ¿Un impulso místico?

"Así debió ver el mundo Doménico Theotocópuli —afirma—. Yo también veo todas las cosas alargadas, como si una eterna luna proyectara eternamente sus sombras en mi espíritu" (*ibid.,* p. 33).

"¡Nunca me he sentido más digno que cuando caí de rodillas!" —dice y añade—: "Yo también soy un pobre perro que tiene su amo en el cielo" (*ibid.,* p. 34).

Acaso no es sino la percepción de un ser sobrenatural: un Nahual que habla por su boca, que desgarra los velos de la realidad inmediata a su paso, que puso en sus oídos el lenguaje de las aves, en sus manos la caricia del león, en sus ojos la sabiduría absurda del búho. Creo que ésta es la respuesta. El mismo Arévalo confirma su condición de Nahual iluminado. Oigámosle: "Pues, bien, como tienden a considerarme un hombre, no perciben la gracia de mis anteojos de oro, no la han percibido sino esta vez de mi relato en que estaban borrachos y eran almas de elegidos. Sí: no perciben mi pobre alma de pájaro, de alas mutiladas, mi

120

odio al contacto de la tierra, mi amor al agua y a los plateados peces, mi gravedad, mi inmovilidad y mi triste silencio de grulla" (*ibid., p. 53*).

Aquellos que comparten su secreto le tratan como pájaro y llegan a él: "Los muchachos, que estaban tan beodos que entendían mi pobre alma de pájaro, me tendían un dedo y yo trepaba por él y agitaba las alas" (*ibid., p. 52*).

Arévalo, por muchos años, fue un caso único en la literatura contemporánea de lengua española. A pesar de su clara ascendencia modernista, resulta imposible clasificarle rígidamente: es un vidente que aparece dominado por la efectividad de su propio arte.

Sea cual fuere la interpretación que la crítica haga de su obra un hecho es innegable: sus mejores narraciones —*El hombre que parecía un caballo, La signatura de la esfinge* (1933), *El mundo de los Maharachías* (1938), *Viaje a Ipanda* (1939)—, en las cuales la función alegórica no aparece nunca forzada, sino que fluye con pasmosa naturalidad, poseen un profundo valor universal; además de estar escritas en una prosa que, a ratos, brilla como un joyel dariano y, a ratos, nos desconcierta con sus modismos centroamericanos.

AUGUSTO D'HALMAR (1882-1950) es el representante más notable de la narrativa modernista en la prosa chilena. En su obra, de elucubración lingüística, de fondo exótico y proyecciones simbolistas, culmina un afán de preciosismo intelectual cuya huella se advierte también en algunos de sus compañeros de generación como Baldomero Lillo, Pedro Prado, Eduardo Barrios y Fernando Santiván.

D'Halmar —su verdadero nombre fue Augusto Thomson— inicia su carrera literaria en un momento en que la literatura chilena comienza a despertar del letargo neoclásico y romántico en que se hundiera durante gran parte del siglo XIX. Darío ha publicado la primera edición de *Azul* en Valparaíso. Sus discípulos más directos —Pezoa Véliz, Pedro Antonio González, Magallanes Moure, Dublé Urrutia—, han recogido del Modernismo ciertos rasgos que se

121

avienen particularmente con la idiosincracia chilena y con el período histórico en que realizan su obra, y estos rasgos pasan a la prosa novelesca. No es precisamente el exotismo que les fascina, sino la sabia decadencia poética del simbolismo, con su afición por descubrir líricos matices en lo plebeyo y un hálito espiritual en los abismos de la condenación. De *Azul* toman la ironía y la actitud naturalista, presentes en los cuentos de intención social. A través de Darío llegan a las fuentes originales y la prosa novelesca chilena que fuera costumbrista, histórica o folletinesca con Riquelme o Barros Grez, y romántica con Blest Gana, adopta una intención sociológica, bajo la influencia de Zola, y un sentido poético, dentro del realismo, a la manera de Daudet. Pero, paralelamente a la influencia francesa, otros modelos invaden el mundo literario chileno, abierto ampliamente ahora a todo afán de renovación. En *Los 21,* D'Halmar deja testimonio del papel que juegan estos dioses del realismo simbolista europeo en el ámbito de su generación, vale decir, en los comienzos de nuestra novela moderna. Escritores como Tolstoy, Wilde, Dickens, Bret Harte, Gorki, Pierre Loti, son leídos y comentados. Se nota una decisión de superar el historicismo de la vieja literatura y de lanzarse en audaces aventuras del espíritu para atacar problemas de significación universal en un nuevo estilo. El apólogo, la parábola, el cuento, el aforismo, dominan la moda por un instante. Dos escritores asumen una significación de pioneros: Federico Gana (1867-1926) y Baldomero Lillo (1867-1923).

Gana se malogra; apenas si alcanza a trazar unos cuantos esbozos descriptivos de la vida rural en Chile y cesa de escribir. Pero en esos *Días de campo* (1916) revela ya los elementos de una literatura en formación: la criollista. Lo que en manos de un costumbrista tradicional hubiera sido pesada transcripción de exteriores, en las suyas adquiere un matiz pictórico de índole impresionista que ilumina lo concreto y lo carga de poéticas sugerencias. En Lillo, por otra parte, la corriente realista triunfa y se perfecciona dándole a su obra un carácter de anticipación al realismo social de nuestros días. No obstante, Lillo contribuyó también al auge de la literatura simbolista; sus cuentos mineros de patética y brutal objetividad, coleccionados bajo el título de *Sub-terra* (1904), tienen su contraparte en las narraciones poéticas, humorísticas y sentimentales de *Sub-sole* (1907). No puede decirse que haya nada de artificio en estos esfuerzos suyos. Por el contrario, el crítico imparcial debe reconocer que, a pesar de ser Lillo considerado, y con mucha justicia, como el precursor del realismo proletario en Hispanoamérica, es posible que su obra más duradera no se encierre en el melodrama de sus episodios mineros —obviamente influidos por Zola— sino en la angustiosa vitalidad de sus cuentos marítimos, o en la melancólica desesperación de sus alegorías, o en la tragicomedia de sus caricaturas santiaguinas.

De la experimentación en el terreno del cuento, esta generación pasa a la novela. D'Halmar inicia el camino con *Juana Lucero* que data de 1902. Se trata de un "experimento" naturalista. No se diferencia gran cosa de *Santa*, ni de *Nacha Regules*. Lo importante es que D'Halmar agita el ambiente literario chileno y conmueve a la opinión pública. Consigue ampliamente aquello que Orrego Luco logró tan sólo en un plano limitado. La literatura chilena entra de golpe a participar en la crisis social de principios de siglo. La novela de D'Halmar, así como los cuentos de Lillo y la poesía de Pezoa Véliz, son materia de pública discusión entre obreros y estudiantes que forman ya sus sindicatos y federaciones, mientras buscan en el plano intelectual la expresión de sus ansias reformistas. Recordemos que entre 1900 y 1925, Chile vive una profunda revolución política y económica: la clase media, representada por el movimiento liberal de Alessandri, y la clase obrera, dirigida por el pensamiento marxista de Luis Emilio Recabarren, le disputan el poder a la antigua oligarquía latifundista. Depresiones económicas, huelgas y escaramuzas civiles se suceden hasta llevar al país al borde de una crisis que se resuelve con el triunfo de la Alianza Liberal alessandrista. Desde su tribuna periodística, un crítico, el sacerdote Emilio Vaisse (Omer Emeth), invita a los escritores chilenos a olvidar los alardes preciosistas del Modernismo y a lanzarse en pos de un realismo regional que revele el alma del pueblo chileno. Parte de la generación de D'Halmar seguirá los consejos de Omer Emeth y creará la escuela criollista con Mariano Latorre a la cabeza. Otros descubrirán en el simbolismo una literatura escapista. Un tercer grupo, finalmente, pasará de una tendencia a otra sin llegar jamás a definirse con claridad.

D'Halmar, que empieza su carrera con una novela naturalista y en sus años mozos funda, en compañía de Santiván, Magallanes Moure y otros, una colonia tolstoyana, se ausenta de Chile en 1907 y, al partir, abandona sus preocupaciones sociales. Se dedica en adelante a perfeccionar un arte de sutilezas filosóficas y psicológicas en el terreno del cuento, la novela breve y la prosa poética. Sin embargo, aún juega el papel de maestro pues, a la distancia, desde la India y desde España —donde desempeñó cargos diplomáticos— inaugura un culto que enciende la imaginación de una nueva promoción de escritores. Ahora es un escritor imaginista, empapado de la filosofía hindú; vive en continuo trance poético buscando aventuras extrañas en puertos y ciudades de misterio, despertando pasiones equívocas, tejiendo un lazo de refinadas elucubraciones. Crece en Chile el mito de D'Halmar. Se le identifica con el Hermano Errante de que habló Prado. Para otros es una especie de capitán sin barco, anclado al pie de su voluminosa pipa. A su sombra se desarrolla una curiosa literatura marítima con mucho de ensueño y poco de realidad. Los dioses literarios son ahora Joseph Conrad, Pierre Loti, acaso Jack London. Dan relieve a la nueva escuela tres o cuatro novelistas que pertenecen ya a la generación de 1930: Juan Marín, Luis Enrique Délano, Salvador Reyes, Jacobo Danke, son los de mayor nombradía.

Mientras tanto, D'Halmar ha producido su mejor novela: *Pasión y muerte del cura Deusto* (1924); en ella combina lenguaje y perspicacia psicológica para analizar el desarrollo de una extraña pasión que une a un cura y a un niño. Para mí la significación de D'Halmar —más que en sus novelas— se encuentra en sus cuentos y en sus prosas poéticas. En ambos géneros ha producido obras maestras: su cuento "En provincia" es una de las más bellas expresiones del realismo hispanoamericano de su tiempo. En las breves páginas de este relato está la sensibilidad y el lenguaje del Modernismo sugiriendo lo que ningún otro movimiento literario hubiera podido expresar: el fondo melancólico, mórbido, líricamente angustiado de esa pequeña alma sudamericana, ajena a los estruendos épicos del gauchismo, consciente tan sólo de mantener la llama de un sentimentalismo condenado a desaparecer. Como prosa poética "A rodar tierras" en su diáfana pureza estilística, en su profunda alegoría, no tiene parangón en Chile. Quien desee descubrir a este escritor, tan injustamente olvidado por la crítica continental, búsquele en sus volúmenes de novelas breves, cuentos y prosas poéticas: *La lámpara en el molino* (1906), *Capitanes sin barco* (1934), *Amor, cara y cruz* (1935), *La sombra del humo en el espejo* (1924).

PEDRO PRADO (1886-1952) sobresale, junto a D'Halmar, en la mejor época del Modernismo chileno. Sin la prestancia dramática de D'Halmar, más retraído y concentrado, aunque, en ocasiones, orador de mucho vuelo, en su juventud Prado participó activamente en la política estudiantil, fue delegado a algún congreso universitario y más tarde representante diplomático en Colombia. La influencia de su personalidad se dejó sentir en el ambiente literario chileno durante los años críticos del Modernismo. Como poeta, Prado introduce en Chile el verso libre e inicia una sobria pero vigorosa acción contra el retoricismo de los continuadores de Darío. De la prosa poética —*La casa abandonada* (1912)— evoluciona hacia la novela y cuando aparece *La reina de Rapa Nui* (1914) puede decirse que ha nacido en Chile la novela modernista. Prado es fundamentalmente un filósofo que busca la expresión de sus ideas en símbolos y parábolas con base de esencial realidad. Muy pronto en su carrera literaria abandona el plano circunstancial para retirarse a otro de alta elucubración que le permite experimentar con sus ideas sociales sin caer en la alusión política. Seducidos por su inteligencia profunda y por su elegante sobriedad, le rodean novelistas, poetas, músicos y pintores. Nace de esta comunidad el grupo de Los Diez, en el cual se habla con entusiasmo de las ideas de Tolstoy, se sueña con liberar a la humanidad por el camino de la belleza y del arte, y se proyectan obras de un hondo sentido humanitario. En verdad, el radio de acción de Los Diez es curiosamente local pero, aun dentro de sus tímidas realizaciones, contribuye poderosamente a dar estructura a la literatura moderna de Chile. Músicos, pintores y novelistas —como Leng, Juan Francisco González y el mismo Prado—, crean un regionalismo de impulso lírico, preñado de símbolos y envuelto en delicados tonos menores.

En *La reina de Rapa Nui* Prado describe un lugar que nunca vio y costumbres, hechos e incidentes que son el producto de su imaginación. No obstante, en la sencillez sutil de la trama, en la calidad del sueño que envuelve como una atmósfera poética a los personajes, en la estilización refinada del paisaje, flotan los símbolos de una civilización desaparecida y la huella confusa e inquietante que ellos dejan en la mente del hombre moderno. No es pues creación de un preciosismo inútil. Prado se ocupa de problemas fundamentales, pero no de conflictos políticos ni económicos. Más bien, busca en zonas abstractas el destino de su generación dentro del mecanismo no siempre racional de una civilización que se le aparece llena de contradicciones. No obstante la originalidad del tema, el admirable manejo de los símbolos y la plácida belleza del lenguaje, esta novela de Prado no gozó de la popularidad que merecía. La crítica pasó junto a ella sin tocarla casi.

Dos novelas encierran, principalmente, el pensamiento filosófico de Prado: *Alsino* (1920), una de las más excelsas concepciones alegóricas de la literatura hispanoamericana, y *Un juez rural* (1924), menos ambiciosa, pero efectiva aun en sus limitaciones. Parte de la fuerza de *Alsino* radica en la aleación sabia del contenido mitológico y la situación circunstancial de los personajes. Con un vuelo poético sostenido y una honda comprensión del alma campesina, Prado va exponiendo sus temas: la aventura del hombre hacia lo desconocido, la exaltación de la rebelión sublime y el fuego de la muerte con que se le castiga.

La crítica tradicional ha visto la organización exterior de la novela sin ahondar en los temas fundamentales, contentándose con señalar la fuente primaria: el mito de Icaro. Desde luego, Prado partió del mito para proyectar la historia del niño que, aprendiendo a volar, cae y de su joroba le salen alas, vuela y se quema en el fuego de un sol inalcanzable. Dios, dice el mensaje, no mueve sus límites ante el ser humano que lo desafía, los refuerza implacablemente y en ellos le reserva su condena. Lo que esa crítica no advirtió fue la estructura interior del relato y el substrato social que le dio vigencia a principios del siglo y se la mantiene hoy más que nunca.

Desde un punto de vista contemporáneo, en el contexto histórico de lo que ha sucedido en Chile desde la publicación de la novela, Alsino es un peón esclavizado por el latifundio criollo y, en su condición alienada, trata de romper límites que no comprende: la parcela fue y sigue siendo un campo alambrado donde él y su familia heredan un destino de miseria, ignorancia e impotencia; el enemigo es indeterminado, confusa mezcla de poder económico, jerarquía social y poder sobrenatural. En la servidumbre, el campesino chileno debe aprender un sistema de rechazos y coerciones, la conducta del paria, la resistencia muda y, en apariencia, apática, del peón de carga. El patrón es un "padre" para "hijos" que le cultivan la tierra, le alimentan a la familia y, en las elecciones, cuando las hay, votan ciegamente por él o por su candidato personal. Este "padre", por lo general ausente, que reina en el Club de la Unión en Santiago, mientras su mujer reina en salones de belleza, y sus verdaderos hijos se robustecen en los colegios de la comunidad gringa del country club, este "padre" que llega desde el sur en camioneta cargada con los frutos del país, para quien la uva y el vino no se pesan en kilos sino en divisas, no vacilará nunca en tomar la escopeta en sus manos para castigar a los "hijos" rebeldes que han decidido sindicalizarse. Armado hasta los dientes esperará junto al portón de las casas del fundo al representante de la Reforma Agraria, al innombrado joven democristiano que viene a ponerlo al tanto de las medidas tomadas en su contra, se lanzará sobre él frente a los representantes de la fuerza pública, y azuzará a sus perros y a sus propios esclavos para que lo liquiden.

Alsino, en su pureza de niño huaso, no entiende esos alambres, esas carabinas, esa muerte repugnante. Cree en el mundo que está al otro lado de la violencia y el odio. Ajeno a esta organización del abuso, vuela a un cielo libre donde buscará el verdadero sentido de sus sueños de adolescente. Lo enjaulan. Escapa y lo quema un sol enemigo, ese mismo sol que seguirá quemando las espaldas de su gente.

Alsino, expresión poética de un contexto social siniestro, escrita a principios de siglo por un tolstoyano chileno, no podía sino tener el hálito lírico y la proyección filosófica de una obra de arte romántica. No pudo ser una denuncia ni una protesta, pero sí una poderosa metáfora del drama de la alienación de nuestros campesinos, una personificación en profundidad del mismo drama, ahora sangriento, que sería Ranquil en los años treinta. Se diría que Alsino no ha dejado de volar sobre este trozo de historia de Chile y que el silencio de esas hondonadas campesinas se une al silencio de las alas en camino ya de quemarse.

Como en toda novela alegórica, la significación es múltiple y se presta para diversas interpretaciones. Ajeno a todo dogmatismo, creyente en la sabiduría primitiva de la intuición campesina, Prado comprueba la relatividad básica de toda verdad y abandona sin resquemores sus ejercicios novelísticos para buscar las esencias de la realidad en el mundo de la poesía. Acaso tuvo conciencia exacta de lo que había realizado ya en su obra de novelista; ninguna creación futura podía sintetizar más claramente y con tal belleza de forma su eterna inquietud filosófica. Su mensaje es de un sano escepticismo, de una actitud abierta hacia los goces superiores de la vida, a las sutilezas del espíritu y a la fascinación más sensual y efímera de los goces terrenales. Exalta la sobriedad, la sencilla elegancia del lenguaje, el poder de la imagen poética. Eduardo Barrios —entre los escritores de su generación— tomará su lugar cuando Prado se retire al oficio de sonetista privilegiado. Barrios publicará dos años más tarde, en 1922, otra obra cumbre de la novela modernista: *El hermano asno.*

LA NOVELA DE LA REVOLUCION MEXICANA

Un hecho histórico y una novela señalan el primer epicentro del regionalismo hispanoamericano del siglo XX: ese hecho es la Revolución Mexicana de 1910 y esa novela: *Los de abajo* de Mariano Azuela.

México vive durante el período revolucionario un proceso de transformación que compromete no sólo su vida económica sino hasta las bases mismas de su cultura y de su organización social. El novelista se ve envuelto en una cadena de incidentes que exigen su testimonio. No especula ni se define en términos teóricos. Absorbe y narra fascinado por los acontecimientos que van marcando el curso de la revolución. Ciertos principios básicos de carácter político y económico se identifican a través de páginas dedicadas a exaltar las figuras de los líderes revolucionarios: sabemos que las masas campesinas luchan por una redistribución más justa de la tierra, que el país ansía la nacionalización de las riquezas del subsuelo, que los defensores del indio demandan para él una auténtica ciudadanía en el nuevo orden de cosas, que la nación entera se opone a la invasión económica extranjera y, por último, que existe un conflicto político-religioso. Pero estos hechos no aparecen en las novelas a través de prédicas ni mensajes: son como estandartes que flotan libremente en medio del caudal de anécdotas. El análisis de causas y consecuencias de la revolución será faena de ensayistas y profesores.

¿Qué ha de entenderse por Novela de la Revolución Mexicana? ¿Qué obras han de incluirse como representativas de tal denominación, y qué autores pueden considerarse típicamente *revolucionarios*? Aparentemente estas preguntas no requieren sino una respuesta histórica. Tal respuesta, no obstante, no correspondería a la verdad literaria ni tampoco serviría para una interpretación ideológica del problema. En primer lugar, porque los autores generalmente considerados como representantes de la Revolución Mexicana no son *revolucionarios,* sino más bien pesimistas, negativos y en algunos casos, decadentes. Son antiteóricos, episódicos, amigos sentimentales del pueblo, del campesino tanto como del indio, pero admiradores del caudillaje popular aunque no ciegos ante sus abusos. Son fatalistas, desilusionados y, por lo común, amargos. En segundo lugar, porque en la crónica de la Revolución hay dos aspectos que considerar, ambos importantes pero substancialmente diversos: uno lo constituye la narración de las campañas propiamente revolucionarias, y el otro, la narración de los hechos que anticipan o siguen a la Revolución en ambientes de ciudades de provincia o del campo mexicano. Aceptamos como novela revolucionaria a *Los de abajo* —hay quienes negarían este aserto—, ¿debemos considerar también como revolucionarias a *Las moscas,* a *Rosenda,* a *Los peregrinos inmóviles?* Si reconocemos en la Revolución Mexicana un proceso histórico cuyas proyecciones superan el límite temporal de las circunstancias políticas de una época determinada habremos de aceptar como características de la Revolución no sólo a las novelas de acción guerrera, sino también a aquellas que interpretan la periferia del hecho histórico y lo sondean en planos psicológicos, filosóficos o sociales.

Políticamente, los hechos de mayor relieve que conciernen a la novela de campaña son limitados y fácilmente identificables; ocurren, más o menos, entre los años 1910 y 1920 y les sirve de fondo la revolución de Francisco Madero (1873-1913) contra Porfirio Díaz, la guerra civil entre Victoriano Huerta, Venustiano Carranza, ayudado por Alvaro Obregón (1880-1928), Emiliano Zapata y Pancho Villa, y el triunfo final de Obregón. Antes y después de estos hechos existen otros más difíciles de reconocer, menos concretos, pero a juzgar por la novelística más reciente, de equivalente significación. Son hechos que atañen a una comunidad de endemoniados puritanos a fines del siglo XIX, por ejemplo, según el testimonio de Agustín Yáñez, para quienes la Revolución es una fuga nocturna y repetida de individuos familiares pero excéntricos que se marchan a lugares lejanos donde se alborota con intoxicante libertismo; o son hechos que condicionan la desesperación de campesinos inundados, solos e impotentes, a treinta años de la Revolución, en un relato de José Revueltas. Lo político y lo no-político, lo trascendente y lo episódico, como las puntas de una hélice giran vertiginosamente alrededor de un centro común, pero aunque van en la misma dirección tocan una atmósfera que nunca es la misma y el círculo que cierran está hecho de un infinito en que verdaderamente no se encontrarán jamás.

Lo importante es no olvidar que la Revolución Mexicana es en sí un árbol genealógico literario con ramificaciones y brotes variados. Tiene un brote indianista en la obra de Gregorio López y Fuentes, Ermilo Abreu Gómez y Miguel Angel Menéndez, así como un brote de protesta social en las novelas de José Mancisidor, Mauricio Magdaleno y José Revueltas; y una derivación provinciana que refleja los efectos de la campaña a la distancia en los relatos picarescos de José Rubén Romero. Posee, además, una meditación barroca en la prosa de Agustín Yáñez y Juan Rulfo.

Injerto, si no ramificación en este árbol, es la novela de los Cristeros, cuyo antecedente histórico es la legislación de Plutarco Elías Calles contra la Iglesia Católica y la consiguiente reacción que, al grito de "Viva Cristo Rey", dio lugar a una tenaz y cruenta lucha civil. Dos novelas cristeras ha señalado la crítica por su mérito literario: *La Virgen de los Cristeros* (1934) de Fernando Robles y *Pensativa* (1945) de Jesús Goytortúa, obra esta última que, sin participar directamente del conflicto ideológico, alude, sin embargo, al tema y a la época en que alcanza mayor beligerancia. De significación más bien histórica que literaria son las novelas del sacerdote Jorge Gram —*Héctor* (1930), *Jael, La guerra sintética*— y una de José Guadalupe de Anda, *Los Cristeros: La Guerra Santa en los Altos* (1937), que muy bien pudiera considerarse como típica en su género.

Casi simultáneamente con el desarrollo de la novela de

la Revolución aparece en México un movimiento colonialista que bien pudiera estimarse como una derivación del escapismo poético del Modernismo. A diferencia de la novela modernista, sin embargo, la novela colonialista mexicana no busca lo exótico en zonas remotas del mundo oriental o en el medioevo español, sino en el pasado indígena —al que idealiza y ornamenta sin apartarse fundamentalmente de la verdad histórica— y en el acontecer menudo y pintoresco de la Colonia. Los representantes más destacados de esta tendencia son: Antonio Médiz Bolio (*La tierra del faisán y del venado*, 1922), Andrés Henestrosa (*Los hombres que dispersó la danza*, 1929), Ermilo Abreu Gómez (*Canek*, 1940; *Naufragio de indios*, 1951), Francisco Monterde (*Moctezuma, el de la silla de oro*, 1945; *Moctezuma II, Señor de Anahuac*, 1947).

MARIANO AZUELA (1873-1952), nacido en Lagos de Moreno, pequeña ciudad a que alude en su novela *Los fracasados*, se identificó desde muy joven con la causa del liberalismo mexicano. Fue anti-porfirista y, a raíz del triunfo de Madero, conquistó una situación política destacada. Los vaivenes y altibajos de la revolución dieron luego a su vida un rumbo accidentado: luchó contra Victoriano Huerta y, durante el gobierno convencionista, fue nombrado Director de Instrucción Pública de Jalisco. Llegado al poder Carranza, Azuela salió de su patria y buscó refugio en El Paso. Después de su regreso a la Ciudad de México se dedicó por entero a sus tareas de médico y a su obra literaria sin tomar parte ya en la política.

Antes de la publicación de *Los de abajo* (1916) Azuela había establecido firmemente la tradición naturalista con una serie de novelas de mérito literario incuestionable pero, hasta entonces, de resonancia puramente local: *María Luisa* (1907), *Los fracasados* (1908), *Andrés Pérez, maderista* (1911), *Sin amor* (1912). Inmediatamente después de *Los de abajo*, en 1917 y 1918 respectivamente, pública *Los caciques*, *Las moscas* y *Domitilo quiere ser diputado*, relatos característicos de la época de la revolución.

Los de abajo pasó inadvertida durante años y no fue sino hasta 1925, cuando la publicó *El Universal Ilustrado* como folletín, que el público y la crítica sintieron su verdadero impacto. Médico retraído, observador minucioso y clínico de la realidad social, sobrio en sus admiraciones y antipatías, liberal fogoso en su juventud y escéptico en su madurez, cristiano siempre, católico en su vejez —después de estampar candentes caricaturas anticlericales en algunas de sus novelas—, Mariano Azuela pareció reacio a aceptar la trascendencia revolucionaria de su famosa novela. *Los de abajo* no es una novela política. Poco o nada tiene de circunstancial. No es un reportaje de guerrillas. Es más bien la estilizada imagen de un pueblo en el doloroso trance hacia su madurez social. A pesar de su dinamismo exterior la distingue cierta extraña corporeidad estática, algo del eterno distanciamiento de los mitos. Es, como *Don Segundo Sombra,* la consumación de un largo y profundo pensar sobre el destino de una raza, sobre las fuerzas de un pueblo, sus posibilidades de supervivencia, su estoicismo ante la derrota y ante el asalto de fuerzas que no comprende del todo ni logra identificar.

Todo el detalle de la revolución desatada con ferocidad primitiva cede ante la sugerencia de un drama de diverso carácter, de mayores proporciones, de consecuencias lejanas. Azuela busca pequeñas claves que no siempre logra reconocer, claves que deben servirle para diagnosticar ese drama y que se esconden, a veces, en su fondo ancestral mientras actúan en la periferia de la vida moderna del pueblo mexicano. En *Los de abajo* Azuela intuye algunas, alude a otras con desconcertante claridad, tropieza con otras sin entenderlas. Se resiste, sin embargo, a transformarlas en símbolos y se resiste, particularmente, a conferir el carácter de alegoría a su novela. Pero en el mutismo de su héroe crece paulatinamente la interrogación que apremia al pueblo en armas y confunde al narrador. ¿Se reconoce México en la glorificación de la violencia, en el ritual del caciquismo, en la humanización de la tierra, cuya posesión el hombre busca con instinto religioso y, a la vez, sexual? ¿Destruye el pueblo la cabeza del monstruo ancestral para renacer purificado en una civilización en que racionaliza la magia? A lo largo de toda la historia, narrada en estilo áspero, corre un hilo de amarga desesperanza que es como el reconocimiento de un fracaso; fracaso heroico, clásico en su patetismo, pero, a todas luces, irremediable.

La primera impresión que causa la lectura de *Los de abajo* es la de un documento naturalista en que la revolución ha dejado su estampa como una gran mancha de sangre. La novela parece "revolucionaria" en el sentido en que una masacre ordenada por Pancho Villa es revolucionaria. Su fuerza es negativa y la grandeza de la gesta que narra resulta del terror y la derrota. A esta impresión inicial se añade lentamente el presentimiento de que Azuela, en realidad, depositó su fe no en las circunstancias antiheroicas de la contienda diaria, sino en otro heroísmo que trasciende por encima de la brutalidad, la ignorancia y la ofuscación de un pueblo sublevado ante la miseria y la explotación; heroísmo que es integridad moral y que garantiza la supervivencia de los insurgentes en una voluntad colectiva de sobreponerse a las odiosas contradicciones sociales que causan la derrota. Es la única esperanza que sobrevive al hacinamiento mortal de esta antiepopeya y es la esperanza que le asegura su permanencia en la literatura hispanoamericana, porque *Los de abajo* no perdura como un documento de índole derrotista, sino como una obra de arte cuyo dinamismo, si bien es cierto depende de sentimientos de rebelión ante la desgracia y el fracaso, no es menos efectivo y, en última instancia, menos sublime que si resultara de un himno a la victoria.

El prestigio literario de Azuela fue consecuencia de una paciente interpretación de un largo período de la historia mexicana: desde el porfirismo hasta la época post-revolucionaria. Además de *Los de abajo,* dos novelas suyas que ha destacado tradicionalmente la crítica pueden analizarse como características de su genio literario: *La Malhora* (1923) y *La Luciérnaga* (1932).

La Malhora es un relato esquemático, caprichosamente contrapunteado, de los aspectos mas sórdidos en la vida de una muchacha del pueblo. Es una novela en que el lenguaje es más conspicuo que la historia y los personajes: lenguaje rudo, retorcido, feísta, clínicamente metafórico. El capricho ultraísta se revuelca en la podredumbre del hampa mexicana y crea aguafuertes usando el *leitmotiv* en forma de palabras claves: lluvia, sangre, lodo, mugre. No hay personajes sino siluetas, ni hay argumento sino breves instantáneas que el lector, para comprenderlas, debe arreglar en orden cronológico. Narrada con una técnica tradicional, *La Malhora* sería un capítulo más de la serie interminable de Nanás y Santas hispanoamericanas. Huyéndole al melodrama, al sentimentalismo obvio y vulgar, Azuela disfraza el episodio bajo el artificio del estilo esperando ganar relieve y esconder el lugar común con adjetivos y substantivos que suenan como descargas, y con hábiles intentos de asociación libre de ideas. *La Malhora* llamó la atención en Europa y fascinó a los críticos del post-modernismo. En su época, representó un avance técnico de gran audacia y no faltaría justificación para considerarla como precursora de la fragmentación de la novela de medio siglo.

La Luciérnaga es menos esquemática en su forma que *La Malhora;* en ella examina Azuela las bajas capas de la población mexicana para diagnosticar con objetividad sarcástica, a veces, y, a veces, con mal disimulado sentimentalismo, la miseria y la desesperanza que las caracteriza en un momento de la historia de su país. Son los años de la persecución religiosa de Calles. La revolución parece haberse perdido en los aleros del oportunismo, el fraude y la voracidad de inescrupulosos caciques. Azuela destaca el cristianismo ingenuo de la mujer provinciana, Conchita, quien sacrifica todo a los pies del marido, símbolo de la corrupción de una población de pícaros profesionales que flotan entre la provincia y la ciudad aguzando los sentidos para escamotear el derecho a vivir al día. Alguien dice en la novela: "El ideal de nuestro pueblo se bifurca en dos caminos: la iglesia y la pulpería. Por eso les clausuramos las iglesias y les higienizamos las pulperías." La nueva generación se prostituye, mata, roba, muere desilusionada. Entre la oscuridad de las noches lluviosas y el sucio amanecer de los arrabales alumbra el anémico sol de los convalecientes que emergen, rapada la cabeza, a una mañana de hospital y de parientes muertos de hambre.

Azuela hiere sin piedad. Pero, en el fondo de esta sórdida desintegración nos sorprende su básica moral burguesa, su pudor que, muchas veces, raya en lo pacato. Porque Azuela es crudo "hasta donde lo permiten las circunstancias". El sexo, por ejemplo, es siempre un factor literario en sus obras —materia de metáforas alusivas, de remordimientos o de anticipación—, nunca factor vital, directo, activo.

Del mundo subterráneo de criminales, viciosos y desalmados de la ciudad o de los feroces gazmoños provincianos, al fin, no queda sino una impresión superficial; lo profundo, lo permanente es la transfiguración de Conchita: La Luciérnaga, quien al tender la mano a su hombre —pelado, descalzo, harapiento— glorifica la resistencia opaca, pero aun así, épica de la clase media mexicana, vapuleada en las revoluciones, empobrecida en las crisis económicas y, sin embargo, tozudamente incólume.

En su sentido social puede considerarse *La Luciérnaga* como una de las novelas más típicas del genio literario de Azuela. Mayor mérito artístico posee *Los de abajo,* cuya armonización maestra del *staccato* metafórico y del tema revolucionario Azuela no podrá jamás repetir, y más aguda en su ultraísmo feísta es *La Malhora,* pero ninguna de estas dos novelas exalta tan nítidamente como *La Luciérnaga* la causa que comprometió más genuinamente al novelista mexicano: el porvenir de los rutinarios, los recatadamente piadosos, ante la barahúnda de los pendencieros, los matones de la época en que le tocó vivir. En ninguna otra novela suya, tampoco, se maneja tan lúcida e inteligentemente su método literario: la novelización de datos clínicos recogidos en sus experiencias médicas y en las largas y concienzudas horas que pasó escuchando el relato directo del pueblo que se dolía a su alrededor.

No toda la crítica aceptó con beneplácito las incursiones de Azuela por el campo de la asociación libre de ideas y del contrapunto; hubo quienes condenaron tales esfuerzos descargando sus armas en particular contra *La Malhora* y *El desquite* (1925), sin dejar de reconocer que *La Luciérnaga* poseía cualidades indiscutibles de lenguaje, de análisis psicológico y de emoción dramática. Sea que Azuela se desanimara por los ataques de la crítica tradicionalista —en circunstancias que el interés y los elogios de la "nueva crítica" no le convencían o no le animaban— o sea que esa etapa de experimentación literaria lo tentara a intentar un retorno al pasado, el caso es que a las novelas *estridentistas* siguieron obras de tendencias tradicionales: escribió novelas de índole histórica — *Precursores* (1935), *Pedro Moreno el insurgente* (1935), *San Gabriel de Valdivia* (1938)— y novelas de sátira política y social: *El camarada Pantoja* (1937), *Regina Landa* (1939), *Avanzada* (1940), *Nueva burguesía* (1941), *La marchanta* (1944), *La mujer domada* (1946), *Sendas perdidas* (1949).

Excepción hecha de *Nueva burguesía,* que algunos hispanistas norteamericanos saludaron como la obra maestra de Azuela, ni estas novelas de su última etapa —la post-revolucionaria— ni *Maldición* (1955) o *Esa sangre* (1956), ambas publicadas póstumamente, tuvieron gran resonancia ni agregaron gran cosa al prestigio de Azuela. Para el crítico de gusto tradicional e interesado primordialmente en la crónica de los eventos que precedieron a la Revolución Mexicana y en su repercusión después de 1910 lo más valioso de la obra de Azuela está en *Los de abajo, Los caciques, Las moscas, Domitilo quiere ser diputado* y *Las tribulaciones de una familia decente.*

Debe añadirse, finalmente, que Azuela desempeñó un destacado papel en la promoción de las letras de su patria; hizo crítica, si no imparcial, al menos hábil; aleccionó a las nuevas generaciones y supo apreciar los esfuerzos de experimentación de la literatura más avanzada. La colección de ensayos que publicara bajo el título de *Cien años de novela mexicana* (1947) es un digno ejemplo de su perspicacia crítica.

MARTIN LUIS GUZMAN (1887-1976), es uno de los más vigorosos intérpretes de la Revolución Mexicana en un género literario que combina la actualidad del reportaje periodístico, el dinamismo de la novela política y la intimidad de las memorias. Dijérase que es un cronista comprometido ideológicamente en la empresa que describe, juez y actor en el drama de la Revolución Mexicana, a la manera de John Reed, el autor de *Ten Days That Shook the World*. Guzmán hace despliegue de una fuerza panorámica, muralista, que ilumina toda su epopeya revolucionaria.

Estudiante de leyes, periodista, luchador político, vivió íntimamente las peripecias de la revolución. Conoció también el ambiente oficial del porfirismo, pues su padre llegó a ocupar un cargo de responsabilidad en el Colegio Militar de Chapultepec. Adhirióse a las huestes revolucionarias en 1913, y en los vaivenes de la política debió marchar varias veces al exilio. Viajó por Cuba, los EE.UU. y Europa. En el fondo, Guzmán era un periodista de garra; lo probó en España donde llegó a ser director de *El Sol;* en Nueva York donde dirigió *El Gráfico,* y en México como director de *El Mundo* y la revista *Tiempo.* Sus primeras obras literarias fueron colecciones de ensayos: *La querella de México* (1915) y *A orillas del Hudson* (1920). En 1928 publicó su primera crónica de la revolución: *El águila y la serpiente;* y en 1929 su novela *La sombra del caudillo.* Dos libros señalan un período de transición en su carrera literaria: *Aventura democrática* (1931) y *Mina, el mozo* (1932), ensayo el primero y biografía el segundo. Define sus ideas, perfecciona su técnica narrativa, pero nada revela el proceso de gestación profunda que debe haberse operado en él durante esos años que precedieron a la publicación de las famosas *Memorias de Pancho Villa* (1938-1940) divididas en cuatro volúmenes: *El hombre y sus armas* (1938), *Campos de batalla* (1939), *Panoramas políticos* (1939) y *La causa del pobre* (1940).

De sus tres obras fundamentales sólo una puede aceptarse como novela, *La sombra del caudillo;* las otras dos escapan, como se ha dicho, a toda clasificación tradicional. En *El águila y la serpiente,* Guzmán narra sus aventuras de revolucionario en un ciclo histórico que se inicia y concluye en un viaje a la frontera del norte. La figura épica de Pancho Villa se alza, misteriosa y contradictoria, en ambos extremos; el narrador le sigue a través de un mapa de violencia y va creando su imagen, profundizándola, marcándola en ásperos relieves a través de triunfos, derrotas, traiciones, hasta dejarle al final solo en su patética grandeza, sospechoso de su misma sombra, cercado por enemigos que tejen a su alrededor intrigas asesinas. Los acontecimientos fluyen con la velocidad de una animada crónica periodística; de vez en cuando el autor se detiene para captar un aspecto del paisaje y envolverlo en tonos que mezclan lo melancólico y lo épico; o describe una ciudad y divaga sobre las características del pueblo mexicano y sobre el efecto de la presencia yanqui junto a sus fronteras; u observa la rutina provinciana en contrapunto con el fragor bélico que hasta ella llevan los ejércitos revolucionarios. Todo esto —anécdotas, paisajes, costumbres— forman el marco de algo más medular que es lo distintivo del arte de Martín Luis Guzmán: sus semblanzas de los hombres que dirigen la revolución. Azuela captó en *Los de abajo* el sentido fatalista con que las masas campesinas de México se dejaron ir en el torrente de sangre que arrasó aldeas y ciudades, reflejó su patética inconciencia, su heroísmo anónimo, su amarga desesperanza; según su testimonio, los hombres van en la revolución como minúsculos objetos arrastrados vertiginosamente por las corrientes de una avalancha. Guzmán ve a los individuos dentro de la revolución y les destaca por encima de las multitudes. Sus conflictos, aunque esquemáticos, son siempre el producto de un sutil choque de personalidades. Se acerca a cada uno de sus héroes y anti-héroes con mirada analítica, un tanto desconfiada, a veces agresiva. Una vez establecida la corriente de afecto o de antipatía nada ha de cambiar, por ella seguirá su curso el relato adaptándose a las aristas o suavidades de la personalidad ya definida para siempre. No son los suyos caracteres que, librándose del mundo de la ficción, busquen acomodo en la realidad; son, en cambio, figuras históricas que parecen luchar por convertirse en héroes de novela.

Así diseñadas, en el molde histórico que les corresponde, las figuras de sus personajes suelen resultar memorables. Léase, por ejemplo, la escena en que el narrador encuentra a Pancho Villa por primera vez: nada dice el guerrillero, nada importante sucede en la entrevista, sin embargo, de su cuerpo, de sus gestos, de los centinelas apostados a la cabecera de su lecho, del lecho mismo y de la penumbra del cuarto, emana una semblanza que es, al mismo tiempo, física y anímica. No hacen falta comentarios. Después, Pancho Villa podrá resultarnos heroico o tenebroso en sus acciones; pero lo básico de su personalidad y el juicio que de ella nos hemos formado permanecerán inmutables. Nos bastó esa breve escena para conocerle hasta la médula. Igual cosa sucede con Obregón y otros líderes menores. La revolución, entonces, se transforma en una historia de caudillos. Las masas desfilan al fondo, ligeramente fuera de foco, y jamás le restan fuerza épica al héroe central.

Guzmán pasa de la memoria a la novela por medio del análisis psicológico, así como supera los marcos de la historia al emitir juicios sobre hechos y caracteres y al interpretar pictóricamente el paisaje. Lo que no hay en su obra es la densidad turbulenta de pasión y el amargo residuo filosófico que Azuela deja como una mancha obscura en sus novelas. Obras como *Las memorias de Pancho Villa* —de índole novelesca por el subterfugio del autor que, en ambicioso *tour de force,* decide narrar en primera persona identificándose con el héroe— y *La sombra del caudillo,* novela política de dura crítica social, sobresalen por su dinamismo y por su límpido vigor de lenguaje, pero se mantienen siempre en un plano anecdótico. Hay algo de calculado que nos impide ver claramente en el fondo espiritual del fabuloso narrador. Guzmán no se da como Azuela o Romero, a quienes se les ve el alma desgarrada a través de sus creaciones. Esto pudiera parecer una contradicción, ya que Azuela y Romero levantan sus creaciones sobre base consistentemente artificiosa, mientras que Guzmán parece confesarse eternamente en cada uno de sus libros. Bajo la armazón retórica de argumentos y especulaciones tanto Azuela como Romero dan la impresión de que se buscan a sí mismos analizando la fisonomía espiritual que a golpes les forjó la Revolución. En cambio, Guzmán pasa a lo largo del proceso revolucionario tomando notas, comentando, fotografiando esto y aquello, sacando conclusiones pero siempre guardando cierta distancia intelectual que le pone a salvo de compromisos. El final de *El águila y la serpiente* es particularmente indicativo de esta actitud de Guzmán. Al marcharse del campamento de Villa parece esquivar el cuerpo al encontrón revolucionario y en el convoy que le lleva a El Paso asume su destino inevitable: será un pasajero en el tren de la revolución.

Refiriéndose a la primera obra de relieve que publicara Guzmán, ha escrito Manuel Pedro González las siguientes palabras que, a mi juicio, definen acertadamente el lugar que se ha ganado en la literatura mexicana: "El repertorio de temas, de personajes y acontecimientos que en este libro se registra es infinito y asombran la lucidez y la memoria con que trece años más tarde los plasmó en este libro que bien puede figurar junto al de Bernal Díaz del Castillo, con el cual guarda sorprendentes analogías. Porque a la vuelta de cincuenta o cien años, cuando los lectores de la tragedia y sus inmediatos descendientes hayan desaparecido, *El águila y la serpiente* figurará junto a la *Verdadera historia de la conquista de la Nueva España* como las dos crónicas más interesantes y artísticamente más valiosas de dos momentos decisivos de la historia de México" (*Trayectoria de la novela en México,* México, 1951, p. 206).

JOSE RUBEN ROMERO (1890-1952) interpreta el reverso de la epopeya que obsesiona a Guzmán. Más que un novelista de la revolución, a la que no describe directamente, sino de pasada, es un novelista de la retaguardia y del mundo post-revolucionario. Romero nació en Cotija de la Paz, Estado de Michoacán, y se formó en un ambiente de modesta clase media. La revolución maderista cambió la suerte de su familia. En 1912 Romero fue nombrado secretario particular del Gobernador Miguel Silva. En 1917, después de un período de dificultades económicas durante el cual se dedicó al comercio (cf. *Desbandada* y *Rosenda*), fue elegido representante por Michoacán de la Convención que dio a México su actual constitución. Más tarde fue redactor de *El Universal* y funcionario en el Ministerio de Relaciones Exteriores. En 1930 se le nombra Cónsul General de México en Barcelona, en 1936 Ministro Plenipotenciario en Brasil y en 1939, Embajador en Cuba, puesto en el que permaneció hasta 1945. Durante los últimos años de su vida gozó de amplio prestigio literario en su país. Fue elegido miembro de número en la Academia Mexicana de la Lengua. Honores, recompensas, éxitos de librería y de crítica, envidiada posición junto a gobernantes, nada logró cambiar jamás su carácter bromista, campechano y picaresco. Quienes lo conocieron personalmente no olvidan el pantagruélico histrionismo de sus costumbres.

La biografía de Romero está en sus propias obras. No en vano ha dicho Andrés Iduarte que en ellas se reconoce un nuevo tipo de narrativa: novela autobiográfica o autobiografía novelesca (cf. *J.R.R.,* Nueva York, 1946, pp. 7-12). Para conocerle bien es preciso adentrarse en sus evocaciones provincianas, en su descripción de los tipos y costumbres de Michoacán; es necesario revisar los recuerdos de su niñez y juventud en páginas de *Apuntes de un lugareño* (1932), *El pueblo inocente* (1934) o *Desbandada* (1934); repasar sus semblanzas de los jefes a quienes sirvió, de los campesinos que le aconsejaron, de las mujeres a quienes amó burlándose en la melancólica bohemia de sus versos; es indispensable asistir a sus sueños de hombre pobre en *Una vez fui rico* (1942) y sopesar sus remordimientos, sus imprecaciones, sus sardónicas parábolas y trasnochados aforismos en *La vida inútil de Pito Pérez* (1938) y *Anticipación a la muerte* (1939). Pero todo esto no bastaría, pues, jugando aun con las confesiones que revelan, a veces dolorosamente, las más recónditas intimidades de su vida, en un despliegue de virtuosismo humorístico, hizo una vez la biografía de su autobiografía, pasando revista a todas sus obras, desnudándolas ante un público de azoradas damas cubanas: esa conferencia que se tituló *Breve historia de mis libros* (La Habana, 1942) es la coronación de la gran comedia que constituyó su vida.

Romero se nos aparece como un producto de la clase media provinciana, sentimental, gozador, humanitario. Llega a la revolución movido por la piedad cristiana que se horroriza de los abusos e iniquidades cometidos contra el pueblo. No defiende una ideología determinada. Ciertas cosas le caen bien, otras le sacan de quicio y defiende, entonces, su derecho a condenarlas. Es anti-clerical, pero no anti-religioso. Es enemigo de las dictaduras y del caciquismo; pudiera tomar las armas para destruir tales vicios del poder; prefiere, sin embargo, atacarlos con la sátira. Inseguro de sí mismo, ríe sin esconder por completo su amargura. Se defiende de sus debilidades con el chiste punzante y la carcajada escandalosa. Heredero de la picaresca española y mexicana, luce demasiado ingenio para creer en prédicas y sermones. No obstante, su anti-héroe es moralmente superior a los pícaros tradicionales, pues reconoce en sí mismo una víctima de la sociedad y no vacila en acusar a los culpables de su desventura y protestar sosteniendo ciertas verdades eternas. Que estas verdades asuman la forma de sentimientos elementales y se expresen, por consiguiente, en actitudes y exclamaciones retóricas, carece de importancia. Ya se ha dicho, Romero desdeña las doctrinas cuando la sabia y simple humanidad puede expresar mejor que cualquier concepto su filosofía de la vida.

Su filosofía, pues, brota de melancólicos recuerdos; de un suceder que se nutre de la sabiduría del refranero provinciano. ¿Qué libros suyos son novelas?: *Anticipación a la muerte, Mi caballo, mi perro y mi rifle* (1936), *Una vez fui rico* y *Rosenda* (1946). Recuerdos de provincia y cuadros de costumbres son *Apuntes de un lugareño, El pueblo inocente* y *Desbandada. La vida inútil de Pito Pérez*, así como su continuación, *Algunas cosillas de Pito Pérez que se me quedaron en el tintero* (1945), son monólogos picarescos en que se resume la filosofía social del autor. Al identificar la vida y la ficción, Romero supera las clasificaciones literarias, convierte en poesía lo que en otros fuera historia, confunde al hombre, al objeto y al ambiente en una sola exclamación de gozo vital y, en los puntos álgidos de su euforia, se defiende con armas pictóricas y musicales.

Apuntes de un lugareño, por ejemplo, es un compendio de esta bruja amalgama. Allí vive la provincia mexicana a través de una suave y maliciosa evocación en que se combinan la poesía sentimental y el detalle realista de ascendencia picaresca. Romero dibuja con rasgos de bordado pueblerino la casa de su infancia. Esta *casa* va adonde quiera que vaya y, con los años, le acompaña por el mundo sin perder su realidad. Es la *casa* de Cotija, de México, de Ario, de Pátzcuaro, de Sahuayo y Santa Clara del Cobre, luminosa en su aura de flores, fresca de corredores y patios al atardecer. Como figuras de tapiz fíjanse las imágenes de la abuela, de la madre, las hermanas y las novias, novias que, en el fondo, no son sino una a través de su adolescencia. La figura del padre pasa al fondo de la revolución, entre almacenes y escopetas, derrochador, viril, amante y tierno. Por todos los capítulos aparecen y desaparecen sombras de menor cuantía: frailes, guerrilleros, jueces, poetas, hacendados, militares, criminales, héroes, borrachos e idiotas de pueblo. Cada uno lleva una frase a flor de labios que lo identifica y lo redime. La humanidad pueblerina exige que sus cosas sean reconocidas y así como la capital vive en sus rascacielos, la aldea vive en sus quesos, en sus platillos, en sus dulces, en sus frutas, en sus aguardientes, tanto en sus plazas como en sus boticas, en sus casinos y en sus aleros nocturnos. Luce el estilo y es acaso por la poesía intrínseca del vocablo regional que Romero usa como plata sin labrar: rasgo ágil en la frase que al captarse en molde se lleva las huellas digitales del primitivo artífice.

Cuando el pícaro echa raíces en la tierra es un estoico y Romero quisiera hacer de él un símbolo, lo que ocurre en *El pueblo inocente.* En este caso, sin embargo, no cuaja aún la alegoría. Tampoco es definitivo su mensaje social en *Desbandada.* No podría serlo. No es la revolución exactamente lo que describe allí Romero, sino la "noticia" de la revolución y la ruina que dejó a su paso, mientras el héroe se esconde detrás del altar de la iglesia del pueblo acompañado de señoras y religiosas que lo sofocan con sus "carnes exhuberantes". Cuando sale de su escondite los rebeldes ya se alejan como una manga de langostas. Al comprobar la destrucción, exclama: "Hoy más que ayer me siento revolucionario, porque de un golpe volví a ser pobre. La revolución, como Dios, destruye y crea y, como a El, buscámosla tan sólo cuando el dolor nos hiere" (pp. 151-152).

Romero expresó su mensaje revolucionario en *Mi caballo, mi perro y mi rifle*. En este libro no se aparta de la tradición de Azuela y Guzmán. Romero, como Azuela, es pesimista. Justifica el levantamiento de los explotados, se extraña de que la revolución haya tardado tanto en desencadenarse, pero las razones que ofrece para justificar la ideología revolucionaria del héroe son precisamente aquellas que esgrime la reacción con el ánimo de desacreditarla. Julián, el héroe, es un resentido, un hombre que odia su infancia de inválido, su juventud cenicienta y la suerte que le endilga una mujer a quien no ama. En la amargura aprende su papel de agitador. Más que un caballo en las huestes revolucionarias, necesita un diván en el estudio de un psiquiatra. Y, sin embargo, la devoción humanitaria es genuina y genuino también es el recato que le lleva a ceñirse al mundo de la retaguardia intelectual, que es el mundo que conoce, evitando la epopeya —extraña para él— del verdadero drama social y político que empuja a su pueblo a la revolución.

No se quiera ver en Pito Pérez un doble de Julián. Porque Pito Pérez no es un caso patológico; al menos, no lo es en principio. Si tomamos literalmente el retrato que de él nos hace Romero en su famosa novela, Pito Pérez posee una bondad innata, una candorosa actitud para buscar el gozo de la vida —de los bienes comunes y sencillos—, y una honda sensibilidad. Las circunstancias le empiezan a herir temprano. Su candor le transforma en víctima, su propensión al goce sensual, en pícaro y sinvergüenza. El hombre-niño, de sinceridad generosa, se amarga y la tristeza le conduce a la filosofía y ésta, bajo el peso de mayores desilusiones, desengaños, abusos y fatalidades, al cinismo semi-heroico y trágico del bebedor empedernido. Pito Pérez jamás se convierte en un borracho: está ebrio de tristeza y sabiduría. Su testamento no es la confesión de culpa de un perdido, sino el *yo acuso* de una víctima de la sociedad contemporánea. Pito Pérez es un hombre puro que los demás envenenan, un poeta de pueblo entre comerciantes voraces y filisteos. Pito Pérez obsesionó a Romero durante muchos años. Como otros personajes suyos creció lentamente y fue graduándose de un libro a otro. Le conocimos en *Apuntes de un lugareño* y le reencontramos en *El pueblo inocente*. En *Rostros* (México, 1946) Romero completa su semblanza y explica los lazos que le unieron a él (pp. 48-49).

De sus tres auténticas novelas, *Rosenda* es, incuestionablemente, su obra maestra. Jamás se afinó tanto la tierna melancolía de su prosa; en ningún otro libro suyo se unió tan esencialmente el amor que sintió por su tierra con el amor de la mujer y su piadosa ternura por el pueblo. La transmutación de la heroína, más que un rebrote del mito de Pigmalión, es el descubrimiento y la afirmación de la superioridad campesina sobre el poderío de la letra muerta. Rosenda no abre los ojos a las luces del entendimiento, sino al fuego de la pasión. En Rosenda se atesoran las virtudes de la raza: el estoicismo, la devoción, la lealtad, el poder de sublimar la pasión. Sobre ella cae la fatalidad sin arrancarle lamentaciones. Rosenda, la mujer grande, de límpidos y serenos ojos verdes, la mujer que encogía su espléndida belleza para "acomodarse toda entera" en el "pequeño corazón" de su hombre, anula el cinismo y desbarata la sabiduría mundana.

Una vez fui rico y *Anticipación a la muerte* son novelas, asimismo, y no libros de recuerdos. Romero maneja la ficción dentro de un firme diseño; hay unidad temática y un desarrollo convincente del argumento. En una y otra novela la idea básica de que parte el autor le ofrece la oportunidad de crear una situación cómica continuada. En un caso es el hombre que, enriquecido de la noche a la mañana, puede observar con ojo clínico la vanidad de los poderosos; en el otro, el hombre que, conservando conciencia de sí mismo y del mundo de los vivos en su lecho de muerte, comprueba la insignificancia y la grandeza humanas mientras se realizan sus ritos funerales.

Romero, a mi juicio, prueba en estos y otros libros suyos que es el humorista más castizo y el de mayor variedad de recursos en la literatura mexicana. El mecanismo que rige su comicidad funciona en dos planos: uno que atañe a conceptos filosóficos y morales; el otro que constituye un despliegue de trucos tradicionales en el género. En el primer plano, Romero es un satirista clásico: ridiculiza a los ricos y a los poderosos, ataca el ritual de vanidad de un grupo social, sin dejar de mofarse de sí mismo como una medida de escape para su desolación. En el segundo plano, sus recursos son de una variedad impresionante. Fiel a la tradición de la novela picaresca y de la comedia española. provoca situaciones grotescas, las arma y las anula, de un solo golpe y de improviso, para dejarlas agigantadas en su lección de flaqueza humana. La risa brota no sólo del contraste entre la grave situación del hombre y el desorden absurdo de las circunstancias, sino también del efecto grotesco del desenlace y de la desvergonzada truculencia del idioma en que lo narra (cf. "La crucifixión de Pito Pérez", pp. 133-135, y el discurso del líder comunista que se equivoca de entierro en *Anticipación a la muerte,* pp. 72-75).

Además de las situaciones grotescas que, en el fondo, ilustran el contraste entre lo que la gente piensa y lo que hace, y entre la voluntad del hombre y la acción ciega de los objetos que le rodean, Romero emplea abundantemente el chiste de palabra. Desde luego, divierte y se divierte con el efecto de las palabrotas en medio de su atildado filosofar; de la impertinencia se eleva a una especie de humorismo ultraísta, forma de greguería criolla cuyo efecto no es la risa, sino una reflexión regocijada. De este tipo de humorismo está lleno *Anticipación a la muerte.*

Todo su humorismo, finalmente, se concentra en una afirmación personal de amargura en la grandeza, de debilidad en el poder, de soledad en el amor, de incredulidad en la fe. De esta destrucción florece, a pesar de todo, una confianza en la fuerza del desvalido y del inocente. *Rosenda* parece ser su afirmación de fe en las virtudes esenciales de una integridad nativa que él no pudo compartir.

Su obra literaria se salva por su cualidad panorámica en que la sátira ayuda a reflejar una época, y el detalle histórico a darle una base de realidad. Frente al estoicismo de Azuela, Romero aparece como un sentimental que sufre con sus anti-héroes y, al compadecerlos, se compadece de sí mismo. Sus libros de recuerdos y sus novelas constituyen una extensa y agradable melopea, llena de florilegios pueblerinos, matizada por una filosofía de tono menor, negativa en apariencia, en el fondo, como ya se ha dicho, cristiana. La literatura contemporánea de su patria, dada al divagar metafísico, descarnada en su retorcimiento, gana con la contribución de José Rubén Romero, con su humor chabacano, sus sensiblerías, sus habilidosos enredos, su amor por los frutos de su pueblo, sus sentimientos humanitarios: gana una lección de autenticidad.

GREGORIO LOPEZ Y FUENTES (1897-1966) se distingue entre los novelistas de la Revolución por su tendencia a la estilización y a la alegoría. Nació en una hacienda de la Huasteca, en el Estado de Veracruz. Su padre, que fue agricultor y ganadero, poseía una pequeña tienda pueblerina frecuentada por indios y arrieros; allí, sin duda, absorbió López y Fuentes desde niño la materia legendaria que abunda en alguno de sus relatos. Estudió para maestro en la capital, y se relacionó muy pronto con grupos literarios y políticos. Su primer libro, *La siringa de cristal,* fue un homenaje a la tradición modernista de Darío. López y Fuentes participó en la defensa de Veracruz contra la invasión norteamericana y se alistó, más tarde, en las filas carrancistas en su lucha contra Villa. De regreso a la capital, publicó en 1922 un segundo libro, *Claros de selva,* también de versos, y una novela titulada *El vagabundo* en las páginas del *Universal Ilustrado.* Su segunda novela, *El alma del poblacho,* data de 1924. A partir de esta fecha López y Fuentes concentra su actividad en el periodismo y la literatura. Su colaboración para *El Gráfico* titulada "La novela diaria de la vida" tuvo numerosos lectores. Su obra de verdadera significación literaria no comienza sino hasta 1931, año en que aparece *Campamento*.

En un plano, el político y social, López y Fuentes parece seguir la tradición iniciada por Azuela, Guzmán y Romero. Sin embargo, consigue apartarse de ellos con dos innovaciones: en primer lugar, incorpora al indio al proceso de la revolución y se pregunta qué papel ha jugado y qué se ha hecho por él en el nuevo régimen. En segundo lugar, introduce en México una técnica narrativa que sirve de base a la novela de masas.

El indio, a juicio de López y Fuentes, ha sido sacrificado por los caudillos de la Revolución; le explotaron sin escrúpulos durante las campañas y olvidáronse luego de él y de los suyos en la época del triunfo. Nada parece haber cambiado para el indio, excepto la identidad de sus patrones. Para ilustrar su tesis López y Fuentes narra el episodio de un guía indio que muere en el camino después de correr quince horas por los pedregales dirigiendo el avance de una caballería de revolucionarios; la conclusión está en las siguientes palabras:

—La revolución se está haciendo con sangre de indio...
—¿Lo dices porque tú andas en ella?
—Lo digo por ese indio que acaba de morir despanzurrado por la fatiga y la brutalidad. Lo digo por los millares de indios que han quedado en los caminos, aplastados por el peso de las impedimentas, como bestias de carga... Lo digo porque todos los beneficios que pregona la revolución no parecen comprender al indígena, que sigue siendo el mulo de la llamada gente de razón (*Campamento*, México, 2a. edición, 1938, pp. 84-85).

A diferencia de Azuela y otros novelistas de la Revolución, López y Fuentes plantea esta crítica como parte integrante de la saga popular. No es la suya una posición contrarrevolucionaria, ni es su tono el de una angustiada desesperanza. Protesta e inyecta dinamismo en su mensaje con episodios de un simbolismo claro y directo. Su innovación técnica es una consecuencia de esta concepción global del fondo revolucionario y la forma literaria que le sirve de expresión. En sus novelas desaparecen los nombres propios. El individuo se disuelve en la masa. Sus personajes pasan esporádicamente a través de un escenario de lucha, dicen algo, participan en un breve drama y se pierden de vista.

No hacen falta nombres —afirma un personaje de *Campamento* comentando los hechos de la revolución—. Los nombres, al menos en la revolución, no hacen falta para nada, sería lo mismo que intentar poner nombres a las olas de un río, y somos algo así como un río muy caudaloso... ¿Para qué son los nombres? No importa el nombre del general. No importa el nombre del soldado. Somos la masa que no necesita nombre ni para la hora de la paga, ni para la hora de la comida, vaya que ni para la hora de la muerte. Quedamos tirados para que se nos sepulte de misericordia o para que nos coman los zopilotes. Yo he cambiado de nombre y de chaqueta, y no por eso me quieres menos (*ibid.*, p. 36).

Este punto de vista encierra problemas: no permite la organización de un argumento y la mantención de un interés continuado. El lector no llega a identificarse ni a simpatizar con ningún personaje. Ve a individuos como a una muchedumbre en una estación de ferrocarril. Es posible que algún rostro le llame la atención, que una voz quede vibrando en sus oídos; quisiera seguir a alguien para conocerle más íntimamente. Es inútil: la figura que nos interesa se pierde entre otras, se esfuma sin dejar huellas.

En *Tierra* (1932) domina la presencia legendaria de Emiliano Zapata; la novela, de simple diseño, sin una trama estructurada, compuesta más bien de una delgada ilación de cuadros campesinos que se suceden en una atmósfera de símbolo, se interrumpe, de pronto, para dar a conocer en detalles dramáticos el asesinato de Zapata; pero, es demasiado tarde. El ritmo lento, la esquemática narración, la falta de perfil en los personajes secundarios y de relieve en el ambiente campesino, nos predisponen a considerar ese episodio como una irrupción desconcertante. La verdadera historia sucede en torno a la hacienda feudal, donde un patrón explota a sus peones y hasta donde llega la noticia de la revolución de Madero provocando esporádicos levantamientos. *Tierra* es una especie de cartilla elemental escrita en bella y sobria prosa para ilustrar la génesis y el desarrollo de la revolución agraria.

Más convincentes son las novelas políticas de López y Fuentes: *Mi General* (1934), *Acomodaticio* (1943) y *Huasteca* (1939). En ellas satiriza al mundo derrotado y picaresco de la época post-revolucionaria, analiza la influencia económica extranjera en la vida familiar mexicana y ataca a la burocracia oportunista. *Mi General* es la historia del fracaso de un revolucionario, de la amargura y desolación que le envuelven cuando los profesionales del discurso, de la asamblea y del voto deciden acabar con él.

Acomodaticio no es sino una confirmación de esa denuncia. El político sacrifica sus principios al oportunismo y el pueblo —no exactamente el obrero, sino la masa que vive del fisco— vende su conciencia para obtener un modesto emplco. Esta ruina moral compromete particularmente a la clase media y la expone a la fácil corrupción del dinero y el brillo social. Es la tesis de *Huasteca:* El petróleo trastorna la existencia de un pueblo enriqueciendo a las gentes de súbito, empujándolas hacia la gran ciudad, creando odios, provocando estafas y asesinatos; la familia agrícola abandona la tierra; las autoridades venden el patrimonio nacional al consorcio extranjero; al fin, sólo queda la imagen —más literaria que real— del viejo campesino comprando el derecho a restituir los valores de la tradición nativa.

La contribución mas sólida que López y Fuentes ha hecho a la novelística mexicana contemporánea radica en dos novelas de carácter alegórico que resumen su pensamiento social y su interpretación de la historia de México: *El indio* (1935) y *Los peregrinos inmóviles* (1944). En una, *El indio,* utiliza aún la forma de la novela de masas; en la otra, identifica a sus personajes y cala en ellos. Ambas flotan en una especie de presente eterno, marcadas por ciertas claves históricas que surgen misteriosamente a través del relato y sugieren una fecha, pero no la precisan, sino que más bien la mueven de un siglo a otro, como buscando comunes denominadores a las acciones del hombre en diversas épocas. El capítulo inicial de *El indio* es tan impreciso en la filiación de los personajes y la determinación del tiempo, que bien pudiera referirse a la historia de la Conquista de América como a un episodio contemporáneo. Es, en verdad, un símbolo del encuentro de dos civilizaciones: la europea y la indígena. La meta del blanco es el oro; sus medios: la violencia y la inmoralidad. El indio se subleva, combate y sufre el castigo de la derrota. Dos poderes se disputan, entonces, su destino de esclavo: el gobierno y la iglesia. El gobierno, en la persona del Líder usa al indio como instrumento político; le despierta cierta conciencia de sus derechos sociales y le lanza contra el latifundista, pero le abandona una vez que ha obtenido sus ganancias. La iglesia explota las supersticiones del pueblo con criterio comercial y político. Un conflicto amoroso —el Guía, la muchacha, el Cazador— le sirve al autor para seguir corrientes autóctonas ancestrales.

La carretera, la iglesia y la escuela, son mitos que representan para el indio el poder hostil de la civilización moderna.

Nada se resuelve con definitiva certeza. Al fin, el indio permanece vigilando una lejanía preñada de peligros y amenazas; su pueblo se agrupa en la sierra, escondido, con una sola esperanza: que el blanco pase de largo y le olvide para siempre. El vigía, símbolo de su raza, es el lisiado que los invasores torturaron en el comienzo de la historia. López y Fuentes impresiona con su objetividad fría que parece una sublimación de la angustia, el terror y desconsuelo del pueblo indio derrotado.

En *Los peregrinos inmóviles* se evoca la historia de un pueblo indígena que, liberado por la revolución, busca a lo largo de un río mitológico un lugar para establecerse. La peregrinación empieza en una época indeterminada. Un grupo de rebeldes asalta una finca y pone en libertad a los esclavos indios que los patrones habían encerrado antes de huir frente al avance de la revolución. Los indios, temerosos de apoderarse de la finca y repartirse las tierras, salen a descubrir la "verdadera" libertad. Se dejan guiar por el cauce del río —el *padre*— y por los signos misteriosos que van poniendo a su paso los poderes sobrenaturales. En el camino nace la disensión. Primero es el miedo y el cansancio, luego la ambición del mando, la envidia por las tierras que otro pudiera poseer, el celo que se transforma en odio y lanza a una rama del pueblo contra otra, el engaño de que son presas al entrar en contacto con los blancos, la guerra, en fin, y el cataclismo en que perecen casi todos los miembros de la familia de Marcos, el narrador de la historia, cuyo padre dirigió el éxodo inicial. Los sobrevivientes no han descubierto ni la paz ni la libertad ni la justicia. La peregrinación, al sonido de una campana que indica el comienzo de una nueva guerra entre los pueblos vecinos, se apresta a cerrar el ciclo. En el curso de los años, los peregrinos han permanecido *inmóviles*.

La significación de la novela no está en los hechos que se narran, sino en símbolos que parecen crecer de ellos. Pudiera decirse que *Los peregrinos inmóviles* es una vasta alegoría en que se expresa el nacimiento del pueblo mexicano, sus raíces en la mentalidad primitiva del indio y el proceso de su historia hasta convertirse en una nación independiente. López y Fuentes va más allá de las proyecciones políticas inmediatas: plantea, a menudo, problemas de carácter universal. ¿Qué hace un pueblo, que ha vivido siempre esclavizado, con la libertad que gana de improviso?

La libertad produce la autoridad y ésta la división y la traición, porque no vacilan en hacer causa común con el enemigo para apoderarse de las tierras del hermano. Nace el patriotismo con que los dirigentes creen poder sujetarlos y con el patriotismo se justifica la guerra.

Cuando los ánimos flaquean en el camino el hombre siente la necesidad de dar forma concreta a Dios. Lo modela en la piedra y, por medio de su fe, le insufla un poder sobrenatural. Pronto se niega a cargar con la pesada imagen. El escultor debe aceptar el sacrificio. Cargando a su Dios rueda por un barranco y se convierte en su primera víctima; pero algo indefinible y eterno se ha constituido en el proceso y no le abandonará ya en la peregrinación.

No hay en la novela un mensaje concreto y directo. Es más y menos que eso la obra de López y Fuentes: menos, por su pluralidad vaga de intereses; más, porque se trata de un esfuerzo épico por descubrir las raíces universales en el drama contemporáneo del pueblo mexicano. Como las pinturas muralistas de Rivera, Orozco y Siqueiros, *Los peregrinos inmóviles* es un ensayo de visualizar la historia de un pueblo en una serie de imágenes típicas y casos ejemplares que señalan las contradicciones y los errores que lo han entorpecido en su desarrollo. Una visión tan ambiciosa requiere un análisis profundo de episodios y personajes. López y Fuentes pasa por sobre ellos con prisa, estampando escuetamente una verdad o una generalización, dejando a veces el esquema tan sólo de un símbolo sin dar al conjunto de los hechos una estructura definitiva. Sea como sea, la novela parece resplandecer con una belleza lírica elemental.

EL REGIONALISMO

En el primer decenio del siglo XX trabajaba ya una nueva promoción de escritores en cuyas obras se afianza el predominio de las corrientes regionalistas fundamentalmente sociales. Con un lenguaje heredado del modernismo y afinado en el contacto con las revoluciones poéticas de la Vanguardia los novelistas de los primeros treinta años del siglo XX poseen una conciencia más clara de su americanismo y se esfuerzan por enfocar la realidad sin hacer abstracción de los problemas económicos y políticos. Parecen sentir por primera vez la acción monstruosa de la naturaleza salvaje frente a los conatos civilizadores del hombre. La crítica se apresura a señalar esta característica. Se les acusa de dar excesiva importancia al paisaje, de sucumbir con facilidad a la tentación descriptiva.

A pesar de su falta de equilibrio, de esta generación de novelistas va a nacer un impulso hacia la integración última del hombre y la naturaleza como elementos de una estructura artística, y el hecho de que tal corriente no constituya sino un impulso inicial la marcará, a su vez, como una generación de transición.

JOSE EUSTASIO RIVERA (1889-1928). En 1924 apareció en Bogotá una novela que es, sin duda, la expresión más característica del super-regionalismo hispanoamericano en sus bondades como en sus defectos: *La vorágine*. A raíz de su publicación el nombre de Rivera —conocido apenas por los poemas de *Tierra de promisión* (Bogotá, 1921)—, convirtióse en leyenda. Nació en Neiva, pequeña ciudad a las orillas del río Magdalena; allí pasó los años de su infancia; fue luego a Bogotá donde se graduó de maestro en la Escuela Normal Superior y de abogado en la Universidad Nacional. Sus actividades políticas le valen una diputación y diversos nombramientos fiscales. Viaja al Perú y a México en misiones diplomáticas y sirve, posteriormente, en una comisión de límites entre Venezuela y Colombia. Como Inspector de Yacimientos Petrolíferos escribe un informe memorable desenmascarando la corrupción de las autoridades locales en sus relaciones con las empresas extranjeras. En el desempeño de su puesto tiene la oportunidad de recorrer los llanos del Casanare, del Meta, de San Martín y del Vaupés y de explorar el Orinoco. Después de la publicación de su famosa novela viajó a La Habana como delegado al Congreso de emigración e inmigración de 1928. Desde allí pasó a Nueva York. Cuentan que sobre su mesa de trabajo estaba listo para su firma un contrato con una editorial norteamericana, cuando murió a los 39 años de edad.

Rivera se formó en la tradición del modernismo. Su novela, escrita con emoción romántica y vocabulario poético de filiación impresionista, es la epopeya del mundo tropical americano y, al mismo tiempo, un documento de significación social donde se registra el avance brutal de las compañías explotadoras del petróleo y el caucho en complicidad con las autoridades criollas. Rivera, el inspector que recorre en función oficial las regiones selváticas de su país, pronto advierte que su misión no puede limitarse a producir un informe rutinario. Vive y describe la opulencia vegetal y la corrupción de patrones y capataces como una experiencia personal; crea aprisa, angustiado, su vasta novela, ampulosa, melodramática, compleja. Literariamente, Rivera representa la quiebra del preciocismo modernista. Su desborde descriptivo nada tiene de decadente o exótico, se mueve, más bien, con un dinamismo apasionado en medio de luchas que son características de la condición económica latinoamericana de principios de siglo.

En *La vorágine* tiene sus comienzos un fenómeno que llegará a ser típico de nuestra novela de medio siglo: la identificación de la naturaleza salvaje con el aparato de la explotación oligárquica e imperialista, mientras los trabajadores resisten pero caen sin lograr estructurar un frente revolucionario. Cada sección de Hispanoamérica llegará a contar con su epopeya del hombre en lucha desigual contra las armas de la explotación y cada una de estas epopeyas, sea que ocurra en el Brasil, Venezuela, Paraguay, Guatemala, Costa Rica, Cuba o México, llevará en sí la historia de una derrota. Las circunstancias varían, pero el fondo es inalterable. A la larga tendremos un mapa, el mapa de la infamia donde toda selva, mar, desierto, sierra, minas y campos estarán marcados por una novela en que los hombres se desintegran bajo el poder de un ambiente enemigo.

Antes de *La vorágine* existieron ensayos de narrativa superregionalista, pero ellos carecieron de la autenticidad de la novela del colombiano, no tienen su atmósfera de colectiva locura, de contacto directo con las fuerzas de destrucción, ni llevan el sello del compromiso personal en la hecatombe.

De *La vorágine* y de la desorbitada importancia que asume en ella el paisaje, nace una subliteratura dada al relleno decorativo y al abuso dialectal. La novela latinoamericana tarda en curarse de esa falsa visión y derrotismo. Pero, en el proceso de redescubrir al hombre dentro de la medida de la tierra en que vive y labora, sin melodramatismos, ella volverá en años recientes a recuperar aquello de verdadera epopeya que *La vorágine* logró sugerir antes de quemarse en su conflagración romántica.

Como novela *La vorágine* ha sido objeto de críticas severas. Se le censura la falta de organización en la trama, la frondosidad excesiva del lenguaje, el sentimentalismo de los personajes. Por otra parte, se le elogia la potencia de su tonalidad descriptiva y el realismo de algunas situaciones claves. Sanín Cano la juzgó con precisión y justicia en su obra *Letras colombianas* (México, 1944): "Como descripción de costumbres, de la naturaleza y la vida animal, *La vorágine* es de gran valor literario y significación humana, como novela falla por languidez y dispersión en el relato de los sucesos. El hilo de la historia se desvía y aun se pierde en la fronda de las descripciones y la minuciosidad de la pintura de costumbres. Pero, con todo, el libro tiene derecho a durar largamente por su significado histórico y por la rica onda de emoción lírica en que están bañadas sus mejores páginas" (p. 199).

ROMULO GALLEGOS (1884-1969), sin duda el escritor más importante de una ilustre generación de regionalistas y costumbristas hispanoamericanos, encarna nítidamente en sus novelas el proceso social de Venezuela a través de la revolución económica que afecta la estructura del país en la primera mitad del siglo XX. El testimonio de Gallegos, no obstante sus auténticas raíces nacionales, adquiere una significación universal, pues al exponer las injusticias, los abusos del poder, la explotación económica, la claudicación ideológica y la irresponsabilidad política en la rutina local, mantiene despierta la imagen del hombre en busca de una solidaridad esencial, por encima de barreras y convencionalismos, y de un concepto de dignidad humana basado en principios democráticos de respeto y libertad para el individuo. Gallegos dramatiza el conflicto social de su época con ejemplos específicos tomados no sólo de su país sino también de otras naciones hispanoamericanas, y organiza la materia de sus obras en contexturas artísticas firme y cuidadosamente elaboradas. Se mueve entre lo colectivo y lo individual con maestría y asciende a lo universal sin perder —en sus mejores momentos— la autenticidad de sus personajes y sin caer en los efectos forzados que, por lo común, desvirtúan el propósito alegórico.

A través de un verdadero apostolado literario y político, Gallegos llegó a conocer íntimamente la realidad americana y los resortes secretos que rigen su compleja evolución; experimentó en carne propia los efectos de una época de caudillismos, de persecuciones, de cuartelazos, de voluntarios y forzados destierros. Sin alardes ni efusiones académicas, impuso en su país un ideal de pedagogía popular, humanista y dinámica. Eludiendo los pronunciamientos espectaculares, aislado más bien, sin escuelas literarias ni discípulos que imitándole le rindieran pleitesía, a través de sobrios y vigorosos ensayos fijó una línea de conducta para los escritores de su época e inspiró en las nuevas generaciones un sentido de responsabilidad intelectual insobornable y de íntegra devoción a la obra de arte.

Gallegos nació en Caracas y creció en medios modestos. Obligado por dificultades económicas debió interrumpir sus estudios universitarios y ganarse la vida como maestro. Fue Director del Colegio Federal de Barcelona en 1912, Director de la Escuela Normal de Caracas en 1918 y Director del Liceo Andrés Bello en 1922. Su actividad literaria, que comienza muy temprano en su vida, se intensifica a partir de 1910; sus cuentos y novelas cortas llaman la atención de la crítica y, al mismo tiempo que revelan una poderosa vocación literaria, sugieren ya las innovaciones que Gallegos ensayará, después de 1920, en sus novelas. Su primer volumen de cuentos, *Los aventureros,* aparece en 1913; varios otros relatos, escritos durante 1919, han sido recopilados más tarde bajo el título de *Cuentos venezolanos* (Buenos Aires, 1949). En 1920 Gallegos publica su primera novela *El último Solar* —reeditada más tarde en España, 1930, con el nombre de *Reinaldo Solar*— y en 1922 *Los inmigrantes* y *La rebelión,* novelas cortas; en 1925 *La trepadora* y en 1929, su famosa *Doña Bárbara.* Editada en Barcelona, *Doña Bárbara* fue premiada como la mejor novela del mes por un jurado en el que formaban parte críticos y novelistas de la nombradía de Pérez de Ayala, Gabriel Miró, Díez-Canedo, Pedro Sainz, Gómez de Baquero y Ricardo Baeza. Sus compatriotas le eligieron senador y, acaso, Gallegos hubiera asumido un papel dirigente en el movimiento liberal que amenazaba la dictadura de Gómez, pero se apartó desconcertado por el ambiente de aplastante corrupción que dominaba la política venezolana. Renunció a la senaduría y partió a España en exilio voluntario. Dos novelas, ambas expresión de la nostalgia que el escritor siente por su tierra, marcan su actividad literaria durante los años que pasó en España: *Cantaclaro* (Barcelona, 1934) y *Canaima* (1934). Regresó a Venezuela en 1936. El mismo año es elegido Presidente del Consejo Municipal de Caracas, luego diputado y, por fin, Ministro de Educación. En 1937 publica *Pobre negro,* en 1942 *El forastero* y en 1934 *Sobre la misma tierra.*

Las fuerzas democráticas de Venezuela, con los obreros, estudiantes e intelectuales a la vanguardia, han fortalecido sus filas, mientras tanto, y Rómulo Gallegos se convierte, poco a poco, en el símbolo de la lucha contra la tiranía. En 1945 un golpe militar derroca al gobierno. En 1948 la Acción Democrática y el pueblo venezolano proclaman a Rómulo Gallegos Presidente de la República. A los pocos meses de haberse hecho cargo del poder, Gallegos fue traicionado por un grupo de militares que servían en su gobierno, entre ellos Marcos Pérez Jiménez, Jefe del Estado Mayor, convertido más tarde en dictador absoluto. Gallegos partió una vez más al destierro. Visitó los Estados Unidos, se radicó durante algún tiempo en Cuba y, luego, en México. De su estadía en Cuba hay huella importante en *La brizna de paja en el viento.*

La obra novelística de Gallegos refleja ciertas constantes literarias que ayudan a caracterizarla. Esas constantes no se refieren tan sólo al modo narrativo, que ha evolucionado relativamente poco desde el costumbrismo ruso-español de los relatos primerizos de Gallegos, hasta el esquematismo dinámico de *Sobre la misma tierra.* El molde, como hizo notar Ricardo Baeza refiriéndose a *Doña Bárbara,* es fundamentalmente clásico. Y ha seguido siendo así. Gallegos no se permite libertades técnicas: sus novelas vienen armadas en firmes estructuras que, no pocas veces, restan movilidad al proceso narrativo. Lo permanente, además del concepto de la forma y del lenguaje, se revela también en una visión poética y sociológica del mundo y del hombre americanos. Gallegos concibe al hombre como un ente en lucha por conquistar un equilibrio social. Este equilibrio no depende fundamentalmente de una seguridad interior, sino más bien, de la satisfacción que siente el individuo al dominar con su poder de expresión y su fuerza combativa los obstáculos que le oponen la naturaleza inhóspita y el sistema de explotación capitalista. De este factor de lucha y de esa ambición de conquista exterior, se deriva el objetivismo realista de Gallegos. Sus grandes masas narrativas nos aplastan con su estática organización y su densidad histórica. La selva, los llanos, el mar, las montañas, hasta las ciudades, parecen ser la contraparte de personajes cuyo destino consiste en oponerse unos a otros para dominarse, destruirse o salvarse unidos en pactos pasionales e ideológicos. La antinomia esencial —ya sea que esté representada por el individuo y la sociedad, la civilización y la barbarie, el hombre y la mujer, el déspota y el idealista— cae por su propio peso en símbolos tradicionales del mundo americano. El desamparo espiritual del artista en violento choque con una sociedad burguesa cuya decadencia rehusa compartir encuentra expresión en *Reinaldo Solar;* la lucha del paria contra los prejuicios y convencionalismos que le condenan a vivir al margen de una realidad en que se le juzga y se le condena de antemano, constituye la trama de *La trepadora;* así como en *Doña Bárbara,* y hasta cierto punto, en *Canaima,* el tema y los personajes se alegorizan en la aventura del hombre que ha de dominar las fuerzas primarias de la naturaleza y de la mujer para alcanzar su armonía interior; el negro y el indio asimismo, aparecen individualizados en su condición explotada y miserable en *Pobre negro* y *Sobre la misma tierra;* el amor a los lares y la exaltación lírica de las fantasías, consejas y tradiciones del pueblo, en fin, se encarnan en el mito del payador *Cantaclaro.*

El paisaje, el hombre, la sociedad, leyendas y mitos de América, en vasta pero ordenada aglomeración, detenidos en el tiempo y afirmados en su valor fundamental de símbolos, constituyen la materia central del mundo novelístico de Gallegos. Mantiene la distancia y la perspectiva del escritor formado en escuela costumbrista; pero se identifica con ciertos personajes, arguye, predica, idealiza, condena, pues, al fin y a la postre, ha llegado a la conclusión de que la única arma efectiva y permanente con que puede contribuir a la emancipación de su pueblo es su obra literaria. El hombre de América aparece en sus obras unido medularmente a un movimiento social que le arrastra hacia límites vislumbrados pero no comprendidos del todo. Su liberación parece depender del grado en que pueda discernir las fuerzas de la naturaleza y el poder de la tiranía, y dominarlos de acuerdo con los principios de un humanismo popular.

En *Reinaldo Solar,* bajo la influencia del mundonovismo de fin de siglo, Gallegos debió pensar que la crisis del intelectual hispanoamericano al enfrentarse a las convulsiones sociales de la época moderna era un fenómeno de índole puramente espiritual y que, en el fondo, tratándose de un choque de sensibilidades, el artista había de sacrificarse. No estaba lejos del pensamiento de Manuel Gálvez, de Blanco Fombona, de Díaz Rodríguez, de Eduardo Barrios —el de *Un perdido*—, de Azuela y Rivera. Su héroe era una víctima del *mal du siècle* y su desorientación y fracaso final, expresión del inconformismo de los preciosistas sentimentales que veían caer, pedazo a pedazo, su torre de marfil.

Cuando Gallegos comprende que esa decadencia es el espejismo de una desavenencia social señalada por el mercantilismo e industrialismo burgués que, no reconociendo sitio en su gestión económica para los intelectuales marginados, prefiere alienarlos en un submundo de inútiles extranjerizantes, ha comprendido también que su arte no puede desprenderse de ese sentimiento de crisis y se consolida entonces su realismo social americano cuya mejor expresión está en *La trepadora, Doña Bárbara, Canaima, Pobre negro* y *Sobre la misma tierra.*

En *La trepadora* contrasta ya claramente seres *débiles* y *fuertes,* éstos enraizados a la tradición campesina, aquéllos residuos de una aristocracia en vías de desaparecer. En *Ca-*

naima, el hombre fuerte es movido por un presentimiento de liberación hacia el mundo enemigo de la selva; va como héroe antiguo a matar al dragón para descubrir la felicidad; pero descubre, en cambio, un dragón creado por otros hombres, cuya máquina no es sino el complemento de otra máquina más siniestra y destructiva: la de la explotación y la injusticia económica. *Pobre negro* es un relato en que el conflicto racial se disputa con mayor intensidad en el ámbito interior de un individuo que en la acción patética de la tragedia.

Igual proyección de una crisis individual hacia un plano social se da en *Sobre la misma tierra,* vibrante alegato en defensa de los derechos del indio. Ahora es una mujer, una mestiza, que regresando del antiséptico mundo norteamericano, comprende la mísera condición del indio esclavo y decide redimirse —a la vez que redime a su padre, gamonal y negrero—, entregándose a una misión de apostolado humanitario. Gallegos, a diferencia de los escritores indianistas tradicionales, concluye su novela en tono de heroico y triunfante optimismo.

El mérito fundamental de *Doña Bárbara,* por otra parte, radica en su nítida comprensión de un conflicto esencialmente americano que Gallegos capta en el drama individual de sus personajes. La crítica ha hecho reparos a esta novela indicando lo elemental y obvio de sus símbolos y lo premeditado de su tesis, pero se ha señalado también, con justicia, que al hablar de ciudad y campo, de civilización y barbarie, Gallegos, en el fondo, ha dignificado lo autóctono americano con su fe en las reservas heroicas del campesino y del intelectual de su tierra. Sus novelas, en general, muestran una galería de tipos que representan a la sociedad hispanoamericana actual en todos sus múltiples matices y condiciones. Con este conocimiento de su pueblo, con su justa y alerta evaluación de la historia y su sobria visión del futuro, Gallegos llega a dar respuesta en su obra a algunas de las preguntas más importantes del pensamiento político y social hispanoamericano. Estas respuestas no siempre entrañan soluciones: son afirmaciones de una actitud crítica, dramatizadas en apasionantes argumentos y encarnadas en personajes de sólida consistencia humana.

RICARDO GÜIRALDES (1886-1927) se esfuerza por crear una conciencia de argentinidad en su obra novelística, basando sus intentos en las esencias espirituales de su pueblo, en lo más vital de la tradición campesina, y explorando las faenas, las luchas, las esperanzas, las amarguras, los amores, las supersticiones del resero, solitario habitante de las pampas. Güiraldes estiliza la realidad que sus contemporáneos fotografiaron. Llega a la novela con un lenguaje de varonil ternura y una amable sabiduría de tipo popular. Su formación cultural es europea, pero amarrada a la tradición regionalista americana. Hombre de fortuna, pudo viajar y conocer íntimamente el espectáculo de la civilización finisecular que otros escritores de su generación admiraban a la distancia como un exótico espejismo; en su alma de criollo ese disparadero de luces dejó huellas superficiales que él supo aprovechar acomodándolas a la sobriedad innata del mundo gauchesco.

Sus primeras obras representan un cuidadoso aprendizaje literario. Sin hundirse en abismos de teoría literaria o de especulación filosófica —muy lejos de ello— Güiraldes experimenta con su prosa gauchesca afinándola a la novedad de la retórica ultraísta. En sus *Cuentos de muerte y de sangre* (1915), *Raucho* (1917), *Rosaura* (1922) y *Xaimaca* (1923), el lenguaje le domina. Quiere asentar en sus relatos una realidad criolla detrás de la cual presiente la existencia de una poderosa concepción de la vida, pero se queda con objetos minúsculos, flotando aislados en su pintoresca peculiaridad, muy "criollos", pero estrictamente literarios. Sus cocinas, sus caballos, sus estaciones de pueblo, sus gauchos son, en esa época, como figuras de cerámica sobre la repisa de una chimenea de lujo. Preciosismo gauchesco. De todo eso —por encima de los cuentos insulsos, del melodramatismo de *Rosaura,* del artificio de *Raucho*— se salva *Xaimaca*. No hay en este libro sino el esbozo de una novela: un viaje hacia el trópico, un romance a bordo, una posesión en Jamaica y una separación. Pero, de la anécdota inconsecuente va creciendo una confusa imagen en que el amor sentimental se transmuta en poética idea del sexo.

Marcos descubre a la mujer en el proceso del alba que parece, a su vez, nacer de ella y haberse formado en los ritmos pasionales de la noche. Después, se deja estar, estupefacto, con su sensualismo convertido en trance y, al fin, en poesía. Los otros personajes no son sino imágenes que Güiraldes mueve a voluntad para ayudar al desarrollo de la pasión de Marcos.

Mucho se ha escrito sobre *Don Segundo Sombra* (1926), la obra maestra de Güiraldes. Se la ha comparado al *Quijote*. Para el lector común —a salvo de juicios académicos— *Don Segundo Sombra* es una bella "novela para la juventud", que pueden saborear gentes de todas las edades.

En ella Güiraldes da categoría literaria a un mito: el gaucho valeroso, noble, visionario. El héroe de la historia, un adolescente de 14 años, se esfuerza por ser un hombre de la pampa y llegar a formarse un "alma de resero, que es tener alma de horizonte". Se hace estoico y, cultivando la voluntad de la lucha, comprueba el poder del espíritu sobre las flaquezas del cuerpo y la fatalidad de la vida.

De la cualidad estoica, que no es resignación sino combate triunfante, extrae el joven narrador la idea del heroísmo sobrio y seguro del gaucho:

Sabía que si en gran parte se resiste por tener el cuerpo hecho a la fatiga, más se resiste por tener hecha la voluntad a no ceder. Primero el cuerpo sufre, después se azonza, y va, como sin tomar parte, adonde uno lo lleva. Después, las ideas se enturbian; no se sabe si se llegará pronto o no se llegará nunca. Más tarde las ideas, tanto como los hechos, se van mezclando en una irrealidad que desfila burdamente por delante de una atención mediocre. A lo último no queda capacidad vital sino para atender a lo que uno se propone sin desmayo: seguir siempre. Y se vive nada más que por eso y para eso, porque todo ha desaparecido en el hombre fuera de su propósito inquebrantable. Y al fin se vence siempre (al menos así me había sucedido) cuando ya a uno la misma victoria le es indiferente. Y el cuerpo cae en el descanso, porque la voluntad se separa de él. (Losada, 1955, p. 167).

El gaucho define su vida en contacto directo con la naturaleza y con su ritmo universal en el que reconoce la mano de Dios. Desnuda al ser de superfluas necesidades y obligaciones que esclavizan y pervierten. En su varonil prestancia debe conquistar cada instante de su vida y esa conquista es tanto una victoria sobre la muerte, como una afirmación de indiferencia ante el destino. Su código es simple y, en su simplicidad, épico. La riqueza —como todos los lazos convencionales que se impone el hombre para darse un sentido de falsa seguridad— es un anatema contra la idea de independencia y conquista que, en el fondo, es la esencia de la concepción de la vida del gaucho. Dice el joven gaucho al reflexionar sobre la herencia que acaba de recibir:

Parece mentira en lugar de alegrarme por las riquezas que me caían de manos del destino, me entristecía por las pobrezas que iba a dejar. ¿Por qué? Porque detrás de ellas estaban todos mis recuerdos de resero vagabundo y, más arriba, esa indefinida voluntad de andar, que es como una scd de camino y un ansia de posesión, cada día aumentada, de mundo... En mi condición anterior, nunca me preocupé de mi nacimiento; guacho y gaucho me parecían lo mismo. Así hubiese sido hijo legítimo, el hecho de poder levar un nombre que indicara un rango y una familia me hubiera parecido una reducción de libertad; algo así como cambiar el destino de una nube por el de un árbol, esclavo de la raíz, prendida a unos metros de tierra... (pp. 172 y 176).

El gaucho camina por las vastas soledades del mundo obedeciendo a un impulso que le conduce a la presentida realización de su destino. Nada puede detenerlo ni vencerle. En su afán de andar, de moverse, además de la insatisfacción fundamental —que es la condición de angustia del hombre moderno— va implícita la voluntad de vencer el absurdo, afirmando su poder de lucha y persistencia. Al recorrer el camino, el gaucho ha descubierto el sentido de la vida. Lo demás es especulación ociosa. Aquello que sigue siendo incomprensible lo acepta con una fe tierna y sencilla de hombre del campo. Se pregunta el joven:

¿Quién es más dueño de la pampa que un resero? Me sugería una sonrisa, el solo hecho de pensar en tantos dueños de estancia, metidos en sus casas, corridos siempre por el frío o el calor, asustados por cualquier peligro que les impusiera un caballo arisco, un toro embravecido o una tormenta de viento fuerte. ¿Dueños de qué? Algunos parches de campo figurarían como suyos en los planos, pero la pampa de Dios había sido bien mía, pues esas cosas me fueron amigas por derecho de fuerza y baquía (p. 180).

En todo esto, es claro, se esconde una idealización que el lector suspicaz no tarda en descalificar. ¿Qué es, en verdad, ese "destino" que lleva al gauchito y su maestro a glorificar el camino en que se mueven mientras ignoran la índole del poder que les da y les quita rienda? "¿Quién es más dueño de la pampa que un resero?" Lo es él mismo si prefiere imaginar que la tierra es espejismo y que ese espejismo es suyo. El gaucho, entonces, será un marginado sin raíces, un héroe en virtud de las realidades que se esconde a sí mismo, un peregrino inmóvil. ¿Una especie de "jipi" a caballo tragándose la pampa a falta de carreteras y automóviles? Quizá, pero la visión poética que le asigna Güiraldes conserva aún la ilusión romántica del viejo Goethe.

"Fatalidad y destino" sirven para explicar la injusta condición del guacho-gaucho. Nunca le advierte su padrino que esa condición es la del peón explotado, que esa pampa puede tener los límites de una prisión, que el feudo sí los tiene por mucho que el resero los disimule huyéndole a las casas del patrón. ¡Qué contraste entre este mundo y este gaucho y los que cantará, años más tarde, don Atahualpa Yupanqui en sus "Coplas del payador perseguido"!

Güiraldes prefiere no ver la realidad del campo argentino. En su imagen glorificada del gaucho desaparece el sistema de castas, la injusticia del feudo, la esclavitud del peón. Es cierto, como lo recuerda Ciro Alegría, que Güiraldes le dice al lector que Don Segundo "es más una idea que un ser", "más una idea que un hombre" (*La novela iberoamericana*, New Mexico, 1952, pp. 47-58). ¿Un cuento de hadas? No, un mito de estoicismo en la abstracción poética de un campo soñado.

Es curioso que serán este campo y este gaucho —idealizados en la dureza de la faena diaria y en la violencia de las pasiones primitivas— que exaltará asimismo Borges, pensando como Güiraldes que mejor se ve la nación en los libros al margen de toda consideración social y transmutada, más bien, en noble y adusta fantasía histórica.

En el vagabundeo del gaucho por la pampa se encierra, según Güiraldes, una concepción de la vida que, en cierto modo, es una versión sublimada de la barbarie a que aludió Sarmiento; es la sublimación de una postura anárquica que en el siglo XIX Sarmiento identificó con el reinado de la selva y que Güiraldes transforma en sentimiento de soledad en medio de la civilización moderna. El personaje de Güiraldes es un solitario. De ahí la improbabilidad de su quijotismo. No va por los llanos a deshacer ningún entuerto, va olvidándose de sí mismo en la soledad. Entre Don Segundo Sombra y su paje de catorce años hay una relación de ternura primitiva y elemental. No están juntos: *van* juntos, pero están solos.

Creo que la afición de mi padrino a la soledad debía influir en mí; la cosa es que, rememorando episodios de mi andar, esas perdidas libertades en la pampa me parecían lo mejor. No importaba que el pensamiento lo tuviera medio dolorido, empapado de pesimismo, como queda empapada de sangre la matra que ha chupado el dolor de una matadura. De grande y tranquilo que era el campo, algo nos regalaba de su grandeza y su indiferencia (p. 142).

El joven constata la impresión que Don Segundo causa en los demás, esa admiración es la misma con que él ve todo el mundo de su padrino (cf. p. 102). Curioso es este efecto de una idealización literaria. Los críticos, por lo general, escriben del Don Segundo que ven en los ojos del ahijado y, por consiguiente, lo ven como la sombra o el ideal que representa en la novela. Este mito sólo puede interpretarse a la luz de la función estética que desempeña. Como personaje de novela, en cambio, puede interpretársele de acuerdo con la humanidad que representa.

Al comienzo del relato Güiraldes atrae la atención del lector con uno de los recursos más antiguos del arte narrativo: el desarrollo de una empresa que va a decidir el destino del héroe y en el cual se va a probar su temple ante el juicio de su maestro. La empresa es el arreo de un ganado. Este debió ser el marco *único* de la historia, el ciclo de episodios dentro del cual iba a forjarse la personalidad del joven. La técnica del cuento, extendida así en la superficie de una novela, seduce al lector, lo aprisiona en un rápido movimiento —la "rapidez" es una simple ilusión, deriva de la unidad temática y del período de tiempo, limitado en el presente, que se le asigna— y no cesa de ejercer su fascinación hasta que ese movimiento llega a su fin. Pero Güiraldes interrumpe bruscamente la historia del primer arreo y lo sigue después del capítulo décimo, en una segunda parte compuesta de recuerdos aislados, sin otra ilación que la presencia constante de los dos personajes centrales. La primera parte es como un poderoso torrente que va ganando ímpetu y alcanza su mayor fuerza dramática en la escena de la tormenta —últimas páginas del capítulo noveno— y deja una vibrante nota, un *leitmotiv* "caminar, caminar, caminar", para ser recogido y continuado en el capítulo siguiente. Este movimiento natural, creciente, dramático, se quiebra y lo que sigue es como una red de riachuelos, pintorescos y amables, cada uno en sí una bella realización, pero carentes de la unidad épica que pudieron haber alcanzado dentro del ritmo de la idea primera.

¿Por qué rompió Güiraldes la idea básica de lo que pudo ser la estructura de su novela? El tono lírico, profundamente sentido, induce a pensar que el libro fue escrito en poderosos resuellos poéticos. Basta una ligera observación del plan cronológico de la obra para darse cuenta de esta espontaneidad con que procedió Güiraldes. La novela comprende cuatro períodos importantes: el primero, durante el cual se narra el arreo y que dura algunos días, ocupa 61 páginas; el segundo representa tres años de aventuras gauchas y ocupa 120 páginas; el tercero, dos años que vive en casa del tutor y se condensa en una línea; y el cuarto, es una referencia en otra línea, a otros tres años. La noticia de la muerte del padre del héroe y de la herencia que viene a cambiar su vida, llega brusca e inesperadamente a quebrar por segunda vez el ritmo de la narración.

Esta falta de unidad rítmica en la novela resalta cuando Güiraldes introduce ciertos capítulos a modo de ilustración de las costumbres gauchescas: el rodeo, la pelea de gallos, las carreras de caballos, los duelos a cuchillo, la leyenda folklórica —Miseria— y la fiesta campesina. Por mucho valor pictórico que estos cuadros de costumbres tengan, no dejan de ser sino escenarios para las estaciones que hace el joven gaucho en su camino.

El estilo, en cambio, no pierde jamás su unidad. Es una floración poética del lenguaje criollo y de la actitud gaucha. Güiraldes incorpora la imagen creacionista al paisaje de la pampa. Lo hace con naturalidad y mesura, sin perjudicar la autenticidad de su mundo regional. En contraste con José Eustasio Rivera, Rómulo Gallegos y Mariano Azuela, que escriben sobre el paisaje americano con palabras mayores, Güiraldes habla del campo con ternura, en diminutivos, alegre del cielo, de las brisas, de la lluvia, de los ríos, del pasto, de la inmensidad de la pampa. No creo que idealice el paisaje y si lo idealizara es porque lo mira con los ojos del gauchito.

A la novela argentina Güiraldes aporta un concepto del arte de narrar que le predispone contra todo involuntario sentimentalismo. El "aire de tonada" se hace poesía creacionista en su obra, el colorido de la vida criolla es color subjetivo, impresionista, que va, transmutando, de los personajes al mundo que les rodea. De allí la consistencia del vuelo poético en sus páginas descriptivas.

BENITO LYNCH (1885-1951) es uno de los novelistas del post-modernismo que la crítica demuestra mayor empeño por rescatar. Existe la impresión de que en su época no se le hizo plena justicia, de que su obra pasó relativamente inadvertida a la sombra de los maestros del gauchismo. Desde las aulas universitarias de los Estados Unidos nace una repentina curiosidad por las novelas de este argentino de ascendencia irlandesa a quien la figura del gaucho no impresionó jamás como un mito, sino como un ser de carne y hueso, herido por el sentimentalismo de su temperamento, por la barbarie de sus impulsos y por la voluntad heroica que, a menudo, se transforma en ansias criminales.

¿Se debe este interés a *El inglés de los güesos* (1924)? En parte; pues no cabe duda que la tragicomedia de La Negra y James Gray, con su salvaje contraste de características raciales, fascina al lector sajón por mucho que reconozca la falsificación que se esconde detrás del "gringo" creado por Lynch. En parte se debe también a que, luego de pasada la euforia modernista por el gauchismo, los estudiantes de literatura hispanoamericana se han dado a la tarea de descubrir qué clase de realidad ocultan los mitos del criollismo y qué relación hay entre los ciclos rurales de la novela contemporánea y la epopeya campesina de principios de siglo.

En todo caso, el consenso de la crítica parece ser que existe mayor dimensión realista y equilibrio estético en la obra gauchesca de Lynch que en las novelas de cualquier otro regionalista argentino o uruguayo de su época. Este realismo de Lynch se basa en un conocimiento íntimo del mundo campesino de su patria. Vivió en haciendas durante su infancia y cerca de ellas toda su vida. Se basa también en un dominio maestro del lenguaje gaucho.

Se dirá que Güiraldes también conoció el mundo gaucho y dominó el lenguaje criollo. La diferencia entre ambos a este propósito está en que Güiraldes mira ese mundo con los ojos de la nostalgia —actitud lírica— mientras que Lynch lo mira con los ojos del estanciero prendido en el diario vivir. Más cerca está Lynch de Florencio Sánchez en la creación de personajes. Por otra parte, el lenguaje gauchesco de Güiraldes es quintaesenciado; el de Lynch parece recogido escuetamente de la realidad. Si hay una diferencia de temperamentos entre ambos novelistas, también existe otra de formación literaria. En la obra de Lynch no parece haber huellas del impresionismo vanguardista que es tan característico de Güiraldes y que éste aprendió en los *ismos* europeos de post-guerra. Lynch es descendiente del regionalismo español. La obsesión melodramática que le domina en los comienzos de su carrera de novelista y que perjudica el desenlace de sus dos primeras novelas —*Plata dorada* (1909) y *Los caranchos de la Florida* (1916)— trae a la memoria el juego de fatales circunstancias en que movían a sus montañeses, pescadores y hortelanos, los novelistas españoles de la segunda mitad del siglo XIX. Los gauchos de Lynch andan ebrios de pasión, y caen irremediablemente bajo el signo de un poder secreto que les obliga a "fatalizarse". Cuando reacciona contra la mecánica del naturalismo, Lynch saca a luz su espíritu de ironía que si no fuera potencialmente trágico pudiera considerarse como humorismo de buena ley. Soy de los que dudan del "humorismo" de Benito Lynch. Se ha querido ver comicidad en obras que, por debajo de cierta chabacanería superficial, encierran un torrente de pesimismo y fatalidad. Lo que en *Raquela* (1918) pudiera aceptarse como un conato de parodia —la trama es teatral y el truco del héroe no se diferencia gran cosa de otros que son corrientes en la comedia clásica —en *El inglés de los güesos* es ironía del más descarnado patetismo; algo hay en esta novela, dicho sea de paso, que parece haber sido ensayado primero en *Raquela:* como si Montenegro fuera un lejano esbozo de James Gray, y Raquela de Balbina.

El inglés de los güesos es una novela de amor concebida en la más pura tradición romántica. Todos los ingredientes de la novela sentimental se hallan aquí presentes: el triángulo inicial lo forman un forastero de extraño y secreto pasado, una ingenua campesina y un admirador rechazado ansioso de venganza. La indiferencia de la mujer se transforma en odio antes de convertirse en frenética pasión. El héroe duda entre el deber que le ordena partir y el sentimiento que le impulsa a quedarse. La heroína, una vez convencida del fracaso de sus esfuerzos, no ve otra salida que la muerte y se suicida. Sin embargo, con esta trama convencional y estos personajes estereotipados, Lynch realiza una pequeña obra maestra. Lo consigue tomándose ciertas libertades con la tradición: su héroe es grotesco —aun en el trance más álgido del amor— y su heroína, la campesina ignorante, impetuosa, tozuda, es vulgar a pesar de lo sublime de su sacrificio. Este contraste entre un romance que por su desarrollo y desenlace asociamos al concepto tradicional de idealización romántica, y los personajes más bien comunes que lo representan es la llave del sorpresivo interés con que leemos la novela. ¿Qué indujo a Lynch a escoger tales personajes? El mismo ha dicho que concibió a James mientras leía las memorias de Darwin sobre su viaje por América. En cuanto a La Negra, no hizo más que observar a su alrededor y estilizar en una figura inolvidable las cualidades y los defectos de la mujer criolla enamorada.

James Gray no es un ser de carne y hueso. Es una caricatura, es el "gringo sintético" que los hispanoamericanos se han inventado, un hombre sin vida interior, fríamente cortés, puerilmente práctico. Anda vestido como payaso de circo. Habla un lenguaje extravagante que no corresponde a ningún idioma conocido. Cada vez que habla una palabra inglesa, ella aparece mal escrita y, a juzgar por la transcripción fonética de Lynch, mal pronunciada... Recorre la novela sonriendo y balbuceando estupideces. Al reparar en la pasión que ha despertado en la criolla retrocede con disgusto, casi con repulsión. Considera el hecho como el resultado de una mala educación y del mal gusto. Rápidamente se dispone a partir. Tiene un momento ¡uno solo! de reflexión. Reflexiona con una calavera en la mano, como Hamlet y, más que de otra cosa, se duele al creer que la pasión ha comenzado a debilitarse en La Negra. Este ser egoísta y atrabiliario es quien despierta tamaña pasión en el corazón de una adolescente y le causa la muerte.

Frente a la figura del héroe tan esmirriado, la heroína acapara pronto la atención del lector. Difícil resulta encontrar en la novela hispanoamericana un personaje de igual dramatismo, de semejante desamparo y belleza en el dolor, de tan patético infortunio. Balbina es la creación maestra de un experto intérprete de personajes populares. Hay algo de siniestro y macabro en su empecinado amor, algo de torpeza que es precisamente lo que repugna al "civilizado" Mr. Gray. Su inconsciencia ante el sufrimiento de Santos Telmo raya en lo animal. *El inglés de los güesos* es obra en que Benito Lynch jugó con una ironía fatídica: ironía pronto transmutada en amargura y desolación.

Hay quienes prefieren a Lynch en sus novelas cortas: *La evasión* (1922), *Las mal calladas* (1923), *El antojo de la patrona, Palo verde* (1925), *De los campos porteños* (1931). Hay quienes creen que su verdadera obra maestra es *El romance de un gaucho* (1930). Pudiera ser que el valor de Benito Lynch, la razón de su siempre renovada popularidad, se halle, más que en una sola obra, en el mensaje de directo realismo que trasciende de toda su obra novelística; en su comprensión del espíritu campesino y su empeño en no idealizarlo; en el ritmo veloz y poderoso de su prosa narrativa que avanza en múltiples planos sin perder nunca profundidad.

En un lapso de seis años, entre 1926 y 1932, ROBERTO ARLT (1900-1942) publicó su entera obra novelística y, al decir de críticos importantes, inauguró la literatura moderna de la Argentina. Tal afirmación no puede hacerse caprichosamente y sin conocimiento de causa. Basta recordar que en la década del 20 Ricardo Güiraldes publica *Xaimaca* (1922) y *Don Segundo Sombra* (1926), Eduardo Mallea *Cuentos para una inglesa desesperada* (1926), Borges *La luna del frente* (1925) y Marechal *Los aguiluchos* (1922). Además, en 1924 Girondo, Marechal, Borges, Molinari y Prebich lanzan el influyente periódico *Martín Fierro*.

Es claro, con Arlt no se puede ser rigurosamente histórico y académico. Su persona y su obra desbordan todo afán magisterial. Autodidacta, cronista de profesión, sujeto alucinado —por no decir endemoniado—, con una obra narrativa y teatral hecha a golpes de genio, discípulo del anarquismo ruso, Arlt no encajó nunca ni en la vieja ni en la nueva literatura argentina (ésa de la Vanguardia). Si bien es cierto que frecuentó los medios literarios de Florida y Boedo y que durante algún tiempo fue secretario de Güiraldes y redactor de *El Mundo* junto a Alberto Gerchunoff, Arlt pasó por esos ámbitos intocado, ajeno al menudeo elitista, testigo presencial pero no comprometido de una renovación de formas literarias que sólo comprometió a un lenguaje y a una retórica.

Arlt fue el contrapeso violento de la bigotuda elocuencia de Lugones, el poeta, y Palacios, el político. Habrá observado de lejos y venerado la elegancia de Güiraldes y la inmaculada erudición de Borges, el casto. Su propio mundo novelesco es turbulento y apasionado, crece como un torrente desde las alcantarillas de la gran ciudad, desde bares, pensiones, cárceles, prostíbulos, hablándonos con la filosa ambigüedad del lunfardo. Arlt convierte en vida propia todo aquello que fue ideología naturalista en Groussac y Gálvez. No pudo ser un precursor a la manera de Azuela. No había estudiado literatura. Lo que sabía era el producto de la experiencia de su pobreza y desamparo, siempre en choque con el siglo y, más que nada, consigo mismo. Fue, como Pablo de Rokha en Chile, un intuitivo que presintió los tremendos cambios sociales del medio siglo y los expresó a su modo, con adivinaciones sublimes a veces y, otras, con cataratas de voces sin forma, confusas, patéticas. En el prólogo a *Los lanzallamas* (1931) dijo:

"Se dice de mí que escribo mal. Es posible. De cualquier manera, no tendría dificultad en citar a numerosa gente que escribe bien y a quienes únicamente leen correctos miembros de sus familias.

"Variando, otras personas se escandalizan de la brutalidad con que expreso ciertas situaciones perfectamente naturales a las relaciones entre ambos sexos. Después, estas mismas columnas de la sociedad me han hablado de James Joyce, poniendo los ojos en blanco. Ello provenía del deleite espiritual que les ocasionaba cierto personaje de *Ulises,* un señor que se desayuna más o menos aromáticamente aspirando con la nariz, en un inodoro, el hedor de los excrementos que ha defecado un minuto antes. Pero James Joyce es inglés, James Joyce no ha sido traducido al castellano, y es de buen gusto llenarse la boca hablando de él. El día que James Joyce esté al alcance de todos los bolsillos, las columnas de la sociedad se inventarán un nuevo ídolo a quien no leerán sino media docena de iniciados" (Caracas: Ayacucho, 1978, pp. 189-190).

Creo que Onetti —¿cómo no iba a ser él, si tiene tanto en común con Arlt?—, tuvo las palabras exactas para describir su grandeza y su miseria de escritor maldito:

"Roberto Arlt es el último tipo que escribió novela contemporánea en el Río de la Plata, el único que me da la sensación del genio. Si me ponen entre la espada y la pared para que señale una sola obra de arte de Arlt, fracaso. No la hay. No existe. Tal vez por un problema de incultura, pero Arlt no conseguía expresarse, nunca logró una obra organizada. Como dijo un amigo de él: Roberto Arlt es Dostoievski traducido al lunfardo" (citado por Adolfo Prieto, Introducción a *Los siete locos, Los lanzallamas,* Ayacucho, p. 432).

Arlt intriga a los críticos y estudiosos de su obra. Ellos quisieran reducir sus novelas a un sistema de premisas estéticas y éticas, presentar sus novelas como piezas de una estructura ideológica. Pero Arlt se resbala y se escapa. ¿Qué es Dorsain, el antihéroe de sus dos historias más citadas? ¿Qué es el Astrólogo? ¿Y la comparsa de forajidos y rufianes que constituye la Sociedad Secreta? En el lenguaje de nuestros días se les hubiera clasificado como marginados, reventones de una subcultura en rebelión contra la institucionalidad capitalista, terroristas sin brújula, acelerados que no logran bajarse de la moto.

La Sociedad Secreta del Astrólogo es, sin duda, un modelo inicial, torpe y crudo, de La Joda inventada por el equipo del *Libro de Manuel.* Tienen la bomba y la voluntad de explotarla en el corazón del sistema. No saben que una sola no basta, pero proceden. Hasta cierto punto. Los terroristas de La Joda se tientan de la risa. Los del Astrólogo caen en los juegos de mano que verdaderamente son de villanos. Admiran a Lenin, pero también se embelesan contemplando a un pálido corista de opereta llamado Mussolini. Se quedan, a su manera, con Lenin, cuyo nombre está en las líneas finales de *Los lanzallamas*.

No se puede negar que la insurrección planeada por el Astrólogo y sus secuaces sustenta, a veces, estrategias y planteamientos revolucionarios. El Rufián Melancólico puede proferir toda clase de improperios machistas contra las mujeres, pero acosado por Erdosain alegará:

—Lo que usted dice no tiene sentido. La sociedad actual se basa en la explotación del hombre, de la mujer y del niño. Vaya, si quiere tener conciencia de lo que es la explotación capitalista, a las fundiciones de hierro de Avellaneda, a los frigoríficos y a las fábricas de vidrio, manufactura de fósforos y de tabaco. —Reía desagradablemente al decir estas cosas—. Nosotros, los hombres del ambiente, tenemos a una o dos mujeres; ellos, los industriales, a una multitud de seres humanos. ¿Cómo hay que llamarles a esos hombres? ¿Y quién es más desalmado, el dueño de un prostíbulo, o la sociedad de accionistas de una empresa? Y sin ir más lejos, ¿no le exigían a usted que fuera honrado con un sueldo de cien pesos y llevando diez mil en la cartera? (*id.,* p. 31).

El Astrólogo, por su parte, responde a Erdosain:

¿Qué es lo que debe hacerse? Yo leo mucho, y créame, en todos los libros europeos encuentro este fondo de amargura y de angustia que me cuenta de su vida usted. Vea Estados Unidos. Las artistas se hacen colocar ovarios de platino y hay asesinos que tratan de batir el record de crímenes horrorosos. Usted que ha caminado lo sabe. Casas, más casas, rostros distintos y corazones iguales. La humanidad ha perdido sus fiestas y sus alegrías. ¡Tan felices son los hombres que hasta a Dios lo han perdido! Y un motor de 300 caballos sólo consigue distraerlos cuando lo pilotea un loco que se puede hacer pedazos en una cuneta. El hombre es una bestia triste a quien sólo los prodigios conseguirán emocionar. O las carnicerías (*id.,* p. 59).

Barsut no le va en zaga:

—Ahora bien, cuando llegué a la conclusión de que Morgan, Rockefeller o Ford eran por el poder que les confería el dinero algo así como dioses, me di cuenta de que la revolución social sería imposible sobre la tierra porque un Rockefeller o un Morgan podía destruir con un solo gesto una raza, como usted en su jardín un nido de hormigas (*id.*, p. 92).

Algo confuso y deforme queda sonando detrás de esta violenta farsa, algo amargamente real que la sostiene. Uno se pregunta si no es el tono explicativo del Comentador que, a lo largo de la novela, va revelando los trucos y las artimañas con que los personajes intentan engañarse unos a otros (cf., *Introducción* de Adolfo Prieto, Ayacuco, p. XIX). Esta voz de consueta o apuntador nos previene constantemente sobre la verdadera índole de los actores del drama. "No le crean a nadie", parece decirnos, "la verdad no está en lo que dicen, sino en lo que hacen y ocultan". Entonces, uno comienza a comprender que la Sociedad con mayúsculas es una metáfora de la miseria, la angustia y la locura de otra sociedad más vulgar y común, la de los ofendidos y humillados, la agrupación de tenderos, mandaderos, cogoteros, cafiches, falsos policías y militares disfrazados, funcionarios espiritistas y familias naufragadas que pueblan las novelas de Arlt.

No puede entenderse el monólogo alucinado de Arlt sin considerar su propia miseria y desesperación, su condición de oficinista esclavizado, inventor sin patentes, hundido en la burocracia del empleado público. Cada vez que el lector siente la tentación de descalificar su sainete por las retóricas caídas que se da, Arlt nos sorprende y deslumbra con la imagen fugaz de una legítima pasión (diálogo de Erdosain con su mujer que le abandona, soliloquio de Erdosain en presencia de La Coja), instantes de grandeza, de ternura y esperanza en el fondo de la alienación.

Se notará por lo que digo que el mundo narrativo de Arlt sobrevive en las formas más puras del teatro. Arlt fue un escritor de dramas y ensayos disfrazados de novelas. Sus diálogos viven, sus descripciones funcionan como apartes e instrucciones del dramaturgo para el actor. De ahí que teatralizara varios de sus relatos claves. Pero, no tuvo suerte tampoco con sus dramas, porque, a su vez, se les notaba demasiado su original hechura de novelas y ensayos. Sin embargo, un visionario como Leonidas Barletta no tuvo reparos en elogiarlo y en apoyar la presentación de *El humillado,* basado en un capítulo de *Los siete locos.* Después de muchos años de silencio e indiferencia ante su obra, Arlt fue descubierto por la nueva crítica latinoamericana (véanse los estudios de José Bianco, Jaime Giordano, Diana Guerrero, Raúl Larra, Oscar Massotta, Ricardo Piglia, Beatriz Pastor, Adolfo Prieto). Y, sin embargo, aún se siente cierta reticencia y reserva ante él, una tendencia a arrinconarlo entre los "precursores" y los "raros". Pienso que el lector debe acercarse a sus novelas sin reservas de ninguna clase, particularmente sin intentar resolver complejidades de forma, conflictos y contradicciones ideológicas. No olvidemos que Arlt aprendió mucho de su extraño arte leyendo a Dostoievski, el de *Las noches blancas,* evocador de un dulce, triste y hermosamente excéntrico aprendiz de filósofo. Así es de tierna, sufriente y absurda la angustia que define su desarreglo con el mundo y con las gentes. Erdosain es un hombre roto, quebrado en el alma, abandonado de Dios *en* la ciudad de Dios, de quien no queda, al fin, sino una entonación perdida, alguna presencia incómoda, en vías de borrarse. Arlt murió de otra cosa, no de un balazo ni en un tranvía como su personaje. No tuvo tiempo para dominar nada. Su epitafio lo escribió él mismo:

"Estoy contento de haber tenido la voluntad de trabajar en condiciones bastante desfavorables, para dar fin a una obra que exigía soledad y recogimiento. Escribí siempre en redacciones estrepitosas, acosado por la obligación de la columna cotidiana...

"En realidad, uno no sabe qué pensar de la gente. Si son idiotas en serio, o si se toman a pecho la burda comedia que representan en todas las horas de sus días y sus noches.

"De cualquier manera, como primera providencia he resuelto no enviar ninguna obra mía a la sección de crítica literaria de los periódicos. ¿Con qué objeto? Para que un señor enfático entre el estorbo de dos llamadas telefónicas escriba para satisfacción de las personas honorables:

'El señor Roberto Arlt persiste aferrado a un realismo de pésimo gusto,' etc. etc. No, no y no. Han pasado esos tiempos. El futuro es nuestro, por prepotencia de trabajo. Crearemos nuestra literatura, no conversando continuamente de literatura, sino escribiendo en orgullosa soledad libros que encierran la violencia de un 'cross' a la mandíbula. Sí, un libro tras otro, y 'que los eunucos bufen'.

"El porvenir es triunfalmente nuestro" (*ibid.*, pp. 189-190).

Roberto Arlt murió a los 42 años.

EDUARDO BARRIOS (1884-1963). El patético realismo social de los cuentos de Baldomero Lillo no creó escuela de inmediato en Chile. Por el contrario, la novela buscó un cauce de inofensivo realismo, nutrido de pintorescas costumbres campesinas y sólo por excepción se arriesgó a confrontar problemas sociales.

Barrios nació en Valparaíso, hijo de padre chileno y madre peruana, y vivió parte de su infancia y adolescencia en el Perú. A los quince años, obedeciendo mandatos de su familia, ingresó a la Escuela Militar de Chile. Se retiró pronto, convencido de que su carácter no se amoldaría "jamás al ambiente soldadesco". Vivió entonces en plan de aventurero y vagabundo:

"Recorrí media América —cuenta—. Hice de todo. Fui comerciante, expedicionario a las gomeras en la montaña del Perú; busqué minas en Collahuasi; llevé libros en las salitreras; entregué máquinas por cuenta de un ingeniero, en una fábrica de hielo de Guayaquil; en Buenos Aires y Montevideo, vendí estufas económicas; viajé entre cómicos y saltimbanquis; y, como el atletismo me apasionó un tiempo, hasta me presenté en público, como discípulo de un atleta de circo levantando pesas..." (*Y la vida sigue,* Buenos Aires, 1925, p. 85).

Establecido en Santiago, desempeñóse como funcionario de la Universidad de Chile, Director General de Bibliotecas y Ministro de Educación Pública. Retirado durante algunos

179

años de las labores oficiales, hizo vida de agricultor en el Valle Central. Después, ocupó por segunda vez el cargo de Director de la Biblioteca Nacional de Chile.

Su abundante producción literaria se compone de novelas, cuentos y obras de teatro. El lugar que ocupa en la literatura hispanoamericana lo debe, sin embargo, a tres novelas: *Un perdido* (Santiago, 1917), *El hermano asno* (Santiago, 1922) y *Gran señor y rajadiablos* (Santiago, 1948). La crítica ha sido dispar en la apreciación de otras producciones suyas como *Del natural,* cuentos (Iquique, 1907), *El niño que enloqueció de amor,* novela (Santiago, 1915), *Páginas de un pobre diablo,* novelas cortas (Santiago, 1923), *Y la vida sigue,* relatos (Buenos Aires, 1925), *Tamarugal,* novela (Santiago, 1944) y *Los hombres del hombre,* novela (Santiago, 1950).

En *Un perdido* Barrios ofrece un caudal de observaciones ambientales y muestra una perspicaz comprensión de la psicología de la clase media chilena. Es ésta la novela clásica del realismo romántico de fin de siglo.

En la evocación voluminosa del ambiente, en el detallado acumular de rasgos psicológicos que se entrelazan con la vida "anímica" de objetos y edificios —como si las gentes depositaran sentimientos e ideas en lo inerte para recuperarlos, más tarde, en medio de crisis solitarias— Barrios maneja una concepción de la novela que tanto tiene de español, como de francés y de ruso, mientras frecuenta zonas de espiritualidad anormal donde las corrientes místicas penetran la rutina diaria y la cargan de fuerzas incontrolables en su excentricismo. El contraste de la realidad común y vulgar con el sentimentalismo arrebatado de los personajes, produce un desequilibrio desconcertante de índole poética. Este fenómeno se advierte con mayor claridad en *El niño que enloqueció de amor* y *El hermano asno,* novelas de audaz realización, más acorde con la avanzada española del noventa y ocho que con la retaguardia costumbrista. En ellas, Barrios mantiene apenas un fondo lejano de nativismo, demasiado vago para adquirir importancia primaria. No se interesa, como Prado en *Alsino,* por asociar la universalidad del tema con el ambiente criollo. Va por encima de toda superficialidad a la médula de un conflicto fundamental. Ese conflicto es en *El niño que enloqueció de amor* de raíz individual y de proyección limitada. La novela, aunque bien escrita y novedosa es, en el fondo, un *tour de force*. Barrios ha dicho que relata en ella un episodio de su niñez; si así fuera, como en tantos otros casos, la realidad resulta más difícil de creer que la ficción. El artificio de la forma —Barrios narra en primera persona las experiencias de un niño de diez años— induce a pensar en una intención simbólica. Sin embargo, Barrios, que ha comentado en numerosas ocasiones su obra literaria, nunca ha dado pábulo a esta idea.

Gabriela Mistral refiriéndose a *El hermano asno* dijo: "...es el libro de prosa mas nítida y suave que se haya escrito en Chile. Una prosa como la hoja larga del helecho, flexible, exquisita y suave. Repulsión por lo brillante y lo ruidoso del lenguaje. El lenguaje común, pero depurado de la escoria y podado de todo exceso. Una especie de franciscanismo artístico. En la frase, breve siempre, se recoge el paisaje o un estado de alma íntegra y ardientemente. El arte se esfuma. La transparencia de la palabra es tal, que hace olvidar la palabra" ("Prólogo" a *Y la vida sigue*, p. 12).

Barrios plantea en *El hermano asno* un conflicto de índole religiosa, no sin antecedentes en la historia de la novela, y lo dramatiza en forma que llega a comprometer al lector, cualquiera que sea su actitud y cualesquiera que sean sus creencias. Es el conflicto de la salvación de un alma por medio de la condenación voluntaria de otra. Sólo una miopía espiritual puede ver en esta novela un ataque a la iglesia católica o a la orden de los franciscanos. El incidente ocasional que le sirve de culminación, por mucho vuelo literario que lo anime o por grande que sea el efecto dramático que produzca, queda limitado a un plano secundario si se juzga la novela en su verdadera proyección moral y metafísica. El desenlace de la novela no soluciona nada. Deja una gran duda oscureciendo lo que pudo ser un sacrificio sublime o una vergonzosa caída.

En la última etapa de su creación literaria, Barrios ha producido una novela filosófica, *Los hombres del hombre,* y una épica regional, *Gran señor y rajadiablos.* En la primera, el héroe confronta los diversos aspectos de su personalidad a través de una crisis sentimental. El hombre lleva en sí muchos hombres: el místico, el sensual, el celoso, el razonable. Con cada uno de ellos dialoga el héroe buscando la cifra que solucione su angustia. En la segunda novela nombrada —a juicio de algunos la obra maestra de Barrios— busca el autor una armonía entre sus tendencias psicológicas y el realismo descriptivo predominante en la novela chilena de su generación. Personalmente, comparto la opinión de Torres-Ríoseco quien, sin desconocer el poder descriptivo que en ella revela Barrios, señala también sus defectos: "Se tiene la impresión de que el novelista se aproxima a su obra con un criterio sociológico más propio del político que del artista y que hay en toda la novela deseo de propaganda social. Por eso cuando el señor Valverde se declara, al fin de la obra, enemigo de las leyes, de la justicia, del progreso cívico, de la policía, del espíritu democrático, y se parapeta detrás del muro de su feudalismo, de sus privilegios ilegales, de su absolutismo reaccionario, el autor justifica sus actos contra viento y marea" (*Ensayos sobre literatura latinoamericana, segunda serie,* México, 1958, p. 194).

No obstante las críticas que puedan hacerse a su obra, Eduardo Barrios es el maestro indiscutible de la generación de novelistas chilenos que, emergiendo del Modernismo, se orientó más tarde, alrededor de 1920, hacia la interpretación realista del paisaje y de las gentes de América. Su poder de observación, su sentido innato de selección, la humanidad con que se acerca a sus personajes y con la cual sabe darles vida, son virtudes que le permitieron forjar, desde los comienzos de su carrera, un estilo personal, vigoroso y sutil a la vez, acaso el de mayor perfección en la literatura chilena contemporánea.

Junto a Eduardo Barrios surge en Chile un numeroso grupo de narradores regionalistas, tan numeroso y homogéneo en sus cualidades y defectos que no tarda en constituir escuela literaria: el Criollismo. Sus más importantes figuras son: MARIANO LATORRE (1886-1955), discípulo entusiasta del regionalismo español, autor de cuentos y novelas, como *Cuna de cóndores* (1918), *Zurzulita* (1920), *Ully* (1923), *Chilenos del mar* (1929), *On Panta* (1935), *Hombres y zorros* (1937), *Mapu* (1942), *Viento de Mallines* (1944) y *La Paquera* (póstuma, 1958), que describen con admirable detallismo y no escasa inspiración poética los paisajes del Sur de Chile y las faenas de campesinos, colonos y cazadores; en *La Paquera,* obra de crudo realismo, Latorre investiga el ambiente sórdido de un hospicio regentado por personajes de turbias intenciones. FERNANDO SANTIVAN (1886-1973), vigoroso prosista, intérprete de la clase media provinciana, cuyas novelas y libros de memorias —*Ansia* (1911), *El crisol* (1913), *La hechizada* (1916), *Robles, Blume y Cía.* (1923), *Pellines en el río* (1923), *En la montaña* (1928), *Memorias de Enrique Samaniego* (1933), *Charca en la selva* (1934), *Memorias de Fernando Santiván* (1958)— revelan un sentido épico del paisaje y una honda comprensión de variados tipos sociales. RAFAEL MALUENDA (1885-1963), uno de los talentos más originales de su generación, novelista de acabada factura, cuya plasticidad le permite abordar los temas más difíciles —problemas sexuales, prejuicios y convencionalismos en medios chilenos de fácil identificación— y fascinar al lector con su desarrollo ágil y brillante. Ningún sector de la sociedad contemporánea de su patria se ha escapado a su análisis penetrante y diestro; la ciudad, el campo, la rutina de la democracia, las intimidades de los planteles de enseñanza, las altas esferas de la aristocracia, la clase media empobrecida y la "arribista", el bajo pueblo, en fin, aparecen recortados en gráficas instantáneas a través de cuentos y novelas: *Escenas de la vida campesina* (1909), *Los ciegos* (1913), *La Pachacha* (1914), *Venidos a menos* (1916), *La señorita Ana* (1920), *La cantinera de las trenzas rubias* (1925) y *Vampiro de trapo* (1958).

Menos atraídos por lo pintoresco del ambiente campesino que los autores nombrados, otros novelistas chilenos contribuyeron al desarrollo del realismo americano con obras que plantean problemas característicos de la gran ciudad y cuyos personajes representan más o menos típicamente las clases sociales en que se divide la nación chilena. Entre ellos sobresale JOAQUIN EDWARDS BELLO (1887-1968); la gama de su producción va desde el naturalismo de *El inútil* (1910), *El monstruo* (1912), *La cuna de Esmeraldo* (1918) y *El roto* (1920), a la crónica animada, satírica, metafórica de *El chileno en Madrid* (1928), *Cap Polonio* (1929), *Valparaíso, la ciudad del viento* (1931), *Criollos en París* (1933) y *La chica del Crillón* (1935). Edwards Bello es uno de los más amenos y novedosos narradores chilenos. Se le acusa de ser caótico y descuidado en sus novelas más extensas, pero no deja de reconocerse la sinceridad y fuerza de su espíritu polémico, su ánimo generoso, su simpatía por las clases populares y la prestancia de su lenguaje que se mantiene siempre entre las fronteras de la crónica periodística y de la novela. *En el viejo Almendral* (1946), versión corregida de *Valparaíso, la ciudad del viento,* es su novela más celebrada.

Junto a Latorre se destaca también en este grupo JENARO PRIETO (1889-1946), humorista de alta jerarquía, discípulo de fantasistas ingleses, autor de dos novelas, *Un muerto de mal criterio* (1926) y *El socio* (1929), sorprendente esta última por su fina ironía y hábil caracterización. No debemos olvidar tampoco a ALBERTO ROMERO (1896-1981) quien dedicó su obra novelística — *Memorias de un amargado* (1918), *La tragedia de Miguel Orozco* (1929), *La viuda del conventillo* (1930), *Un milagro, Toya* (1932) y *La mala estrella de Perucho González* (1935) — a una observación minuciosa y melancólica de los arrabales chilenos, del hogar de la clase media tanto como del conventillo proletario, y supo animar a sus personajes con un vago aire de excentricismo que les confiere una especial fascinación.

Despidámonos de estos años de paisajismo, alegorías y

resabios naturalistas recordando a dos argentinos y un cubano olvidados, y a una venezolana precursora. ALBERTO GERCHUNOFF (1884-1950) introdujo nuevos factores a la literatura gauchesca, la perspectiva de una sensibilidad europea, la emoción del emigrante, un melancólico amor por la tierra adoptiva y una sabiduría piadosa de hombre que ha forjado su vida a golpes de hacha. Léanse sus obras cumbres: *Los gauchos judíos* y *El hombre importante*. ALCIDES GRECA (1889-1956) investiga también la suerte del inmigrante establecido en el campo argentino. Su novela *La pampa gringa* esboza uno de los ciclos más interesantes del desarrollo agrícola en la Argentina: el que convierte a la pampa en una moderna explotación comercial; desaparece el aura romántica y legendaria de los campos y los paisanos entran patéticamente al engranaje de la economía y la técnica capitalistas. Greca procura captar el sentido de este profundo cambio y definir esta pampa que no guarda ya parentesco con la edad de oro gauchesca. Se vale de cuatro personajes: un inmigrante gallego, un maestro de escuela y poeta, un pintor italiano y un linyera (vagabundo) alemán. Cada uno de ellos, a su modo, contribuye a la visión general de este mundo de injusticias y desigualdades donde, según el decir de Germán García, se expulsa de la tierra a los criollos para dársela a los gringos y se desaloja, luego, a éstos para reemplazarlos por animales... (*La novela argentina*, p. 195).

El cubano a que me refiero es ALFONSO HERNANDEZ CATA (1885-1940), observador penetrante y agudo de conflictos psicológicos, dotado de un curioso sentido para captar finas corrientes de perversión y densidad erótica en personajes comunes y en situaciones aparentemente desprovistas de sensualidad; fascinante, poderoso, ya sea que narre ambientes regionales de Cuba o de clase media española. Sus mejores obras: *Los frutos ácidos* (1915) y *El bebedor de lágrimas* (1926).

La venezolana es TERESA DE LA PARRA (1891-1936), autora de dos novelas autobiográficas, *Ifigenia, diario de una señorita que escribió porque se fastidiaba* (1924) y *Las*

memorias de Mamá Blanca (1929). Ajena al fárrago de las
contiendas sociales, alerta únicamente a la huella que deja
en su sensibilidad el paso y el trato de familiares y amistades, preocupada de captar en esencia los ambientes y
paisajes que proporcionan el marco de una vida de recato
elegante, de pasiones a la sordina, no hay en su obra sino
medios tonos, suave ironía, ternura e imaginación contro-
ladas. Teresa de la Parra anuncia el advenimiento de una
novelística femenina de gran riqueza tanto psicológica como
social que dará sus frutos años más tarde en la Argentina,
Chile, México y Centroamérica.

NEORREALISMO: PRIMER MOVIMIENTO

En los años que cierran la primera mitad del siglo XX la
novela hispanoamericana experimentó una evolución que
aún hoy resulta difícil definir con exactitud. Superficial-
mente pudo afirmarse que la novela hispanoamericana del
período a que nos referimos no entraña una revisión profunda del regionalismo. Tal opinión es, obviamente, producto de una perspectiva errada. Estratégicamente, se llegó
más lejos. Vargas Llosa, en un artículo que sentó cátedra,
dijo que en Latinoamérica se han dado dos formas de novelar: una "primitiva" y otra de "creación", sugiriendo que
la división cronológica entre la novelística mundonovista
y la "nueva novela latinoamericana" corresponde a una
diferenciación cualitativa. Es posible que Vargas Llosa es-
tuviese apuntando a la mecánica de un fenómeno literario,
de por sí complejo, y no a una apreciación de formas que
determinan contenidos y referencias. En tal caso sólo valdría
quejarse del uso de términos equívocos. Porque considerar
"primitivos" a escritores tan conscientes de los principios
de su arte de novelar como Azuela, Gallegos y Güiraldes,
sería un pecado capital. Como decir que ellos nunca se plantearon problemas de estructura y de lenguaje, sino que escribieron por "instinto". La sola consideración del volumen
crítico de Azuela sobre la novela mexicana echaría por tierra
tal presunción. Pienso que las diferencias pueden plantearse

desde otro ángulo y, desde luego, proponiendo nuevas posibles razones. Porque, en verdad, me parece obvio que la concepción de la novela durante el período regionalista corresponde a un momento en que la crítica hispanoamericana respondía, abierta o tácitamente, a las ideas de Ortega y Gasset expuestas en *La deshumanización del arte* y a su afán por desahuciar el género novelesco. La generación del 30 —de vuelta ya del vanguardismo europeo—, propuso una liquidación del criollismo, no de la novela. ¿Cómo considerar a Güiraldes un "primitivo" señalando, como señala, el rumbo de un nuevo concepto de novelar en el trayecto desde *Xaimaca* a *Don Segundo Sombra*? El cambio no ha de buscarse en las circunstancias temáticas, sino en la búsqueda de un modo de expresar nuevas condiciones de vida.

El desarrollo de nuestra novela ha sido gradual, sin transiciones claras, ni negaciones ni afirmaciones violentas. Recordemos que al menos dos de los maestros del regionalismo continuaron su obra ya pasado el medio siglo y ambos, Gallegos y Barrios, no fueron reacios a experimentar con estructuras novedosas y formas del lenguaje oral.

Puede afirmarse que el regionalismo hispanoamericano, en su momento de crisis y después de afianzarse en un lenguaje modernista que con su acendrado subjetivismo dio el golpe de muerte a la retórica costumbrista, cayó en el pintoresquismo paisajista, y confundió la conciencia social de la historia con una forzada propaganda política sin base estética. La reacción no tardó en venir por parte de una generación que planteó la necesidad de interpretar la problemática social de nuestros pueblos en el marco de nuestros valores, intereses y circunstancias, y no de fórmulas impuestas desde afuera. Los viejos padrones del costumbrismo local fueron cediendo a otra forma de novelar cuyo propósito esencial es organizar vastos sistemas de símbolos sociales de contenido universal. En este sentido, la influencia de norteamericanos como William Faulkner y John Steinbeck es evidente.

La novela hispanoamericana se enfrentó, por ejemplo, al problema de la supervivencia de la propiedad indígena comunal, al desarrollo del capitalismo agrario criollo, a la explotación del indio, no sólo como remanente del régimen de la Encomienda, sino como trabajador del campo, de las minas, y como asalariado en los medios urbanos. Grandes epopeyas surgieron en los países andinos, poderosos mensajes de complejas alusiones a las antiguas civilizaciones indígenas americanas, en obras de Asturias, Ciro Alegría, José María Arguedas.

Por encima de asuntos de índole circunstancial y, acaso, de estrategia política, esta narrativa buscó en zonas más íntimas las raíces de nuestro desconcierto contemporáneo y las respuestas para las contradicciones del subdesarrollo. Desaparecieron las fronteras tradicionales entre el campo y la ciudad. Una especulación de fondo existencialista relaciona la obra de escritores tan dispares como Yáñez, Revueltas y Rulfo, o Asturias, Mallea y Rojas.

Ahora se entiende el planteamiento de Vargas Llosa, no sobre la base de una evaluación subjetiva, sino considerando un nuevo ámbito que requiere de los novelistas un punto de vista diverso, una estrategia narrativa particular, una estructura adecuada a las condiciones que vive Latinoamérica a fines del siglo XX. El conflicto de *Doña Bárbara,* analizado de este modo, pierde vigencia en un campo cruzado de tractores, camiones y moderna maquinaria agrícola, cuya propiedad pertenece a una sociedad anónima o a un consorcio multinacional que juegan sus valores en la Bolsa de Caracas tanto como en la de Nueva York o Londres. La antinomia de Sarmiento en *Facundo* no funciona ya cuando los argentinos de Mallea buscan en la vuelta a la tierra la reconquista de una integridad y un estoicismo que perdieron con la crisis del positivismo.

Eliminadas las viejas fórmulas, el lector y el crítico buscan en la novela hispanoamericana, cualquiera que sea su tema, su ambiente y sus personajes, un común denominador de excelencia estética y un equivalente esfuerzo de comunicación universal. Los novelistas se mueven en el ambiente de sus respectivos países abarcando su realidad y, desbordando las líneas nacionales, buscan las raíces de su propia responsabilidad en el drama del mundo contemporáneo.

"No se puede ya escribir improvisados poemas en prosa sobre colosos como México, Buenos Aires, Lima o Santiago —he dicho en otra parte—, el cantor sentimental de los barrios ha perdido su puesto en la literatura. El drama de nuestra ciudad es más intenso y profundo. Nuestra gran ciudad busca angustiosamente su expresión y cree definirse en el choque brutal de clase contra clase, en la agonía del solitario acorralado por el mercantilismo extranjero y la claudicación de los nacionales, en el derrumbe del edificio colonial y en el rascacielo que lo suplanta, en la calle que se ensancha, en las grúas y tractores que socavan implacablemente las entrañas del pasado criollo" (cf. *La novela iberoamericana*, Albuquerque, New México, 1952, pp. 68-69).

El énfasis político en la crítica social ha cedido ante las múltiples proyecciones éticas en los conflictos que se narran. El novelista del medio siglo reacciona como individuo ante las contradicciones sociales y se responsabiliza personalmente. Este trágico compromiso lleva consigo un pesimismo genuino que varía en grados pero que nunca se falsea, pues se trata del reflejo de la decadencia de un sistema social en el ánimo abierto del escritor; lleva, además, una dureza y un desenfado que, recogidos también del ambiente, ascienden a una categoría literaria, en muchos casos poética, en manos del novelista mejor dotado. La gráfica fórmula del viejo realismo debe experimentar un cambio: ya no es la novela un simple espejo que recorre los caminos, es un ser humano quien refleja esos caminos y al reflejarlos expresa el sufrimiento, el desconcierto, la sinrazón y se purga en el testimonio desnudo. En esta zona de la novela hispanoamericana contemporánea —explotada particularmente por los novelistas de la generación de 1940— el existencialismo francés y norteamericano ha dejado una profunda huella. Persiguiendo la línea existencialista nuestros escritores desembocan en la obra de los grandes maestros de la alegoría moderna, Kierkegaard, Franz Kafka y James Joyce.

Si hubiese necesidad de definir esta novelística, cuya mejor época comienza alrededor de 1930 y se extiende pasado el medio siglo, podría decirse que en ella el hombre de Hispanoamérica ocupa el centro de su atención, el hombre angustiosamente afanado en definir su individualidad y armonizarla con el mundo que le rodea, ásperamente dividido en sus relaciones sociales y económicas, buscando en medio de trágicas situaciones la respuesta a su necesidad de organizar la vida sobre bases de justicia social y dignidad humana. Rica en tendencias, esta novelística que responde a un estilo de vida, comienza también a integrarse en un estilo literario propio e inconfundible.

La publicación de *Hijo de ladrón* (1951), obra reconocida como la expresión máxima de MANUEL ROJAS (1896-1973), coincide con la crisis de la escuela criollista chilena. El *status quo* en que se mantuviera la novela chilena durante veinte o veinticinco años se rompe de improviso. Se polemiza en el campo de la crítica profesional y los escritores jóvenes toman partido. Los antecedentes de esta crisis son relativamente fáciles de identificar y a ellos me he referido en varias oportunidades con ideas que resumiré brevemente.

Chile, un país que vivió una dramática revolución social y económica en los años que siguieron a la Primera Guerra Mundial, no podía reconocerse en las novelas del huasismo. Por las calles de Santiago, Valparaíso, Antofagasta, Concepción y otras ciudades en rápido crecimiento, comenzaba a transitar una muchedumbre de aspecto desconcertante. Los refugiados de la derrota europea mantenían aún el gesto despavorido de la fuga; junto a ellos el criollo ensayaba por primera vez armas de defensa psicológica que, con el tiempo, cambiarían profundamente su personalidad. Caen los suburbios y en su lugar crece una ciudad de acero y cemento: ciudad fría, eficiente, dinámica, donde la soledad romántica del antiguo chileno se pierde canalizada en flamantes tubos de cromo. La provincia golpea con insolencia en las puertas de la Moneda. Viene a Santiago y triunfa, se hace reconocer. Desde las minas de cobre y salitre en las pampas, desde las minas de carbón del sur, desde Arica hasta Magallanes, el chileno alza su voz airada. Se organiza la miseria, desfila y lanza piedras. El sistema de castas sociales sufre una compleja reorganización. Mientras tanto novelistas y cuentistas chilenos amasaban, con vegetativa parsimonia, un pequeño mundo de jugos y substancias de la tierra confundiendo el alma del país con su estómago, creando una especie de épica de lo pintoresco e intrascendente. El proceso de reformas sociales, económicas y políticas, así como la crisis espiritual que llevaba consigo, quedan al margen de la creación literaria de dos generaciones.

Una nueva generación aspira, en ese momento de crisis del criollismo, a reconquistar el vigor y la trascendencia de la novela realista de Blest Gana en el marco de una expresión estrictamente moderna. Tal aspiración se tradujo en conceptos de crítica literaria e histórica que se discutieron acaloradamente en el ambiente intelectual de 1935 a 1940. En 1938 un grupo de escritores jóvenes lanzó desde el Instituto Pedagógico de la Universidad de Chile la primera crítica a fondo en contra del criollismo. Resulta curioso anotar que este movimiento se originó dentro del criollismo, si así pudiera decirse, pues la mayor parte de quienes participamos en él nos habíamos formado en las clases de literatura de Mariano Latorre, jefe máximo de la vieja escuela, y de Ricardo A. Latcham. Hablóse de descubrir las *esencias* espirituales de la nación bajo la realidad ambiental que los criollistas habían convertido en mito.

Cuando María Luisa Bombal publica su primera novela, *La última niebla,* en 1935, una nueva concepción de la novela chilena está en marcha. El golpe de muerte al regionalismo criollista se lo dará Manuel Rojas, cuya obra, dividida ella misma en dos etapas, marca nítidamente el final de una época y el comienzo de otra en la novela chilena.

Durante años Manuel Rojas escribió cuentos y novelas cortas como un discípulo aventajado del criollismo chileno. Narraba sus experiencias de obrero, de vagabundo, de empleado, de observador apacible e introvertido del mar y los muelles. Sus relatos comenzaban sin esfuerzo, se movían un poco, brillaban un brevísimo instante y se acababan con la misma facilidad, el mismo medio-tono. Nada faltaba allí ni nada sobraba. Sin embargo, Rojas aun acumulando el artificio no podía prescindir de dos hechos que, a la postre, serían de un valor decisivo en su evolución literaria: en primer lugar, hablaba de una historia personal, genuinamente suya, en la que se había forjado su vocación de escritor —al contrario de los criollistas que eran hombres de ciudad y sólo visitantes del campo, personas sedentarias que daban una ocasional mirada al bajo fondo arrabalero— y, en segundo lugar, esa experiencia se mantenía latente bajo una emoción de solidaridad humana esencial que sólo momentáneamente podía ser sofocada bajo el objetivismo de la literatura costumbrista.

¿Quién era, en verdad, Manuel Rojas, quiero decir en su íntima condición de escritor y filósofo social en ciernes? Observado a la distancia, sin conocer en detalle su biografía, diríase que se ocupaba en esa época de 1920 a 1930 en aprender el uso de armas literarias que consideraba indispensables para realizar, más tarde, una reforma "desde adentro" de la novelística chilena. Se exageraba el aspecto aventurero y el "primitivismo" de su personalidad. Publicó sus primeros versos antes de los veinte años y *Hombres del sur* a los treinta. Esto parece indicar que no fue un "vagabundo" o un "proletario" que, de pronto, tocado por inspiración divina se lanza a expresar su mensaje; sino más bien un joven, nacido y educado en medio burgués, quien conoce en cierto momento la miseria, interrumpe sus estudios regulares y se ve obligado a sumergirse en la amarga aventura de aprendiz de obrero, a la vez que recorre el mapa de su tierra natal y el de su tierra adoptiva. Nada se opone al ejercicio de su vocación literaria, la mantiene intacta a través de los años difíciles y la enriquece absorbiendo una sabiduría directa y concreta en el corazón mismo de las diversas clases sociales que frecuenta.

A pesar de su éxito como narrador, la verdadera médula de su arte se encuentra entonces en su obra poética, *Tonada del transeúnte* (1927), rica en emoción y sugerencias filosóficas. Desde su poesía Manuel Rojas crece y avanza hacia la novela. Es imposible comprender debidamente su obra sin reconocer primero este hecho: en Rojas hay un poeta que huye del verso, defraudado, acaso, por la retórica vanguardista, característica en los años de su formación literaria, y receloso del estilo neobarroco que imponen ya en la poesía chilena Huidobro, de Rokha y Neruda.

El primer período de Rojas como prosista, en el cual deben incluirse *Hombres del sur* (1926), *El delincuente* (1929), *Lanchas en la bahía* (1932), *Travesía* (1934) y *El bonete maulino* (1943), encierra, entonces, un proceso de aprendizaje limitado por la tradición criollista. Escribe sobre barrios populares, sobre muelles y boteros, sobre presidiarios, ensaya una que otra leyenda folklórica y uno que otro cuento de índole humorística o irónica. La fatalidad, la miseria, el desamparo son temas que corren entre líneas por el mundo de sus breves creaciones.

Algo sucede, sin embargo, y repentinamente guarda silencio. Sin contar *La ciudad de los Césares,* novela de aventuras publicada en 1936, su primera obra de envergadura —después de *Lanchas en la bahía*— no aparece sino hasta 1951: *Hijo de ladrón.* En el transcurso de esos años, Rojas se ha transformado. Es importante hacer notar el hecho de que no hay otro novelista en su generación que comparta con él esa urgencia de proyectarse hacia un plano universal y expresar desde Chile la angustia fundamental del mundo contemporáneo.

Contada en primera persona —como *Lanchas en la bahía*—, *Hijo de ladrón* sigue la forma tradicional de la novela picaresca española: el héroe, un joven de diecisiete años, nos cuenta las aventuras y desventuras que le ocurren desde el día en que sale de la cárcel, donde fue a parar acusado falsamente del robo de una joyería, hasta que encuentra a dos vagabundos, Cristián y el filósofo, con quienes emprende una nueva jornada en su vida. Cronológicamente medida la acción *presente* de la novela no dura sino tres días —"los días transcurrieron, entretanto, no muchos, pero transcurrieron" (p. 317)— que constituyen un paréntesis en la acción pero que, sin formar parte del relato, no la interrumpen. Esos tres días no ocupan más de la tercera parte del libro, alrededor de cien páginas, y lo demás, es decir, la masa episódica, está compuesta de *flash-backs,* algunos narrados en tiempo presente, otros en forma de evocación, en tiempo pasado.

El conocedor de la obra de Rojas identifica inmediatamente en esta novela ciertos *temas* o motivos literarios que se han venido repitiendo desde los comienzos de su carrera novelística y en torno a los cuales vuela y revuela su imaginación obsesionada por la luz nostálgica que de ellos emana y por el intenso contenido de emoción de que se hallan cargados. Puede decirse que las narraciones de Rojas funcionan en torno a estos motivos, de ellos reciben el impulso que las llevará a un desenlace dramático o irónico o simplemente evocativo.

Su obra gira, planeando a grandes vuelos, en un transcurrir calmado y denso, en torno a una imagen que se repite constantemente, como en los sueños, siempre acompañada del mismo impacto emocional: es la imagen de un adolescente, el edificio de una cárcel o, acaso, de un calabozo tan sólo, unas calles y unos cerros porteños, unos muelles y un mar, algunos botes, ciertos pescadores y numerosos vagabundos y hambre; hambre de todo, de partir, de comunicarse, de ternura, de crecer en todas direcciones, de reconquistar el mundo de la infancia, hambre de vivir. Ese joven sufre, cae y se levanta; le asisten el hombre y la mujer-madre, no conoce aún el amor carnal; en cada ser que encuentra despierta al samaritano; pudiera ser él mismo un Cristo —ese Cristo que "Pedro el pequeñero" (cf. *El delincuente*) no pudo reconocer sino en el trance de la muerte—, no lo dice él ni lo sugiere.

Este mundo, hecho de una sola imagen básica y sostenido por un sentimiento de fraternidad entre los hombres libres y de amor esencial hacia la humanidad, constituye el aporte medular de Manuel Rojas a la literatura chilena. Lo que sobra en su creación y que no guarda relación con este mundo —algunos huasos, algunas leyendas—, es marginal y de significado transitorio. La verdadera obra de Rojas está constituida por una larga narración autobiográfica, algunos detalles de la cual se esbozan en sus colecciones de cuentos, especialmente en *El delincuente*. Su primer volumen es *Lanchas en la bahía* en que se describe la temprana adolescencia de Aniceto Hevia, el segundo es *Hijo de ladrón,* donde florece en amplia amargura la juventud de Aniceto y se dan a conocer los detalles de su infancia, y el tercero es *Mejor que el vino* donde el héroe descubre el amor de la mujer-amante.

Alejándose de la norma tradicional en la novela picaresca, Rojas no se interesa por extraer una lección moral de las vicisitudes que debe afrontar su héroe. En su picaresca la especulación se alza a un plano filosófico y, sin ofrecer menguadas escapatorias, plantea el dilema del hombre como un conflicto entre la inconsciencia e irresponsabilidad individual y la degradación total de la sociedad. Así como los hilos con que va tejiéndose el destino de Aniceto se cierran y del pasado va emergiendo una voz sin eco, un cuerpo desnudo, una visión a punto de iluminarse, así también explotan sordamente las preguntas: el *por qué* y el *cómo* y el *dónde,* y sintiendo un impulso de expresar su idea de la vida, Aniceto expresa la desesperanza, la amargura, su propia responsabilidad ante la desgracia colectiva y descubre la unidad esencial del género humano en una concepción existencialista. Manuel Rojas no especula ociosamente ni canta himnos libertarios. La sombra, el tiempo, el hombre, la soledad del hombre, su desamparo y la ternura que de alguna parte brota, he ahí la materia de su reflexión constante.

La cifra del destino moderno está como en la frente del paria. Estos vagabundos son chilenos o argentinos por la ropa que llevan, el mendrugo que comen y la palabra dura, afilada, que les corta los labios. En el fondo son el *roto* universal, es decir, el hombre-roto de la sociedad contemporánea, quebrado y trágico. Rojas le fija en símbolos; interesado en extraer del hombre la esencia física y espiritual que lo define recurre a una substantivación fundamental, como otros novelistas hispanoamericanos, igualmente buscadores de substancias para sus alegorías: Asturias, Mallea,

Yáñez, Carpentier. El personaje va cargado de significación, sin máscara, cerrando a su alrededor con palabras y gestos la categoría de eternidad que le pertenece. El "hombre-herramienta", el "hombre-cuchillo", el "hombre de las alcantarillas", constituyen para Rojas la presencia de un mundo en crisis al que revela en una anatomía del individuo que no mata su médula espiritual sino que, por el contrario, la destaca y la desnuda.

Hay en la manera de Rojas de acercarse al hombre y de llevarlo de la imagen inerte a la acción una profunda ironía; ironía que no desaparece sino ante los ímpetus de la ternura o la nostalgia y que jamás es hiriente. Esta ironía constante y la vaguedad poética son los dos factores que mueven el mundo de *Hijo de ladrón*.

Acaso en la sabia combinación de esos dos elementos resida la diferencia fundamental entre las dos etapas de Manuel Rojas como narrador: en *Lanchas en la bahía* y los cuentos que la precedieron Rojas contaba siguiendo una línea recta, dibujando cuadros donde no sobraba ni faltaba nada, a ras de tierra. En *Hijo de ladrón* libera de orden al mundo de sus recuerdos, aprende a multiplicar los planos de la realidad y a reproducirlos en simultáneas proyecciones como en una sala de espejos, para descubrir sin buscar, la esencia de un movimiento vital que se desliza a la manera de una luz o de una sombra por el rostro de sus personajes. Se extiende así, pero no se debilita, por el contrario, se ciñe en medio de la abundancia de vida y va palpando cada instante como el minero palpa la pepa de oro entre la arena y el agua que se le escurre por los dedos. Sin prisa, con tiempo, en un largo presente sostenido por un fuego sin llamaradas, de brasa viva, un hálito interior, poderoso, seguro, libre.

Volviendo la espalda al mundo de la acción inmediata y circunstancial, Rojas guarda un residuo de vida que en sus manos se torna poesía y reflexión filosófica, ese residuo permanece a través del tiempo, se desprende del movimiento de las gentes, de sus palabras y de sus sueños y crece como una onda atesorando resonancias, uniendo voces, estableciendo la unidad fundamental de todo lo que vive. Alejado de Gorki, su maestro de juventud a quien, sin embargo, no olvida del todo, y sin dejarse vencer por los resplandores de Joyce, Mann, Faulkner, quienes suelen cegarle, Manuel Rojas ha descubierto el sentido de su creación literaria en el movimiento de una forma de vida que, en el fondo y por encima de fronteras, es un movimiento en búsqueda de la paz, del respeto esencial de la vida humana, en cualquiera condición y circunstancia, y del amor como entrega libre, total y desinteresada.

La generación de 1930 —que es la generación de Manuel Rojas—, intermedia entre el criollismo y el neorrealismo, cuenta con un interesante grupo de novelistas, no todos suficientemente conocidos fuera de su patria. Mencionaré a los más destacados en orden cronológico: J.S. GONZALEZ VERA (1897-1970), suave y fino humorista, evocador refinado de costumbres provincianas; pero agudo y también ácido en sus pequeños cuadros del conventillo chileno. Sus libros son apuntes pletóricos de añoranzas y observaciones irónicas acerca de la sociedad chilena. González Vera se despreocupa de lo peculiar y observa a sus personajes como si vivieran en el vacío de un desamparo universal. Nada hay en sus conventillos, en sus aldeas o en sus puertos, de ese agresivo regionalismo con que los criollistas sellaban sus productos. Todo en él es vago, aun en medio de lo concreto y específico. En *Vidas mínimas* (1923) y *Alhué* (1928) cultiva esa vaguedad y alcanza un tono de esencialidad a base de aislados rasgos psicológicos y detalles ambientales que extrae de la realidad de su tiempo para dejarlos vibrando con su propia desazón de vivir. *Cuando era muchacho* (1951), su obra de mayor envergadura, es libro autobiográfico, triste, deprimente en su dulzura, inquietante en la raíz de su humorismo derrotado.

En los últimos años se ha valorado la obra de un gran poeta y novelista argentino, LEOPOLDO MARECHAL (1898-1970), cuyo libro *Adán Buenosayres* (1946) asume ya significación pionera. Marechal es el precursor de la nueva novela argentina, ésa que, con Julio Cortázar y otros escritores de su generación, entra a un campo de amplia experimentación, rompiendo toda norma retórica del relato tradicional. De Marechal, ha dicho Sábato: "es uno de nuestros más notables narradores, injusta y perversamente olvidado por la literatura oficial". Marechal se enfrenta a un complejo moral en que se cruzan con fuerza mítica los sueños, esperanzas, revelaciones y caídas, de una generación heroica. Desorbitado, audaz y profundo, no se dejó tocar por la crítica académica: encontró, en cambio, su lugar en el ambiente más agresivo y libre de la literatura argentina de la segunda mitad del siglo veinte.

En cierto modo pudiera afirmarse que Marechal es un filósofo y moralista empeñado en la construcción armoniosa de un sistema ideológico sobre la experiencia contradictoria de los argentinos de su tiempo a quienes circunstancias históricas les sacrificaron en tristes conatos de heroísmo. Pero, tal formulación no le haría justicia ni definiría propiamente a sus dos grandes novelas, *Adán Buenosayres* y *El banquete de Severo Arcángel* (1965), pues Marechal —como lo intentarán más tarde Sábato y Vargas Llosa—, supera esencialmente los parámetros históricos de su época en un intento de concepción del hombre y del mundo en lucha obstinada por descubrir las bases permanentes de una libertad creadora. Marechal se debatió entre demandas religiosas y apremios sociales. No es de extrañar, entonces, que sus novelas sean presa de distintas y hasta opuestas postulaciones interpretativas. El crítico más hondo y certero de su obra, Héctor Mario Cavallari, ha resumido sabiamente la evolución intelectual de Marechal en las siguientes palabras:

"Los contenidos problemáticos de toda la obra marechaliana desde 1948 se estructuran, cada vez más coherentemente, en torno a la plasmación del ideal del hombre total o armonioso como eje de un cosmos articulado de significaciones estéticas. De ahí la importancia de tal complejo simbólico para nuestra indagación ideológica. Las determinaciones centrales del mundo poético-novelesco de Marechal desde *Adán Buenosayres* son: a) el hombre como 'héroe', es decir, como sujeto creador de su propio destino, dentro del marco de las leyes trascendentes que rigen la 'manifestación universal' del Absoluto; b) la vida como 'gesta' o lucha, a través de una serie de sucesivas 'iniciaciones' que implican la superación de obstáculos particulares, hacia el conocimiento en acto de la unidad de lo múltiple (esencia de la realidad y condición de la posibilidad de plenitud humana), y c) el mundo como 'laberinto' de ontologías simbólicas, bellas y cognoscibles, que deben integrarse dialécticamente con el hombre para cerrar el cosmos en su realidad total, acabada e inteligible. De la unitaria interacción de estas tres categorías surge o puede llegar a surgir el equilibrio de las esferas celeste y terrestre, fundamento de la armonía como expresión máxima de la libertad posible y alcanzable" (*Leopoldo Marechal: el espacio de los signos*, Veracruz: Universidad Veracruzana, 1981, p. 148).

MARTA BRUNET (1901-1967) recibe influencias contradictorias en su formación literaria; por una parte, absorbe el nacionalismo de la generación del Centenario, por otra, revela en su obra temprana una preocupación de carácter social y filosófica que la une al pensamiento de Prado, Barrios, D'Halmar y Santiván. Sus primeras novelas —*Montaña adentro* (1923), *Bestia dañina* (1925), *María Rosa, flor del Quillén* (1929)— son criollistas; constituyen dramas pasionales con víctimas y victimarios de una sola pieza; los problemas carecen de hondura, las seducciones y engaños parecen ingenuos. Sin embargo, los relatos se salvan por lo directo del lenguaje y el dinamismo de la trama. En el fondo se advierte la presencia de un feminismo cuyas raíces pudieran hallarse en la prosa de Gabriela Mistral. La crítica chilena, particularmente Alone, recibe con elogio estos primeros ensayos narrativos. Marta Brunet viaja por Europa, ocupa cargos diplomáticos en la Argentina y Uruguay. Vuelve a Chile con novelas de resonancias poéticas y audaz crítica social: *Humo hacia el sur* (1946), *La mampara* (1946), *Raíz del sueño* (1949), *María Nadie* (1957). *Humo hacia el sur* marca la madurez de su lenguaje narrativo. Libro macizo, denso, narra la historia cíclica de un pueblo provinciano, microcosmos representativo de la estructura social de Chile. A través de un número de personajes claves y de sus relaciones conflictivas, Marta Brunet arma una trama rica en proyecciones interiores. Dos familias mantienen una relación básica que da el sustento a esta sociedad; la una, todopoderosa gracias a su inmensa riqueza, representa a los fundadores: latifundistas, industriales, comerciantes; se habla de una pareja estéril, sin presente ni futuro, encerrada en su jaula de pesos y prejuicios, defendiéndose tras su impotencia sexual, escondiendo la sequedad de sus ritos, asegurando el poder por medio de trampas. La pareja se opone a la construcción de un *puente* que representa el progreso del pueblo, lo mantienen inconcluso. La otra familia es el paradigma de la clase media chilena: acomodados, buenos cristianos, gente sin tacha ni ambiciones. Una tragedia envuelve a las dos parejas. Todo equilibrio se rompe. Al final del puente trunco una muerte anuncia el fin de una época y el comienzo de una nueva vida para el pueblo. Marta Brunet se anticipa a la problemática social de José Donoso. No tiene la armazón simbólica de éste, pero sí la misma profundidad de percepción y el ímpetu del lenguaje. Tendrá que venir la Bombal para que el feminismo de Marta Brunet adquiera más complejas dimensiones. *Humo hacia el sur* es una novela pionera en Chile.

BENJAMIN SUBERCASEAUX (1902-1973), evoluciona desde el relato preponderantemente anecdótico en *Y al oeste limita con el mar* (1937) —uno de los cuentos incluidos en este volumen, "El libro de las tapas azules", pertenece, sin embargo, a la tradición marinista iniciada por D'Halmar— a un tipo de novela ideológica cuyos personajes parecen existir como sombras históricas destinadas a aclarar el curso de la civilización. El atractivo de una novela como *Jemmy Button* (1950) está en las proyecciones de la aventura intelectual que plantea, aunque Subercaseaux puede, cuando se lo propone, dar dimensiones psicológicas a sus personajes y crear un halo poético alrededor del ambiente que describe. Tal cosa se comprueba en novelas como *Rahab* (1939) y *Daniel* (1942).

ENRIQUE AMORIM (1900-1960), uruguayo de nacimiento pero estrechamente ligado al desarrollo de la literatura argentina contemporánea, forma parte de un grupo de novelistas que, partiendo de la tradición líricamente gauchesca de Güiraldes, se proponen descubrir bajo la contextura del mito una armazón de sangre y hueso. En cierto modo, deshacen el camino recorrido por Güiraldes quien, acaso sin proponérselo, debió seguir la ruta del gaucho desde los tiempos de la Mazorca y de las páginas de *Facundo* y *Amalia,* a través de las coplas de *Martín Fierro,* para encontrarse al final con una sombra hecha de misterioso estoicismo y que, en verdad, es una abstracción poética. Amorim busca esa abstracción en su propio ser y no la encuentra. En su lugar descubre al hombre moderno, atado por toda clase de lazos, sutiles y groseros, a un falso concepto de civilización que, por rutina, identifica con las normas de vida ciudadana en oposición a la vida del campo.

En las novelas de Amorim una y otra vez —a manera de *leitmotiv*— confunden su acción y su sentido el amor sexual y el amor a la tierra. Cuando el hombre, conquistado ya por los elementos desatados de la naturaleza, sale a combatirla a sabiendas que en ese combate se hallan la razón misma y el equilibrio de su vida, ese hombre ha sucumbido ya al ritmo del amor que lo dobla y lo domina, a la vez que le proporciona la satisfacción del triunfo. Hay en las principales novelas de Amorim —*La carreta* (1932), *El paisano Aguilar* (1934), *El caballo y su sombra* (1941)— una concepción sensual de la tierra, una intimidad hecha con calor de sangre, un ennoblecimiento de lo más puro y simplemente vegetativo de la existencia del hombre en el campo. Tal es el valor de su obra: la comprensión del hombre en aquello de sublime que posee su sensualidad y sus diarios heroísmos en el contacto directo con la tierra. Cuando Amorim teoriza y propaga ideas en forma de alegorías es menos convincente. Sin embargo, la evolución política de su pensamiento ha encontrado justificación en la crítica. Alicia Ortiz, por ejemplo, que ha estudiado concienzudamente la obra de Amorim, dice a este propósito: "A través de toda su obra anterior, en la simpatía humana con que Amorim contempla los seres envilecidos de *La carreta*, en la comprensión con que se acerca al alma del paisano Aguilar y a la humilde pasividad de sus chinas, en la inquietud humana y social que despunta y crece a través del tumulto hacinado en *La edad dispareja*, en el proceso económico-social que ilumina el cuadro de la llanura en *El caballo y su sombra* o en las luchas electorales que en *La luna se hizo con agua* delatan el sector social hacia el cual vuela la adhesión del novelista, puede seguirse la evolución de su espíritu hacia una madurez literaria pero también ideológica. No casual ni sorpresivamente llega Amorim a la tendencia comunista de *Nueve lunas sobre Neuquén*. Porque ninguna llamarada brota de repente, y en el transcurso de toda su obra anterior va subiendo la ola desde la raíz de su comprensión del mundo y de sus luchas" (*Las novelas de Enrique Amorim*, Buenos Aires, 1949, pp. 48-49).

Amorim, dueño de un estilo reposado, sobriamente lírico, creó en *El paisano Aguilar* la imagen de un gaucho nuevo: el que vuelve a la tierra, se entrega a ella y espera la armonía esencial que antes sólo pudo entrever. Acábase así el ciclo de la pampa. Desaparecen las sombras románticas del viejo gauchismo. El gaucho es ahora un agricultor que tiene la ciudad a su puerta, una ciudad a la que no teme ni se opone por atavismo, porque en sus manos está el secreto para vencerla, es decir, el secreto de su propio equilibrio con el mundo que le rodea.

EDUARDO MALLEA (1903-1982) es uno de los escritores argentinos de mayor relieve en la primera mitad de nuestro siglo. Nació en Bahía Blanca donde su padre ejercía la

profesión de médico. Años más tarde, en sus escritos autobiográficos, va a recordar obsesionado el paisaje de su tierra
natal y, particularmente, la inquietante influencia que ejercen sobre él los hijos de inmigrantes —los pequeños "rubios
silenciosos"— con quienes asiste a la escuela a recibir lecciones de profesores extranjeros. En 1914 se encuentra ya
en Buenos Aires. Durante los años de estudiante participa
activamente en toda clase de empresas intelectuales: contribuye a la creación de la *Revista América* y colabora en
Sur. Desde 1931 se hace cargo de la dirección del suplemento
literario de *La Nación.* En 1934 viaja a Europa y dicta con-
ferencias en Roma y Milán.

Descontando su primera obra, *Cuentos para una inglesa
desesperada* (1926), libro preciosista, la producción literaria
de Mallea es de un carácter profundamente filosófico, uni-
lateral en su orientación ética, construida sobre una rica
experiencia ideológica y una crisis emotiva que, interpretada
en múltiples planos y desde numerosos puntos de vista,
tiende a convertirse en símbolo de una angustia universal.
Su problema medular puede plantearse así: el argentino
consciente de su soledad en medio de un mundo regido por
falsos valores descubre bajo la capa de artificio una raíz
salvadora, una raíz que viene de las reservas castizas del
genio nacional y que parece conectarlo irremisiblemente a
los valores auténticos de la tierra. Entre seres incomuni-
cados espiritualmente, este descubridor de la Argentina
invisible, busca la comprensión de almas afines y, al encon-
trarlas, propicia un resurgimiento del estoicismo, la integridad y el vigor pionero que mostró el pueblo en épocas
pasadas. Este mensaje fue creciendo en intensidad y complejidad a través de la obra de Mallea. Nítido y vibrante en las
páginas autobiográficas de *Historia de una pasión argentina*
(1935) y en las narraciones de *La ciudad junto al río inmóvil*
(1936), se torna confuso, atormentado en *Fiesta en noviembre* (1938) y especulativo en *La bahía de silencio* (1940).
Este libro, escrito en forma de confesión dirigida a una mujer-símbolo (cf. Victoria Ocampo: *De Francesca a Beatrice,*
Buenos Aires: Sur, 1966; ver "Epílogo" por José Ortega y

Gasset), representa acaso, lo más típico de esta época en el desarrollo literario e ideológico de Mallea. Novela sin argumento, hilvanada alrededor de personajes abstractos, *La bahía de silencio* se fundamenta en la sinceridad con que el narrador trata de extraer verdades esenciales de crisis que no siempre aparecen motivadas en la realidad. Mallea, sumergido en su propio ser, debatiéndose y desgarrándose para arrancarse a sí mismo un testimonio de conciencia que conmueva a sus compatriotas y les impulse a la acción renovadora, reduce el mundo a la forma y el tamaño de su propia especulación. Hombres y mujeres salen de su pluma a medir la validez de sus argumentos en duelos estrictamente intelectuales. En un escenario moderno todos llevarían la misma máscara trágica. Las palabras pueden diferenciarles, el espíritu es el mismo. Héroes y villanos, triunfadores y víctimas, visionarios, indiferentes, sentimentales, estoicos, no alcanzan a individualizarse, apenas logran marcar distintamente una actitud que, en el fondo, no es sino un acto más en la mímica del narrador atormentado. La palabra mímica puede engañarnos. Representación hay aquí, pero representación que lleva consigo el sacrificio del propio ser y la responsabilidad individual de toda posición asumida en el esfuerzo de interpretar y compartir la suerte del prójimo. En medio de su novela Mallea está solo, rodeado de ecos y posturas que son un remedo de su desesperación. Sin humanidad propia, sus personajes se alimentan de imágenes y de palabras. Mientras más viven en la historia, más mueren en el detalle cotidiano y estas muertes se acumulan sobre el narrador, le ahogan, le martirizan hasta que se deshace de ellas en metáforas que no ocultan su frustración.

Por un curioso mecanismo de idealización en *La bahía de silencio* son las mujeres las que llegan a integrarse más efectivamente en el medio quintaesenciado que es el mundo típico de los personajes de Mallea. Pero estas mujeres pasan por las novelas de Mallea como reflejos estilizados de una misma imagen repetida a través de múltiples espejos; pronto aprendemos a reconocer esta imagen: esa mujer de noble estatura, de largas y finas piernas, de facciones atléticas pero dolorosas, que camina con las manos perdidas en los bolsillos de la chaqueta *sport,* esa mujer que, en un momento de crisis pasa frente a una iglesia y se detiene, entra, observa en silencio, parece vacilar, pero sale luego renovada en su inefable angustia, esa mujer se llama Marta en *Fiesta en noviembre* y Gloria en *La bahía de silencio* o Agata en *Todo verdor perecerá,* o Mona Vardiner en "Los Rembrandts" o Violeta Méndez en *La sala de espera.* Es siempre la misma. Más inteligente que el hombre, más madura en sus emociones, fina y honda en la percepción de los motivos secretos de la Argentina invisible, se mueve de café en café, de ciudad en ciudad, envuelta en humo de cigarrillos europeos, cargada de símbolos, como joyas antiguas, escuchando la insatisfacción del héroe que, en las novelas de Mallea, nunca deja de ser adolescente. Seres humanos o abstracciones de seres humanos, todos los personajes de Mallea contribuyen a iluminar los variados aspectos de la querella moral que le angustia. Unos, los conscientes, atacando la inconsciencia de los otros, los satisfechos, esforzándose por despertarles y sacarles drásticamente de su mutismo y esterilidad.

Detrás de la trama ideológica de *La bahía de silencio* no flotan sino preguntas sin respuesta. Mallea quiere alcanzar las zonas secretas del alma de su pueblo. ¿Para qué? No es claro su propósito. El descontento de sus personajes más representativos no es nuevo. Filosóficamente ellos expresan con un vocabulario moderno la misma reversión de valores fundamentales que en el terreno del ensayo plantearan Rodó, en el siglo pasado, y Alejandro Korn y Francisco Romero en el presente; y que en el campo de la novela sirviera de base a algunos de los temas preferidos de Manuel Gálvez. Mallea añade una angustia nueva, un concepto dinámico de la decadencia que guarda cierto parentesco con el *agonismo* de Unamuno. Sin embargo, su nomenclatura más inmediata —su concepto de "patriotismo", por ejemplo, su ideal de "argentinidad", su definición misma de Juan Argentino— nunca llega a adquirir un significado preciso. Nos convence su fe, no su especulación; su fe en un pueblo que venera las raíces criollas, que forja su propia libertad, que rompe fronteras para transformar su aislamiento en base de comunión universal. Escuchamos su prosa torrencial, sombría y llegamos a compartir su inspiración; pero no hemos aprendido respuestas tranquilizadoras.

Apartado de la especulación filosófica y ética, Mallea parece participar también —como Amorim y, más tarde, Juan Goyanarte, Ernesto L. Castro y Alfredo Varela— de una concepción lawrenceana del hombre en sus relaciones con la naturaleza, o por lo menos así lo demuestra en dos de sus obras fundamentales: *Todo verdor perecerá* (1941) y *Las águilas* (1943), parte esta última de una historia en dos volúmenes —el segundo es *La torre* (1951)— en que el autor ilustra por medio de una parábola el destino de la familia agrícola americana a través de sus etapas de grandeza, decadencia y refloración en la vuelta a los valores criollos. Con Mallea, la novela argentina "del campo" asciende de una simple descripción de la vida rural a la interpretación del ciclo histórico latifundista y su renuncia ante las fuerzas que, naciendo de la tierra misma, se encarnan en la imagen de un agricultor consciente de su destino y del de su país.

Todo verdor perecerá debe su grandeza a la imagen que nos da de la fusión del ser humano y de la naturaleza en un proceso crítico de fuerzas en derrota, de voluntades en violento choque destructivo. El conflicto básico de sus personajes es el de una sequedad espiritual que se relaciona con una falta o una incapacidad de comunicación, provocando la quiebra de todos los valores. Este aislamiento fatal, dibujado, en algunos casos, bajo la capa espléndida del progreso materialista conduce al individuo a su aceptación instintiva de un simulacro de bienestar, sacrificando sus impulsos a realizar una misión superior. Los personajes de Mallea destrozados, así, moralmente, vagan especulando ávidamente sobre su desamparo, buscando sus raíces perdidas, luchando por reasumir el ritmo de una serenidad ya inalcanzable, exponiéndose al sufrimiento de la humanidad entera en toda clase de situaciones provocadas, sin llegar jamás a una solución definitiva. A este desgarramiento moral corresponde la aridez trágica de la tierra. La esterilidad del hombre y de la mujer en *Todo verdor perecerá,* su febril distanciamiento, adquiere forma en la costra gris de la planicie que les ahoga enloqueciéndoles. La muerte les toca por igual, matando a uno, anulando al otro; no sin que antes se haya vislumbrado, a través de la miseria angustiosa del espíritu y de la tortura de la carne, la luz de una posible salvación.

Mallea es un escritor de una fecundidad asombrosa, pocos le igualan en su disciplinada faena. A las novelas que ya se han mencionado deben agregarse las siguientes: *El retorno* (1946), *El vínculo* (1946), *Los enemigos del alma* (1950), *Chávez* (1953), *La sala de espera* (1953), *Simbad* (1957). Su producción ensayística es, asimismo, nutrida. Como novelista ha evolucionado del tono intelectualizado y abstracto de su obra inicial a la forma más plástica, más humana, más dinámica de sus relatos últimos. La impresión general que deja su obra es que ella pesa más por las preguntas que plantea que por el camino recorrido hasta plantearlas. Mallea lucha demasiado con sus obvios impedimentos: uno de ellos, su incontrolable tendencia a editorializar. Los incidentes escasean en sus novelas. Su obra es, entonces, una imponente masa especulativa, o bien, una lenta disección psicológica. No obstante, Mallea ha conseguido expresar con fervor y autenticidad el sufrimiento moral de un pueblo en medio de una crisis que supera las circunstancias sociales y políticas y toca las bases mismas del conflicto de valores que divide a la humanidad de hoy. Que no haya conseguido esto en un solo chispazo de genio sino por acumulación, por insistencia, es mayor mérito aun y una razón más que justifica su alto sitial en la literatura hispanoamericana.

JUAN CARLOS ONETTI (1909-), cuya obra novelística pudo parecer en sus comienzos una empecinada especulación ético-filosófica de tendencia existencialista, ha venido a probar a lo largo de los años que esa especulación, lejos de tejerse alrededor de un ser abstracto, constituye un testimonio acongojado, cruel, de un drama interior, vivido en la trampa de la gran ciudad moderna, en el aire viciado de las pequeñas estancias y estaciones donde el hombre se encierra a destruirse. Onetti ha creado un estilo: sus relatos se mueven lentamente, como una vieja y borrosa película muda que va acumulando hombres, mujeres, cosas, edificios y paisajes, mientras una turbulenta música la sincroniza desde algún subterráneo secreto. Nada resiste este proceso de monumental autopsia. Los seres alargan sus manos como náufragos de una avalancha en la que van dando vueltas y vueltas para desdoblarse al fin en mitades fantásticas que multiplican la derrota.

Refiriéndose al mundo novelístico de Onetti ha dicho su compatriota Mario Benedetti que "parece desfilar frente a la mirada (desalentada minuciosa, inválida) de alguien que no puede cerrar los ojos y que, en esta tensión agotadora, ve las imágenes un poco borrosas, confundiendo dimensiones, yuxtaponiendo cosas y rostros que se hallan, por ley, naturalmente alejados de sí. Como sucede en otros novelistas de la fatalidad (Kafka, Faulkner, Beckett) la lectura de un libro de Onetti, es, por lo general, exasperante. El lector pronto adquiere conciencia, y experiencia, de que los personajes están siempre condenados; sólo resta la posibilidad —no demasiado fascinante— de hacer conjeturas sobre los probables términos de la segura condena" (*Literatura uruguaya siglo XX,* pp. 86-87).

Otros nombres vuelan siempre cerca de Onetti, cuando la crítica enjuicia su obra —Sartre, Celine, Dos Passos (cf. Anderson Imbert, *Historia,* pp. 226-227)— pero, al mismo tiempo, nadie deja de reconocer que si la literatura existencialista europea o norteamericana le dio atmósfera filosófica a sus novelas en un momento, en el conjunto de su creación literaria ha superado él toda influencia libresca y va quedando solo, macizo, descarnado y violento, como el prisionero de una isla ardiendo, junto a ruinas y cenizas, rodeadas de vagas sombras desquiciadas en cuyos rostros el hombre marca el signo de su propia decadencia. En sus novelas —*Tierra de nadie* (1939), *La vida breve* (1950), *Los adioses* (1954), *Una tumba sin nombre* (1959), *La cara de la des-*

gracia (1960) y *El astillero* (1961)— Onetti ha afrontado valientemente el reto de una época: ha manejado con autenticidad ejemplar los elementos de una decadencia moral alzándolos dramáticamente al terreno de la creación artística y dándole a aquello que pudo parecer cinismo y pesimismo retóricos el aliento heroico de una genuina desesperación individual.

MIGUEL ANGEL ASTURIAS (1899-1974) comenzó su carrera literaria más bien tarde. Radicado en Europa, había hecho estudios en La Sorbonne desde 1923 a 1926, especializándose en antropología e historia. Producto de estos años de investigación científica es su traducción al español de la obra de Georges Reynaud, *Los dioses, los héroes y los hombres de Guatemala,* traducción en la que colaboró J.M. González de Mendoza. Las *Leyendas de Guatemala,* publicadas por primera vez en Madrid en 1930, son un bello ejercicio poético en que se describe el paisaje más característico de Guatemala y se narran algunas de las leyendas más conocidas del folklore nativo. De estas leyendas dijo Paul Valéry, en el prólogo de una traducción francesa:

"La lectura de esta obra me hizo el efecto de un filtro, pues es una obra que se bebe más que se lee. Fue también para mí como una pesadilla tropical, vivida con una singular delicia."

Las ciudades que evoca Asturias —"sonoras como mares abiertos"— son Guatemala, Palenque, Copán, Quiricá, Tikal, Antigua. Las leyendas: la del Volcán, la del Cadejo, la de la Tatuana, la del Sombrerón, la del Tesoro del lugar florido. Asturias modela como orfebre educado en academias españolas y francesas, para quien la materia indígena, sin ser del todo exótica, no es aún medularmente propia. En libro tan plácido y luminoso se adivina, sin embargo, un roce de culturas que, más tarde, provocará una conflagración. Asturias no está satisfecho ni con el balbuceo folklórico que le viene de su tierra ni con las manipulaciones simbolistas que descubre en Europa. Se debate entre las dos corrientes sin descubrir aún la orientación que le ha de guiar más tarde en su reconquista del mundo maya. Tanto en la parte descriptiva como en la trama de las leyendas se advierten referencias directas o veladas al Popol-Vuh. La leyenda del árbol que crece indefinidamente, la de los árboles que sangran, el baile del disloque, los cuatro caminos, la rebelión de las piedras, de las aguas, del aire, son todas alusiones a la mitología del Popol-Vuh.

Entre la publicación de esta obra y su novela *El señor Presidente* transcurren quince años. Asturias regresa de Europa a Guatemala en 1933. Una dictadura, la de Ubico, ha reemplazado a otra: la de Estrada Cabrera. Nace la novela en el ambiente característico de la tiranía hispanoamericana, se nutre de aisladas anécdotas, de rebeldías, de exilio, de amargas y brutales injusticias, pero, por encima de todo, de una emoción que, convertida en motivo literario, es nueva en la novela hispanoamericana: el miedo. Crueldad despótica nos dio Sarmiento en *Facundo,* ferocidad política Echeverría en *El Matadero,* duelos y aventuras Mármol en *Amalia.* Asturias creó en *El señor Presidente* la epopeya del miedo y de la impotencia. El escenario es una ciudad centroamericana típica vista a través de lugares que sin ser descritos con detallismo costumbrista viven, sin embargo, en toda su punzante realidad: el portal de la Catedral con sus mendigos, la Plaza, el Palacio, la cárcel, las mansiones tropicales. Los personajes viven en tres planos: pueden representar figuras verdaderas de la política guatemalteca, pueden ser considerados como prototipos y, en última instancia, pueden asumir el complejo y misterioso poder del mito que no ha perdido en el fondo su dramática humanidad. En este último sentido se mueven hacia la consecución de un destino que no pueden cumplir sino por medio de la transfiguración totémica. La mayor parte de los personajes de *El señor Presidente* son seres de una primitividad esencial y básica en la que Asturias parece ver la condición indispensable de la salvación individual en un sentido metafísico. Desbordado en palabras, melodramático a veces, Asturias se arranca de sí mismo un documento humano que es, a pesar de sus defectos literarios, una de las novelas de mayor solidez y honestidad artísticas que se han producido en Centroamérica. Arévalo Martínez le preparó el camino y por esa huella de desenfrenada fantasía, de pesadillesco realismo, que el autor siente como una herida en su propia carne, con la perspectiva de una cultura europea y la intuición de un ojo maya, Asturias añade un elemento más, desdeñado por el modernista: la conciencia de nacionalidad y la pesadumbre política.

La conciencia de nacionalidad se va a transformar, en su obra siguiente, en identificación con el mundo mitológico de los mayas y la carga política en actitud anti-imperialista. Firmemente enraizado en esta dualidad histórica —la precolombina y la actual guatemalteca— Asturias entra en el fascinante mundo de los *Hombres de maíz* (1949), su obra de mayor envergadura, aunque no la más lograda; novela o, mejor dicho, poema sinfónico en prosa, de compleja estructura, de estilo difícil, recargado de símbolos, sujeto a variadas y contradictorias interpretaciones. Sus grandes temas son la venganza, la fertilidad, la muerte y el nahualismo. Alrededor de estos temas Asturias teje episodios que abarcan la historia económica, política y social de Centroamérica. Asturias definió así el tema fundamental de *Hombres de maíz:*

"Se inspira en la lucha sostenida entre el indígena del campo que entiende que el maíz debe sembrarse sólo para alimento y el hombre criollo que lo siembra para negocio, quemando bosques de maderas preciosas y empobreciendo la tierra para enriquecerse" (*Repertorio Americano,* 1º de Marzo de 1950, p. 83).

En un esquema del contenido ordenado cronológicamente el lector descubre cinco episodios fundamentales estructurados sin lógica aparente, que se acercan o se alejan de su órbita, ya sea en armoniosos círculos o en audaces evocaciones y visiones fantásticas. Los cinco episodios a que me refiero son: la rebelión de Gaspar Ilom contra los maiceros; la leyenda de Machojón y la traición de su padre don Tomás; la leyenda de María Tecún y los Tecunes que asesinan a la familia Zacatón, culpable ésta de la derrota de Gaspar, y al coronel Godoy, quien representa el poder de la autoridad militar enemiga de los campesinos; la tragedia de Goyo Yic, el ciego que pierde a la mujer, María Tecún, y mientras la busca se asocia con Mingo Revolorio, el contrabandista de aguardiente; y la historia de Correo-Coyote, en realidad una variante de la leyenda de María Tecún y del mito del Nahual. A estos episodios se agrega una especie de epílogo: El Castillo del Puerto, que sirve al autor para reunir a sus personajes más importantes y dar fin a la historia.

Este esquema no atañe, por supuesto, sino al contenido anecdótico del libro de Asturias. Juzgado desde un punto de vista más hondo *Hombres de maíz* representa un intento épico de interpretar la magia del Popol-Vuh que vive aún en la subconsciencia de la población campesina de Guatemala. Ya lo hemos dicho: las criaturas del mundo novelesco de Asturias no se realizan sino en la transformación mitológica; en la metamorfosis final de la muerte cumplen su destino. De ahí, entonces, que fatalmente la historia de los *Hombres de maíz* no llegue a resolverse sino en el mundo subterráneo del paraíso maya. Cada ser, encarnado en su nahual, comprende al fin el designio superior de sus andanzas. Nacidos del maíz —tradición Séptima del Popol-Vuh— defienden con sangre el concepto sagrado de su cultivo.

El afán político y la conciencia nacionalista han conferido a las últimas obras de Asturias —*Viento fuerte* (1950), *El Papa verde* (1954), *Weekend in Guatemala* (1956), *Los ojos de los enterrados* (1960)— un claro tono propagandístico. No hay ambigüedad alguna en la función social que intenta desempeñar: su trilogía sobre la explotación bananera en Centroamérica tiene por objeto denunciar los abusos e incongruencias de un sistema económico semicolonial e inspirar en las pequeñas repúblicas un dinamismo revolucionario, una responsabilidad política y un entendimiento genuino de la democracia popular que produzcan, a la postre, su completa liberación del imperialismo extranjero. Desgraciadamente, Asturias parece no comprender que el lenguaje poético y la técnica surrealista que en *Hombres de maíz* expresan los aspectos más profundos de la historia, en su trilogía política resultan contraproducentes. Las imágenes viven por sí solas, desprendidas del mundo de combate y violencia que las origina. Sus símbolos se tornan artificiales, su lenguaje es ahora una nebulosa de metáforas surrealistas, sus personajes —en especial los norteamericanos— carecen de dimensiones humanas, son simples vehículos que el autor maneja para ilustrar sus ideas.

El aporte de Asturias a la literatura hispanoamericana está en el realismo febril con que dramatiza una época de decadencia social y en la espléndida arquitectura barroca de sus mitos mayas encarnados en las gentes campesinas y en los indios de Guatemala. Su arte es desorbitado a causa de su carácter experimental, pero esta misma condición lo hace aparecer ante las nuevas generaciones como una síntesis de las enseñanzas que habrán de asimilar para conseguir una renovación básica del género de la novela. Asturias recibió el Premio Nobel en 1967.

MARIO MONTEFORTE TOLEDO (1911-) es uno de los más sólidos novelistas aparecidos durante los años del gobierno revolucionario de Guatemala. El realismo directo y la sencilla y nítida estructura de sus obras ofrecen un claro contraste frente a la complejidad de Asturias. *Anaite* (1940), *Entre la piedra y la cruz* (1948) y *Donde acaban los caminos* (1953) son libros en que se encierra una valiente y amarga verificación de los males de su patria y, en particular, de la condición explotada de las masas rurales.

Entre la piedra y la cruz es una de las novelas revolucionarias más vigorosas que se han escrito en Hispano América. La historia de Lu Matzar tiene algo del fuego patético y trémulo de *Huasipungo*, de la angustia desolada y poética de *El mundo es ancho y ajeno* y un poco del fondo primitivo y totémico de *Hombres de maíz*, pero se diferencia esencialmente de estos relatos. Acaso la diferencia reside en el compromiso individual de Monteforte Toledo que lo induce a plantear todo conflicto, sea éste político, moral o filosófico, a través de una experiencia suya, heroica e idealista en sus comienzos, amarga, sin resignación, en su desenlace.

Ninguno de los novelistas indianistas que le precedieron parece haberse jugado un destino político en la medida en que Monteforte lo hace. No me refiero a definiciones, que muchos las hicieron y muy dignas y muy valientes. Hablo de combates. La denuncia airada de Icaza, el lirismo humanitario de Ciro Alegría, la magia de Asturias, son valores en cierto modo estáticos y por tal condición asumen una significación clásica. Monteforte cae y se levanta, duda, afirma, reniega, insiste y al fin, parece quedarse solo, consciente de su elemental función propagandística directa. Al lado de esas novelas de épica resonancia, *Entre la piedra y la cruz,* parece anticuada, ingenuamente violenta y sentimental. Y sin embargo, es precisamente ese sentimentalismo de buena ley, ese lirismo claro y vibrante el que enaltece a esta obra y le confiere una profundidad sinfónica, agreste, heroica. Otros escritores han narrado la historia del indio americano en su patética transición hacia una civilización hostil y extraña, pero ninguno con el vigor y la simple autenticidad de Monteforte Toledo.

Conociendo y admirando esta novela uno se pregunta: ¿Cómo es posible que el mismo autor haya escrito *Una manera de morir*? Porque esta obra es la novela clásica del desilusionado comunista. Pudiera decirse que ambas novelas se asemejan en su modo de seguir la evolución de un espíritu rebelde desde una militancia juvenil hasta la claudicación final. Pero, esta semejanza es engañosa. Porque mientras en *Entre la piedra y la cruz* el sacrificio es el resultado de una espléndida visión en que se recupera la fe en la voluntad de lucha del hombre y en su fundamental decencia, en *Una manera de morir* representa, por el contrario, la renuncia total del individuo y la quiebra de sus poderes espirituales. Novela angustiada, sombría, hermosa en su íntima y dolorida contradicción, prueba una vez más que es difícil elevar el odio y el prejuicio político al plano de la verdadera creación artística.

Monteforte parece marcado por un desgarramiento y una inseguridad interior que, acaso, sean los factores que definen su obra de novelista. Sea cual sea su posición ideológica, ha expresado en sus libros la dramática condición del hombre centroamericano con una claridad e intensidad que no tienen parangón en la literatura de Guatemala.

La novela mexicana ha cerrado ya su ciclo histórico de la Revolución; deja de ser testimonio presencial para convertirse en evocación o en faena especulativa acerca de un proceso social cuyas consecuencias han dejado su sello definitivo en la fisonomía del país. La anécdota revolucionaria ha perdido su dinamismo. La novela mexicana del mediosiglo analiza un estado de conciencia en planos colectivos e individuales, caracteriza modos de pensar y de actuar. Pone el diseño de la Revolución bajo un vidrio de aumento y lo disecta paciente y concienzudamente, con un ojo puesto en la angustia desolada de las nuevas generaciones.

La novela mexicana de hoy es producto de una clase media intelectual firmemente adherida a las conjeturas filosóficas de la Europa de post-guerra. Es joyceana, kafkiana y existencialista, sin perder sus raíces vernaculares ni desentenderse del complejo de la Revolución de 1910 que la persigue como una sombra, asediándola y provocándola. Superadas las circunstancias ideológicas que fueron el complemento de la Revolución, la literatura mexicana —no sólo la novela, sino también la poesía y el ensayo— se aparta del regionalismo superficial, del mexicanismo fácil, desdeña los falsos conflictos del oportunismo político que pretende dar trascendencia a cambios puramente burocráticos y se enfrenta con algo de desesperación ritualista a las dos máscaras que le dan su ser: la indígena y la occidental. Esta confrontación sucede en un clima de remordimientos, de recelos, de violencia sofocada. Ella imprime un estilo literario que poca relación guarda con el de los cronistas de la Revolución; es un estilo aplicado a un mundo de seres que han perdido conciencia de su organización a través de la historia y que, bajo el acicate de un confuso sentido de condenación, la buscan y la rehuyen el mismo tiempo.

AGUSTIN YAÑEZ (1904-1980). Un análisis de la novela mexicana posterior a 1930 debe enfocar especialmente la obra de Agustín Yáñez en cuya novela *Al filo del agua* (1947) se compendian las nuevas tendencias y se perfila el renacimiento poético de la época post-revolucionaria. Yáñez nació en Guadalajara y allí se educó obteniendo el título de abogado en 1929. Más tarde se graduó en la Universidad Nacional de México de Maestro y de Doctor en Filosofía. En 1953 fue elegido Gobernador del Estado de Jalisco. Sus obras de carácter novelesco son: *Flor de juegos antiguos* (1942), *Pasión y convalecencia* (1943), *Archipiélago de mujeres* (1943) la ya nombrada *Al filo del agua, La tierra pródiga* (1960) y *Las tierras flacas* (1962). Es interesante hacer notar que Agustín Yáñez, juzgado por muchos críticos de su país como el novelista más importante de su época, es apenas conocido en los demás países de América. Creo que el carácter esencialmente experimental de su obra y la audacia de su concepción poética de la novela desconciertan a la crítica. Sin embargo, dos escritores de su patria, representantes de diversas generaciones y tendencias le consagran sin ambages: Antonio Castro Leal y José Luis Martínez. Novelistas y cuentistas de la más reciente promoción le reconocen como maestro y estudian y divulgan su obra.

Si en sus libros primerizos Yáñez voluntariamente se mueve aún en la atmósfera amable del provincialismo costumbrista de sus antepasados inmediatos, en *Archipiélago de mujeres* (editado parcialmente en la Argentina en 1946 con el título más afortunado de *Melibea, Isolda y Alda en tierras cálidas*) por primera vez ese provincialismo experimenta la transmutación que lo convierte en lírico testimonio de una experiencia estética profunda. De pronto, se subliman las cosas en manos del escritor, y la vieja plaza, el árbol polvoso, la torre de la iglesia, la pradera bajo la lluvia, el viento en la montaña, empujan, con su pequeño peso de abstracciones anónimas, las barreras de la historia. Un rápido vendaval confunde a héroes, pueblos y acciones. Pero ese mundo ya es un mundo nuevo; en él vive un mexicano del siglo XX, de temperamento poético, de ánimo airoso, de temple romántico, de cultura humanista, de rostro indígena; católico y nahualista; ese mexicano ha sido Rolando en Roncesvalles, Rodrigo en Burgos, Calixto en Toledo y Tristán en Cornwall y, por cierto, sufrió y gozó los amores de su Alda, su Ximena, su Melibea y su Isolda. Todo ocurrió en el siglo XX. Es decir, no ocurrió en siglo determinado, sucedió siempre y no ha dejado de suceder. El amor no tuvo nombre, ni siquiera tuvo rostro, amamos nuestra propia fantasía y por ella dimos nuestra batalla. Nada hay de artificio en esto. Yáñez encuentra a su Melibea en vacaciones estudiantiles y domingueras hazañas pueblerinas, a Isolda en soledades resguardadas por diabólico Nahual y a Alda en ninguna parte, en todas partes, en las cartas de su mejor amigo, en discos sinfónicos, en oratorios místicos; no la ve jamás. Para conquistar a su Melibea tiene su Celestina, para ganar a Isolda su dragón mitológico en forma de nahual maya y para perderla su propio amor fatalizado, para ilusionar a Alda compite en torneos de natación y equitación y para no llegar a verla da lugar a que se comente la noticia de su propia muerte que, a su vez, causa la muerte de la hechizada. Mundo, seres y cosas son hechos de sueño y el sueño se puebla con las casas, jardines, iglesias, huertos, estudiantes y caballos más mexicanos de la literatura mexicana de todos los tiempos. He ahí el milagro.

Don de la sutileza, sabiduría de la estrategia amorosa, voluntad de entregarse y perderse en las difíciles zonas del sentimiento y de la pasión adolescente, todo esto es característico de Yáñez. "Melibea" y "Alda" son dos obras maestras de prosa poética y de fina observación. *Al filo del agua,* considerada desde un punto de vista estrictamente literario, es una de las novelas mexicanas más ambiciosas de la época contemporánea. Mayor relación guarda con los experimentos joyceanos de Miguel Angel Asturias en Guatemala que con la literatura de la Revolución. Mientras Azuela, Guzmán, Muñoz y Romero examinan a su tierra sobre una vasta superficie episódica, Yáñez la ausculta subterráneamente. Aquéllos son muralistas y en sus frescos se explayan para abarcar una época, para esquematizar la historia y poblarla de innumerables retratos que, por acumulación, intentan aprisionar el alma mexicana. Yáñez explora la subsconsciencia de un pequeño poblado provinciano, la reproduce como una cinta en que se graban acciones, palabras y pensamientos, sin orden lógico ni propósito obvio, y permite a los seres que desaten los nudos de su intimidad psicológica y física, quedándose, al fin, con retazos de almas en lírico desorden.

La novela de Yáñez es una evocación angustiosa y profunda de la vida en la provincia mexicana a principios del siglo XX. Es una evocación dolorosa y es, al mismo tiempo, una reencarnación del escritor en el alma oscura, supersticiosa, beata, *enlutada,* de un pueblo espiritualmente condenado. Adentro de esa alma el narrador flota como un ojo submarino, pegado a la substancia ambiente. Se nutre de obsesiones, terrores, pasiones ocultas, perversas locuras, odio, fracaso y muerte. Jamás se desliga de esa existencia para juzgarla o analizarla; la refleja como un espejo dividido por múltiples aristas. Participa de su frustración y de su amargura; no evade la responsabilidad por su fracaso, la comparte sin proponérselo, no como una culpa presente, sino como la nostalgia de una condenación en época pasada, nostalgia de asesinatos inesperados, de melopeas turbias y ebrias, de dramas pasionales, de fanatismos febriles, de locura seminarista, de adolescentes desconciertos, de religiosa desesperación. La obra de Yáñez alcanza mayor mérito en este proceso de identificación, a la distancia y en el tiempo, con el pecado de un pueblo que reniega de la vida en busca obstinada de una monstruosa santidad.

Este proceso se traduce en un narrar desesperado, en una sucesión sin fin de detalles, pensamientos, pequeños sucesos. Sin descanso. La corriente del pensar se hace torrente, avanza, crece, se desborda en todas direcciones. En esa inundación se va un mundo muerto. Ciertas imágenes insisten en atraer nuestra atención, se presentan y actúan, hablan y ejecutan su papel para desaparecer luego pesadillescamente.

Se trata de una situación estática depositada como un

residuo del movimiento de palabras, como un muestrario de cosas antiguas, de caras, máscaras, voces, gentes. De un personaje, Damián, parricida y asesino de mujeres y frailes, se dice que "lo que venía buscando allí estaba: memoria y voces de muerte" (p. 365). Eso mismo busca Yáñez. Primero, unos ejercicios espirituales: los recluidos vigilan en el día el secreto de sus robos, de sus traiciones, de sus odios; en la noche despiertan aullando horrorizados por un arrastrar de cadenas y desfiles de ataúdes. Luego, una mujer fatal, una viuda de pueblo grande es la locura del seminarista y la locura del campanero. Más adelante, el parricidio y el asesinato de Micaela, pervertida en una breve visita a la ciudad. Las Hijas de María se defienden del diablo con medallas; bajo el asedio empecinado de los estudiantes en vacaciones no caen, se retiran a quemarse en sus nocturnos terrores sexuales. María, víctima de todos los amores, leídos y soñados, sigue a la Revolución que pasa por el pueblo golpeando puertas, destapando botellas y arreando caballos. Entre los ejercicios espirituales del comienzo y la Revolución del final Yáñez ha creado detalle a detalle, una vida ancha, espesa, honda, alucinante, poblada de seres que, en su locura santa, rehusan distinguir la frontera entre la muerte de acá y la del más allá.

Yáñez maneja su mundo narrativo como pastor de fantasmas. Lo suyo es corriente de vida que se transformó en literatura: *stream of consciousness*. Joyce y Faulkner son sus maestros inmediatos, especialmente el primero. Mucho latín, mucho malabarismo de palabra, renacimiento de lo folklórico en refinada floración surrealista, mucha poesía genuina entre las grietas de la rutina más prosaica. El automatismo de este desahogo lírico por relativo que sea convence a causa de la destreza con que es manejado.

Lo característico de Yáñez es su familiaridad con la muerte: su función creadora dentro de ella. Acaso fue Yáñez el primer escritor mexicano que interpretó de tal modo estos dos temas fundamentales de la literatura de su país: la nostalgia y la muerte. Después, poetas y novelistas han seguido sus pasos buscándose apasionadamente el alma en los cementerios de la provincia mexicana. Hasta que llega Rulfo.

El año 1930 marca el comienzo de un vasto movimiento literario en el Ecuador orientado hacia el realismo de base social y política. En ese año apareció un volumen antológico titulado *Los que se van, cuentos del cholo y del montuvio* cuyos autores eran DEMETRIO AGUILERA MALTA (1909-1980), JOAQUIN GALLEGOS LARA (1911-1947) y ENRIQUE GIL GILBERT (1912-1973). Preocupados intensamente con el destino de su patria estos escritores dieron un fuerte contenido de crítica social a su obra. Describieron al Ecuador como un país de condición semi-colonial en el que la riqueza está acumulada en manos de unos pocos latifundistas, la industria y el comercio son instrumentos de poderosos consorcios extranjeros que cuentan con la protección interesada de los capitalistas y políticos criollos, y el pueblo vive en condiciones de miseria extrema, particularmente en el campo. Ciertos aspectos de este conflicto se transformaron en paradigmas literarios, por ejemplo: el gamonalismo, la explotación del indio en la sierra, del montuvio en la costa y del cholo en la ciudad; la penetración imperialista; la huelga, el cuartelazo, el choque de intereses dentro de la oligarquía misma.

Los motivos y temas básicos de *Los que se van* venían estereotipados desde su incubación. En sus narraciones la lucha del indio no siempre resulta de una crisis individual interpretada con profundidad y que complemente la descripción del ambiente; se trata, más bien, de una condición fijada *a priori* en la cual los personajes juegan un papel asignado de antemano. Muy acertadamente afirma Angel F. Rojas que estos escritores trataban a sus personajes como hombres-masa y no como individuos, sin llegar, entonces, a la creación del héroe singular. Vemos moverse a la masa, al prototipo: al indio, al cholo, al montuvio, al gamonal, al cura, al empleado público, al maestro de escuela, al esbirro, al gringo, en un invariable papel de víctimas o victimarios. Los de arriba y los de abajo. Explotadores y explotados son caracteres convencionales (cf. Rojas, *La novela ecuatoriana,* México, 1948). Por toda esta literatura corre un hondo pesimismo; los personajes y las cosas parecen cubiertos por una capa pétrea que los distancia del lector dándoles la apariencia de monolitos prehistóricos.

Nuevos escritores se unieron al grupo de Guayaquil —representado en *Los que se van,* e interpretado desde el punto de vista crítico y teórico por Benjamín Carrión— y todos en conjunto contribuyeron, a la postre, a dar al Ecuador una nueva novela estructurada sobre bases modernas, más variada, menos rígida y cuyo objetivo fundamental fue el de interpretar la realidad del país —costumbres, paisaje, lenguaje— con un arte esencialmente dinámico y social en el que se ven las huellas de la novelística rusa y norteamericana del presente siglo.

JORGE ICAZA (1906-1978). En 1934 apareció en el Ecuador una novela que marca el fin de la tradición indianista romántica y la culminación de una nueva tendencia indigenista caracterizada por un lenguaje de brutal realismo, por un propósito de intensa crítica social y una ideología revolucionaria cercana al marxismo. Esta novela, titulada *Huasipungo,* consagró internacionalmente a su autor. Jorge Icaza, quien a la sazón no tenía sino 28 años, había publicado su primer libro, *Barro de la sierra,* en 1933. Después de abandonar la universidad, donde empezó estudios de medicina, ensayó sus armas en el teatro.

En los cuentos de *Barro de la sierra,* que temáticamente forman la base de su novelística futura, describe la explotación del indio a manos de latifundistas, clérigos, autoridades gubernativas y falsos líderes de extracción popular. El libro se compone de seis relatos: "Cachorros", "Sed", "Exodo", "Interpretación", "Mala pata" y "Desorientación". Dos de estos cuentos, "Cachorros" y "Exodo", dramatizan los abusos que sufre la mujer indígena, y en consecuencia su familia, cuando cae bajo el poder de un patrón inescrupuloso. "Sed" se basa en un problema que llegará a ser típico de toda la literatura indianista: la injusta distribución del agua entre latifundistas y campesinos. En "Interpretación" Icaza estudia la psicología de un personaje novedoso que reaparecerá más tarde en su novela *Cholos* y que, en un medio diferente, juega también un papel de importancia en *El indio* de López y Fuentes; me refiero al indio que consigue enriquecerse y, creyéndose liberado de la esclavitud que lo ata a la tierra y a salvo de los prejuicios sociales, intenta hacer la vida de un gran señor. Icaza le destruye con especial crueldad. "Mala pata" es un cuento político basado en la persecución que sufren los líderes obreros y de la clase media cuando se organizan sindicalmente. "Desorientación" es un alegato contra quienes se oponen al control de la natalidad. Según Icaza el estado, los latifundistas y empresarios industriales se interesan por que la población trabajadora aumente para contar así con frescas y abundantes remesas de esclavos.

En *Huasipungo* surgen como siluetas recortadas en piedra, sin perspectiva ni complejidad psicológica alguna, las figuras típicas de este horroroso mundo que describe Icaza. Un camino en construcción asume paulatinamente la fuerza de un mito. Es el eje en torno al cual gira la tragedia del indio. Otros objetos se transmutan igualmente: el agua, el trigo, los diezmos, la pequeña tierra del campesino, su hogar, el huasipungo. En medio de ellos se mueve la familia indígena con su mecánica inconsciencia, con una patética aceptación de su destino. Icaza narra una simple historia: el indio es despojado de sus tierras por una fuerza enemiga que no comprende y a la que no puede oponerse sin acarrear sobre sí y sobre los suyos un castigo salvaje. Para ilustrar la impotencia y el desamparo del indio, así como la crueldad de los explotadores, Icaza acumula incidentes de extremada morbosidad. Es obvia su intención: impresionar al lector con imágenes directas, no discutir con él ni predicarle; romper, en cambio, su apatía a golpes y conmoverlo hasta la exasperación. Tal procedimiento encierra un arma de dos filos. La exageración de sus descripciones repugna, de la piedad se pasa al desconcierto y al disgusto, se pierde de vista la razón de su rebeldía. Presentimos una simplificación que es marca segura de la propaganda. Icaza parece competir consigo mismo en una interminable selección de horrores, sin advertir que al lector le bastaría una cantidad mínima de tal sordidez para simpatizar con su mensaje.

La obsesión de convencer por el horror se agudiza en sus libros siguientes —*En las calles* (1936), *Media vida deslumbrados* (1942), *Huairapamushkas* (1948)— la trama se convencionaliza, los personajes se aplastan y endurecen, ya no son sino figuras de barro en trágicos ademanes. El lector llega a pensar que los indios de Icaza carecen de expresión y jamás revelan su fondo humano ni siquiera en rudimentarios sentimientos. Con excepción de *Cholos* (1938), novela en que Icaza hace un esfuerzo por dar a sus personajes más de una dimensión psicológica, sus novelas y cuentos muestran una falta de interés por descubrir lo que puede ser el alma del indio. Para Icaza, por extraño que parezca, el indio es un misterio, un ser a quien se mira desde afuera y desde lejos, con la angustiosa curiosidad de un hombre que trata de comprender el gesto intencionado de un paria. Las emociones básicas del amor, la ternura, el dolor, se transforman en estallidos animales en el mundo primitivo de Icaza, son formas de expresión exclamativas propias de un coro trágico, exhalaciones de la multitud que nunca alcanzan la significación del sentimiento individual. *En las calles,* novela en que Icaza mueve sus personajes del campo a la ciudad y examina la vida de los obreros de una fábrica de Quito al mismo tiempo que analiza los cambios en la personalidad del *chagra* convertido en policía o soldado, reincide en estas limitaciones.

Consciente, al parecer, de tales defectos, Icaza trató de superarlos en *Cholos*. Opone en esta novela a dos personajes centrales: Braulio, el aristócrata en decadencia, y Montoya, el mestizo que se apodera de sus tierras y representa el triunfo de una nueva clase, la oligarquía del dinero. En otro plano contrasta Icaza a Guagcho, un indio recogido por Montoya para que oficie de capataz, y José Chango el indio explotado. Junto a estos personajes va cobrando relieve la figura de Luquitas, el hijo de Braulio Peñafiel, quien aprende en la miseria y en la vergüenza de su hogar mancillado la razón de su actitud revolucionaria. Peñafiel, prototipo de una clase social arruinada, sucumbe sin luchar, ve cómo su mujer se prostituye y cómo su hijo le desprecia, pero no opone resistencia. Montoya, el triunfador que asciende desde las entrañas del pueblo, se transforma lentamente en patrón; en un comienzo muestra cierta simpatía por los indios, les ayuda y hasta les protege. No tarda, sin embargo, en transformarse en un verdugo: con la conquista del poder político olvida su origen y sus devociones, explota al indio, se ausenta de la tierra y, ya instalado entre los latifundistas, casa a su hija en sociedad. Lucas, el descendiente de aristócratas, rechaza el peso muerto de sus lazos familiares, se hace maestro de escuela y, novelista en ciernes, recoge documentación para escribir una obra en la que atacará las injusticias sociales del Ecuador. Con una "novela" dentro de su novela, con "sueños" y visiones de Lucas, en que se sintetiza la historia del país desde los tiempos de la conquista hasta el presente, Icaza, poco a poco, cierra el diseño de una parábola que es la coronación artística de su obra. Un personaje le sirve para su propósito esencial: el Guagcho, figura dostoievskiana, cuya evolución va desde el odio feroz contra sus hermanos de raza, a la desesperación en la desgracia, al arrepentimiento y al sacrificio sublime. Autor de un asesinato, por el cual se condena a un inocente, el Guagcho confiesa su culpabilidad en medio de una borrachera y siente que nadie le cree porque le consideran cobarde e incapaz de matar a un hombre; impulsado por diabólicas visiones, huyendo de pisadas invisibles, gritando su confesión por las calles y negándola, al mismo tiempo, aterrorizado busca la víctima en quien desatar su locura alcohólica y sus remordimientos, y no encuentra sino el cadáver del indio viejo pudriéndose en el atrio de una iglesia. Como *El delator* de O'Flaherty, como el *Emperador Jones* de O'Neill, el Guagcho escapa perseguido por la conciencia de su traición. Pero mientras estos personajes desaparecen en el vórtice de brutalidad que ellos mismos desencadenaron, el indio de Icaza vislumbra el camino de su liberación.

El Guagcho salva al inocente acusado, le acarrea a cuestas hasta el monte, perseguido por la policía, le cura sus heridas y siente despertar en él un sentimiento de responsabilidad hacia su raza, sentimiento que, a la postre, prueba ser el secreto de su redención. Icaza une al indio, al cholo y al intelectual ecuatorianos en una trinidad de heroísmo, de pasión y de fe que salvará el porvenir de su gente.

Lo importante es que el proceso de reivindicación del indio y el despertar del cholo asumen en esta novela un carácter profundamente espiritual. Como López y Fuentes en *Peregrinos inmóviles,* Icaza se esfuerza por dar al tema básico de su obra un significado universal en el marco de un símbolo de naturaleza artística. El éxito de su esfuerzo es relativo, pero, en todo caso, Icaza afirma en *Cholos* su prestigio y su posición de líder en la literatura indianista ecuatoriana. El mérito estético de su obra seguirá discutiéndose, mas no su valor de documento social, su fuerza propagandística ni su trascendencia histórica como alegato revolucionario.

ALFREDO PAREJA DIEZ-CANSECO (1908-) es, tal vez, quien más cerca ha llegado en el Ecuador a un ideal de novela en que los fundamentos sociales no dañen la expresión literaria ni la limiten en marcos exageradamente locales. Pareja posee un amplio dominio del lenguaje; su prosa es gráfica, impulsada a veces por un impresionismo de buena ley que no le hace perder la sobria cualidad de su sentido lírico. Su sensibilidad y perspicacia le permiten calar hondo en sus personajes, dando especial relieve a las figuras femeninas. Entre sus obras deben citarse: *Río arriba* (1931), *El muelle* (1933), *La Beldaca* (1935), *Baldomera* (1938), *Hombres sin tiempo* (1941), *Las tres ratas* (1944), maestra evocación esta última, escrita en tono picaresco, de la vida y costumbres del Guayaquil moderno. En los últimos años Pareja ha estado trabajando en un ciclo de novelas que abarca la vida del Ecuador en el período de 1925 a 1950.

225

DEMETRIO AGUILERA MALTA desembocó en la novela después de iniciarse como cuentista en *Los que se van.* Tres son las novelas que han cimentado su prestigio: *Don Goyo* (1933), *Canal Zone* (1935), *La isla virgen* (1942). En ellas Aguilera aparece como un escritor de exhuberante vena impresionista, lírico y hondo en el análisis de la psicología de su pueblo. Hay algo de turbulencia alucinada en su imagen del río Guayas y de la ciudad que arde lentamente en una tropical red de pasiones, de amor, odios y violencia. *Don Goyo* rompió el cerco patético de *Los que se van:* alumbró con llamarada poética el paisaje del Ecuador y dio a los hombres de la costa esa peculiar grandeza, algo excéntrica, intoxicada, violenta, que los distingue en el panorama de la novela americana moderna. Este mismo poder lírico de interpretar una realidad, muchas veces brutal, y convertirla en evocación íntima le sirvió a Aguilera para exponer el trágico problema racial y social de Panamá. No se ha escrito aún una novela que supere a *Canal Zone* como imagen del pueblo panameño en constante rebelión y lucha para afirmar su personalidad nacional. Aguilera escribió una novela agudamente impresionista, que ofende a algunos panameños, pero que cala hondo, de un modo más intuitivo que racional, en un complejo psicológico colectivo. En su época tuvo resonancia: algo había en ella de un creacionismo novelesco, de un uso juvenil y dinámico de la imagen poética; color y ritmo; y, en el fondo, una sombra de melancolía. Benjamín Carrión considera *La isla virgen* "epopeya del trópico, un poco dentro de los cánones del romanticismo huguesco: maleficio, agorería, *abusión,* fatalismo". La verdad es que en esta novela Aguilera Malta se anticipó al "realismo mágico" que escritores como Asturias y Carpentier iban a convertir más tarde en la expresión característica de la zona tropical americana. Su afición al teatro y al cine le ha permitido a Aguilera dominar el arte del diálogo y de la acción: sus novelas pueden adolecer de un dramatismo demasiado inmediato pero, en cambio, poseen un movimiento acelerado que capta y fascina la atención del lector. Ultimamente, Aguilera Malta se ha lanzado

de lleno a escribir novelas históricas, especie de "episodios
americanos", a la manera de los episodios galdosianos: *La
caballeresa del sol* (1964), *El Quijote de El Dorado* (1964)
y *Un nuevo mar para el rey* (1965). Su última novela *Siete
lunas y siete serpientes* (1970) ha despertado profundo interés en la crítica, ya que con ella se incorpora a las novísi-
mas tendencias de la narrativa latinoamericana. De esta
novela ha dicho acertadamente Seymour Menton "en *Siete
lunas y siete serpientes* el autor da rienda suelta a la creación lingüística, folklórica y fantástica, pero sin dejar de
señalar las injusticias sufridas por el pueblo hispanoamericano".

ENRIQUE GIL GILBERT ganó fama con una nove-
la de su juventud: *Nuestro pan* (1914). En ella se describe la vida de los arroceros en la costa ecuatoriana. El poder de Gil Gilbert está en su propia voluntad de lucha que
se identifica con el drama de sus héroes. La ternura, un claro
sentido poético y una visión humanitaria de los problemas
de su tierra, le permiten salvar los escollos acostumbrados de
la novela social y regionalista, y alcanzar vasta resonancia.
Sus relatos breves son igualmente maestros: *Yunga* (1933) y
Relatos de Emmanuel (1939) exploran la condición de
miseria e injusticia del pueblo ecuatoriano y de ellos la
protesta emerge con naturalidad, sin visos de consigna, con
el aliento genuino de la obra de arte.

Junto a los novelistas ya nombrados, es preciso recordar
también a José de la Cuadra (1903-1941) autor de una vigorosa y desconcertante novela regional *Los Sangurimas,*
precursora del moderno tremendismo español; a Humberto
Salvador (1907-) novelista de la clase media ecuatoriana
y de los suburbios proletarios, agudamente propagandístico
en la mayoría de sus obras: *Camarada* (1933), *Trabajadores*
(1935), *Noviembre* (1939), *Universidad Central* (1940); a
Jorge Fernández (1912-), autor de *Agua* (1936) y *Los que
viven por sus manos* (1915); Adalberto Ortiz (1914-), autor
de *Juyungo* (1943) y *La mala espalda* (1952) obras de nove-

dosa técnica narrativa, de crítica social y rica información folklórica.

En 1933 el partido Aprista (Alianza Popular Revolucionaria Americana) triunfó en las elecciones presidenciales del Perú, pero no llegó a ocupar el poder; se lo impidió un cuartelazo del General Benavides. El Perú vivía años de agitación revolucionaria. La dictadura de Leguía y, luego, la tiranía sangrienta de Sánchez Cerro, habían dejado un reguero de crímenes, abusos y persecuciones que el pueblo no olvidaba ni perdonaba. Económicamente, el país estaba convertido en una semicolonia de empresas imperialistas europeas y norteamericanas. Estas empresas contaban con la protección de las autoridades criollas que, para imponer su voluntad y la de sus protegidos, no vacilaban en acallar las protestas de la opinión pública por medio de violentas represiones. El problema social del Perú se había agravado a la par de la situación política y ecónomica. Las grandes masas indígenas, que no obtuvieron su libertad en las guerras de Independencia del siglo XIX, se veían despojadas de sus tierras y sometidas a una vergonzosa explotación comparable al sistema encomendero de la Conquista y la Colonia. Aniquilados por la enfermedad, por la miseria y los abusos, víctimas indefensas de la codicia del extranjero y del nacional, analfabetos, supersticiosos, fatalistas, los indios constituían un peso muerto que las clases altas despreciaban y que los políticos oportunistas utilizaban con fines eleccionarios. Entre los sectores intelectuales del Perú se despertó, ya a fines del siglo XIX, una conciencia de responsabilidad individual y colectiva ante condición tan inicua y esta conciencia dio origen a un movimiento de reivindicación del indio que, liberal y positivista en sus comienzos, se orientó más tarde hacia el socialismo marxista. Ensayistas, poetas, novelistas y dirigentes políticos se agruparon en torno a organizaciones de combate y de divulgación cultural, la más célebre de las cuales fue, acaso, el Grupo Amauta dirigido en su etapa de mayor beligerancia por José Carlos Mariátegui (1891-1930), cuya obra *Siete ensayos*

de interpretación de la realidad peruana resumió mejor
que ninguna otra el pensamiento revolucionario de esta
época. De la agitación política promovida por estos líderes,
especialmente en el medio estudiantil y entre las clases obreras, surgieron los gérmenes de un partido que iba a jugar un
papel preponderante en la lucha contra las dictaduras de
Leguía, Sánchez Cerro y Benavides: el APRA. Sus fundamentos eran: reivindicación social, política y económica
del indio, defensa de las riquezas nacionales contra el avance
de los intereses imperialistas, y un gobierno de auténtica
representación popular. Su líder máximo Raúl Haya de la
Torre, había sido estudiante durante el gobierno de Leguía
y abanderado de las fuerzas populares en la elección presidencial que siguió a la caída del dictador; nada significó
su triunfo pues un golpe militar puso en el poder a Sánchez
Cerro. Haya de la Torre pasó catorce meses en la cárcel sin
que se le sometiera a juicio. Esta historia de triunfo, usur-
pación y cárcel se repitió en varias ocasiones y, a la postre,
Haya de la Torre, de dirigente activo, pasó a convertirse en
mártir de una causa revolucionaria sometida a constante e
implacable persecución. En sus últimos años Haya dirigió
campañas ambiguas y su posición política fue claudicante.

CIRO ALEGRIA (1909-1967) participó en las campañas
revolucionarias del APRA y fue víctima de las dictaduras.
Condenado a diez años de prisión por sus actividades políticas logró salir en libertad en 1933, después de un año de
encarcelamiento y, exiliado, se radicó en Santiago de Chile.
Allí publicó sus tres novelas: *La serpiente de oro* (1935),
Los perros hambrientos (1938), y *El mundo es ancho y ajeno* (1941). Esta última ganó el Premio Latinoamericano
que la Unión Panamericana y la Editorial Farrar and Rine-
hart auspiciaron en los Estados Unidos el año 1941 y consagró a su autor ante un público internacional. Ciro Alegría
vivió después en los Estados Unidos y en Puerto Rico.

Frente al realismo descarnado de los ecuatorianos, la
primera novela de Ciro Alegría, *La serpiente de oro,* sor-

prendió por su placidez lírica, su recatado sentimentalismo y su deliberada sobriedad. Sin un argumento definido ni personajes memorables, el autor echa mano de leyendas y cuadros de costumbres para dar un marco al verdadero héroe de su historia: el río Marañón. Como en las obras de Gallegos, el hombre sucumbe en la búsqueda de su unidad con la naturaleza. Lo sorprendente en la novela de Ciro Alegría es la calidad humana de sus indios: estoicos, reflexivos, dignos, ofrecen un agudo contraste con los indios de la novela ecuatoriana. Si en realidad existe aquí un proceso de idealización no desvirtúa básicamente la novela pues es posible que los personajes, *más* "campesinos" que "indios", representen, en todo caso, una etapa de civilización *más* avanzada que la descrita por Icaza y sus compañeros. Este hecho se hace evidente en la segunda novela de Ciro Alegría: *Los perros hambrientos,* conjunto de narraciones aisladas sobre campesinos de la sierra peruana en una época de mortal sequía. La falta de unidad en la obra no la perjudica, por el contrario, aumenta su misteriosa fascinación, su cualidad sinfónica, en que los movimientos se marcan sutilmente por medio de minúsculos dramas y aventuras. En un capítulo memorable, en que intervienen la pastora Antuca, su ganado y sus perros, Ciro Alegría consigue una perfecta identificación del ser humano con el paisaje, un equilibrio de valores pictóricos y psicológicos que alza la narración a un plano de clásica belleza. En su lenguaje se acentúa la tendencia lírica. Ya en esta obra la crítica ve claramente que la novela indianista hispanoamericana tiene en Ciro Alegría un innovador. Mientras los indianistas, con Icaza a la cabeza, explotan la violencia, el primitivismo psicológico y el dialectismo local, Ciro Alegría describe líricamente y narra sin prisa, acumulando riqueza folklórica, tradiciones, cuentos, abriéndose con ternura hacia el alma de los indios, alumbrando sus gestos, sus acciones y sus palabras con una dimensión filosófica inesperada.

En *El mundo es ancho y ajeno,* su novela más importante, utilizando un tema ya esbozado en *Los perros hambrientos,* Ciro Alegría produce un mensaje de reivindicación indígena envuelto en una historia densa, sólida, épica, de opulento fondo folklórico y costumbrista, con la idea de libertad resonando continuamente a manera de un solo patético y desesperado. Rumi, la pequeña comunidad indígena que constituye el núcleo de la narración, es representativa de los indios del Perú y símbolo de las razas oprimidas del mundo contemporáneo. En ella viven cerca de 500 campesinos, propietarios en comunidad de excelentes tierras y ganados. A diferencia de los antiguos pueblos incas estos comuneros eligen democráticamente sus propias autoridades. Reina entre ellos una paz idílica hasta que la fuerza destructiva y diabólica del latifundismo comienza a hostilizarles. Pierden sus tierras; su líder es encarcelado y muere víctima de brutales castigos; emigran hacia otras regiones, pero en todas partes sienten la garra opresiva y explotadora del enemigo. Los pobres deben unirse y defender sus tierras, les dice Benito Castro, el nuevo líder; y ellos se unen y se defienden para ser, al fin, asesinados por las fuerzas de "orden" que manda el gobierno.

La técnica narrativa que se usa en esta novela deriva de *La montaña mágica* de Thomas Mann. El novelista peruano parafrasea a Mann en sus divagaciones sobre la relatividad del tiempo y sobre la conveniencia de narrar su historia en *Tempo lento,* pero reemaplaza las extensas elucubraciones filosóficas con aportes anecdóticos de variado carácter. El ritmo fundamental se rompe a menudo en *El mundo es ancho y ajeno* para dar entrada a personajes secundarios y permitir que el autor intercale episodios sin relación directa con la trama principal. La novela muestra una superabundancia de caracteres, no todos debidamente individualizados, y un recargo de material narrativo que no siempre ayuda a mantener la atención del lector. Este ímpetu narrativo de Ciro Alegría, aun dentro de su organización, crea a la larga un curioso efecto dramático y da a la novela un peso de masa en movimiento. Momentos de extraordinario lirismo se advierten en su lenguaje, momentos en que da vida alucinante a una anécdota, a un paisaje o a una figura humana, como en la historia de Demetrio y su flauta o en la muerte del arpista Anselmo. Su obra se mueve así a golpes de inspiración, se desplaza entre mares de gentes y lugares, como un cuerpo lento, plácido, sentimental. La fuerza de su mensaje está, quizás, en esa especie de primitiva insistencia con que sus personajes afrontan a diario su desamparo y rehusan entregarse a la desesperación. No parece que Ciro Alegría logró incorporar por completo a su historia la idea de desesperada impotencia que fue característica de un instante de la historia del mundo contemporáneo. Se quedó demasiado cerca de sus indios, de sus pequeños motivos y de su angustia de limitadas proyecciones. Pero la autenticidad de este mundo que describe, la pureza de su emoción básica, el asombro ante la derrota inevitable, son de un poder dramático tales, que la grandeza filosófica que pudiera faltarle pasa inadvertida.

RAMON DIAZ SANCHEZ (1901-1968) ilustra con su obra el curso que asume la novela venezolana después del impulso regionalista que le dio Rómulo Gallegos: *Mene* (1936) es una turbulenta crónica de los conflictos sociales que provoca la invasión económica norteamericana en las zonas petrolíferas del Caribe. Con un tema emparentado al de *Huasteca,* la novela de López y Fuentes, el escritor venezolano pinta en blanco y negro los males del imperialismo. En este mundo de explotación, de ruina moral y vergonzosa entrega no caben sino víctimas y villanos. El "gringo" maneja inevitablemente las armas de la corrupción y lleva consigo la semilla del prejuicio racial, del desprecio hacia la mujer nativa, además del ansia de poder y de riqueza. El criollo ambicioso se vende sin escrúpulos y con él vende a su patria. El proletario, en cambio, se rebela y combate, o se redime en la muerte. *Cumboto* (1950) refleja una evolución hacia formas de regionalismo subjetivo. Díaz Sánchez estiliza su lenguaje realista buscando una belleza metafórica. Un halo de magia ritual envuelve los terrores y fantasías del primitivismo negro.

En ANTONIO ARRAIZ (1903-1962) también se enriquece el regionalismo tradicional con una poderosa corriente
poética y con una multiplicidad de proyecciones míticas,
pero no antes que, respondiendo a la presión revolucionaria
que domina el ambiente intelectual de su patria hacia 1930,
escriba un documento neorrealista de patética significación:
Puros hombres (1938). En los años postreros de la dictadura
de Juan Vicente Gómez, Arraíz sufre en carne propia la
persecución policial y, escogiendo como escenario las mazmorras de La Rotunda, describe el mundo de los prisioneros
políticos a través de episodios en que la miseria moral y el
temple heroico de esbirros y luchadores se entrelazan en
amargo contrapunto. Como otras novelas en que se dramatizan los abusos de la tiranía en el ambiente carcelario, *Puros hombres* es más un alegato social que una obra de arte;
pero, lo que pueda faltar en ella de elaboración estética,
sobra en vigor narrativo y en auténtica emoción. En su segunda novela, *Dámaso Velázquez* (1943) reeditada luego
con el título de *El mar es un potro,* Arraíz llega a armonizar
los rasgos característicos de la literatura moderna del Caribe: lírico en su fascinante evocación de las rutas marítimas
de las Antillas, sensual mientras sigue la línea tortuosa del
seductor, dinámico en la narración de aventuras navieras y
peripecias de contrabandistas, melodramático en el brusco
desenlace, no pierde su autenticidad americana. Hay en su
obra personajes memorables, ambientes donde su poder
descriptivo se solaza acumulando color de finos valores
plásticos y, por encima de todo, una sabia y genuina com-
penetración del hombre y del paisaje.

ARTURO USLAR PIETRI (1906-), según sus propias
palabras, utiliza la historia "como ocasión para estudiar
formas de plenitud de la vida real". De ahí, acaso, la sensación de realidad y la riqueza de fondo psicológico que
caracterizan a sus dos famosas novelas históricas: *Las lanzas coloradas* (1931) y *El camino de El Dorado* (1947). Uslar
Pietri ha superado el despego formalista de la novela his-

tórica tradicional, ha roto la barrera del tiempo y narra los acontecimientos de la Conquista y la Independencia con la ofuscación apasionada del testigo que se siente individualmente comprometido en ellos. Uslar Pietri narra, en cierto modo, como los novelistas de la Revolución Mexicana: se esfuma la perspectiva de los años y el cronista se convierte en actor; la condición social que va a moldear brutalmente la fisonomía de su patria le moldea también el alma. No hay prédica en su novelística, pero sí hay testimonio personal de un momento de crisis. La innovación más notable de Uslar Pietri en el terreno de la novela histórica es producto, precisamente, de su capacidad de proyectarse en la épica americana y de captar así un sentido actual, dinámico, de genuino humanismo en la mitología de la Conquista y de la Independencia. Uslar Pietri busca al hombre de carne y hueso perdido entre los folios polvorientos de la historia oficial y, cuando lo encuentra, le sigue en su aventura anónima a través de triunfos y derrotas, de hazañas y caídas, no para encasillarlo en un nicho conmemorativo, sino para dejarlo vagar por los campos y montoneras de la fantasía popular.

Anderson Imbert ha dicho de Uslar Pietri que "pasa al lado de los precipicios abiertos de la literatura romántica; pero no se desbarranca nunca. Al contrario, Pietri nos presenta movimientos de muchedumbres, no de héroes. El heroísmo de Boves, de Díaz, de Campos, es —como en las epopeyas— una luz rojiza apenas más visible en el fulgor de las lanzas coloradas de sangre que cubren los llanos como una muerte escandalosa. Esta perspectiva que deliberadamente lo confunde todo en marchas desordenadas y sueltas es la del impresionismo. Pietri ha puesto al servicio de un tema bárbaro las delicadezas de un arte impresionista" (*Historia,* pp. 355-356).

¿Cuánto no se ha escrito ya sobre las recientes novelas latinoamericanas que tratan el tema del dictador? Demasiado, no cabe duda, y sin embargo la bibliografía crece día a día. Para muchos fue coincidencia que tres importantes novelas —las de Carpentier, García Márquez y Roa Bastos—, interpretativas del caudillaje aparecieran casi simultáneamente. La verdad es que, a través de la historia de la novela hispanoamericana, la figura del mítico dictador ha llegado a ser un lugar común. No es ésta, naturalmente, la ocasión de pasarles revista a estas novelas, pero sí lo es para afirmar un hecho que, a primera vista, pudiera parecer extraño: y es que *Oficio de difuntos* parece ser de todas las novelas sobre dictadores una de las más significativas y, al mismo tiempo, una de las menos consideradas por la crítica.

¿A qué se debe esto? Creo que, entre otras cosas, a la particular idiosincracia de Arturo Uslar Pietri como novelista y, en particular, a la técnica empleada en ésta que pudiera ser su obra maestra. Si tratáramos de reducir a una frase la peculiaridad de la actitud novelística de Uslar Pietri en esta obra, podríamos decir que a causa de ella crea una versión cronológica y realista de la misma historia que Carpentier vertió en términos de un discurso barroco, Roa Bastos en un documento testimonial y que García Márquez reelaboró para carnavalizar la estructura típica del dictador.

¿Novela histórica? Tal vez, pero asimismo novela de profundo escarceo psicológico y hábil análisis político. No se nombra el lugar de los hechos, pero esto no resta ni densidad ni relieve a los incidentes que se van tejiendo alrededor de la figura principal del relato, el caudillo Peláez, una especie de Demetrio Macías nacido para manejar hombres, sin advertir nunca que al levantarlos los destruye y al perseguirlos los transforma en el único poder que da sentido a su historia personal: la virtud de la resistencia.

Uslar Pietri es de esos narradores que cantan. Su lenguaje fluye armonioso y dinámico a través de diálogos y monólogos y descripciones. Las situaciones van dando origen natural a una extraña asociación de personajes: el general Prato, el cura Solana, Elodia, Damián Dugarte. Es común entre narradores que novelan la figura de un caudillo el deslizarse hacia una simpatía inconsciente por el hombre que quisieran caracterizar como abominable. El Patriarca de García Márquez, por ejemplo, poco a poco se transforma en un viejo excéntrico que provoca risa, no odio ni repugnancia. El Presidente del *Recurso del método* no pasa de ser un dictador entretenido, pícaro atrabilario y astuto, mujeriego y matón, que podrá sorprender pero no escandalizar. En la novela de Uslar Pietri el caudillo se levanta paulatinamente, como fuerza de la naturaleza, de la inocencia campesina a la complejidad confusa y trágica del supremo victimario, víctima a su vez de tres enemigos invencibles: el poder, la soledad y la traición. Es un ser que convence por la autenticidad de sus errores, grandes como inmensa es su capacidad de hacer y deshacer, de querer y olvidar, dictador no para cumplir ambiciones mezquinas, sino para realizar sueños equivocados. De ahí que el lector no lo juzgue, sino que trate de comprenderlo, primer paso para simpatizar con él. Se trata de un desamparado campesino, triste hombre sin luces, viajero invisible de un tren perdido en la historia. ¿Cuántos coroneles de la reciente crónica política de Latinoamérica no están retratados en este general de puertas adentro cuyas huellas aún guardan el lodo y la bosta de los campos de su niñez?

Todo en la vida de Peláez es abrupto, violento, trastornado por pasiones y, sin embargo, nada hay en esta novela de violencia ni de apasionamiento. Se sugieren voluptuosas entregas de amantes desesperados y no se descubre aquí sexo de ninguna clase. El fluir del drama va entrelíneas, bajo el rumor suave de voces antiguas, con la sordina fatalista del típico mundo provinciano, olvidado, desarmándose.

En esta época de novelas estructuradas con instrumentos de arquitecto, la de Uslar Pietri es un bello y sombrío relato de una situación que de tan familiar nos conmueve y nos duele. Ya lo hemos dicho: su lenguaje, castizo y decantado, es más bien melodía triste y desolada. No es culpa del narrador, sino de quienes hacen para nuestro mal la historia de cada día.

Quien más cerca ha llegado a un planteamiento fundamentalmente ético de la violencia en la novela colombiana, es decir, a un equilibrio ante su fuerza dramática y su significación humana, sin recurrir a factores de artificio retórico, es EDUARDO CABALLERO CALDERON (1910-) en su novela *El Cristo de espaldas* (1952).

El relato, humilde en un principio, crece en significación y alcanza el valor de una parábola sobre la humanidad moderna y sus empeños de destrucción universal. Los detalles conciernen a una época negra en la historia de Colombia. Divididos entre rojos y godos, los habitantes de una pequeña aldea se calumnian, se roban, se asaltan y asesinan. Hasta ellos llega un joven sacerdote, recién egresado del seminario, con la palabra del Evangelio como toda arma. Viene a consumar un acto de renunciación suprema; sacrifica su carrera eclesiástica por la oportunidad de conducir al rebaño arisco. Llega un jueves y en los tres días que siguen revive la pasión de Cristo: trata de salvar a un inocente de las garras de la multitud que se abalanza a matarlo y, aunque lo consigue, su victoria es efímera; pronto cae vencido por la intriga venenosa de los pueblerinos, por los intereses creados que, desde la ciudad y entre decretos, misivas, sermones y proclamaciones, le tejen una red de calumnias. Solo, impotente, alumbra por un momento en su alma la rebeldía. Pero se somete. Los caciques ignoran, y no llegará tampoco a saberlo la jerarquía eclesiástica, que esa derrota encierra una victoria mientras más secreta, más trascendente, pues en el sacrificio recibe el don más preciado de la fe. Poseedor del secreto del crimen —que el asesino le ha confiado al borde de la muerte— calla bajo el mandato del dogma y, aceptando su castigo, comparte la pena del inocente culpado.

Caballero Calderón, comprometido en la interpretación de este conflicto que desangra a su patria, no siempre consigue mantener la objetividad y el equilibrio que exige un relato de esta índole. Se mueve entre la objetividad dinámica y dramática de Graham Greene —a quien se asemeja en no pocos aspectos de su arte de novelar— y la congoja filosófica de Albert Camus. Al igual que en *La peste* la forma alegórica parece amoldarse sin esfuerzo a las condiciones del hecho particular que se narra. Caballero Calderón apela a la conciencia del hombre para que constate la descomposición que sigue a la crisis de los valores morales y para que juzgue la efectividad que tendrán sus poderes físicos e intelectuales cuando llegue el momento de enfrentarse al acto de violencia definitivo. La diferencia entre ambos está en que Camus busca la fuerza salvadora en un escepticismo heroico y de humanitaria piedad, en un amor basado en la conciencia del desamparo. En cambio, Caballero vuelve a la fuerza inicial del cristianismo y, sobre un tema de los evangelios (San Mateo, X, 16-20) —la admonición de Jesús a sus discípulos sobre los peligros que encontrarán en su apostolado— elabora su epopeya del amor y del sacrificio individual. No es el Cristo quien ha vuelto las espaldas al hombre —es su mensaje— sino el hombre que le ha vuelto las espaldas a Cristo.

Libro airado, deja una impresión a la vez amarga y esperanzada. Está hecho de luces y sombras. Los personajes son de una realidad goyesca. El novelista los mueve entre lo sublime y lo diabólico, sin recursos retóricos. Por primera vez sentimos en una novela colombiana que la *violencia* es algo más que un factor dramático: en el fondo, es la marca de una época que en Colombia, asumiendo significación religiosa, política o social, empuja al hombre a un examen de sus valores éticos fundamentales.

La avasalladora prominencia de García Márquez ha oscurecido la significación de otros novelistas colombianos que profundizaron en el tema de la violencia desde posiciones distintas pero igualmente originales. ¿Cómo olvidar a MANUEL ZAPATA OLIVELLA (1920-), a GUSTAVO ALVAREZ GARDEAZABAL (1946-)? En *La calle 10* (1960) Zapata ha dejado un apasionante testimonio del asesinato de Jorge Eliécer Gaitán y de las revueltas que siguieron; crónica de ritmo ascendente, amplia y, al mismo tiempo, perspicaz en su percepción de los hechos políticos y los rasgos íntimos de los personajes centrales, la novela de Zapata Olivella ha tenido un fuerte y duradero impacto dentro y fuera de Colombia. De ella ha dicho John S. Brushwood:

"La prosa es clara, directa, contenida. Sin embargo, crea un sentimiento de gran ternura cuando el narrador habla de emociones con una sencillez que es siempre convincente porque carece de adornos. Hace vivir a la multitud a través de diálogos que no se identifican. La narración salta de una escena en una calle a otra y crea suficiente relación entre ellas para dar un sentido de unidad en los grupos, sin que el narrador desarrolle una trama convencional" (*The Spanish American Novel,* Austin, Univ. of Texas Press, 1975, p. 227).

Zapata Olivella, quien entra ya a los años de su producción más madura, representa en Colombia una línea narrativa que no limita su obra solamente a los temas de la negritud —presentes en algunos de sus más conocidos relatos breves—, sino que le permite experimentar vastamente con formas de narración fragmentada y con el libre uso de la simultaneidad temporal (véase su novela *En Chimá nace un santo* (1964)).

Alvarez Gardeazábal sigue otros rumbos. El suyo es un intenso afán por captar el mundo alucinado y violento de la provincia colombiana a través de una mitología que alude a un choque de poderes dentro de una sociedad fanática y contradictoria. Como en algunas narraciones de García Márquez, la fantástica realidad de estas gentes empecinadas y estrafalarias da un tono de ambigua ironía a la voz del narrador. Su novela más lograda, *El bazar de los idiotas* (1974) es una aventura literaria por el mundo de mitos antiguos que se mantienen en el sustrato religioso de una población condenada a creer para sobrevivir y a ilusionarse para inventarle un sentido a esta condenación. La luz y el peso de la gracia sobrenatural de los idiotas que hacen milagros confieren a la historia un trasfondo misterioso y mórbido. Con razón el profesor William L. Siemens, aclarando lo que pudiera entenderse como realismo mágico en la obra de Alvarez Gardeazábal, se aparta de las alusiones estrictamente literarias para buscar sus raíces en antecedentes bíbli-

cos y en las interpretaciones de religiones antiguas de Mircea
Eliade (cf. Raymond L. Williams, *Aproximaciones a G.A.G.,*
Bogotá: Manantial, Plaza y Janes, 1977, pp. 181-193).

Alvarez Gardeazábal es un escritor de numerosos registros, de palabra ágil, a veces vibrante y dura. Más que nada,
sin embargo, se le ve como un poderoso cronista y árbitro
de alguna provincia de sueños, densos, violentos, no muy
lejana de Aracataca, donde busca y crea consejas y discursos de resonancia social en estructuras básicamente poéticas.
Es bueno recordar algunos juicios de Michael J. Doudoroff,
uno de sus más sobresalientes críticos, a propósito de los
relatos breves de Alvarez Gardeazábal pero que también
pueden aplicarse a sus novelas:

"En estas narraciones el lector experimenta la destrucción humana, la venganza a veces directa, pero con más
frecuencia oblicua, los recursos de la voluntad individual
para constituir un simulacro de la justicia en un universo
en descomposición violenta, y la misma fuerza de esa violencia que se reduplica en las familias, que se refracta en la
psicología de los individuos, que se transforma en los actos
pero que no se disminuye ni se resuelve. Y a través de esta
experiencia el lector vive, comprende intuitivamente, y juzga
una sociedad enferma de impulsos autodestructivos... Alvarez Gardeazábal nos hace presenciar juegos prohibidos,
nos exhibe un mundo violento y perverso, y cuando estamos
menos prevenidos, con un mínimo cambio de perspectiva
nos convierte en cómplices" (*id.,* pp. 27-28).

NEORREALISMO: SEGUNDO MOVIMIENTO

ALEJO CARPENTIER (1904-1980) creó una novelística hecha de realidades esenciales, de universal comunión
en el drama social y filosófico del hombre moderno y concebida dentro del ámbito de la auténtica mitología americana.
Nació en La Habana, hijo de un arquitecto francés y de una
profesora rusa. Sus padres le matricularon en el Liceo
Janson de Sailly, en París, y luego de terminar sus estudios
secundarios se especializó en teoría musical e inició estudios

240

de arquitectura. Regresó a La Habana con el propósito de obtener un título universitario, pero no tardó en partir una vez más a Francia. La música le atrae especialmente, tanto en su aspecto creativo como histórico. Escribe cuatro "escenarios" para obras del compositor Amadeo Roldán: *La Rebambaramba*, 1928, ballet en dos actos; *El milagro de Anaquillé*, 1929; *Mata-cangrejo* y *Azúcar*, poemas coreográficos. Encarcelado en La Habana, a causa de sus actividades políticas, escribió en la prisión el borrador de su primera novela *Ecue-Yamba-O*, editada en Madrid in 1933. Al salir en libertad se establece en París, donde se dedica a la radiodifusión y al cine. Escribe el texto, prepara el *montage* y la sincronización de una película documental titulada *Le Vaudou*. En 1944 publica "Viaje a la semilla", relato breve en que se advierte ya su experimentación con teorías del tiempo aplicadas a la creación literaria. Visita Haití, en compañía del actor francés Louis Jouvet; producto de este viaje es *El reino de este mundo*, editada en México en 1949. Se radicó en Caracas donde desempeñó un alto cargo en una empresa publicitaria. Allí escribió *Los pasos perdidos*, publicada en México en 1953, que, traducida al francés, recibe el *Prix du Meilleur Livre Étranger* en 1956, y cuya traducción al inglés fue elogiosamente acogida por la crítica de los EE.UU. e Inglaterra. En 1957 publicó *El acoso* y en 1958 *Guerra del tiempo*, volumen este último que incluye *El acoso* y los cuentos "El camino de Santiago", "Viaje a la semilla" y "Semejante a la noche".

Se adhiere, después, a la Revolución Cubana y el gobierno de Fidel Castro le designa Director de Cultura. En este cargo Carpentier se desempeñó con especial brillo y dinamismo, ocupándose de orientar la producción editorial cubana en un sentido americanista y popular sin perder de vista los valores estéticos. De este período data su novela *El siglo de las luces* (1963) que, refiriéndose a la época de la Revolución Francesa y a la invención de la guillotina, traza un curioso y desconcertante paralelo con hechos históricos del siglo XX, sin que la alusión sea precisa, sin embargo. En esta obra Carpentier hace gala de su inmensa capacidad narrativa, acumulando episodios de pintorescas y dramáticas aventuras, jugando, al mismo tiempo, con cierta ironía de corte sajón. Pareciera que le atrae la posibilidad de crear un nuevo género narrativo: una especie de folletín moderno, rico en materia histórica y anecdótica, de fondo intelectual y, como se ha dicho, irónico, enmarcado en una audaz tentativa novelesca en que se combina el poético desenfado de un Apollinaire con la densidad óptica joyceana. Este aspecto de su obra dejará huellas más tarde en Vargas Llosa y Fuentes.

Desde *Ecue-Yamba-O* hasta *El acoso,* Carpentier se mueve en una búsqueda de las raíces mitológicas americanas con un afán de comprender los signos secretos que dividen su facultad creadora y su conciencia social. Fundamentalmente, le obsesiona la idea de traspasar los límites del tiempo, de superarlos y conseguir una síntesis histórica monumental en que el hombre cambia de circunstancias pero no de esencia y, en el fondo, repite una eterna fábula cuyo diseño es posible captar y fijar en la obra de arte.

Ecue-Yamba-O es una novela semi-documental sobre el mundo mágico primitivo en que vive un sector de la población negra en Cuba. Parte importante juegan en ella los ritos religiosos, las ceremonias de iniciación, las fórmulas de encantamiento, el substrato ñáñigo de gentes que viven en una etapa de representación colectiva, prelógica y mística, en el medio mismo de una civilización moderna. El héroe, Menegildo Cue, simboliza en su pasión y muerte el destino de su raza; va de la exaltación a la derrota, del juego aspaventoso de puñales, sones y guitarras, al abismo iluminado de los mitos que consagra desangrándose. El sexo, la violencia, la oración mágica, le preparan para el martirologio. Carpentier no elude el tema político. Menegildo ha visto cómo una empresa yanqui usurpa las tierras de los campesinos cubanos, incluso las de su padre. El negro pierde sus plantaciones de caña de azúcar ante el poder ilimitado de las compañías que avanzan con su aparatoso material técnico de último modelo. Los abuelos recibieron cierta compensación a cambio de las tierras; sus descendientes, en cambio, pasaron a ser peones y, muy pronto, esclavos. Menegildo ve el robo de que es víctima su padre y presiente, a su vez, que su propio hijo, a quien no llega a conocer, habrá de heredar la esclavitud no escrita, que es su patrimonio. Desde la política va, sin transición, al rito ñáñigo, y en el frenesí de estas corrientes que le turban con visiones místicas, prisionero de fuerzas ancestrales que se revuelven hoy en la alcantarilla del suburbio, al ritmo de húmedos tambores y en una bruma de licor barato, Menegildo cae con la yugular cortada. Los negros rezan, cantan y procrean en la tierra colorada y verde y mueren en la miseria de los bohíos.

Como una sombra lujuriosa, de suaves relieves, fuerte en su primitiva pasión y en su silencio, la imagen de la negra Longina parece acaparar el único símbolo amable en la historia: de algún modo se presiente que, acaso en la amplitud de su entrega y su heroísmo, hay una esencia de la tierra que rehusa reconocer la destrucción impuesta desde afuera y se afirma, se aprieta en su propia entraña y, con irresistible energía, suelta una semilla nueva y victoriosa. Esta mujer-sombra, en cuya presencia se atisba solamente un mensaje, se tornará espléndido tipo de mujer-símbolo en *Los pasos perdidos.*

El reino de este mundo es una fabulosa novela de aventuras basada en episodios verídicos de la historia de Haití. El propósito de Carpentier es demostrar que el mundo fantástico de la poesía maldita del siglo XIX, de la *negritud surrealista,* es una *realidad* en América. Carpentier escribe como los cronistas españoles de la Conquista para un público europeo. Intenta probar a gentes que subsisten de la quintaesencia del artificio que en América existe un depósito activo de fuerzas mitológicas, cuyo funcionamiento en el terreno del arte da *realidad* a todo un sistema de símbolos que la cultura europea no concibe sino en un plano estático, abstracto. Lo que en la tradición surrealista es *caos organizado,* en su obra es un caos natural e irracional; lo exótico se convierte en primitivismo auténtico. El realismo de Carpentier no encierra una idealización de índole romántica: vive de una constatación de hechos históricos que se tornan leyenda en la imaginación del pueblo y actúan, luego, como mitos desde una subsconciencia colectiva. Seleccionando los episodios, presentando a sus personajes —Mackandal, Bouckman, Henri Cristophe, Paulina Bonaparte— en un momento culminante de sus increíbles aventuras, ordenando los objetos y el paisaje desde un ángulo que agudiza la incongruencia y el absurdo poético, la historia adquiere en manos de Carpentier un aire de locura, un frenesí de pesadillesco movimiento, una riqueza de asociaciones que tan pronto tocan a los sentidos como al intelecto. El mundo de la violencia, de tiranía sangrienta, de violaciones, asesinatos, que es la isla descrita por Carpentier, emerge esquemático, directo, alucinante. Vive en un lenguaje de símbolos, tan vibrantes, aun en su escueta dureza y en la suspensión del tiempo en que el autor los fija a través de luces y sombras, que el relato se desprende de la historia y nos desconcierta con todas las caras de su múltiple realidad.

El héroe de Carpentier en *Los pasos perdidos* es un hombre consumido en el vacío espiritual y la presión que genera la decadencia del mundo moderno. Su rutina consiste en mantener la eficiencia de la angustia, en dar respetabilidad al cinismo, en embellecer la mentira y la simulación, en coronar la podredumbre colectiva e individual con un halo de serena superioridad burguesa. En el fondo, los hilos que sostienen su representación están a punto de cortarse, la angustia es ya desesperación. Parte en una expedición al Orinoco y cree descubrir el camino de su salvación. Su peregrinaje en la selva es parábola que hace pensar en *La vorágine* de Rivera. Como Arturo Cova, el héroe de Carpentier es fugitivo de una decadencia. Ambos se acompañan de una mujer que representa lo que, subsconcientemente, anhelan destruir. Mas, no ha de confundirse el móvil fundamental de una y otra obra. La selva de Rivera está vista a través del vocabulario preciosista del modernismo romántico y de la conciencia social surgida en la crisis del capitalismo que siguió a la Primera Guerra Europea. La selva de Carpentier, sin constituir una idealización literaria, como la de Hudson, por ejemplo, es un mundo mitológico interpretado por encima de la historia y descrito en un lenguaje pleno de símbolos de ascendencia surrealista pero de base concreta, contemporánea, autóctona.

En un plano, la expedición de *Los pasos perdidos* repite la hazaña de la Conquista —en pleno siglo XX— y descubre el secreto de la cópula fabulosa de dos culturas. En otro plano, de más honda proyección, el héroe duplica la aventura de Ulises y la visión de cada soñador que buscara en nuestro continente la Tierra Prometida. Encuentra él la fuente de la felicidad pero, bajo el implacable ojo de Dios, la abandona, creyendo que ha de regresar, sin advertir que abandonándola, aunque sea efímeramente, ha renunciado a ella, pues ella no puede durar sino el instante de la posesión.

El lenguaje de Carpentier se levanta como una catedral en la selva, se asienta o vuela, se ilumina o se ensombrece, se retuerce o se estiliza, estalla en colores, o se afirma en pátina de pintura antigua. Es, al fin, instrumento mágico. No es una acumulación de sonidos soplados en cuerno sonoro y hueco, al modo del preciosismo verbal que se ha denominado tradicionalmente "tropicalismo". El frenesí de sus extensas y minuciosas descripciones es controlado; es, en una palabra, estilo, que bien pudiera denominarse neobarroco pues representa la adaptación de una fórmula artística europea a la idiosincracia nativa de América.

En la Francia de principios de siglo se ha soñado una América y un Africa surrealistas, como Chateaubriand soñó una América romántica. La Atala coronada de plumas y quetzales ha tenido su contraparte en una Atala nocturnal, totémica, abierta y herida por cúmulo de símbolos fálicos. Carpentier reconoce la engañosa dualidad y, por intermedio de un personaje, alude a ese veneno de la pueril idealización o del símbolo superimpuesto que pudiera desvirtuar la autenticidad de la aventura del héroe. Porque este héroe, aunque movido aparentemente por una vieja utopía romántica, aunque en momentos de laxitud sexual confunda el claro de la selva con la selva misma y crea ver en la mujer que le sigue, le cocina, le refocila y le ampara, una especie de alegoría telúrica —algo así como un tambor de guerra de espaldas— pronto es sacudido por el impacto de las realidades elementales. Tan pronto se aleja de la ciudad escondida, su Atala se acopla con otro colono, pues, según lo expresa un personaje en la novela: "ella no es Penélope". La pierde porque no era posible acomodarse a la orilla de la Fuente de la Juventud como en un balneario de aguas termales. Ha llegado tarde; ha vislumbrado el secreto camino al lugar de origen; se llevará consigo la inefable visión, pero no ha dado término a su aventura. Por el contrario, los caminos a la ciudad escondida se cierran y cuando vuelven a abrirse a nada conducen, pues el héroe, aunque vence al tiempo, no descubre el sendero de su propia liberación interior, sino recursos exteriores, avances, señales, ayudas de inconclusa índole, que ha de someter una vez más al juicio y al poder de los incrédulos.

En los tres relatos que Carpentier reúne bajo el título de *Guerra del tiempo* —"El camino de Santiago", "Viaje a la semilla" y "Semejante a la noche"— así como en la novela *El acoso,* experimenta con una idea que parece haberle obsesionado largamente: la de romper las márgenes artificialmente sólidas del tiempo y de integrar el pasado, el presente y el porvenir en una duración, a la vez, estable y voluble, cuyo eje puede ser una persona, un acontecimiento o una vida íntegra. La idea, por cierto, no es del todo original: entre otros, la han aplicado a la creación literaria John Balderston en su comedia romántica *Berkeley Square* y Virginia Woolf en su novela *Orlando.* Las historias de Carpentier van situándose caprichosamente más allá de las unidades convencionales del tiempo hasta establecer en su movilidad, a través de "años" y aun de "siglos", un armonioso fluir en que se identifica con alucinante claridad la raíz del destino humano.

La Vanguardia de los latinoamericanos del año veinte fue, en la mayoría de los casos, un viaje de ida y regreso, pero el regreso resultó genuino sólo en contadas veces. Cuando uno advierte los cambios que Borges le ha hecho, a través de los años, a su primerizo libro *Fervor de Buenos Aires* (1923) con el propósito decidido de borrarle su ultraísmo, se comprende la verdadera índole del *regreso* a que me refiero. Huidobro volvió a Chile, pero de la Vanguardia no retornó jamás. En cambio, Asturias y Carpentier sí regresaron, aunque no por la misma ruta que Borges.

Es el momento, entonces, de señalar aquí un paso que, desvirtuando a la vanguardia, no la descalifica en realidad, sino que la cuestiona, le enmienda el rumbo y, a la postre, la enriquece asentando en nuestra narrativa un discurso neobarroco característicamente americano. Este es el paso que dan Asturias y Carpentier, graduados ambos del surrealismo al servicio de la revolución. A su modo, desenfadado y paródico, lo ensayan también, es claro, Huidobro en *Sátiro* y *Tres inmensas novelas* y Juan Emar en *Miltin*. La coronación del movimiento, sin embargo, la representan MANUEL MUJICA LAINEZ (1910-1985) con *Bomarzo* (1963), JOSE LEZAMA LIMA (1912-1976) en *Paradiso* (1966), ENRIQUE MOLINA (1910-) en *Una sombra donde sueña Camila O'Gorman* (1973) y SEVERO SARDUY (1937-) en *De donde son los cantantes* (1967).

La línea de este barroco es sinuosa y contradictoria. Ya se ha visto cómo maneja Carpentier la fórmula surrealista para descifrar lo "real maravilloso" de su mundo latinoamericano y cómo Asturias va más lejos y, descartando la maravilla, busca lo mágico en el sustrato social de Centro América. En el lenguaje se encuentran, pero mientras Asturias persiste en el uso de la imagen como instrumento cognoscitivo, Carpentier baraja el hecho histórico y la crónica para desmitificar una realidad cargada de tergiversaciones. Serán, pues, Mujica Laínez, Lezama Lima y Molina quienes van a sobrellevar con inocencia y audacia la corona del más puro barroco en nuestra narrativa del medio siglo. Con el paso del tiempo es el "super-libro" del cubano Lezama Lima el que atrae la atención de la nueva crítica.

¿Cuántos, en verdad, pertenecen a ese club del cual decía

247

Cortázar a propósito de Lezama Lima: "Lector contadísimo de *Paradiso*, un club very exclusive, el de los pocos que como usted han leído *Der Mann ohne Eigenschaften, Der Tod des Virgils* y *Paradiso*"? (*La vuelta al día en ochenta mundos*, México: Siglo XXI Editores, 1967, p. 135).

Francamente, no me atraen las condiciones de ingreso al club, y no me refiero al esfuerzo —confieso que he leído el *Vasauro* de don Pedro de Oña de cabo a rabo—, sino tal vez porque la concepción de *Paradiso* incluye tantos elementos ajenos a la novela que planta en mí una tremenda duda, no sobre sus méritos, sino sobre su eficacia y legitimidad narrativas.

Paradiso no es, por supuesto, ni una historia ni una crónica, sino un ensayo lingüístico donde se pone la intuición, una "mirada interior" (cf. Cortázar, p. 148), en función de captar el sentido permanente y la existencia mágica de personas y cosas dentro de las palabras y la metamorfosis de las palabras en artefactos de una super-realidad.

Lezama Lima no narra: especula, discute y describe. Su forma de expresar una ficción comparte el principio básico de la Vanguardia: busca lo real en el desmantelamiento y reconstrucción de la realidad ambiente. Su credo pudiera ilustrarse con *Las Meninas* (17 de agosto de 1957) de Picasso. El narrador de *Paradiso* no ve una realidad, ve múltiples realidades y a todas les siente una pluralidad en potencia. Es un eterno proponedor de temas a los cuales se les asigna una existencia metafísica por medio de la acción de los personajes. No son, por lo tanto, las cosas que le atraen, sino lo que puede extraer de ellas en un parto de índole doble: intelectual y sexual. Su proceso creativo es adivinatorio, poético y erudito.

Sin embargo, explicando su novela a Reynaldo González, Lezama Lima adopta un tono de descuidada sencillez para referirse a su estructura: "Podemos decir que si tomamos la novela y la fraccionamos, nos quedamos con tres temas. El primero: el de la madre, su presencia en la familia. Luego, la apertura del compás; el tema de la amistad y, a través de ella, lo paradisíaco del mundo y el encuentro de la palpitación de los otros, que hacemos nuestra. Luego, el ente de la lejanía, *Oppiano Licario*. Para retomar nuestro curso: por la amistad de la gente más joven me siento de nuevo en ese recorrido que me lleva de la magia de la niñez al concepto de la infinitud. Lo más cercano y lo más lejano, en pormenores de experiencia y de asimilación" ("Lezama Lima: tránsitos de la memoria", en *La Jornada Semanal*, México D.F., No. 34, 12 de mayo de 1985, pp. 1-2, Idem, No. 35, 19 de mayo de 1985, pp. 4-6).

Compárese, no obstante, este modo plácido y abierto, con la complejidad de su respuesta al preguntarle Reynaldo González acerca de la continuación de *Paradiso:*

"Será mi obra en la cual diré lo que tenía que decir. Porque, como te he dicho muchas veces, yo no soy un novelista profesional, soy un novelista de una sola novela, de un solo momento en que creí que tenía que escribir una novela.

"En el segundo tomo, pues, aparece Fronesis en Europa y aparecen las relaciones que tuvieron en La Habana con Inaca Eco Licario, la hermana de Oppiano Licario. Entonces, todo el recorrido que hace Fronesis por Europa, que lo asemeja al aprendizaje de Oppiano, viene siendo como aquello que decía Cristo: 'Este que ahora se llama Juan, antaño se llamó Isaías'. Fronesis viene siendo en Europa la segunda metamorfosis de Oppiano Licario en los años de aprendizaje.

"La última vez que tú lo viste, después de *Paradiso*, aparece en la Catedral de La Habana, entre un inglés alcoholizado, un adolescente alucinado y el padre de Foción, que es el médico aquél, un poco alquimista, que es tan loco como su hijo. Entonces, claro, entre un hombre alucinado por las pasiones de un adolescente —que sólo por conducirse en las palpitaciones de su sangre ya va 'de vuelo', dado al eros del conocimiento— y alucinado por un loco, pues, es favorable crear la aparición de la imagen, que prefiere casarse con el hijo del loco, de Foción. Es decir: la unión de la imagen con la locura."

Si se considera que Lezama Lima cuestiona y juzga su novela desde adentro, además que teoriza provocando al lector a un juego cómplice y creador, las claves de su arte deberán buscarse siempre en la especulación conflictiva de los personajes. ¿Qué mejor explicación del barroco, de sus altos y bajos, de su suerte con la crítica, que el discurso de Cemí a propósito de Cervantes, de Góngora y Garcilaso, el Inca, ante el respetuoso y admirativo silencio de Fronesis? (cf. pp. 256-257).

El culteranismo de sus héroes funciona como un nimbo que resalta y oculta al mismo tiempo las figuras, acciones e ideas que les fascinan. Su destino es brillar en medio de la oscuridad, deslumbrarnos con la audacia de su indecisión, conmovernos con la inocencia de su loca aventura. Con razón dice Cortázar: "Lezama no es sólo hermético en sentido literal por cuanto lo mejor de su obra propone una aprehensión de esencias por vía de lo mítico y lo esotérico en todas sus formas históricas, psíquicas y literarias vertiginosamente combinadas dentro de un sistema poético en el que con frecuencia un sillón de Luis XV sirve de asiento al dios Anubis, sino que es formalmente hermético, tanto por un candor que lo lleva a suponer que la más heteróclita de sus series metafóricas será perfectamente entendida por los demás, como porque su expresión es de un barroquismo original (de *origen,* por oposición a un barroquismo lúcidamente *mis en page* como el de un Alejo Carpentier)" (*La vuelta,* p. 137; véanse también pp. 140-141).

Inocente, sí, en un sentido de pureza esencial; primitivo americano, no, puesto que su absorción de la filosofía griega descarta el azar, implica una entrega deliberada.

Romántico por instinto, Lezama Lima se obsesiona con la significación misteriosa de la *enfermedad,* su poder de incitación, sus reflejos sexuales, su energía disociadora y su exaltación del caos:

Foción era un enfermo que creía que la normalidad era la enfermedad. Su energía mal conducida, su fiebre permanente no aparecía en momentos excepcionales, sino que le era connatural. Su precipitación fuera de todo ritmo de penetración y de retirada, lo hacía acercarse a las posiciones desplazadas por los otros, tratando de llevar, de traspasar lo que él creía que eran las normalidades de su caos, siempre en estado de hervor; por eso sólo sentía el frío, la indiferencia de los demás (p. 294).

Como Hans Castorp, el personaje de Thomas Mann, el narrador de Lezama Lima se sumerge más allá de tejidos, conductos y órganos en busca del frenesí sexual, invade con su ojo todopoderoso la interioridad palpitante y oceánica del ser amado en un ansia de perderse y transmutarse; la identidad de la posesión desaparece. Entre un conducto y otro se glorifica y mitifica el tubo intestinal y sus repentinos orificios; en la ondulación monstruosa el ritmo de la vida se fija en un abismo ancestral.

Ante el fenómeno del homosexualismo, sin embargo, el narrador retrocede como cegado por luces violentas. Se cubre de metáforas insólitas, se oculta, insinúa, sublima y recobra aliento, al fin, en un estado de abandono intelectual y físico deslumbramiento. Pero, es el candor que domina, el pudor que puede más, por muy alambicadas que sean las entradas y dolorosas las caídas:

Oyó por los últimos peldaños un deslizamiento aceitado. Percibió a Baena Albornoz, con una toalla enrollada en la cintura, dirigirse en busca del novato que lo esperaba con su lanza pompeyana en acecho. Lucía el atleta mayor toda la perfección de su cuerpo irisado por el neón retrogerminativo. El Adonis sucumbía en el éxtasis bajo el colmillo del cerdoso. Los dos condenados, que al principio estaban de pie, recorridos por la tensión de la electricidad que los inundaba, se fueron curvados relajados por la parábola descendente del placer. Entonces, el Adonis en la expiración del proceso, empezó a morder la madera de un extremo de la camera. El grito del gladiador derrotado que antaño había mordido en un poste del campo de lidia, era semejante a la quejumbre que emitía al rendirse al colmillo del jabato, metamorfoseado en novato triunfador. La onda de recuperación en la dicha, avivó sus sentidos para descubrir en el primer descanso de la escalera la burla y la malignidad del coro de los remeros que testificaban su humillación (p. 262).

En cuanto a la ya célebre discusión sobre el homosexualismo entre Fronesis y Foción, no diremos sino que se trata de un diálogo socrático de altísimo nivel retórico, un dúo erudito de terrores enamorados y recelosos, una pastoral finísima en que las palabras actúan como caricias de amor, de celos y expectativas. Tan grande es la pasión, tan al unísono van las voces que, interpenetrándose, subsisten, al final, en el tono y el reguste y agotamiento de una sola voz múltiple, alzada en un acto de gemido y fervor.

A estas alturas se pregunta uno ¿y qué es entonces *Paradiso,* este libro grande y llameante, como un bulbo, flor de verano o corona imponente por impúdica que crece desde el fondo de la nieve? ¿Es un tratado? ¿Una confesión? ¿Un oráculo? ¿Un ejercicio de lengua y boca facilitado por el placer solitario de un escriba platónico? ¿Pena, desamparo, angustia del atleta vencido, boca abajo, buscando el filtro que no llegará jamás a saciarlo?

Me parece que *Paradiso* es la gran metáfora de una pubertad revelada en los equívocos de una sociedad moribunda, es un despertar tanto como una renuncia, descubrimiento de la plenitud clásica en la palabra y el estilo de los griegos, alborozo y decepción, opulento coro de jóvenes cubanos al umbral de un renacimiento que se presiente pero no se comprende del todo, recuento de una decadencia prematura, no ya de la "vieja familia" que tanto preocupa a novelistas de otros ámbitos, sino de los viejos valores, desafiados, probados y vencidos.

Muchos latinoamericanos han narrado antes la pasión de la rara flor en novelas más bien blandas, no por falta de pericia y arte, sino por falta de audacia y valentía. Algunas de estas novelas se han convertido en lecturas memorables, *Pasión y muerte del cura Deusto,* de Augusto D'Halmar, por ejemplo; otras quedan flotando entre vientos contrarios: *El bebedor de lágrimas* de Hernández Catá. Nadie describió la pasión homosexual antes con la exquisita, sabia y honda delicadeza de Lezama Lima. No es un tema que lance al desgaire, lo mide y entrega con virtuosismo. Sería un error, sin embargo, enredarse en el tema erótico de este libro y obsesionarse por eso de exterior alucinante que seduce en sus descripciones sexuales. El riesgo lo propuso el mismo Lezama Lima pero, al fondo, cuando la sonajera de cuerpos se acalla, es otro el tono y otro el hálito que Lezama defiende: "Sabían que el conformismo en la expresión y en las ideas tomaba en el mundo contemporáneo innumerables variantes y disfraces, pues exigía del intelectual la servidumbre, el mecanismo de un absoluto causal, para que abandonase su posición verdaderamente heroica de ser, como en las grandes épocas, creador de valores, de formas, el saludador de lo viviente, creador y saludador de lo amortajado en bloques de hielo, que todavía osa fluir en el río de lo temporal" (p. 350).

Si estas frases pueden parecer altisonantes, aunque conscientes de un deber humanístico al plantear las motivaciones de los jóvenes filósofos, en otro lugar el narrador es más directo y claro al describir la naturaleza de la pasión que sienten los jóvenes eruditos, elegidos de los dioses:

Fronesis ejercía la fascinación de la plenitud de un desarrollo en la adolescencia. Entre los quince y los veinticinco años, determinados seres ofrecen una gravedad visible y una embriaguez secreta, que en realidad parece un ofrecimiento de la vida a la muerte, no rendírsele torpemente a la muerte, sino rendirle una alabanza, desde la raíz misma de la vida, como si presintiesen la risa de los gránulos entreabriéndose en el dorado de la nueva estación. Si esos seres mueren al tiempo que se extingue su adolescencia, se convierten en mitos anhelantes en el círculo donde se desenvolvieron, en el escenario, dilatado o simplemente amistoso, en el que su vida se fue realizando. Si por el contrario, gozan de años y venturas regaladas, entonces parece como si hubiesen tenido un destino adverso, se les ve y se les recuerda en este paréntesis de horas privilegiadas, en que su gravitación y la fuerza que los hizo vivir como seducidos por algo secreto, alcanzó su medida más alta. Cemí no había conocido a nadie como Fronesis que tuviese una más natural adecuación a la fuerza y a la seducción de la cultura viviente y a ese precio que las horas nos imponen por su deslizarse y por la oportunidad que nos brindan (p. 346).

Luego aparece la breve y desquiciadora confusión, el amor que inventamos para conseguir nuestro rescate del tiempo que no nos pertenece:

El error aportado por los sentidos de Foción al acercarse a

Fronesis, consistía en que aquella imagen era la forma que adquiría para él lo insaciable. Pero así como intuía que jamás podría saciarse con el cuerpo de Fronesis, pues hacía tiempo que estaba convencido que, sin siquiera proponérselo, Fronesis jugaba con él, adquiriendo una perspectiva donde al final era siempre grotescamente derribado del caballo, no obstante, había hecho una transposición, en la que su verbo de energía sexual ya no solicitaba el otro cuerpo, es decir, ya no buscaba su encarnación, ir del hecho al cuerpo, sino, por el contrario, partiendo de su cuerpo, lograba la *aireación,* la sutilización, el neuma absoluto del otro cuerpo (p. 347).

Y por fin se nos da razón pura del gran amor florecido a la luz de la sabiduría clásica:

La amistad de Fronesis y Cemí estaba sostenida por una sorpresa que ambos habían asimilado con una alegría que vencía sus soledades, los abusos de su soledad de adolescentes. Era esa amistad de compañía, sin la que la soledad se vuelva sobre sí misma y el yo comience a lastimarse y a gemir, al sentirse incesantemente dañado. Cemí había sentido como una sorpresa, una sorpresa que era un preciso regalo, la llegada de Fronesis a su ámbito, que a su edad más se muestra en sus rechazos que en su aceptación. La cultura, el ancestro y la profunda cortesía de gestos y de sentimientos, mostrados siempre en una precisa oportunidad, se conjugaban en él con una fascinación que hacía su compañía siempre dichosa (p. 348).

Lo que sigue es cortesano juego, deleite y dulce sufrimiento, refinada parodia también de pastoriles pleitos universitarios celebrando el rito del pecado y la salvación en el atrio de un templo cuyas sudadas puertas no sabemos si acaban de cerrarse o si están a punto de ser abiertas. Pocos años pasarán y de toda esa espuma dialéctica no quedará sino leve marca en el suelo mojado del Malecón. Soplarán frondas de cambios; desde las montañas bajará otro sentido de descubrimiento y, esta vez, sí sabremos que las puertas de la ciudad van a abrirse de par en par.

Lezama Lima, grande, oscuro, reposado, envuelto en sus ropas de mago, poeta y filósofo, seguirá soltando sus volutas de humo, aromáticos anillos del habano, inaccesibles y persistentes, ruedas de algo que en realidad no se movió nunca, círculos donde adquiere forma y límites la nada.

La sordera universal, como se sabe, precedió y siguió, pero no coincidió con el desarrollo de la llamada anti-novela. De ahí que en la crítica formalista de años recientes se den tantos y tan brillantes diálogos de sordos. Un afán, en sus comienzos noble y, luego, desatado, empírico, trasgresor, por llenar hasta el último intersticio del tapiz narrativo, llevó a cierta novela cubana a enroscarse culebrinamente dentro de su propia voz y, como un resorte, a dar saltos mortales. Fue un instante de lujo, cargado de resonancias callejeras —las mejores— teatrales, nocturnales, de soliloquios y diálogos de espesa sabiduría y autodestrucción. Como un grandioso escenario que se derrumba arrastrando bambalinas, actores, actrices y apuntadores, la avalancha retórica hizo resaca, bajó, se extendió y volvió, fue espuma desplomada sobre Habana, la vieja, y entró por salones que ya estaban pasados de maduros, a punto de hundirse en su voluptuoso preciosismo.

Lezama Lima, con voluntad clarificadora y brillo expositorio, supo levantar su magno frontispicio, colmarlo y convertirlo en discurso epicúreo en defensa del derecho a narrar el movimiento multidimensional de su propio lenguaje barroco. Construyó oraciones como edificios para darnos una visión sublimada de un mundo heroicamente sensual. Cabrera Infante, por su parte, reveló la función de envoltorio que el lenguaje puede desempeñar cuando en vez de palabras se arma una novela con espejos y bisagras en libertad. Quedaba para otro cubano la tarea de liberar en su estructura los significados del lenguaje culto y popular de su época, provocando el aborto de la sintaxis por medio de nexos que no encajaron nunca, y de hacer con el principio de causa y efecto una juntura de perros, insoluble e insaciable.

SEVERO SARDUY (1937-) intentó narrar por primera vez en su tierra una novela ininteligible desde la primera bella línea hasta la última, en cientocincuenta y tantas páginas de asombroso virtuosismo caribeño. De muestra un botón: *ars poética, De donde son los cantantes:*

Tú tienes un perro sarnoso, sarnoso digo por ejemplo, pues bien, tú coges el perro, que es la palabra, le echas encima un cubo de agua hirviendo, que es el sentido justo de la palabra. ¿Qué hace el perro? ¿Qué hace la palabra? Conque ésas tenemos: perro-palabra, agua-sentido: he aquí las cuatro partes. ¡A cogerlas! ¿Quién le pone el rabo al burro? He aquí el resumen de mi metáfora: palabras cojas para realidades cojas que obedecen a un plan cojo trazado por un mono cojo (México: Joaquín Mortiz, 1967, pp. 58-59).

Cojas o no cojas, dos hembras, con ocasionales mutaciones muy confusas, Socorro y Auxilio, recorren el mundo de color y sudor en busca de la Fe, pues la caridad ya la tuvieron y la derrocharon. Su tránsito es más movido que el del cometa Halley, por atardeceres, anoheceres y amaneceres; pícaras de Flandes son ellas en el camino de Santiago, en aventuras desvencijadas con obispos y generales, con vagos, esclavos, marineros, pecadores y arrepentidos. Peripecias de poca monta, es decir, hasta que un mortal aparece caminando sobre las aguas y, muertas de amor, comprenden el sentido ulterior de su deambular tan verónico: a quien buscan es a una deidad para desmitificarse y mitificarla, una vez que la peguen con cola, le atornillen el esqueleto y le arreglen su peluca de espinas.

Entonces comprendemos la belleza redundante de esta *appassionata* barroca, su propósito desdichado, su ánimo de farándula: el narrador ha bromeado en fastuoso jolgorio para llegar a la profanación mayor, a la recrucifixión de Cristo.

Nadie armó jamás una trampa tan sabrosa, rica y rebosante de ingenio, tan descaradamente condenada. ¡Crucificar a Cristo en su mecanismo de hombre! Oigamos:

Lo reanimaba el aroma del café carretero —acostumbrado como estaba al del incienso—, ese tufillo adobado que emanaba de las mesas. Le encantaba que le corrieran detrás, que le gastaran a besos la madera de los pies, que lo perfumaran con agua ardiente. Quería que le rogaran, pero con tiples y güiros; quería ángeles con palmas reales. Se creía que era un patriota, un orador martiano detenido en los hilos de un grabado. Se imaginaba en un gesto de arenga, subido a una tribuna tricolor, o echando a pelear a un gallo de pelea con las manos callosas, sus plumas cruzándole el rostro reseco y oliváceo. Le hubiera gustado que atrás se viera un cielo azulísimo, un sol de niebla dura y un cuarto menguante, varios cometas. Tenía vocación de redentor el rubito, le gustaban las banderas (p. 128).

Quien así narra y editorializa clama por los organilleros del mundo, canta con voz atacada de risa, ostenta belleza de fruta pasada y posee turbadora presencia. Hasta el momento. Porque al pecador se le traspone la voz y, cuando le cae el tejo, a conciencia, sin conciencia, el verbo se le diviniza y, entonces, es cosa de oírlo para maravillarse, de guardar silencio, escuchándolo a fondo, para redimirse en su milagro.

Sarduy explica el texto en una nota final, plena de ingenio, como todo lo suyo, pero, a mi parecer, innecesaria. ¿Qué importancia tiene la ascendencia cultural de estos mitos, si es en el plano presente y en la experiencia individual del narrador que ellos se mueven y nos conmueven? Sarduy escribe el reverso de una novela, no el lado terso y fino de lo que habrá sido una pasional aventura habanera en años de decadencia. Su lenguaje es nuclear y se enfoca a sí mismo. No es la acción que dinamiza al relato, sino la reacción trasmutada en palabras y éstas en tergiversación de los personajes. He aquí un mundillo escandaloso que, de pronto, se independiza de sus actores y los trastorna en su expresión y en su conducta. Acuario desordenado, tinglado en que se confundieron los hilos del titiritero, desenfreno supremo, todo apunta hacia la consumación de los siglos en el sangriento acto paródico final.

La culebra se tragó la cola y queda para la nota explanatoria predecir por dónde habrá de salir. Por su parte, la novela se tragó la suya. Otros continuarán el rito. Sarduy, a mi juicio, debió cerrar para siempre el ciclo. No ha sido así. Publicó *Cobra* en 1972. Ganó el Premio Médicis.

El venezolano SALVADOR GARMENDIA (1928-) también ha ganado premios, pero su reputación ha crecido lentamente, sin escándalos ni bullarangas, acaso porque su novelística apunta hacia uno de los costados más dolorosos de la condición existencial del nuevo mundo. Sarduy redondeó el arte de relatar una fábula que subsiste estrictamente en una imagen de sí misma. El narrador de Garmendia subsiste, igualmente, en medio de imágenes, pero éstas sirven un propósito ético puesto que aluden a la angustia de un siglo que sus tristes personajes contribuyeron a condenar y enterrar.

Como un collar de hierro, vidrio y cemento, fabricado sin planes, estrategias o visiones, la armazón de la gran ciudad latinoamericana está destinada a reventar y convertirse en una réplica de la callampa de humo atómico que coronó la Segunda Guerra Mundial. México revienta de vez en cuando. Un día de estos no quedará de ella sino unos pocos tornillos, unas cuantas llantas y algo de gas en carrocerías y cafeteras carbonizadas. Por razones extrañas, Caracas no ha estallado todavía. Y uno se pregunta si en la organización de su pasmosa complejidad e incongruencia no hay un plan piloto secreto que permite evacuar los venenos, los gases, y la indigestión acuosa de sus poblaciones fantasmas.

Morirán las ciudades y quedará siempre la miseria, se dirá, y esto sugiere un tema que al parecer no interesa cuando se habla de novelas latinoamericanas. Porque la miseria del hombre contemporáneo generalmente no se describe en ellas para evaluarla en sus esencias, sino para desplegarla como consigna, para gritarla, denunciarla y condenarla a grandes voces.

He aquí que un narrador mira tal miseria y la ve de un modo peculiar. Comprueba sus detalles, los observa, sigue y persigue en su horrenda intimidad, sin intentar reflexiones sociológicas ni imponer ideología alguna, los marca y compara incansablemente, moviendo su ojo clínico desde el ámbito de la ciudad hasta el hoyo donde se cultivan los caldos, concentrándose, al fin, porque no puede evitarlo, en presentar la actividad de la miseria dentro de las entrañas del hombre, la mujer, el niño y el viejo que la sufren. Su lenguaje no es ni descriptivo ni discursivo. ¿Otra clase de literatura?

Exactamente: una visión elefantiásica y activamente desordenada del proceso de la muerte por descomposición dentro de la rutina diaria, la enfermedad y la podredumbre de la ciudad que se ha convertido paulatinamente en una mitológica alcantarilla. No le basta a este narrador constatar la hediondez del organismo social, necesita darle una realidad que los sentidos puedan comprobar y que equivalga al terror y a la desmoralización del ser humano en el acto del descubrimiento mayor: el instante en que el detritus y las heces han colmado su conciencia de la vida y rebalsado los términos de su condición de animal pensante. Por eso *La mala vida* (1958) concluye con la imagen del hombre refocilándose en su propia podredumbre.

Esta novela de Garmendia, acaso su obra maestra, es una larga, interrupta, acumulativa metáfora de la descomposición del mundo moderno. No al modo del naturalismo revolucionario de Henry Barbusse en *El infierno* ni tampoco al modo del existencialismo reflexivo de Camus en *La peste*. Se trata, más bien, de una metáfora manejada con el trazo maniático, deslumbrante y sangriento de las más fascinantes parábolas de Dalí: una trepidante, tortuosa cópula en que la palabra *como* y sus equivalentes son, en verdad, un nexo sexual, artefacto de acoplamiento, tan necesario como destructivo, una cosa que se mueve en todas direcciones mientras se da maña para crear vida y pudrición simultáneamente. Véase este impresionante versículo en que la China revela uno de los misterios del Génesis:

" 'Dios, mijito, dime; tú que sabes tanto, ¿dónde está Dios?', y ahora parecía que amasara una miga de pan blando entre las yemas de los dedos. 'Dios está aquí, aquí lo llevas colgadito y dando bendiciones. Esta es la Santísima Trinidad de la Morcilla. Diosito lindo cabeza pelada que hace muchachitos, ¿verdad? Cuando tú te mueras, bendito, esta tripita llena de leche no se te pudre nunca; le salen alitas por aquí y sale volando por la tierra hasta el cielo y los cojoncitos quedan para semilla' " (*op. cit.*, Caracas, Monte Avila Editores, 1980, p. 72).

¿Cuántas veces se usa la palabra *como* en esta obra? Las

indispensables para repetir el movimiento y la función del Creador en el Génesis; las necesarias para complementar otros actos del rito de una creación en que no se nombra, sino que se compara: simples manejos de los verbos *parecer, aparecer, semejar.* Nada *es* en el mundo narrativo de Garmendia, sólo *parece ser* y en los parecidos se justifica su concepción del mundo como caos mitificante.

Angel Rama, quien descubrió en el arte de Garmendia valores esenciales, vio algunas cosas curiosas que vale la pena recordar, por ejemplo: la índole anatómica de sus oraciones comparativas y la semilla destructiva que las alimenta y, al mismo tiempo, las descompone:

"Esta experiencia nos sitúa en la línea central de la creación de Garmendia: su pesado tacto para el mundo material, su lenta, morosa y regustada descripción de cuerpos, su adentramiento en el universo visceral poblado de malos olores, malos sabores, deformidades. Los hombres y mujeres que pasan por sus novelas parecen descendidos de una galería pictórica expresionista; rostros y cuerpos deformados donde una excesiva gordura, una escoriación de la piel, una verruga agresiva establecen el punto focal en torno al cual los demás rasgos se ordenan ancilarmente...

"Todo pertenece a la realidad pero ella es alucinante, atroz, dolorosa; a veces perversa. Ninguna confianza puede depositarse en sus formas, ya que ellas no son otra cosa que manifestaciones protoplasmáticas de una materia intestinal, en constante transformación y decaimiento. Las criaturas humanas, sus orgullosas construcciones, delatan sin cesar sus secretos orígenes: la mucilaginosa materia grasa, el barro chorreante, las exudaciones epiteliales, el flujo coloidal, las materias fecales" (*Salvador Garmendia y la narrativa informalista,* Caracas: Universidad Central de Venezuela, 1975, pp. 23-24, y 26).

Aunque reconociendo la importancia de Caracas como marco de la disección que hace el narrador, Rama prefirió no extenderse en el tema sino sentar las bases de una teoría de la "narrativa informalista" que explicara el difícil arte literario de Garmendia. No le interesó la naturaleza de la simbiosis monstruosa entre riqueza y miseria que preside el caos de la ciudad, ni el rigor de la relación entre desarrollo y subdesarrollo como fuerzas competitivas dentro de una economía semicolonial.

Al narrar, Garmendia no procede de acuerdo a un sistema de coordenadas y de planos. Su método consiste en desdeñar el concepto tradicional de forma estructural, al mismo tiempo que concede vigencia a una imagen suelta de los fragmentos de memoria que marcan las diferentes edades del hombre. Garmendia elabora morosamente eso que los científicos modernos consideran "basura psicológica" de la memoria de un personaje descentrado y al garete en la alta marea de una ciudad perdida.

Beltrán, Parrita, La China, Aurora, conocidos y desconocidos, más los dobles familiares, salen de una fosa común a deambular por calles, plazas, mercados, edificios de oficinas, hoteles y pensiones, diciendo algunas cosas inconexas, sufriendo un estado de atención difusa parecido a la agonía. Existe, es claro, una vaga imagen central que corresponde a la rutina y el ocio del suche de oficina. En esa imagen se alcanza a distinguir un tiempo perdido en estudios fracasados, en la redacción de una revista irreal y en la administración de una excéntrica oficina de contabilidad. Se completan, en apariencia, dos relatos domésticos: la pasión y suicidio de Beltrán, y la seducción y abandono de Aurora. Entre estas deshilvanadas historias adquieren relieve dos momentos claves: el de la iniciación sexual que representa el amancebamiento del narrador con la China, y el de la madurez en el fondo de la perdición, simbolizado en la esceña final en que el narrador y un compañero de oficina le ponen firma escatológica al relato.

Bien consideradas las cosas, entonces, puede afirmarse que el relato sí posee una especie de estructura: la de un fragmento de vida concebido como accidente absurdo, respiración artificial interrumpida por un violento vómito. No debemos olvidar que el narrador es un sujeto consciente de las posibles razones del absurdo y sabe que el hombre entra al laberinto en un instante preciso e inevitable y que la puerta, por supuesto, siempre ha estado y estará cerrada.

En otros tiempos, cuando los críticos medían la literatura con huincha de sastre, se hubiera dicho que Garmendia es un "estilista", se habría mencionado quizá a Gabriel Miró y a Jules Romains, el animista. Hoy, las gentes, con el periódico en el bolsillo o bajo el brazo, bebiendo con muchas pausas su café tinto, preguntarán quién es Salvador Garmendia y uno, por costumbre, tratará de explicar: es un observador que ve a las personas con el esqueleto desarmado, un buzo que descubrió la escatología, un novelista que acabó con los símbolos del maestro Gallegos y con el discurso político de Miguel Otero Silva (1908-1984, cf. *Cuando quiero llorar no lloro,* 1970), el iniciador en su tierra de una actitud narrativa opuesta al romancismo —digo romancismo, no romanticismo—, de Sábato, Vargas Llosa o Fuentes; compañero de ruta de individuos desarticulados como William H. Burroughs, tan dolorido y serio como Charles Bukowski, novelista de un fin de siglo ordinario y turbulento.

A todo esto siento que es preciso añadir algo que parecerá extraño: sus novelas son poéticas y su discurso un trémulo, acongojado canto de sobreviviente nocturno. Quien desee hacerle justicia debe escuchar este canto como una sola nota que preside todas sus desconcertantes novelas: *Día de ceniza* (1967), *La mala vida, Los pies de barro* (1973).

JOSE MARIA ARGUEDAS (1911-1969). En los años que siguieron a la publicación de *El mundo es ancho y ajeno* apareció un nuevo escritor peruano, nacido en el corazón del mundo quechua, quien, participando del sentimiento humanitario de Alegría y de su poder fabulista dentro de la corriente folklórica, descubre una nueva visión, una actitud inesperada ante la herencia primitiva, que confiere a sus novelas la resonancia de un acto de magia: José María Arguedas, en una obra de riqueza acaso inigualada en Hispanoamérica, *Los ríos profundos* (1958), consigue reflejar el alma que se esconde detrás de otra alma en la majestuosa y torturada existencia de las sierras cuzqueñas. No hay parangón para su arte: pudiera relacionarse con el barroco de Asturias y de Carpentier, pero tal relación se basaría en un parentesco racional y no lingüístico ni anímico. Arguedas describe sus ambientes con prolija objetividad y economía de elementos; no se desborda jamás; una impresión inicial pudiera confundir su lenguaje con el de un reconcentrado etnólogo y arqueólogo. Y, de pronto, eso que podría ser un catálogo de iglesias, plazas, muros, artesonados y ruinas, se pone a vivir independientemente: hablan las piedras, vibran los patios, se iluminan de oro las centenarias cocinas del Cuzco, llaman las campanas de montaña a montaña a través de alucinantes valles y ríos, se arrodillan los hombres, lloran las indias, y un niño —el niño que fue y que lleva en su sombra Arguedas se abraza a su padre y sufre dulcemente con los fantasmas indígenas que rondan el atardecer de las sierras. No es un ardid literario. Arguedas *ve* así el mundo de sus antepasados y así lo expresa. Su magia es esencialmente la de una mentalidad primitiva, iluminada por los ornamentos regios de un humanismo español y cristiano. Arguedas habló primero quechua y, más tarde, creciendo ya, aprendió el español. Algo extraño, fascinante en su complejo significado estético y lingüístico, aconteció en el proceso: como si el idioma español suyo viniera poblado de vocablos fantasmas, de ligeros duendes que, al tocar las palabras, despertaran toda clase de mágicas reverberaciones. Arguedas dice muro, dice águila, dice piedra, dice ángeles y lo que oímos es un mundo material en acción inesperada, estirándose hacia nosotros como queriendo avisarnos de un alma secreta, prisionera, doliente, ansiosa de ser rescatada.

Para mí, Arguedas, el indio que nos mira con el aire enloquecido de un Inca resurrecto y que cuenta sus fábulas porque quiere compañía en su vigilia, el niño, el padre, galopando frenéticos de una aldea a otra aldea en el aire enrarecido de Los Andes, abogados de piedra y nieve, defendiendo los pleitos de los indios, Arguedas, digo, es el representante máximo del nuevo realismo hispanoamericano. Así deben haber leído en España al Inca Garcilaso en el siglo XVII.

Además de la novela citada, Arguedas ha escrito *Agua*

(relatos, 1935), *Yaguar Fiesta* (1940), *Diamantes y peder-
nales* (1953), *El sexto* (1961), *Todas las sangres* (1964), *El
zorro de arriba y el zorro de abajo* (1972).

ERNESTO SABATO (1911-), autor de dos novelas
consagradas por la crítica argentina contemporánea, ha
dicho "tengo sentido autocrítico y pienso que un hombre
no puede escribir sino muy pocas novelas en su vida. Pienso
que cada escritor tiene una reserva de oro, como dicen los
banqueros, y no deben emitir papel moneda. Yo creo que
hay que escribir cuando no damos más, cuando nos deses-
pera eso que tenemos adentro y no sabemos lo que es, cuando la existencia se nos hace insoportable". Tanto *El túnel*
(1948), como *Sobre héroes y tumbas* (1962) parecen haber
sido escritas en ese estado de alta tensión a que alude Sábato.

Hace algún tiempo y refiriéndome a una tendencia ensayística en la novela argentina, decía yo que entre escritores atormentados por una pasión de índole intelectual más
que emotiva (Gálvez, Mallea), Sábato debe ser considerado
como un caso aparte, porque siendo un hombre de formación filosófica firme, el fondo ideológico de sus libros está,
sin embargo, trizado por una angustia que sobrepasa todas
las definiciones. "Para respirar literariamente —decía entonces (*Novelistas contemporáneos hispanoamericanos,*
Boston, 1964, pp. 26-27)— Sábato necesita moverse en una
novela de cauce profundo y vasto. Su prosa avanza como
un lento torrente: se apacigua, a veces, en un triste atardecer
de puerto pobre o se encrespa, alborotada y colérica, sal-
picando de gruesas espumas el cielo; golpea, repitiéndose,
acumulando objetos para derramarse como una resaca turbulenta a los pies de Buenos Aires. Su angustia es dostoievskiana, pero su romántica búsqueda de un yo cósmico en el
inmenso granero de su patria parece más bien un contrapunto argentino del monólogo de Thomas Wolfe".

El túnel, en su brevedad y áspera turbulencia, fue como
un anuncio del drama individual y social que Sábato iba a
volcar más tarde —catorce años más tarde— en *Sobre hé-*

roes y tumbas. Un libro como éste, que se viene anunciando desde lejos, como un torrente cuesta abajo, ancho y tumultuoso caudal de grandezas y miserias argentinas, de historias y de mitos, más que un acontecimiento literario es un fenómeno cataclísmico.

¿Qué pasa en realidad? ¿Qué ha hecho Sábato?

Sobre héroes y tumbas es una alucinante y apasionada aglomeración de vidas y de mundos que pudieron no formar parte de una *novela.* Subrayo esta palabra porque mi alusión va dirigida precisamente a lo que se entiende tradicionalmente por novela. Sábato ha escrito un monólogo.

Si se ha de hablar de una trama será necesario decir que Sábato narra el amor de un joven argentino muy pobre por una muchacha algo mayor que él, una endemoniada y bella epiléptica, descendiente de viejas y nobles estirpes criollas: un amor sin esperanza, angustiado, lírico, suavemente tierno a veces, y, a veces, brutalmente sensual y doliente. Los demonios de la joven son también los demonios de su padre: los demonios del incesto y la desesperación pasional. El mundo de estos poseídos se alimenta de una extraña polilla histórica en que viejos héroes pelean y sucumben, se hinchan y se pudren, mueren degollados, les cuartean a cuchillazos, y sobreviven en jarritos de aguardiente o en cajas de sombreros. Alejandra no entrega jamás la exacta medida de su pecado o de su tragedia. Se retira a tiempo, guarda silencio, desaparece y misteriosamente desesperada, mata a su padre a balazos y, luego, le prende fuego al mundo de los héroes y, entre banderas, jazmines, cornetas y retratos, muere también carbonizada, purificada.

Hay asonadas modernas no identificadas claramente, aunque algunas llevan el santo y seña del peronismo; movimientos de personas en la vasta ciudad de Buenos Aires; por las márgenes del río, cafés y restaurantes, plazas y suburbios; hay magnates y, también, gloriosos, estupendos tipos populares, futbolistas, gardelianos, y camiones que se llevan a los héroes por la pampa, hacia el sur, bajo cielos oscuros y brillantes, en un aire frío y duro, ese aire que talla lo mejor de nuestra tierra y de nuestra gente.

En este plano —el de esta trama— la de Sábato es una hermosa novela romántica. Los primeros capítulos en particular crean una atmósfera de arrebato que nos envuelve y exalta hasta comprender —también nosotros— por qué se puede amar a Alejandra, y perseguirla y llorarla, después, cuando se la ha perdido. Esto es novela.

Después se trata del *Informe de ciegos* que no tiene por qué ser novela, ni guardar una lógica unidad argumental con lo anterior: éste es el arte de Sábato, el polvorazo que arde durante páginas de páginas, sin desmayar, alumbrando y estallando, sostenido en una especie de alarido nocturno y monstruoso del hombre que, en vida, baja a los infiernos de su propia conciencia y de los reflejos en que ella respira los sudores angustiados de la humanidad.

De modo que debemos comprender que un libro alucinado y frenético como éste no puede ser analizado con ojo académico. Es preciso que lo enfrentemos en su propia atmósfera, en niveles subterráneos. ¿Quiénes son los ciegos de Sábato? ¿Y la muchacha, y Olmos, y el lírico Martín, y los seres menores que se mueven desde la pampa al limbo del futbol? ¿Y la madre de Martín? Creo que bastaría con saber quiénes son los ciegos. ¿Hay en todos estos seres los componentes de una parábola? ¿De qué? ¿Del mundo moderno?, ¿de su angustia, de los tenebrosos gusanos bélicos, industriales, educacionales, religiosos, que se pelean por roer las entrañas del hombre? No serían más que los enanos de Swift, de Huxley y de Günther Grass. Tienen que ser algo más o algo distinto. O no tienen que ser nada y, si no lo fueran, en este "no ser", delirante, poético, desesperado, se hallaría precisamente la definición del libro de Sábato. La definición que yo prefiero; porque para mí este libro es un torrente informe, que arrasa con el suelo y el subsuelo y confunde límites y formas y substancias.

Pero no dejemos pasar inadvertidas las virtudes de Sábato como novelista: ternura y simpatía alumbran siempre su narración; comprensión de los pliegues más íntimos de una personalidad, sentido de la grandeza y de la humildad de sus héroes, sátira violenta así como piedad emocionada, humor negro y, también, robusta carcajada de raíz picaresca, visión amplia de pintor de grandes exteriores y, a veces, miniaturista delicado y poético, todo esto da consistencia romántica, de epopeya a su arte de novelar. La narrativa de Sábato viene de linajes ilustres: hay en el excéntrico movimiento de sus personajes y en la apasionada crisis moral que los señala mucho del tormento y de la angustia sofocante de la novela rusa pre-revolucionaria; el ritmo de su narración, amplio, denso, marcado por exhuberantes apartes, ricos de sabiduría y de imaginación en el uso constante de la metáfora, les emparenta a los neo-románticos alemanes y a los realistas victorianos, a Sterne, sobre todo.

"Una sed de absoluto, una exaltación de la vida, una gran sabiduría se extiende a través de las nutridas páginas de *Sobre héroes y tumbas*" dice en un artículo A. Denis Krause, y continúa:

"En la existencia agitada de hoy todos vivimos situaciones como la descrita y como las que prevalecen en esta novela realizada en esa vigilia propicia para captar con gran finura esas tenues sensaciones que pasan por las orillas de la conciencia, conciencia a veces adormecida por el exceso de trabajo, el insomnio y el quehacer intenso. Por sobre ese torbellino de la vida, presentado en sus más agudos aspectos, en sus más formidables obsesiones religiosas y políticas, entre visiones dantescas y profundos análisis, circunstancias humorísticas y escenas de pesadilla, el autor despliega un gran friso con la retirada de Lavalle, su muerte y posterior traslado de sus restos a la frontera. Esa acción que se entrecruza con otra trama de la novela adquiere por momentos una fulgurante grandeza, parece iluminada por una fría luz lunar, y otorga en su transcurso la fuerza de un símbolo que, como una veleta, señala la acción hacia la que apunta en forma final esta obra" (*El Día,* La Plata, Argentina).

MARIA LUISA BOMBAL (1910-1983). Dos novelas breves bastaron para que María Luisa Bombal se consagrara entre los valores más sobresalientes de la narrativa chilena de los años treinta: *La última niebla* (1935) y *La amortajada* (1938). Amado Alonso, en prólogo muy encomiástico a la primera de ellas, señaló la novedad y la perfección del estilo impresionista de la Bombal. En Chile sus obras dejaron marca por dos razones: primero, porque aparecieron en un momento en que el criollismo entraba en franca decadencia y empezaba a desplomarse ante el avance de las corrientes neorrealistas comandadas por Manuel Rojas; segundo, porque el estilo "poético" a que se refirió la crítica en esos años no era, en el fondo, producto de repentinas innovaciones sino un vínculo que venía a relacionar estos libros con una forma de novelar ya probada en nuestra literatura: las novelas de María Luisa Bombal extendían el círculo de la novela "poética" chilena: de *Alsino* de Pedro Prado, *Hermano asno* de Eduardo Barrios, *El habitante y su esperanza* de Pablo Neruda y las más audaces y revolucionarias *Sátiro* y *Papá o el diario de Alicia Mir* de Vicente Huidobro.

En *La última niebla* se esfuma la modesta epopeya del paisajismo criollista. El campo del sur de Chile deja de ser un marco rígido hecho a la medida de anécdotas regionales y pasa a ser, como en la *nouvelle* de Neruda, una zona sin fronteras, o, más concretamente, un pueblo, una plaza, un dormitorio, todo envuelto en la niebla y dos seres que se acercan, se unen, se separan, comprobando que también los límites impuestos por la sociedad al individuo desaparecen como esas fronteras de niebla y, con ellos, los convencionalismos y prejuicios. Hay en esta novela: espacios de una realidad proyectada en los planos confusos de la subsistencia, ambientes de cosas imprecisas, secretos y misterios que nacen de la rutina común, signos de una pasión sin desenlace. Ese *unfinished business* que parece llevar todo ser humano en su modesto caudal pasional se transforma en el sentido de una vida para el personaje de *La última niebla;* sentido sin sentido, ya que la trama entera de la novela se basa en la *posibilidad* de una posesión, la incertidumbre entre lo que pudo ser realidad o simplemente sueño.

Es dudoso que la Bombal se formara exclusivamente en la tradición de la novela poética chilena; más probable es que, en los años que vivió en Europa, absorbiera los mecanismos sutiles de la narrativa impresionista y su densa carga sexual dándole vueltas a la parábola de Gide, Julian Green o, lo más seguro, de Virginia Woolf. Directa o indirectamente, no obstante, la Bombal contribuyó a enterrar el criollismo en Chile y le dio hálito contemporáneo y organización estética a las tendencias surrealistas que empezaban a surgir a mediados de la década del treinta en obras de Juan Emar.

CARLOS DROGUETT (1912-). Las novelas del chileno Droguett muestran una compleja línea evolutiva que incorpora desde sus comienzos las formas de la asociación libre de ideas y los desplazamientos de las unidades del tiempo para resolverse en un monólogo sombrío, acongojado, en que se recoge como en una oscura y vasta oreja voces simultáneas de seres siempre al borde de una crisis pasional. Su narrativa obedece a un movimiento de sensaciones, recuerdos, presentimientos, dentro de una realidad vulgar pero excéntrica en su ordenación. La acción es interna y sucede en planos indecisos a los cuales se llega por medio de fogonazos subconscientes. La violencia lo obsesiona, pero no la violencia en sí, ni los individuos que caen en su trampa, sino el caótico ambiente que ella genera. Los episodios mismos aparecen desprovistos de relieve. Droguett destapa un pedazo de realidad y lo explora desde adentro, acumulando detalles, absorbiendo toda clase de materia tangencial que despaciosamente atraviesa la densa porosidad de su lenguaje. Sabemos que alguien muere y parece haber sido asesinado, pero las razones detrás del crimen son oscuras. La secuencia del tiempo es irracional. Nos quedamos con la sensación de la violencia pero no con una imagen clara del lugar de los hechos y los individuos comprometidos. *Eloy* (1960), su novela más conocida, es la historia de un bandido asediado por una jauría policial dispuesta a matarlo. Lucha ferozmente y, durante el combate, la memoria se enciende con imágenes de gentes que amó o que odió. Bajo la amarga realidad de la muerte se esconde una vitalidad repentina, visión dinámica e impotente a la vez, sentido de identidad personal al borde de la derrota final. Esta voluntad de lucha trasciende el acto brutal y absurdo del sacrificio. La narración se mueve como una acequia removiendo lo heroico y lo podrido del hampa chilena. Droguett parece sugerir una imagen de vida en este movimiento pestilente y turbio. El hombre no sabe cómo detener o cambiar el curso de esta corriente. Frente al hecho de la muerte violenta los personajes de Droguett encuentran una razón de vida que, en el fondo, es una voluntad de trascender. El descubrimiento no deja vestigios, apenas un murmullo de hombres que desafían a un enemigo invencible.

Su novela de más vuelo, *Patas de perro* (1965), es un estudio en clave de la ferocidad humana. Solo, entregado a sus verdugos como consecuencia de una especie de voluntad colectiva que, castigándolo a él, busca una absurda contrición por los pecados de la humanidad, el niño que nació con patas de perro es el símbolo de los perseguidos y atormentados por quienes se refocilan en su propia serena y equilibrada podredumbre. *Patas de perro* se diferencia de otras novelas de Droguett en que su peculiar monólogo encuentra aquí un cauce definido y establece un grado de comunicación entre los personajes. Pero la comunicación se efectúa a un nivel mitológico, no a través del lenguaje de la narración, sino como consecuencia de la condición que produce el drama. Si el niño en vez de ser un monstruo fuera un niño negro en una sociedad racista, la novela sería un documento social de significado inmediato. La situación mitológica que plantea Droguett impide una especulación ideológica. El personaje de Droguett no sufre de un mal físico ni es víctima de una desadaptación social: el niño-perro paga por un pecado ontológico, la humanidad es culpable. Quien devora al inocente es el monstruo que el hombre creó a imagen y semejanza de un dios perverso. Droguett clama airadamente contra el irracional desorden del mundo y la vocación suicida y asesina del hombre.

NICOMEDES GUZMAN (1914-1965). Una visión retrospectiva de la novelística chilena del 38 deja amplio margen para contradictorias interpretaciones. Hay quienes piensan que la excesiva carga social hizo de esas novelas documentos sin mayor elaboración estética; se insiste, además, en que la mitificación de un personaje, el *roto,* sobre bases de un dudoso nacionalismo contribuyó a separar a la narrativa chilena del verdadero proceso social que se aceleró a partir del año 38 y del primer gobierno del Frente Popular. Tales juicios son característicos de una crítica subjetiva que insiste en superimponer los resultados a una evolución literaria de cuarenta años sobre esquemas ordenados un tanto caprichosamente.

El papel de los escritores chilenos del 38 en el movimiento narrativo contemporáneo ha de determinarse no sobre la base de una contribución generacional, sino como consecuencia de creaciones individuales cuya significación ha sido ampliamente reconocida por la crítica.

Entre las obras más destacadas de la generación del 38 no puede olvidarse *La sangre y la esperanza* (1943) de Nicomedes Guzmán. Escrita en los años treinta, esta novela es una voz cantante en el coro proletario de José Mancisidor, Monteforte Toledo, Carlos Luis Falla, Guillermo Meneses, Gil Gilbert, Leonidas Barletta y Bernardo Kordon. La novela de Guzmán es una sencilla epopeya, sentimental, amarga, de las luchas de los obreros santiaguinos contra gobiernos despóticos y grupos oligárquicos chilenos. Héroes y villanos juegan lealmente su papel. Para ellos la plaza es un estrado donde se dirime un duelo que tuvo ya su contraparte en actos políticos de principios de siglo. La huelga de los tranviarios da forma y continuidad a una historia doméstica de mínimas complicaciones. La miseria, la injusticia, la violencia, la voluntad de lucha y el sentimiento de solidaridad obrera, son los planos en que actúan víctimas y victimarios, rebeldes y dictadores.

La significación de la novela no es el resultado de una proyección política —aunque los incidentes sí son históricos y el barrio Mapocho es un escenario real, gráficamente re-

271

creado en su ambiente de hampa y conventillo de los años veinte y treinta— es, más bien, la consecuencia retardada, algo así como un eco, de la voz poética de Guzmán, su sentimentalismo lleno de protesta, de ternura y congoja. El lenguaje es metafórico: hoy nos parece una retórica proletaria. Los procedimientos narrativos, característicos de un realismo impresionista. En Chile este libro tuvo el impacto que *Native Son* de Richard Wright tuvo en Estados Unidos durante los años de la gran crisis económica. Alguien debía cantar esta melodía de barrio y conventillos, de huelgas y asonadas, de amores obreros coronados por la miseria. Fue Nicomedes Guzmán. Lo hizo con mayor densidad que Alberto Romero, sin el humor trágico de Sepúlveda Leyton, con la misma sinceridad de Baldomero Lillo.

Guzmán, un auténtico autodidacta —"A mi padre, heladero ambulante, a mi madre, empleada doméstica" dice la dedicatoria de *Los hombres oscuros* (1939)—, forjó dificultosamente una prosa dura, escatológica, impulsiva.

JOSE REVUELTAS (1914-1976). Su obra —*Los muros de agua* (1914), *El luto humano* (1943), *Dios en la tierra* (1944), *Los días terrenales* (1949), *En algún valle de lágrimas* (1956), *Los errores* (1964), *El Apando* (1969)— es de fuerte contenido social y sólido valor estético. Es característica suya una morosa prolijidad para alumbrar paulatinamente los episodios de sus novelas partiendo de un hecho ínfimo en el que descubre un secreto sentido ideológico, hasta llegar a la constatación del drama mexicano contemporáneo. Resulta desconcertante su empeño por obtener a fuerza de lenguaje, un bello lenguaje, cierto significado de profunda adversidad de los hechos más comunes. En sus dos novelas de mayor relieve, *El luto humano* y *Los días terrenales,* predomina la congoja de una concepción existencialista de la vida. La fe revolucionaria y la disciplina política no consiguen rescatar a sus personajes del vórtice de su angustia metafísica. Ya sea que observe las tenebrosas honduras del subconsciente campesino, en la constatación de su total desamparo, o que siga a obreros, estudiantes e intelectuales en el laberinto de sus vicisitudes políticas, Revueltas acaba inexorablemente identificando a verdugos, víctimas, camaradas y desconocidos en un solo rostro: el rostro de un ser sacrificado por el bien y por el mal de todos los hombres. Sus personajes, lejos de ser abstracciones, impresionan por el dinamismo que los anima, su divagar no obstruye jamás la actividad apasionada que les conduce a su amargo desenlace; el mundo de Revueltas, hondamente mexicano, oscila entre esencias poéticas y realidades brutales.

JUAN RULFO (1918-1986) es autor de dos obras maestras, *El llano en llamas* (1953), colección de cuentos, y *Pedro Páramo* (1955), novela. Con Agustín Yáñez tiene en común el arte de radiografiar a su tierra y a su pueblo para verle la muerte en vida y para descubrirle el alma en el trance de la resurrección; la diferencia entre ambos radica en la distancia que recorren: Yáñez no abandona del todo el mundo de la subsconsciencia literaria, su artificio consiste en el poder de la palabra desatada; Rulfo invade el territorio de la muerte sin respetar barreras, su incursión no tiene principio ni fin, va más allá de las convenciones literarias. En *Pedro Páramo*, obra escrita en un lenguaje de alta calidad lírica, cristaliza un movimiento que atrajo, en cierto instante de la literatura mexicana, a un poderoso grupo de escritores jóvenes. Lo que en Juan José Arreola y Carlos Fuentes constituyó un ejercicio en el arte menor de Kafka —el de sus aforismos y parábolas breves— en Rulfo es ahora épica tentativa de manejar el símbolo de proyección universal. En su aparente falta de lógica su novela encierra una estructura cuidadosa. La ilación cronológica no es necesaria en ella. Todo se resuelve al fin con un fatalismo escalofriante, todo viene a encontrar su destino en la actividad de la muerte. Acontece la acción en un eterno presente que es la muerte. Sensación inolvidable, por lo fantástica y desconcertante, es descubrir, poco a poco, que todos los personajes de la novela están muertos. Estos difuntos evocan sin parar mientes en los años o siglos que puedan separar sus recuerdos. La evocación es tan poéticamente dinámica, los episodios son de un dramatismo tan genuino, que toda esa fosa común revive y se agita, al fin, en apasionado acontecer. La estilización no impide a Rulfo conferir una básica realidad a sus personajes. Los mueve por medio de resortes íntimos que nos intrigan y seducen. Algunos personajes, como Susana San Juan por ejemplo, están concebidos con la imaginación *gótica* de la novela romántica europea. Cierto lenguaje poético de Rulfo no está lejos de una idealización barroca. Pero junto a la estilización, diluyéndola como un ácido, está la voz regional, directa y dura, y en el contraste halla Rulfo la dimensión exacta de su arte.

JUAN JOSE ARREOLA (1918-). Hubo una época en que los medios intelectuales de México discutían acaloradamente los méritos de dos jóvenes narradores, comparándolos y contrastándolos, queriendo resolver una competencia que, en realidad, no existía, al mismo tiempo que, dado el énfasis de la discusión, les consagraban como los más representativos de la literatura del 40. Se trataba de Juan Rulfo y Juan José Arreola. Un buen crítico, hablando con sencillez, pronunció la sentencia: "El actual cuento mexicano, dijo, parte de Arreola y Rulfo" (cf. Emmanuel Carballo: *El cuento mexicano del siglo XX*), nada más, se refería a un hecho que nadie podía negar.

Para quienes seguíamos el movimiento de la literatura mexicana desde lejos resultaba interesante esa pugna entre partidarios de Rulfo y de Arreola, pero no convincente porque era obvio que se hablaba de dos escritores cuya temática y estilo más parecían el anverso y el reverso de una misma medalla que dos polos contrapuestos. En común Rulfo y Arreola mostraban poder de síntesis, sentido de unidad y balance clásicos, depuración estricta del lenguaje, voluntad de dirigirse al mundo y no sólo al oído nacional. Parecían resolver los conflictos que el periodismo revolucionario enmarcaba en términos de alusión política inmediata, sometiéndolos a la prueba de planteamientos filosóficos existencialistas. La diferencia entre Rulfo y Arreola era igualmente clara: Rulfo escribía sus cuentos con sangre en el ojo y sangre en el polvo de los pueblos condenados, agónicos o muertos; Arreola escribía los suyos con una risa desesperada, desordenando las estanterías de un negocio absurdo que sus compatriotas llamaban civilización. A Arreola le mentaban a Kafka. Rulfo no tenía parangón. Sin embargo, era evidente también que los dos no estaban solos: leía uno a Rulfo y pensaba en Revueltas y en Yáñez; leía uno a Arreola y pensaba en Fuentes, el de *Los días enmascarados*. Los nombres de Rulfo y Arreola han vuelto a sonar juntos en los últimos años: al quedarse solos presentan un frente aparte y cerrado, convencidos de una actitud estética que los otros no comparten ni entienden. Rulfo con *Pedro Páramo*, Arreola con *La feria* (1963), desafían desde su hermetismo, experimentando desde adentro, habiendo construido un universo engañosamente limitado y escueto, con lenguaje seco, popular y trascendente.

Antes de *La feria* Arreola manejó abstracciones y realidades con una intención jocosamente irónica que parecía anunciar a García Márquez (cf. "El guardagujas"). Escribía sobre trenes libres y estaciones irreales, viajeros a la deriva y ciudades de cartón. Sugería la irrealidad de la realidad mexicana, pero iba más lejos y, en cierto momento, la humanidad era quien procedía a la deriva. Un poco al modo del *Wayward Bus* de Steinbeck, pero sin la truculencia de éste. Había algo de un Dios desorientado en su guardagujas y mucho de la condición del hombre en el pasajero abandonado a campo raso. Carballo define certeramente el arte de Arreola cuando hace ver los mecanismos que esconde bajo la superficie de sus fábulas: existe un propósito de enseñar a través de frágiles problemas de conciencia e ingeniosas posibilidades intelectuales. Arreola, añade Carballo, elimina la sorpresa y es por eso que sorprende al lector que la espera al final de sus cuentos. Eliminar la sorpresa en *La feria* significa transmutar la realidad, convertir el detalle realista en acto de magia. ¿Qué papel juega toda esta acuciosa sabiduría de las faenas y las costumbres del campo en un tiempo que ha borrado sus cercos y confunde los siglos como queriéndonos decir que *es* eterno? Se diría que Arreola nos convence de una total realidad para que no nos olvidemos de que en ella no hay sino invención. Las faenas de *La feria* son los signos precisos del tiempo, las gentes que las realizan son los mortales destinados a borrarlas. Entre líneas vemos una constante sonrisa, la cara de un narrador incrédulo, irónico.

Arreola, como Rulfo, es dueño de un arte que no evolucionó jamás: se le dio clásico. Su lenguaje es lúcido, pero, por voluntad, nunca brillante. Viene iluminado desde adentro y desde lejos con el fulgor medido de las viejas piedras que en el río no cesan de pulirse.

En 1963 —cuatro años antes de la publicación de *Cien años de soledad*—, apareció en México una novela singular, historia de amor, sombría, misteriosa, que cambió el tono de la narrativa mexicana de tan profunda y sorprendente manera como *Pedro Páramo* de Juan Rulfo. Me refiero a *Los recuerdos del porvenir* de ELENA GARRO (1917-). Si no resulta obvio el por qué pongo este nombre entre los de García Márquez y Rulfo, bastará decir que Garro coincidió con ellos al descubrir las claves de un lenguaje narrativo abierto a la mitificación de la historia americana, basándose en el sustrato de antiguas culturas y religiones y en la función creadora de la tradición popular. Lo consiguió sin bulla y en cierto ambiente de poco eco, forzado quizá por gentes ajenas al arte de narrar pero especializadas en "deconstruir" con armas de crítica estéril.

La asombrosa novela de Elena Garro es gótica y barroca en el sentido que el arte de un nuevo mundo, no descubierto aún pero ya destruido, puede serlo. Más que una crónica —que sí lo es, de la Revolución Mexicana y de la guerra de los Cristeros—, es una nostalgia y una soledad, es la voz de un pueblo iluminado, hallado y perdido, que habla en una primera persona desesperanzada y triste, muy sabia pero con esa sabiduría de los niños que ya saben el secreto de su muerte y se burlan de él mientras le bailan y le rezan.

Una familia y otra familia, más las amantes solitarias, el

loco del pueblo, las cuscas, los soldados, las beatas, un cura y un sacristán, más un campanario y una joven endemoniada de amor por el general Francisco Rosas, constituyen los solistas, las parejas y las comparsas de esta bella, ebria y condenada Danza de la Muerte.

Otras heroínas y otros hechizados hay en la novela latinoamericana, pero ninguno como Francisco Rosas, Julia Andrade e Isabel Mondaca. ¿El coronel Aureliano Buendía? ¿Remedios la Bella? Son de la misma familia. Elena Garro, es claro, creó los suyos mucho antes y dejó el modelo. Así como en el caso de Felipe Hurtado dejó la pauta de una muerte anunciada. Es una tentación decir que la novela de Elena Garro queda como una extraña partitura que García Márquez años después ejecutó a gran orquesta. No hablo, por supuesto, de influencias sino de concordancias. Ambos novelistas comparten el conocimiento secreto de la comunicación con el submundo de la realidad fantástica latinoamericana. Lo que en ellos es natural será artificio en las forzadas imitaciones de *Cien años de soledad* que aparecerán como callampas hacia fines del siglo. El factor clave en todo esto es la metamorfosis que experimenta la concepción gótica del amor al rodar desde las tierras frías de las Brontë al infierno de olores y visiones del trópico americano. El conflicto de intereses, la trampa familiar, la tradición jerárquica como rueda de la fortuna, el peso de las instituciones en ruina, se mantienen intactos, pero lo que es una batalla y una conquista cruel en la novela gótica europea, ahora, en la banda del hechizo que crea la violencia de la revolución, los valores se transtruecan, la piedad se vuelve impiedad, el orden doméstico se vuelve astucia, la rueda de siervos, disimulo; el amor se hace odio, lujuria; el hombre cae embrujado por la fuerza de quienes destruye, la mujer triunfa convertida en piedra de traición y desamparo. Elena Garro, como Rulfo, aplica el lenguaje no sólo para componer signos de comunicación, sino para detectar y despertar mensajes secretos e inesperados dentro de las palabras y de quienes las dicen. El mundo de relaciones se abre en su narrativa para provocar asociaciones de profunda ruptura; una acción se encadena a otra y pronto hemos perdido la noción de toda realidad específicamente estructurada. Suéltanse los seres y las cosas del mundo, el peso y la gracia, el doble de su dueño, el artefacto de su naturalidad, como los clavos se soltaron en Macondo al paso de Melquíades y su imán. La cólera, el miedo, la vergüenza, la nostalgia, el amor, cambian con las luces del día y vuelven a cambiar con las soledades de la noche y la incertidumbre de las estaciones del año.

Estas gentes no se entienden con el mundo, sino con eso que el mundo esconde por satánico. Les posee la conciencia de su transitoriedad, el conocimiento anticipado de su muerte. La violencia viene preconcebida y ya purgada, sólo falta que cada ser la identifique como suya para que se transforme en causa final.

El pueblo, quien narra, sabe todo lo que ha acontecido y lo que vendrá. La fascinación que encierra su voz tiene dos explicaciones: una, que no logra distinguir jamás qué sucedió en el pasado y qué en el presente y en el futuro; la otra, que, al confundir los tiempos, confunde también las cosas. En cuanto a las personas, acaban, entonces, reconociendo al mundo sólo a través de una experiencia mágica, es decir, poética.

Las dos grandes unidades narrativas de esta novela corresponden a esa doble racionalización del testimonio de un narrador que ya no existe. Por una parte, conocemos una casa de remachadas puertas y plena de voces que nadie entiende ni escucha, sentimos la presencia de vecinos a lo largo de una gran fiesta junto a alcobas y pabellones del pecado.

En esta casa, repetida a través del pueblo por acción de sombras e intencionados olvidos, espera la familia Moncada su tragedia. Morirán Isabel y sus dos hermanos. Morirán, también, espantados vecinos acribillados por las balas del general Francisco Rosas. Antes de morir, Isabel, endemoniada de amor, compartirá el lecho del asesino. Por otra parte, en el Hotel Jardín se esconden los militares junto a su compañía de jóvenes y promiscuas queridas, unos desempeñando el papel de verdugos, las otras el de ingenuas o fatalizadas encendedoras de camas para los matones. Detrás, reza y trama el coro de indios, esperando su hora que llegará con la del cura, el sacristán, el loco del pueblo y la joven gobernanta de las cuscas. Arriba, están las estrellas del pueblo, la Purísima presidiendo sobre las piedras y el polvo, abajo los muertos de Rulfo. Un río, la plaza, el camposanto, son también caras de la ilusión y de la traición.

Dado que el narrador es presa del olvido y poseedor de la revelación alucinada, nada en esta historia sucede en la realidad habitual; acontecimientos tanto como recuerdos y adivinaciones se hacen con la ambigüedad de la luz al amanecer y al crepúsculo o, para ser más preciso, de las zonas intermedias entre el despertar y el sueño. Hay un criado que detiene los relojes de noche y un enamorado que marca el comienzo y el fin de los años con el paso extraviado de su locura:

Años fueron y vinieron. Marta murió en su tierra, nosotros lo supimos por Juan Urquizo que a pie, y con la cara de tonto que le puso Nieves, pasó por Ixtepec de ida para México. Desde entonces se presentó en mis calles dos veces por año: una cuando iba para México y otra cuando regresaba. Sus viajes tenían por objeto estar en la costa el día de la fecha de la muerte de Marta. Hacía seis meses de ida y seis meses de vuelta, siempre a pie. Cuando lo veíamos de regreso sabíamos que había pasado un año justo (*op. cit.*, p. 126).

Al borde de la muerte, uno de los héroes sale de sus defensas y arrostra el final:

El joven levantó los cerrojos, quitó las trancas, abrió el portón y salió. Don Joaquín iba a seguirlo, pero entonces sucedió lo que nunca antes me había sucedido; el tiempo se detuvo en seco. No sé si se detuvo o si se fue y sólo cayó el sueño: un sueño que no me había visitado nunca. También llegó el silencio total. No se oía siquiera el pulso de mis gentes. En verdad no sé lo que pasó. Quedé afuera del tiempo, suspendido en un lugar sin viento, sin murmullos, sin ruido de hojas ni suspiros. Llegué a un lugar donde los grillos están inmóviles, en actitud de cantar y sin haber cantado nunca, donde el polvo queda a la mitad de su vuelo y las rosas se paralizan en el aire bajo un cielo fijo. Allí estuve, allí estuvimos todos: don Joaquín junto al portón, con la mano en alto, como si estuviera haciendo para siempre ese gesto desesperado y desafiante... El general montando al Norteño y el Norteño encabritado con las patas delanteras en el aire, mirando con ojos de otro mundo lo que pasaba en éste (*ibid.*, p. 144).

Así se comporta y se mide el tiempo en *Los recuerdos del porvenir*. Mientras tanto el general Francisco Rosas ya ha medido incrédulo la vastedad de su desgracia. "La luz de la mañana lo encontró desesperado...", y así siempre. Desamparado es la palabra que define a este hombre en cuyo contorno vive un pueblo, pegándose a él, sangrando a sus pies, odiándole, temiéndole, pendiente de sus ojos tristes, de sus piernas largas, de su aire duro, muy cerca de su flanco enamorado. Condenado a penar en vida, muere la primera vez por Julia Andrade, angustiado al no poder penetrar sus sueños. Cuando el forastero Felipe Hurtado llega de ninguna parte y por ninguna razón, el destino del general rueda a los pies de Julia Andrade como un dado por el suelo. Julia Andrade tiene una sola grande tarde de amor. Con el otro. Y luego galopa con su amante no sabemos hacia dónde ni por qué. Así también llegará Isabel, traicionando, a la cama del asesino de sus hermanos. Estos amantes cumplen un pacto incomprensible. Sólo entienden la realidad de la muerte. Su amor nace de la soledad y en la soledad se quema; en él viven su condena, por él se convierte Isabel en piedra, Julia Andrade en ruido de muertos a caballo, Nicolás y Juan en camisas empapadas en sangre, Francisco Rosas en galope fulgurante y mano quebrada.

Los varios fantasmas que vuelven a la tierra dicen con calma observando a su alrededor: "Parece que han muerto todos"; se lo dicen a quienes van a morir de muertes anunciadas.

En este pueblo el orden y el paso del tiempo lo determina un hombre hechizado por lo que no conquistará nunca:

¿Y Francisco Rosas? Lo perseguían gritos sin bocas y él perseguía enemigos invisibles. Se hundía en un espejo y avanzaba por planos sin fondo y sólo alcanzaba el insulto de un árbol o la amenaza de un tejado. Lo cegaba el reflejo del silencio y de una cortesía que le cedía las aceras y la plaza. Así le habían arrebatado a Julia, engañándolo con gritos que nadie profería y enseñándole imágenes reflejadas en otros mundos. Ahora se las mostraban en los muertos equivocados de los árboles y él, Francisco Rosas, confundía las mañanas con las noches y los fantasmas con los vivos. Sabía que se paseaba en el reflejo de otro pueblo reflejado en el espacio. Desde que llegó a Ixtepec, Julia se le extravió en esos pasadizos sin tiempo. Allí la perdió y allí la seguiría buscando, aunque Ixtepec nunca le diera la palabra que correspondiera con el hecho. El lo sabía: le escamoteaban los días, le cambiaban el orden a las fechas, las semanas pasaban sin que le enseñaran un domingo. Perdía su vida buscando las huellas de Julia y las calles se descomponían en minúsculos puntos luminosos que borraban el paso dejado por ella en las aceras. Un orden extraño se había apoderado de ese pueblo maldito (*ibid.,* p. 182).

Y pensaremos, es cierto, en los Buendías de García Márquez. ¿Por qué no? Sus cien años parecen haber comenzado antes, en tiempos de Francisco Rosas con mariposas amarillas también y con ese sentido del engaño de la vida que aprenderían más tarde las generaciones de Macondo:

Una generación sucede a la otra, y cada una repite los actos de la anterior. Sólo un instante antes de morir descubren que era posible soñar y dibujar el mundo a su manera, para luego despertar y empezar un dibujo diferente. Y descubren también que hubo un tiempo en que pudieron poseer el viaje inmóvil de los árboles y la navegación de las estrellas, y recuerdan el lenguaje cifrado de los animales y las ciudades abiertas en el aire por los pájaros. Durante unos segundos vuelven a las horas que guardan su infancia y el olor de las hierbas, pero ya es tarde y tienen que decir adiós y descubren que en un rincón está su vida esperándoles y sus ojos se abren al paisaje sombrío de sus disputas y sus crímenes y se van asombradas del dibujo que hicieron con sus años. Y vienen otras generaciones a repetir sus mismos gestos y su mismo asombro final (*ibid.,* pp. 249-250).

Elena Garro encontró su camino de gran narradora en el desvío que marcan Yáñez, Rulfo y Rosario Castellanos. Se aventuró más, reconoció la voz que iba a identificarla y, puliéndola, contribuyó a liberarnos de una retórica por largo tiempo vencida pero aún vigente en la primera mitad del siglo XX. Meditó hondo y creó poesía para que la recono-

281

ciéramos en los días y los años sin nombre de nuestras gentes
que acaso no lean, pero que sí saben inventar y contar su
fábula como si fuera una vida.

Pueblo de sombras, amantes que se convierten en piedra,
sueños de infancia, arman este libro hecho de nostalgia,
triste, profundo, mágico, apacible y violento, que constituye,
sin duda, una de las mejores novelas que se han escrito en
Latinoamérica.

Sintiendo aún el poder de una magia, en la que Valéry
imaginó un filtro al leer a Asturias, así he leído *Balún-Canán*
(1957), la extraña novela de ROSARIO CASTELLANOS
(1925-1974), absorbiendo una historia engañosa que va con-
formándose a la medida de un paisaje interior sutilmente
dispuesto, nunca tocado por frontera alguna, paisaje flotan-
te y, por eso, en constante proceso de invasión y de ser invadido. No hay personajes en esta historia sino intentos de
adquirir forma por medio de la presencia y el pensamiento
oscuro de dos mundos conflictivos y un lenguaje que más
dice por lo que deja sin decir que por lo dicho.

Rosario Castellanos se creó una imagen que, en cierto
modo, hace pensar en Gabriela Mistral, la de los *Recados,*
imagen de escritora apasionada en la discusión de los problemas sociales de su época, particularmente de los que
atañen a la mujer. En sus novelas, sin embargo, jamás arguye, lo que convence es el eco de sus palabras. Pero el afán
de sus críticos no decae, buscan a la ensayista en sus novelas,
separan ficción de raciocinio y conciencia social, destacan su
pensamiento humanitario, olvidando el mundo mágico que
descubre en la carga idólatra de las religiones antiguas tanto
como en la telaraña supersticiosa de la beatería pueblerina.
Pesa demasiado este trasfondo ancestral para que el lector se
quede simplemente en las discordias.

Prefiero pensar que el discurso narrativo de Rosario Castellanos viene como corriente sin rumbo aparente, desde
alturas muy antiguas y que trae el sentido de un lento descubrimiento, que despierta al avanzar por un mundo hecho

de presencias en el acto de individualizarse. El filtro mágico es, en este libro, creador de vidas e irrealidades. Detrás de cada ser y cada cosa nacen otros seres y otras cosas, como si en ellos la palabra cayera igual que una piedra sobre la quieta superficie de un ojo de agua. Esos círculos forman conciencia de un mundo invisible.

Esta narración sombría y afiebrada parece continuar la prosa de Yáñez y de Revueltas. Pero va más lejos. Creo que el lugar de Rosario Castellanos en la narrativa mexicana es medular porque en su obra revela un misterio que a estos novelistas se presentó en sus orígenes, intuido, no dominado.

Al dejarnos atrapar por este ritmo misterioso, aparentemente apacible, de su prosa, no es el alegato social y la fuerza de los personajes femeninos lo que nos fascina, sino la contextura de seres primordiales, niños e indios, que existen en una realidad ajena a las gentes de razón. Si bien el fondo social y el conflicto originado por la política progresista del general Cárdenas constituyen la problemática básica de *Balún-Canán*, la imaginación del lector cómplice de Rosario Castellanos se irá siempre por otra ruta, preferirá la acción animista de los dos hermanos, de la Nana y de los indios, el poder fatídico de una llave que no abrirá nada sino la muerte del niño comido por los brujos.

Rosario Castellanos maneja personajes que representan un hito en la historia social de México, pero no son ellos los que mueven la trama interior de sus novelas, sino el lenguaje, las resonancias poéticas, el mecanismo de sus intertextualidades, el diálogo breve y directo, el vuelo de las palabras sobre un eje nunca claramente declarado. Aludiendo a las magníficas mujeres de *Oficio de tinieblas* (1962), comenta Perla Schwartz: "es una novela rica, de una escritura más madura que *Balún-Canán*" (cf. *Rosario Castellanos, mujer que supo latín*, México: Editorial Katún, 1984, p. 100). La escritura asegura la base de ambas novelas; la diferencia entre ellas está en que *Oficio de tinieblas* plantea un conflicto más nítido y de proyecciones más profundas que *Balún-Canán*. El núcleo central de la trama —la rebelión de los indios chamulas en San Cristóbal de las Casas (1867)—, adquiere en la novela de Rosario Castellanos la significación de una metáfora referida a la crucifixión final del líder.

En el conjunto de la obra de Rosario Castellanos, sin embargo, es la experiencia poética de un mundo perdido y de una muerte pequeña, en *Balún-Canán,* que permanece, a mi juicio, como la más alta muestra de su arte narrativo.

AUGUSTO ROA BASTOS (1917-) es el escritor más importante del Paraguay en la actualidad. Poeta, dramaturgo y novelista, se ha destacado también por su celo libertario y la valentía con que ha defendido los derechos democráticos del pueblo paraguayo. Entre 1960 y 1962 Roa obtuvo tres premios consagratorios: el primer premio de guión cinematográfico del Festival de Santa Margherita con *Alias Gardelito* (basado en un cuento de Bernardo Kordon), el premio Losada con su novela *Hijo de hombre* (1959) y uno de la revista *Life.*

Nacido en el pueblo de Iturbe, Roa Bastos pasó su infancia entre mensús y cazadores de carpinchos. Su padre era un modesto trabajador en un ingenio de azúcar. A los ocho años recibió como regalo de sus amigos campesinos su primer par de zapatos y, con ellos apretándole los pies, marchó a la escuela. Toda su preparación académica consistió en cinco años de instrucción primaria. A los 17 años se alistó en el ejército e hizo la campaña del Chaco. Jamás olvidaría la lección que allí aprendió: según sus propias palabras, el drama que desangró a dos pueblos hermanos, Paraguay y Bolivia, nada tuvo que ver con sentimientos patrióticos, sino con maniobras de intereses imperialistas apoyados por la oligarquía criolla. Esta fue la idea básica de sus campañas periodísticas y causa directa del exilio a que se le condenó. Su voluntad de lucha y celo democrático no se pierden en su obra novelística, por el contrario, se afinan ganando profundidad y universalismo.

Hijo de hombre es una novela concebida como pintura mural que, de panel en panel, despliega el drama de la nación paraguaya, primero en un plano, luego en otro y en otro, como si la visión objetiva del pueblo rectificara obstinadamente la visión subjetiva —distorsionada a través del recuerdo— del narrador; *Hijo de hombre* es una épica defensa de los valores humanos ante la carga implacable de la explotación económica, los prejuicios raciales y la persecución política que constituyen la marca de los regímenes dictatoriales. Pudiera decirse también que hay en esta novela un factor lírico de primera importancia. Roa humaniza el paisaje por medio de imágenes poéticas y frecuentemente convierte esas imágenes en símbolos.

Sencillo y profundo en su arte de narrar, nos revela la acción oculta que ejercitan el hombre y la naturaleza y que tiende a resolverse en su novela en una cópula de misteriosa grandeza dramática. En ello reside el dinamismo de su creación literaria y amplio movimiento de su narrativa. De gran significación es, también, el uso del dialecto guaraní que Roa Bastos inserta magistralmente en los diálogos de su novela.

Como otros novelistas épicos del siglo XX, Roa Bastos deja que sus sentimientos humanitarios busquen las raíces ancestrales de su pueblo para definirlas y orientarlas y dar con ellas un sentido a la vida; un sentido de justicia y dignidad.

Explicando su novela *Yo el Supremo* (1974), Roa Bastos ha dicho: "Leer es una tarea difícil y comprometedora; 'Leer a menudo equivale a ser embaucado'. Cuando un autor habla de su obra, es preciso sospechar que embauca dos veces. Sobre todo en el caso de aquel que se ha limitado a ser, voluntariamente, sólo el compilador de un libro. Peor aun si este libro se trata de una novela cuya materia es lo real imaginario" ("Aventuras y desventuras de un compilador", *Inti,* Primavera 1979, p. 1).

Con ironía o sin ella, Roa Bastos ha entrado de lleno y sin vacilaciones a plantear sus propios puntos de vista acerca de los significados de la historia oficial y su tendencia a la tergiversación. Las declaraciones de Roa a Alain Sicard (cf. *Inti,* id., pp. 8-12) demuestran que *Yo el Supremo* es producto de una deliberada y clarísima estrategia literaria y que en su elaboración no sólo se adoptó una actitud rectificadora de la historia oficial del Paraguay, sino que también se caracterizó a las condiciones sociales que hacen de la *dictadura* un *modus operandi* típico de las sociedades semicoloniales de Latinoamérica.

"En esta crisis de conciencia con la literatura en sus relaciones con nuestra realidad social —dice Roa—, vivió el compilador más de diez años sin escribir una línea. Conjurada en cierto modo la náusea, se dedicó a compilar el tedioso texto 'escriptural' de *Yo el Supremo* —artesanía de escritura y de cripta—, en una tentativa autocrítica sobre el poder de la escritura como mito ideologizado de la escritura del Poder Absoluto" (p. 4).

La crítica, sin ocuparse mayormente de la actitud a-histórica del narrador, pero no escamoteando el problema tampoco, ha insistido en el proceso de mitificación implícito en la novela. Roa se explica:

"Las repeticiones y permutaciones de los mitos en oposiciones binarias dentro de la constelación narrativa que comporta la escritura como un sistema simbólico segundo, es el que engendra la pertinencia del discurso mítico. Los lectores de *Yo el Supremo,* que se han interesado por este aspecto particular, han encontrado de este modo las relaciones iterativas y significativas entre los numerosos mitos que pueblan el texto, pero sobre todo el espacio de la intertextualidad. Por ejemplo, el mito de los dobles; el mito de las piedras (el meteoro, la piedra-bezoar, los hombres-piedra de la colonia penitenciaria del tevegó, etc.) que van generando una insensible y progresiva petrificación 'mítica' en los diversos niveles y elementos del discurso narrativo en el que acaban fundiéndose el sujeto de la enunciación y el enunciado del objeto cuando la escritura niega y demuele en sí misma la piedra del Poder Absoluto. En el sistema de 'dobles' que, en oposiciones estáticas y contradicciones dialécticas, establece el discurso narrativo y en el sistema de encubrimientos, de enmascaramientos sucesivos, que es otro de sus niveles axiales, encontramos, por ejemplo y citando al azar, la manta que el primer amanuense de El Supremo teje en la soledad de su retiro, en su pueblo natal, para cubrir, es decir, para *encubrir* la inexistencia de El Supremo" (pp. 8-9).

Yo el Supremo es la novela de Roa más ampliamente valorada por la crítica y el público lector. Es muy posible, sin embargo, que en *Hijo de hombre* Roa Bastos haya dicho y hecho todo lo que dio auténtica grandeza a su arte de novelar.

Junto a Roa Bastos, otro novelista preocupado con el destino de su patria y de sus gentes dejó una obra que no ha tenido fuera del Paraguay la divulgación que se merece; me refiero a GABRIEL CASACCHIA (1907-1980), autor de novelas pioneras en la literatura paraguaya: *Mario Pereda* (1940), *La babosa* (1952), *La llaga* (1964), *Los exiliados* (1966). La constante temática de Casacchia es el destierro; la clave emotiva, la nostalgia de la tierra que les es negada obstinadamente a sus personajes. En un telón de fondo se desenvuelve la trama sórdida de las maniobras políticas, las persecuciones y el terror. Dijérase que los personajes de Casacchia vienen condicionados para el fenómeno de la alienación. Si viven en Asunción, sueñan con la utopía cercana de la gran metrópolis, Buenos Aires; si el tiempo pasa en Areguá la visión quimérica apunta hacia Asunción, o hacia una Galicia idealizada. La realidad aplastante del exilio en tierras hostiles y en términos de miseria, sin embargo, acaba destruyendo toda esperanza. Esos paraguayos de las novelas de Casacchia seguirán eternamente golpeando las puertas de la ciudadela que no se rinde, sobreviviendo en la pesadilla de un país que, noche a noche, se hace más difícil e incomprensible. Teresa Méndez Faith ha dicho de ellos:

"Si los protagonistas y personajes varios que pueblan Areguá en *La babosa* y *La llaga* son los eternos perdedores, los sufridos, la gran mayoría de los paraguayos de dentro, los protagonistas de *Los exiliados* son también los eternos antihéroes para quienes la esperanza se ha convertido en un término vacío de significado por haber sido ya tantas veces frustrada.

Los exiliados deja al descubierto las raíces económicas e histórico-políticas del problema del exilio —uno de los más graves del Paraguay contemporáneo— al ahondar en la vida interior y exterior, en el pasado y el futuro de los seres que la pueblan. El pesimismo y la degradación *ad infinitum* que campean a lo largo de la novela, traducen, tal vez demasiado fielmente, la amargura que siente el escritor cuya ficción se nutre de una realidad poéticamente transpuesta y que, por lo tanto, no puede evitar que su arte refleje lo irreversible de la situación del exiliado, pero a quien como paraguayo no dejan de dolerle las desgracias de su pueblo" (cf. *Paraguay: novela y exilio,* Somerville, N.J.: Slusa, 1985, p. 75).

CARLOS MARTINEZ MORENO (1917-1986) se dio a conocer con cuentos —*Los días por vivir* (1960)— y novelas cortas de factura novedosa, elegante, como animadas por una poética tensión interior: *Los aborígenes* (1960, premiada en el concurso de *Life en español*) y *Cordelia* (1961). Daba la impresión de ser un corredor de distancia media, para quien la brevedad del cuento era ligeramente incómoda, y la extensión de la novela, mareadora. En el género de la *nouvelle* se movía con agilidad, gracia y hondura. De improviso, asombró a todos con una novela vigorosa, amplia, de movimiento multitudinario: *El paredón* (1962). Con ella ganó un premio en España y se consagró —junto con Benedetti— como uno de los novelistas más importantes del Uruguay.

Pese a su título, *El paredón* no es una novela *sobre* la revolución cubana de Fidel Castro, sino un libro escrito a propósito de ella y del proceso de alumbramiento político que provoca en un intelectual uruguayo.

En 1959 el gobierno de Castro invitó a periodistas de todo el mundo a presenciar el juicio de M. Sosa Blanco, un esbirro del régimen de Batista; juicio que debía realizarse en público como una respuesta a las críticas provocadas por los sumarios fusilamientos que siguieron al triunfo de la revolución. El héroe de la novela, Julio Calodoro, periodista uruguayo, recibe una invitación y va a Cuba. Se marcha bajo el peso de una compleja carga de conciencia en la que actúan factores familiares, sociales y políticos. Calodoro vive preocupado por el aplastamiento burgués con que su propio pueblo soporta —decoroso y reservado— la dramática crisis de Hispanoamérica. Parece flotar en un *vacuum* democrático en que los problemas pierden su virulencia, no porque vayan en vías de ser solucionados, sino más bien a causa de la suspensión higiénica con que se les aísla, se les contempla y se les archiva. Julio Calodoro va a visitar a su padre, médico de la vieja guardia, y a compartir con él los difíciles momentos del gran cambio. Y ambos se preguntan, ¿pero es que va a cambiar algo en este país?, ¿se va a desbordar algo? Lo de Cuba, entonces, aparece como una gran mancha de sangre en una pared lejana, más allá de las blancas playas uruguayas, al fondo de un mar colérico cuyas olas levantan un fragor que aún no toca a ese padre ni a ese hijo. Calodoro escucha a Castro, oye a las madres de las víctimas de Batista, bebe la tibia cerveza de las prisiones y el ron un poco más fresco de los *snobs* internacionales que, al margen de la revolución, se esfuerzan por representar una patética parodia de la gran vida italiana. Se codea con los periodistas yanquis ("no nos comprenderán jamás"), discute, observa, escribe. Y tiene su entremés amoroso: sexo al borde de la muerte, graves preguntas, tiernas evocaciones, negros presentimientos, separación dulce y dolorosa.

¿Qué ha pasado? ¿Qué efecto ha tenido el despliegue de violencia cubana sobre la imagen civilista del intelectual uruguayo? ¿Nueva fe? ¿Compasión, recelo, horror? ¿Heroica resolución? Calodoro vuelve a su patria pesando sus balanzas, exaltado a veces, o dudoso o incrédulo o esperanzado. Indeciso hasta el final. En Montevideo se impone el hecho de que su padre sufre de un cáncer incurable. Las respetables paredes del edificio tutelar se desmoronan. Frente al paredón lejano, lamido por un chorro de luz blanca, muere otro hombre en cuatro pata. Una mujer ha quedado en Cuba abrazada al hueco que dejó en su vida el uruguayo. Otra le escucha su relato en actitud doméstica, criolla. ¿Qué hacer?... "Le ha parecido mejor el extremo quietista de la alternativa: que todo siga como está" (p. 286). Con estas palabras concluye la novela.

Sería un error considerar esta última frase como un símbolo de resolución interior para los problemas que se ha planteado el héroe. En realidad, *El paredón* no ofrece ni soluciones ni definiciones, ni fáciles consignas: es el testimonio de un hombre que ha salido a confrontar la realidad personal con los fuegos que atacan la moral del hombre en nuestra época. Si salió es porque también él lleva su propio fuego. Si se exalta es porque, en el fondo, sabe que "todo" no puede seguir "como está". Y así, entonces, ese final no es más que una pausa. Allí, en un instante, frente a ese ser, es posible que convenga "dejarse estar". Apenas una pausa. Porque Calodoro piensa en el cáncer de su padre que tampoco se detiene, y en el paredón donde se proyectan las sombras humanas, que no se derrumba.

Novela de estilo denso, agitado, poético, a veces, simplemente testimonial en otras ocasiones, *El paredón* refleja la madurez de un gran escritor, en sus páginas respira Martínez Moreno con más calma y amplitud de ritmo.

MARIO BENEDETTI (1920-), novelista y cuentista ya consagrado por la crítica hispanoamericana, ha creado una visión patética y tierna del hombre medio, prisionero de la trampa burocrática en las grandes ciudades modernas. Profundamente uruguayo —pocos le igualan en la maestría para sugerir un ambiente y en la agilidad con que usa la frase criolla— Benedetti mueve a sus personajes, sin embargo, en una atmósfera de angustia e indefinible nostalgia que trasciende a la realidad local.

El contraste dramático entre la circunstancia que vive el hombre —la trampa— y la visión repentina, desesperanzada de su impotencia ante ella, impotencia que lo lleva a una tranquila derrota, es el eje en que se mueven los personajes de su novela más famosa: *La tregua* (1960). He aquí la historia de un hombre de oscuro destino quien, bajo la milagrosa luz de un despertar pasional en la madurez, atisba la *felicidad* y la pierde brutalmente, sin haber tenido clara conciencia de poseerla. Escritor de honda ternura, maestro en el arte de manejar los tenues hilos del sentimentalismo burgués, Benedetti alcanza en esta novela la culminación de su poder narrativo. Pocos novelistas de su generación se atreverían a intentar lo que ya equivale a un *tour de force* en el campo de la novela: la descripción y el análisis de una pasión sin recurrir a símbolos y sin afán de trascender por medio del lenguaje o de la estructura del relato. Es ésta una simple y directa relación de vidas comunes en la trampa de un espejismo romántico. Benedetti sabe que va bordeando la frontera del viejo realismo. A menudo se castiga, calificando de cursis ciertas frases y actitudes de sus personajes. El lector duda también, cree enfrentarse al viejo espejo realista que vagaba por los caminos. Pero hay una pureza en el trazo con que va dibujando el narrador, un equilibrio, una profundidad espiritual y una ternura tan genuinas, que frente a la sombra de Flaubert se levanta otra, más menuda, menos trascendente, algo diabólica aunque siempre patética, en la que reconocemos al artista del existencialismo contemporáneo, al tranquilo terrorista sin rostro que espera, sentado en el banco de una plaza, el tremendo reposo. Benedetti ha creado un bello romance en el mundo de papel del oficinista contemporáneo: un drama clásico entre las cuchillas del ventilador y los punteros del reloj.

El arte de Benedetti —el cuentista de *Montevideanos* (1959), el novelista de *La tregua, Quién de nosotros* (1953), *Gracias por el fuego* (1965)— ha sido definido muy certeramente por A. Zum Felde al decir: "Su característica consiste en ahincar en el material de experiencia cotidiana, de superficie gris, de circunstancia externamente trivial, para encontrar debajo de ello agudas vivencias psicológicas, peripecias íntimas singulares, procesos de conciencia con profundidad de sentido; la vida, exterior lugar común, en el ambiente de la ciudad (que es el del escritor) sentida y revelada en sus adentros, en su dimensión objetiva" (*Indice crítico de la literatura hispanoamericana, la narrativa,* p. 499).

MARCO DENEVI (1922-), argentino, después de consagrarse con dos extraordinarias novelas —*Rosaura a las diez* (1955) y *Ceremonia secreta* (1960)— ha escrito obras de teatro y pequeñas fábulas de corte muy personal. Hay algo, o mucho, de magia en su producción literaria: magia para ver el mundo y las gentes no en las dimensiones que todos conocemos, sino allí donde toda frontera se borra y los objetos reales adquieren presencia humana, mientras los hombres se desdoblan y empiezan a actuar como enemigos de sí mismos. Es difícil, acaso imposible, prever lo que harán los personajes de Denevi. Quizá el autor no lo sabe tampoco cuando comienza a escribir su historia y se entusiasma con las sorpresas que se avecinan. Da la impresión de que los personajes le buscan —no como en la obra de Pirandello en la que reconocemos un amable truco— sino, más bien, con malas intenciones y por mandato ajeno. Prevalece en su mundo literario una especie de locura activa.

Denevi trabaja a base de una realidad minuciosamente observada. Nada falta allí: ni las casas, ni las mansiones, ni la luz ni el tiempo, ni los parques ni el río, ni los olores ni la oscuridad, ni los objetos ni los prisioneros de los objetos. Pero esos objetos pretenden sobrevivir a sus dueños. Y en ese duelo comienza el frenesí. En *Rosaura a las diez* —la mejor novela policial que se ha escrito en lengua española (novela policial sin policías naturalmente)— se parte de una patética situación que Denevi meticulosamente desarma en cada uno de sus elementos pasionales para construir, luego, un cuadro de espesos tonos en que la pobre humanidad del barrio bonaerense sueña, ama, castiga, sufre y mata, como parte del diario vivir. Denevi pinta con trazo caprichoso; ve la miseria detrás de la dignidad; el mamarracho de circo bajo la circunspección. Sus apartes, para calificar la actitud o el gesto o la palabra y hasta la condición de un personaje, son de un ingenio ácido. Personaje que describe no se levanta ya como ser humano: llevará ciertos seres a la siga, pegados igual que parches de un espantapájaros, persiguiéndole eternamente con su trágica impotencia.

Y, junto a eso, ve la poesía que irradia el ser humano en

sus ratos de tranquila angustia. Una mesa o una cama, un cielo sobre el río o una calle al amanecer. Cualquier cosa le basta para que, mirando a través del hombre como si el hombre fuera una grieta en alguna pared del mundo, vea a la vida vibrando con honda y seria ternura.

Su óptica novelesca corresponde curiosamente a ciertas tendencias del cine contemporáneo: como Buñuel, Torre-Nielsen, Berlanga, ve el lento desenvolverse de un drama a través de las capas cotidianas, como si el tiempo fuera una sangre que avanza sin prisa por el hombre. Esta densidad pasional le diferencia de Borges.

Tercera Parte: La ruptura

Los años 60

Entre 1960 y 1970 aparecieron diez novelas que cambiaron decisiva y fundamentalmente el rumbo de la novelística latinoamericana.* Estos libros vinieron navegando como una flotilla en formación compacta y por aguas profundas, seguidos a cierta distancia por embarcaciones menores. Más atrás quedan los barcos fantasmas que abrieron la ruta y desaparecen, pero que no deben ser olvidados. La década del sesenta es uno de los períodos culminantes de un movimiento que empezó por los años 30 y cuyo impulso no se acaba aún.

¿Qué ha sucedido en nuestra narrativa? ¿Un renacimiento cuyas raíces se enredan a través del tiempo y del espacio? ¿Una coincidencia de actitud frente a circunstancias históri-

---

*El número diez es un número mágico en este caso, ya que el lector puede substituir títulos más o menos libremente. Pienso que podría citar otras diez novelas, por lo menos, de no menor significación. En ninguna lista que se haga, sin embargo, podrían faltar las nueve que nombro (dejo el lugar número diez en blanco para que lo llene el lector...) Mis novelas son: *Hijo de hombre* (1960), *Sobre héroes y tumbas* (1961), *El astillero* (1961), *El siglo de las luces* (1962), *La muerte de Artemio Cruz* (1962), *Rayuela* (1963), *La ciudad y los perros* (1963), *Paradiso* (1966) y *Cien años de soledad* (1969).

cas que comprometen por igual al creador del primer y del tercer mundo? Pienso que a estas preguntas debe responderse con distancia y perspectiva pero, al mismo tiempo, con algunas premisas de valor general, es decir, aplicando un principio relativo a un conjunto de hechos innegables. Naturalmente, la perspectiva se la crea el lector o el crítico de acuerdo con su experiencia literaria. Podemos fijar algunos valores, sin embargo, y situarlos de tal modo que nos alumbren las etapas más importantes de esta línea evolutiva.

A mi juicio, los modos narrativos que cierta crítica pretende "descubrir" en los novelistas más recientes fueron usados ya por los maestros del regionalismo y del neorrealismo, vale decir, entre 1920 y 1950. Vicente Huidobro, por ejemplo, escribió audaces novelas "abiertas" de acción simultánea y tiempo relativo (*Sátiro o el poder de las palabras,* 1938); mitificación hay en *Hombres de maíz* (1949) de Asturias y en *El reino de este mundo* (1949) de Carpentier; fragmentación de la realidad y angustia existencial en los relatos de Onetti; visión totalizante en *Adán Buenosayres* (1948) de Marechal. El llamado realismo mágico fue característico de parte importante de la narrativa de los años treinta y cuarenta: sugiero que los devotos de Aureliano Buendía y su prole le den una mirada atenta a *Los Sangurimas* de José de la Cuadra. Pero que no se queden allí. Recomiendo también una visita a Juan Emar, Enrique Anderson Imbert. Aparecerán, entonces, García Márquez, Vargas Llosa, Fuentes y otros narradores recientes como continuadores de una rica tradición novelística. Su voluntad de renovación y su apertura hacia un lenguaje independiente de las viejas retóricas son elementos esenciales de otra vasta experimentación que dura ya más de cincuenta años. El hecho de que esta dinámica tradición no haya sido suficientemente reconocida ni haya contado con una justa evaluación crítica en Latinoamérica nada tiene que ver con razones estéticas, sino con simples circunstancias sociales. Por una parte, nuestra literatura de experimentación fue descartada durante años considerándosela un débil apéndice de las literaturas europeas de vanguardia. Por otra parte, nuestra crítica oficial siempre juzgó a las avanzadas del siglo XX aplicándoles cánones críticos característicos del siglo XIX. La necesidad de identificar esta línea evolutiva, no siempre nítida ni necesariamente ascendente, que une a los regionalistas, neorrealistas y representantes de la novela *nueva* constituye, pues, mi primera premisa. Es línea que ha de buscarse pacientemente y con cautela. No atañe a influencias, sino a un complejo fluir de corrientes estéticas que aparecen y desaparecen, trasladándose, pero dejando siempre una constante que el crítico debe reconocer.

Mi segunda premisa alude a un hecho más difícil de probar, porque atañe a un movimiento en el cual es fácil confundir coincidencias con influencias: me refiero al flujo y reflujo de ideas estéticas entre Europa y América, acciones y reacciones, a veces claras, a veces difusas, directas o indirectas, mostrando, por una parte, nuestra dependencia cultural y, por otra, nuestra activa resistencia a aceptar formas de expresión como moldes clásicos para realidades sociales en drástico proceso de cambio. Es relativamente sencillo relacionar ciertos aspectos de la obra de Cortázar, por ejemplo, con modos de expresión de Joyce o Gombrowitz; pero sería dura tarea la del crítico que tratase de explicar las sombras hispanoamericanas que se mueven de súbito en libros sajones, franceses, alemanes, italianos o españoles de mediados del siglo XX. El aire de familia en ambos casos es innegable, pero los parentescos son difíciles de precisar. La conclusión obvia, a este propósito, sería que tan errados andan los profesores que niegan toda autenticidad a los *nuevos* novelistas latinoamericanos y los acusan de astuta plasticidad y hasta de plagio, como los jóvenes escritores que en 1970 afirman candorosamente haber inventado la pólvora, quiero decir, la nueva novela del siglo XX.

Mi tercera premisa entraña un hecho para mí innegable: los nuevos narradores hispanoamericanos no han creado innovaciones de forma; la simultaneidad, las funciones relativas del tiempo narrativo, la superimposición de escenas y la fragmentación del diálogo, de la acción y la realidad ambiente, son recursos literarios que se emplearon en la novela europea y norteamericana hace muchos años. Faulkner, dicho sea de paso, es el santo patrono de nuestra narrativa de los últimos tiempos. Joyce, Henry Miller y Gombrowitz, pudieran ser la santísima trinidad. Hesse, Gide, Sartre, Camus, Lowry y Grass han dejado profundas marcas también, por no decir cicatrices. La enumeración podría continuarse.

Contraparte de tal premisa es esta otra: creo que el mayor aporte original de la novela latinoamericana contemporánea se da en el dominio del lenguaje; la rebelión contra la retórica del costumbrismo y del regionalismo produjo una *tensión poética* que parte de la realidad y vuelve a ella dándole un trasfondo mágico. Esa tensión condiciona la prosa alucinada de Sábato, carga de fuerza social el proceso de mitificación de Rulfo, Arguedas y Roa Bastos, y es la clave de la ordenación estética en el mundo fantástico de García Márquez. Me refiero, como se ve, al caso en que el lenguaje deriva su poder de auténticas raíces populares.

Otra de las constantes que señala la crítica partidista en la nueva novela latinoamericana es la importancia del factor autocrítico dentro de la obra misma, factor que da origen a una meta-literatura. A este respecto, es preciso nuevamente establecer antecedentes. En otras palabras, cuando Cortázar pone, como un espejo dentro de otro espejo, una anti-novela en el corazón de *Rayuela,* como quien dice una carga de dinamita dentro de un polvorín, y cuando Vargas Llosa y Fuentes especulan sobre su propio arte de novelar, no podemos dejar de pensar en Carpentier y Marechal, ensayistas de sí mismos, que conciben y desarman sus novelas como maquinarias de control, a la vez, íntimo y remoto.

Al crítico de la novela latinoamericana de la segunda mitad del siglo XX que se transforma en un sabueso en búsqueda de autenticidad, le salen al paso toda clase de novedades más bien frívolas. Es natural que sea así: nos enfrentamos a una narrativa en formación, con sus puntos altos y sus puntos bajos, muy bajos. Personalmente, me quedo con los novelistas que en su obra tratan de dar una visión del mundo latinoamericano y se esfuerzan por cambiar esa realidad que les tocó profundamente a ellos. No los que vuelan planeando, sino los que están entre nuestras gentes y nuestras cosas y les dan la forma de su angustia, de su desesperación, o de su victoria. Como se verá, vuelvo cada vez con mayor admiración a Rulfo, Roa Bastos, Revueltas, compañeros de una ruta solitaria, solidaria. Me conmueve el intento de una *novela total* en los nuevos novelistas del Perú, México o Cuba. Al mismo tiempo reconozco que los elementos con que se hace esa *novela total* fueron tomando forma paulatinamente, ya sea en discusiones teóricas —pienso en Sábato y Vargas Llosa—, ya sea en ambiciosas obras de experimentación.

En estas páginas, pues, queda mi testimonio crítico sobre algunos de los autores más decisivos en un período de profundos cambios y drásticos planteamientos frente a la relación entre las ideas estéticas y los fenómenos sociales. Es incuestionable para mí que la literatura latinoamericana experimentó una crisis de tan vastas proporciones a mediados del siglo XX, que sus formas, estructuras y lenguaje se renovaron fundamentalmente. Esa crisis coincidió con la rebelión implacable de tres generaciones contra una literatura que se ahogó en su propia retórica. Durante mucho tiempo se escribió en América con el lenguaje rumiado (la expresión es de Cortázar) de una tradición literaria hispana que, de pronto, no pudo ya funcionar entre nosotros. Los latinoamericanos debimos, entonces, empezar por el principio: devolverle al lenguaje su básico dinamismo y su auténtica relación funcional dentro del mundo que es nuestro; convertirlo otra vez en factor de creación y no de simulación. Esa *tensión* a que me he referido antes se convierte en marca decisiva de la rebelión anti-retórica. Desde adentro de un idioma que de creador pasó a ser falsificador, nace la anti-novela, la anti-poesía, el anti-teatro. Surge el poder del lenguaje corriente y directo, y la poesía empieza una vez más a echar brotes en medio del lugar común. Es esta batalla librada contra la retórica, por la revitalización del lenguaje y la apertura y la fragmentación de la novela, que alrededor de 1970, hermana a escritorcs tan dispares como

Vargas Llosa, Fuentes, Lezama Lima, Cabrera Infante. Dos nombres señalan más claramente que otros el proceso de esta crisis: Cortázar y García Márquez, como quien dice la demolición y la reconstrucción. Entre *Rayuela* y *Cien años de soledad*, la novela latinoamericana perdió una retórica y ganó un lenguaje.

Entre 1960, año de la publicación de *Los premios*, y 1963 en que aparece *Rayuela*, JULIO CORTAZAR (1914-1984) consolidó un prestigio literario de resonancia internacional. Audaz experimentador, Cortázar llamó la atención primero por la originalidad y nitidez de sus cuentos: *Bestiario* (1951), *Las armas secretas* (1959), *Historias de cronopios y de famas* (1962). La búsqueda de lo insólito en un mundo de fantasía pura, dominado por una inteligencia irónica, fría, elegante, lo acercaba en esos cuentos a un tipo de literatura borgiana. Pero Cortázar sangra cuando Borges arruga el ceño. Sus lectores presentían un desgarramiento. Esto se produjo en parte en *Los premios*, libro atravesado por una ironía subterránea, devastadora, y, particularmente, en *Rayuela*: documento cruel, feroz, de una juventud que chapotea en las aguas negras de una decadencia sin fronteras.

Cortázar define su arte: "Sí, se sufre a ratos —dice— pero es la única salida decente. Basta de novelas hedónicas, premasticadas, con *psicologías*. Hay que tenderse al máximo, ser *voyant* como quería Rimbaud. El novelista hedónico no es más que un *voyeur*. Por otro lado, basta de técnicas puramente descriptivas, de novelas 'del comportamiento', meros guiones de cine sin el rescate de las imágenes. A relacionar con otro pasaje: ¿Cómo *contar* sin cocina, sin maquillaje, sin guiñadas de ojo al lector? Tal vez renunciando al supuesto de que una narración es una obra de arte. Sentirla como sentiríamos el yeso que vertemos sobre un rostro para hacerle una mascarilla. Pero el rostro debería ser el nuestro" (*Rayuela*, Buenos Aires: Sudamericana, 1963, p. 544).

En *Literatura y revolución* (pp. 126-146) propuse un esquema para analizar *Rayuela,* dos de cuyos puntos básicos quisiera resumir aquí. Refiriéndome a la problemática filosófica planteada por Cortázar llegué a la conclusión de que ella implica una crítica a la razón al considerarla como disfraz del caos de la sociedad contemporánea. Caos es aquí sinónimo de mentira, hipocresía, absurdo. El hombre moderno extravió su camino entregándose a los mandatos de una razón cuyos atributos habían sido falseados para disimular la ruina de la utopía positivista. El error se disfrazó de orden. Vivimos, entonces, en el orden del caos. Dice Horacio en un capítulo fundamental de *Rayuela:*

"Yo diría para empezar que esta realidad tecnológica que aceptan hoy los hombres de ciencia y los lectores de *France-Soir,* este mundo de cortisona, rayos gamma y elución del plutonio, tiene tan poco que ver con la realidad como el mundo del *Roman de la Rose...* el hombre, después de haberlo esperado todo de la inteligencia y el espíritu, se encuentra como traicionado, oscuramente consciente de que sus armas se han vuelto contra él, que la cultura, la civiltá, lo han traído hasta este callejón sin salida donde la barbarie de la ciencia no es más que una reacción muy comprensible" (pp. 506-507).

En el plano de una discusión filosófica que atañe a la teoría del conocimiento, los personajes de Cortázar van cerrando las puertas de la realidad y empujándonos hacia el rótulo sartriano: *huis clos.* Pero en su conducta sabotean las garantías racionalistas y le aserruchan alegremente el piso a los metafísicos que aún sueñan con una salida. Paradójicamente la Maga, que descubre "la salida", es la primera y la más decisiva de las víctimas. La Maga destruye el absurdo viviéndolo, pero soluciona el caos confundiéndolo con el orden. Elige porque en el acto de la elección se juega su condición de ser humano. Dice:

"...porque el mundo ya no importa si uno no tiene fuerzas para seguir eligiendo algo verdadero..." (p. 222).

Horacio, indeciso, crítico de la razón pura y de la impura, juez y parte, creyendo descubrir la vida, destruyéndola, reconocerá al final en su propia cara la máscara de la deses-

303

peración.

El segundo elemento de mi esquema se refiere a la problemática estética planteada en *Rayuela* y, en particular, a una teoría del lenguaje y de la novela. Cortázar se vale de un personaje llamado Morelli para poner su bomba de tiempo dentro de una estructura cuidadosamente esquematizada en el "Tablero de dirección" que precede a la novela. Entre Cortázar y Morelli, vale decir entre una novela y su contraparte, se afina una concepción del lenguaje que es como un grito de combate contra la retórica del costumbrismo tradicional en España e Hispanoamérica. Devolvámosle al lenguaje de la novela el dinamismo original que tuvo en los usos del pueblo. Adiós a la literatura dentro de la literatura. La vida se nos da fragmentada y compleja, que el lector arme su novela en la medida que pueda comprender el sentido de su condición existencial. Cortázar y Morelli exigen la complicidad de un lector activo, el recreador de Unamuno, que arme la historia en sus manos con los pedazos de vida que van cayendo de personajes y situaciones como de un edificio descascarándose: "Provocar, asumir un texto desaliñado... minuciosamente anti-novelístico (aunque no anti-novelesco). Sin vedarse los grandes efectos del género cuando la situación lo requiera, pero recordando el consejo gidiano, *ne jamais profiter de l'élan acquis*. Como todas las criaturas del Occidente, la novela se contenta con un orden cerrado. Resueltamente en contra, buscar también aquí la apertura y para eso cortar de raíz toda construcción sistemática de caracteres y situaciones. Método: la ironía, la autocrítica incesante, la incongruencia, la imaginación al servicio de nadie" (p. 452).

La última frase es clave: novela abierta, lenguaje antirretórico, antiestructura, todo esto significa la búsqueda de una libertad esencial y de una autenticidad a prueba de todo intento de coerción. Este es el mensaje de Cortázar, el puente colgante que le tiende a las nuevas generaciones. Como diciendo: sabemos que hemos mentido, disimulado, escamoteado y presumido más de la cuenta, pero llegó el momento de la verdad, sacarse los disfraces y perifollos, rasparse la lengua, vivamos como merecemos, la literatura no puede servir para tapar las vergüenzas de la humanidad. Digamos nuestra verdad y en ella juguémonos nuestra rayuela, la subida al cielo.

Desgarrado, frenético, desesperado, levantándose continuamente para salvar la cresta luminosa de una ola que lo golpea implacablemente y lo empuja con la resaca hacia una playa devastada, con algo del empuje fálico de Henry Miller, pero *criollo,* como si fueran golpes de caña y no de ajenjo los de su madrugada en París, Cortázar evoca el mundo de una juventud nacida para construir bellas imágenes y ocupada, por el momento, en abrirse paso por una ciudad de alcantarillas. Su arte, experimental como es, va marcado por un tono de personal angustia, inconfundible, voz de guardabosque perdido entre sombras que ama pero que no reconoce, o que ama y castiga —La Maga—, voz que busca insistentemente, gravemente, algunos ecos, dispuestos ya en los muros de la ciudad abierta.

Nunca sabrá uno con claridad por qué alguien escribe una novela de tesis. Siempre queda la zona de misteriosa duda, el Triángulo de Bermuda, donde la gente que vuela o navega desaparece. ¿Se salvan? ¿Se hunden? Y, si se hunden, ¿quién arma la trampa? ¿Importa verdaderamente averiguarlo? En el caso del *Libro de Manuel* (1973) creo que importa mucho, por varias razones: primero, porque el navegante —llámese Andrés o "el que te dije"—, parece ser Julio Cortázar en persona; segundo, porque la tesis es presentada en términos brillantemente contradictorios; tercero, porque el mundo narrativo da vueltas aquí alrededor de un eje que se llama Joda, y esta palabra, como todos sabemos, se presta a tres o cuatro interpretaciones desigualmente ambiguas.

Me quedo con la buena fe del narrador y acepto la significación literal del diccionario: "En sentido figurado, molestar, causar contrariedad con un despropósito o desatino. Puede ser reflexivo."

Que la Joda pueda o no ser reflexiva es, por supuesto, un chiste del *Diccionario* de Santa María.

En el *Libro de Manuel* como en otras narraciones que han seguido a *Rayuela,* Cortázar continúa la norma de plantear una tesis, exponer los argumentos a favor, dar relieve a los argumentos en contra, convertir a los personajes en voceros activos de la discordia y, al fin, dejar que alguien hable solo en una zona donde la metáfora es el salvavidas que se lanza al mar abierto. Texto y contexto son indisolublemente sellados, diversos niveles de narración y puntos de vista conducen al lector de piso en piso, de café en café, de mate en mate y de cama en cama. El hilo conductivo aparece maestramente enredado y en cada puertecilla del laberinto alguien, siempre la misma voz, con igual tono e intención, surgirá proclamando el cartel que dirá: "Salida falsa".

¿Qué sucede realmente en este *Libro de Manuel?* No es fácil explicarlo. Puede uno, es claro, plantearse diversas posibilidades que ayuden a resolver no tanto un problema literario como un asunto de táctica y estrategia políticas, de señales que debieran funcionar de un modo previsto y no funcionan, luces verdes que no dan paso, luces rojas que, extrañamente, abren el puente.

Cortázar escribió su *Libro de Manuel* por las mismas razones que tantos latinoamericanos escriben en estos años el suyo, o sea, para dejar un testimonio personal del tiempo de la infamia que nos busca a diario en cárceles y campos de concentración, en la clandestinidad de nuestros pobres países, en la enajenación del exilio. Me imagino que llegará el momento en que todos estos libros de Manuel serán un solo cuerpo narrativo, una especie de Viejo y Nuevo Testamento para uso de la sociedad de aquellos que regresen y sobrevivan. Que algunos de estos libros se van por la tangente y fallan patéticamente no hay ni que decirlo. "El que te dije" lo dice, sin embargo:

Y entonces el que te dije se retrae y piensa por ejemplo en tanta novela donde a cambio de un relato más o menos chatón hay que pasar por conversaciones y argumentos y contrarréplicas sobre la alienación, el tercer mundo, la lucha armada o desarmada, el papel del intelectual, el imperialismo y el colonialismo (p. 252).

¿Cierto? Cierto, pero Cortázar estará de acuerdo en que no es de tales novelas que se debiera hablar, sino de esos libros pequeños y quemantes, testimonios de víctimas y combatientes, libros como *El pasajero* de Jorge Musto, por ejemplo, o *Cerco de púas* de Aníbal Quijada, o *La canción de nosotros* de Eduardo Galeano, o *Tejas verdes* de Hernán Valdés.

Pero también añade otras observaciones que sirven de contrapeso:

Por razones obvias habré sido el primero en descubrir que este libro no solamente no parece lo que quiere ser sino con frecuencia parece lo que no quiere, y así los propugnadores de la realidad en la literatura lo van a encontrar más bien fantástico mientras que los encaramados en la literatura de ficción deplorarán su deliberado contubernio con la historia de nuestros días. No cabe duda de que las cosas que pasan aquí no pueden pasar de manera tan inverosímil, a la vez que los puros elementos de la imaginación se ven derogados por frecuentes remisiones a lo cotidiano y concreto. Personalmente no lamento esta heterogeneidad que por suerte ha dejado de parecerme tal después de un largo proceso de convergencia; si durante años he escrito textos vinculados con problemas latinoamericanos, a la vez que novelas y relatos en que esos problemas estaban ausentes o sólo asomaban tangencialmente, hoy y aquí las aguas se han juntado... (p. 7).

En mi opinión es posible que este *Libro de Manuel* que tengo entre las manos no sea lo que se propuso Cortázar, pero al mismo tiempo sí es lo que no se ha propuesto "el que te dije", al menos en la versión que conocemos: la de Andrés.

¿Y qué se han propuesto estos queridos compañeros? A mi juicio han intentado lo siguiente:

1. Definir y ejemplarizar lo que debe entenderse por una auténtica y total revolución, sin olvidar las circunstancias en que ha de producirse el cambio esencial y trascendente en el individuo que se juega su destino en ella. Dice Cortázar:

Más que nunca, creo que la lucha en pro del socialismo latinoamericano debe enfrentar el horror cotidiano con la única actitud que un día le dará la victoria: cuidando preciosamente, celosamente, la capacidad de vivir tal como la queremos para ese futuro, con todo lo que supone de amor, de juego y de alegría... Lo que cuenta, lo que yo he tratado de contar, es el signo afirmativo frente a la escalada del desprecio y del espanto, y esa afirmación tiene que ser lo más solar, lo más vital del hombre: su sed erótica y lúdica, su liberación de los tabúes, su reclamo de una dignidad compartida en una tierra ya libre de este horizonte diario de colmillos y de dólares (p. 8).

No hay ambigüedad en estas palabras, ellas nos revelan al escritor que toma posiciones y asume un compromiso más allá de los simples programas partidistas, proponiendo un proyecto político acaso incómodo para los puristas de la disciplina, tanto como para los fundamentalistas empeñados en postergar la revolución mientras se perfecciona, purifica y sublima el revolucionario.

Andrés hablará de una revolución que pueda ser digna, jubilosa y triste al mismo tiempo.

Por el momento, entonces, hablamos de una revolución de alaridos en teatros y cines, de falsificación de cigarrillos y fósforos, de viajes de pingüinos para transportar dólares falsos, de reyertas a patadas en oscuras avenidas de París: revolución de palabras y ademanes, así como también de impetuoso terrorismo en la cama.

2. Se han propuesto asimismo dar a este alegato claras formas de compromiso individual y colectivo por medio del testimonio activista y los comentarios pertinentes en forma de seminarios nocturnos. Digo, testimonio de un escriba que funciona como testigo presencial de la enajenación latinoamericana en París.

Nada escapará a esta revolución, todo deberá ser comprendido en la nueva dimensión de un humanismo que respete al individuo en su complejo sentido de los valores morales. Adiós al orden convencional de mandarines y comisarios, adiós a los prejuicios de una seudo ética revolucionaria: "acéptame", dice Lonstein, "con lo que tú crees que son mis defectos porque en ellos encontrarás mis virtudes."

Seminarios, digo, en cavernas platónicas donde las frases de un tango y las disonancias del jazz, así como los recortes de periódicos, representan el contrapunto efímero de las respuestas sonoras y mudas a la infamia fascista.

3. Se han propuesto, finalmente, dinamizar la especulación por medio de la acción política desesperada, particularmente en el caso del secuestro de un VIP que termina con un "mock-epic" en un parque de París. Por último, recolectan documentos históricos sobre el estado actual de la infamia en Latinoamérica y de sus antecedentes científicos en las academias de la contra-insurgencia norteamericana.

Probablemente, Cortázar no está seguro de que su concepto de revolución total será comprendido y asimilado en el primer round de un combate a quince asaltos. Tampoco "el que te dije" parece estar convencido de que las actividades de los tomadores de mate y grapa en París —por muchos cachiporrazos que se produzcan y claves misteriosas y decisivos encuentros y desencuentros eróticos junto a un cementerio—, serán aceptadas y apreciadas como activismo revolucionario legítimo por lectores que tienen experiencia en fajarse con las fuerzas móviles del fascismo en sitios tan lejanos como Buenos Aires y Córdoba.

Como en todo texto abierto, bellamente deconstructivo, no existen aquí ni finales ni comienzos; los códigos se deshojan y, al final, va quedando una gotera de discurso, gotera que terminará suspendida en el aire sin hallar su lugar donde caer.

Lezama Lima, brujo, señala con nitidez las vueltas vertiginosas que preceden a esta inmovilidad: "La novela medita sobre la novela" —ha dicho refiriéndose a *Rayuela*—, "al final las palabras son vivencias, porque las palabras y las vivencias están insufladas de una trágica comicidad. El lector salta sobre el autor, nuevo hombre de Zoar, y forman un nuevo centauro. El lector, castigado y favorecido por los dioses a la vez, se queda ciego, pero se le otorga la visión profética. El lector está convencido, según la frase de Cortázar, de que la novela es un coagulante de vivencias, catalizadora de nociones confusas y mal entendidas, porque el autor está convencido de que sólo vale la materia en gestación, y el lector de nuevo, como dentro de un poliedro de cuarzo, adquiere la diversidad de la refracción y la obstinación de un punto errante. Así, la antropofanía que nos propone Cortázar, presupone que el hombre es creado incesantemente, que es creador incesantemente. Existir y no exiotir forman en el hombre una cómica unicidad" (H.F. Giacomán, *Homenaje a J.C.,* New York, 1972, p. 28).

¿Cómo hablar de contexto, entonces, si no existen líneas de separación entre lo que se escribe, se proyecta y se hace, si la novela da vueltas como un espejo giratorio? En un sentido forzado de la palabra el contexto del *Libro de Manuel* no es latinoamericano. La novela no se limita a un grupo ni a un lugar.

Reconozcamos, pues, que hay una pugna en la novela y que esa pugna jamás encuentra su punto de resolución. Para mí el *Libro de Manuel* es fundamentalmente una poderosa y sombría historia de amor, un discurso romántico en términos que niegan validez a todo romanticismo, un ejercicio abierto de quienes desean explicar una derrota negándose a ver en ella la pasión que ha de convertirla en un triunfo. Si los ingeniosos activistas porteños nos confunden con sus señales es porque la confusión es parte esencial de su razón de ser. Quien se vale de metáforas para atravesar un campo abierto donde se cruzan las balas acaba dando una vuelta en el aire por muchas Jodas que le alegren el desenlace.

Dice Lezama Lima: "En Cortázar, la parte crítica, la parte cenital es muy superior a la otra parte, al otro extremo de la balanza, es decir, al *inconnu,* al desconocido. Por eso digo que es más bien un hombre de la era de los ocasos y un hombre de la era crítica, que un hombre que significa la nueva medida, el nuevo rumbo, la nueva distancia" (*op. cit.,* p. 55).

Como si le respondiera, Cortázar dice:

O sea que al volver a la sala del cine estoy actuando a la vez como por dentro y por fuera del film de Fritz Lang o de cualquier film de misterio, soy simultáneamente el film y el espectador del film. Fíjate, Lud, esto es lo más hermoso (exasperante para mí pero hermoso si lo mirás como un ejemplo de sueño), no hay duda de que *sé* lo que me dijo el cubano puesto que tengo una tarea que cumplir, y al mismo tiempo me veo a mí mismo con la curiosidad y el interés del que está en pleno suspenso del tríler puesto que ya no sé lo que me dijo el cubano. Soy doble... (p. 103).

La fuerza y la belleza de este *Libro de Manuel* están, por lo tanto, en la proyección dinámica de este doble que cierra y abre caminos, en sus voces que sostienen sobre el anochecer del tiempo del desprecio y de la infamia las breves consignas necesarias: se luchará a veces de un modo heroico, a veces con cierta hermosa torpeza de principiantes sin mucha escuela, ni armas, ni malicia bélica, se perderá y se ganará, y los cuerpos seguirán midiéndose en proporción al amor que los une y no a la desesperanza. Siempre habrá tiempo para la Joda y sus legítimos juegos, ese tiempo que debemos aprender a crear aunque no nos reconozca después. Siempre habrá un Manuel que no nos olvidará.

El Premio Nobel de Literatura otorgado a GABRIEL GARCIA MARQUEZ (1927-) en 1982 lo ha consagrado como el líder de la nueva novela latinoamericana. Neruda lo comparó con Cervantes. Evstuchenko ha dicho de él que es "el mejor escritor contemporáneo". Vargas Llosa le ha dedicado un libro de más de quinientas páginas para analizar su obra. Conviene, entonces, examinar este fenómeno literario tratando de evitar las acrobacias críticas que lo oscurecen sin necesidad. Creo que el arte del novelista colombiano, como toda expresión de valores clásicos, es producto de factores de gran sencillez y debe explicarse a base de un análisis directo de sus componentes principales. En este arte es preciso distinguir un aspecto formal y una concepción estética relacionada a la formulación del concepto de "realismo mágico".

Una polémica innecesaria, por errores semánticos en sus planteamientos, ha confundido el pensamiento crítico latinoamericano en torno a este problema. De sobra se sabe que el concepto de realismo mágico propuesto por el crítico de arte Franz Roh en la década del 20 refiriéndose al postexpresionismo alemán, fue aplicado mecánicamente por el profesor Angel Flores para explicar una literatura "fantástica", a veces de intención simbólica o metafórica, a veces puramente lúdica. Los ejemplos a los que recurrió Angel Flores fueron Kafka y Borges.

Obviamente el concepto de Roh no alude a una forma fantasista de representación de la realidad. La literatura fantástica se nutre de inteligencia e imaginación y es, por tanto, esencialmente racional, lógica dentro de sus propias reglas. Sus modelos, al menos en cuanto a Latinoamérica se refiere, son particularmente ingleses (Chesterton, Wells, Huxley, Orwell). Esta literatura entraña una manipulación imaginativa de la "realidad ambiente", es decir, una abstracción, por lo general en planos psicológicos, o poéticos, de ciencia ficción, alegóricos o metafóricos.

Alejo Carpentier contribuyó a confundir aun más la aplicación del término al relacionarlo con su fórmula de "lo real maravilloso" de raíces surrealistas. Desde luego, "mágico" y "maravilloso" no son términos intercambiables; éste connota una nomenclatura racional, comparativa, dentro de lo real; "mágico" es un término absoluto, categórico, por encima de lo "real", ya que se refiere a fenómenos en que la causalidad no se rige por órdenes lógicos. El realismo mágico representa una aceptación de la realidad ambiente y del mundo interior en un plano prelógico en que no se aplica un orden racionalista de causalidad. Por otra parte, toda literatura fantástica, particularmente la de Borges, funciona a base del principio tradicional de causa y efecto en un orden lógico. Pudiera añadirse a todo esto que el realismo mágico presupone en la novelística latinoamericana una identificación del narrador con la actitud implícita en la expresión oral de la cultura popular.

El discurso narrativo del realismo mágico latinoamericano se expresa por medio de una voz colectiva que en su movimiento oral sigue un constante proceso de corrección creativa, versión y tergiversación, inversión y conversión (Arguedas, Roa Bastos, Vargas Llosa, García Márquez). Este proceso conduce a estados de mitificación y desmitificación constantes, siempre en función dialéctica. Uno de sus métodos se relaciona con técnicas de difusión masiva: el uso del *replay* televisivo (cf. *Hijo de hombre*). Una de sus formas de desmitificación es la carnavalización (cf. *El otoño del patriarca*).

Enfrentado el narrador popular a un fenómeno inmanejable de su realidad inmediata procede a desmitificarlo si tal fenómeno actúa nocivamente (cf. *Hombres de maíz*; otros ejemplos podrían ser los de la dictadura-gorila latinoamericana o del consorcio multinacional en *Yo El Supremo* y *El papa verde*). En estos casos el narrador desarma el mito a través de una toma de conciencia social.

El narrador de García Márquez desmonta las unidades del tiempo, manipula, muchas veces en el plano del absurdo, las relaciones de causalidad, confunde los atributos tradicionales de realidad e irrealidad, procede a narrar lo irreal como real y viceversa, cuestiona sin preámbulos los valores éticos de la sociedad burguesa, admite los planteamientos espontáneos de la subcultura marginal, se apropia en aparente desorden de las mitologías clásicas y populares, acepta la historicidad de la Biblia, parodia los sistemas culturales de la civilización capitalista, da carácter de institucionalidad a la utopía.

El realismo mágico de narradores como García Márquez, Roa Bastos, Rulfo, Arguedas, se desarrolla dentro del contexto social y político de Latinoamérica, jamás en el mundo sintético de la fantasía logística o de la ciencia ficción. Y no olvidemos que el narrador que tratamos de definir es esencialmente un cronista (cf. el discurso de García Márquez al recibir el Premio Nobel).

En *Cien años de soledad* García Márquez ha vuelto a las formas más puras de la narrativa popular. Cuenta historias que se encadenan convirtiendo cada frase en pieza de un mecanismo de imágenes en constante movimiento. Tanto imágenes como metáforas constituyen partes de un todo esencialmente dinámico cuya unidad resulta del armónico desarrollo de la acción. El encadenamiento nos hace pensar en *Las mil y una noches* y en el arte del folletín.

García Márquez se diferencia de los narradores populares en que es testigo activo y crítico de un arte cuyas premisas él mismo establece *a priori*. Parte de la base de que narrar es inventar. Aceptada esta idea, todo hecho o invención, por fabulosos que sean, funcionan dentro de la novela como sucesos normales: el narrador y el lector los aprobarán en su significado literal. García Márquez da categoría histórica a la fabulación y, de este modo, crea su propia realidad. Un ejemplo basta para ilustrar este punto. Los periodistas le dicen a García Márquez que yerra al decir en *Cien años de soledad* que en la huelga bananera murieron tres mil personas; los diarios de la época afirman que sólo murieron trece. Contesta el novelista: dentro de cien años todo el mundo dirá que fueron tres mil. Es decir, creerán su ficción y no la historia oficial. Vicente Huidobro sugirió algo parecido al defender el proceso de dar realidad histórica a lo irreal por medio de la imagen poética. Como se recordará, llevando sus teorías creacionistas al campo de la novela, Huidobro escribió dos crónicas mágicas que él llamó hazañas, *Mío Cid Campeador* y *Cagliostro* (1934), en las cuales disuelve toda frontera entre cronología y fabulación, estableciendo un solo mundo de ficción cuya función es suplantar lo conceptual por lo mítico.

Por realismo mágico en el caso de García Márquez se entenderá, entonces, el arte de trascender el primer plano de los hechos históricos para revelar la carga de invención y fábula colectivas que en ellos van poniendo las gentes a través de la repetición y corrección creadoras. Es de suma importancia, sin embargo, insistir en el realismo de García Márquez y en su total desvinculación con lo que corrientemente se define como imaginismo. Para García Márquez la imagen poética vale únicamente en función de lo concreto. El humor de sus novelas, elemento esencial, es resultado de contrastes hiperbólicos, de lo realísticamente portentoso, lo científicamente absurdo y lo históricamente imprevisto. Sus personajes son excéntricos porque viven sus fantasías en medio de la rutina a la que respetan aun dentro de caóticas consecuencias.

Sin espacio para referirme en detalle a sus novelas *La hojarasca* (1955), *El coronel no tiene quien le escriba* (1961), *La mala hora* (1962, reedición en 1966) y *Crónica de una muerte anunciada* (1981), trataré de resumir los elementos de mayor significación en *Cien años de soledad* y *El otoño del patriarca* (1975).

Cien años de soledad es una crónica extensa, predominantemente narrativa —el diálogo es sólo incidental, nunca el centro de la acción— situada en un plano intemporal y en un espacio de realidad alucinada.

La "intemporalidad" es un efecto literario conseguido a base de una deliberada ambigüedad. Existen en la novela ciertos límites de tiempo, pero son límites que funcionan al margen de una verdadera cronología. García Márquez narra "cien años" de vida de un tronco familiar, con generaciones que actúan simultáneamente a través y por encima del tiempo.

La magia que envuelve esta narrativa resulta del contraste entre la *forma* —presentación objetiva, a la manera de un *roman fleuve*— y la materia: acontecimientos fantásticos disfrazados bajo una apariencia de realidad, o acontecimientos reales cargados de una proyección fabulosa.

Los Buendía mueren y resucitan, desaparecen y acuden rutinariamente a la vieja casa a continuar activamente su locura. No olvidemos que hay Buendías que se levantan por el aire y ascienden en cuerpo y alma al paraíso; así como hay un Buendía muy importante que nace con cola de cerdo.

La ambigüedad y el equívoco del tiempo son los factores que contribuyen a crear una imagen donde se esconde la historia de la humanidad desde el descubrimiento del hielo hasta la invasión de los platillos voladores. Los hechos son inmediatos y concretos: es un niño quien va a conocer el hielo de la mano de su padre; pero la imagen resultante, desprovista de límites temporales, trasciende la ocasión y recrea el pasado de la humanidad.

Para conseguir este efecto, todo debe explicarse con suma claridad: incluso el absurdo, especialmente el absurdo. El narrador cuenta su historia asumiendo la persona de Melquíades. Narra cien años antes de que los cien años de la novela ocurran; predice, entonces, el destino de todo el clan Buendía, incluso la muerte del último Buendía en el instante en que lee su propio desenlace y se viene encima la destrucción de Macondo por un tornado.

Melquíades es un vínculo del tiempo real con el tiempo irreal, un Judío Errante que unifica el hilo de la historia de la humanidad; un Belzebú, maestro de las ciencias y las artes ocultas, servidor satánico que arma y desarma la materia, integra los espacios y hace del mundo un libro que puede leerse de atrás para adelante y de adelante para atrás.

Si uno desea, por capricho, explicar la *estructura* de la novela, puede recurrir a las palabras del narrador quien en varias ocasiones la define aludiendo a la repetición del tiempo: se repiten las personas, las circunstancias, las cosas, es decir, se revive el tiempo. La novela, como el tiempo, es una bola, mientras más abierta, más redonda, mientras más llena, más vacía, más cerrada.

Ursula es la imagen en persona de la redondez del tiempo. De ella se dice que parece una anciana recién nacida. Los cien años son suyos, ella los concibió y los parió y en su vientre se redondearon. Ursula convierte esos cien años en una sola experiencia vivida simultáneamente por seres que han llegado a compartir libremente su identidad. Los Buendía son transferibles, en Macondo reciben y pierden su identidad, se la traspasan, la heredan y la juegan como un naipe que está siempre marcado para servir de supremo comodín.

La primera proyección simbólica, tal vez la única válida en un mundo donde toda proyección será un reflejo de una realidad-irreal, deriva del uso del concepto *vida-tiempo* en un plano de desorganización histórica: el pasado es una mentira, dice el narrador, luego el presente se alimenta de mentiras y el futuro es un saco que alguna vez se llenará también de mentiras. La realidad es una fábula sin dimensiones. Apliquemos, entonces, la fantasía creadora a la recreación de un mundo que es una mentira, es decir, que existe solamente en su inexistencia, convocada de su dinámica irrealidad por medio de un acto poético.

García Márquez, por otra parte, nos permite pensar en un *Deus ex machina* de corte moderno, pero de antiquísimo linaje: un Dios, podríamos decir, que bajó a la tierra, se mueve con libertad y ha establecido el orden sobrenatural para las faenas diarias. Puso el reloj a la hora de su meridiano. *Cien años de soledad* tiene la forma de esta esfera, forma que su autor ha rescatado de la Edad Media: existía ya en las crónicas fantásticas de Italia, Francia y España en los *romanzi* en que la magia se aplica a los hombres, a las cosas y a los acontecimientos con la legalidad de un orden natural. En este tipo de esfera, la del reloj, *siempre* sucede algo. En cada párrafo de *Cien años de soledad* hay una historia, y en cada frase del movimiento del minutero: el dedo que fabrica las historias.

Para narrar así se requiere un lenguaje liso y llano, jamás sometido a presión, puro y castizo, como el de Cervantes, un lenguaje que va creando fantasías y locuras, porque es, en verdad, la poesía de la acción, un idioma de antiguas, hidalgas y estrafalarias academias castellanas. La narración, en consecuencia, *es* poesía, de ahí su resonancia y aliento épicos. Los actos sexuales, los fenómenos de la naturaleza, como el diluvio, el tornado, la invasión de la jungla, la comezón de las hormigas, la actividad diaria de los muertos, son hechos poéticos.

Las gentes, no por mágicas y locas, dejan de ser humanas: empezando por el gitano y el primer Buendía —ése que muere atado a un castaño—, siguiendo por Ursula que es la constancia de la vida, la luz y la tiniebla del paso del tiempo en redondo, es decir, el árbol-hembra, y por Remedios cuyo olor enloquece a los hombres y pone a las cosas y a los animales en celo, y por Pilar Ternera, cuya fecundidad y arremetida sexual es el origen de las especies, y Fernanda hecha de marfil, sentada en su bacinica de oro, más su padre, el santo, podrido en su jubón de plomo, o Ursula Amaranta y Aureliano, en fin, los gloriosos fornicadores que arrastran al mundo hacia la cola de cerdo.

Todos éstos y muchos otros representan una humanidad estupefacta, regida por un Dios familiar que se empeña en llenarlos de amor para, en seguida, vaciarlos en sufrimientos; hombres y mujeres que se penetran, se hurgan y desgarran, se aman y asesinan, y siempre resucitan en una soledad que es la condición única de la redondez de la vida.

Hay quienes piensan que *El otoño del patriarca* es la mejor novela de García Márquez. Es posible. Su estructura, su narrativa monologada, la tergiversación de la historia y la proyección metafórica de la fábula, poseen una nitidez que falta en *Cien años de soledad*. Acaso la imagen del Patriarca, centro magnético de la acción, reduce la reverberación del texto y permite que la atención del lector se concentre en un solo plano, mágico sí, pero cerrado e inmediato. Cada capítulo de la novela constituye una masa narrativa que fluye sin puntos apartes y con escasos puntos seguidos; el poco diálogo aparece intercalado como parte intrínseca de lo descrito; el hablante es un narrador colectivo, testigo de los sucesos "finales" —aunque bien miradas las cosas no puede hablarse aquí ni de comienzo ni de fin de nada, sino de un estado ilimitado o de una situación desbordada— y el punto de referencia constante es el encuentro del cadáver del Patriarca. Todo esto, a mi juicio, produce un curioso efecto óptico en el lector: la novela "parece" más sencilla que *Cien años de soledad* y su efecto de magia es, en consecuencia, más inmediato.

El uso del *leitmotiv* ayuda al lector como el estribillo de una canción, le afirma, le guía, llevándole a reconocer episodios y personajes que son esenciales. Pienso en la berlina de los tiempos del ruido, el furgón de la peste, la carroza del año del cometa, los rosales nevados de polvo lunar donde duermen los leprosos, los paralíticos, los soldados, las concubinas, los sietemesinos, las vacas y gallinazos. Los atributos de tales cosas, personas y animales, son los conductos por medio de los cuales se produce la proyección poética o anti-poética del *leit motiv*.

La primera descripción del cadáver del Patriarca establece la irrealidad mítica del personaje: no se trata de su persona sino de su doble. Y sus atributos se repetirán con la significación de un *leitmotiv*: ojos tristes, labios trémulos, mano lánguida diciendo adiós, la potra y su silbido, su llantito de perro durante los asaltos sexuales.

El Patriarca que ha creado García Márquez descubrirá, al fin de su larga jornada anti-épica, que ha vivido sin amor, tratando de compensar ese destino triste con el culto al poder. Conoció la vida por el revés y con este revés lo engañaron y se engañó.

Se comprende que ni siquiera sabemos si en verdad existió el Patriarca, si en realidad murió alguna vez, puesto que vivió y murió innumerables veces. Lo importante es que el poder destructor de la soledad rompe finalmente el maleficio de la "vida eterna" del Patriarca. El mensaje parece ser que no contamos sino con una vida imperfecta e incompleta, redimible por el amor, que el perpetuarse es un acto monstruoso y perpetuarse por medio del poder, peor aún, consumación del engaño que escamotea la verdadera vida.

La historia, al igual que en *Cien años de soledad,* es como la eternidad del Patriarca: un acto de pobre y lamentable ilusionismo, juego de manos que, otra vez, es de villanos, manipulación indigna si se toma como tentativa de justificar los odios y las violencias del poder que se usa contra el hombre. La narrativa exalta, por encima de todo, los valores del pueblo en su desamparo, la inocencia aplastada por la pata del dictador, la resistencia contra la coerción; quien enseña, al fin, no es el Patriarca podrido en su soledad, sino la gente anónima que enciende sus cohetes, toca sus campanas y canta para celebrar la caída de esa eternidad inventada por el fantasma que no conoció el amor.

El lector presiente que se trata de la historia de los muchos déspotas que hemos sufrido en nuestra parte del mundo. Entre líneas y detalles se puede identificar a los Ubicos, Gómez, Estradas, Somozas, Stroessners, Pinochets y secuaces. Sin embargo, la imagen central es quizá la de Franco, escondido paradigma. Pero, ¿por qué limitarse sólo a él? No hace falta.

La novela está concebida como un encadenamiento de testimonios y metáforas que se proyectan en su propio movimiento interno de índole poética. El ímpetu del lenguaje es característica principal de esta novela: dinamismo interior que propala su propia improvisación barroca; sería un solo monólogo, si no fuera porque la voz cantante está hecha de múltiples voces. El mundo del narrador colectivo toma la forma de la cavidad demencial del Patriarca, mundo otoñal donde el tiempo encuentra su solución en el olvido, es decir, en la soledad. Se trata de un barroco funerario, descomposición creciente, imagen única del cadáver que reproduce su mal sueño en el sueño de los demás, cadáver desde el principio hasta el final, enamorado alguna vez, pero de una sombra que supo desaparecer.

Los instrumentos de expresión son fundamentalmente pictóricos y están manejados, como se ha dicho, con el mecanismo del *leit motiv,* clave cognoscitiva, mientras la metáfora es un medio de proyectar y agigantar, en otras palabras, de transmutar la realidad en algo que reconocemos sin saber exactamente por qué. La deuda, presentimos, es con Goya, Picasso, Buñuel.

Digamos, en conclusión, que el arte narrativo de García Márquez no puede apreciarse tan sólo como la metáfora de una sociedad autoconsumiéndose en fórmulas de un romántico primitivismo. El lector se interna por el mundo mítico de los Buendía o por la épica cómica del Patriarca sintiendo que una trampa fabulosa lo espera bajo el comando de un ilusionista maestro. Las voces lo seducen, avanza encandilado y quiere más. Sin embargo, la voz del narrador, velada y esquiva, irónicamente lo previene ante la acusación que, poco a poco, ha ido tomando forma y sentido: la historia oficial, nos advierte, es una deliberada mentira, manejada para confundir los límites de un presente eterno —pasado repetido, futuro ya pasado—, dentro de una sociedad que perdió de vista sus valores y les da valor ahora a sus renuncias y destrucciones.

Al lector foráneo le cuesta creer que la fábula narrada por García Márquez es para los latinoamericanos pura y fidedigna "historia", que su realismo no es exactamente mágico al menos que decidamos darle tal nombre al absurdo de nuestro caos social, a la incongruencia de nuestra institucionalidad, a la grandiosidad del sufrimiento de nuestras gentes campesinas y obreras y a la belleza de su resistencia, simplemente porque superan los límites de nuestra comprensión racional. Nada de lo que narra García Márquez es ficción si consideramos la fábula con los ojos y la imaginación de quienes la vivieron. ¿Es esto realismo épico? ¿crónica magna? ¿ironía clásica? Nombres, nombres. No son necesarios. Un mundo institucionalizado en el absurdo requiere la estructura narrativa del carnaval, anticipo de la revuelta suma que dará al fin con el orden que nos corresponde.

CARLOS FUENTES (1929-) es uno de los escritores mexicanos que más intensamente han contribuido a renovar el arte de la novela en lo que va corrido del siglo XX. Sus novelas —*La región más transparente* (1958), *Las buenas conciencias* (1959), *La muerte de Artemio Cruz* (1962), *Aura* (1962), *Cambio de piel* (1967), *Terra nostra* (1977), *La cabeza de la hidra* (1978), *Gringo viejo* (1985), revelan una profunda conciencia autocrítica y una inalterable voluntad de experimentación estética.

Cuando publicó su primer libro, *Los días enmascarados* (cuentos, 1954), se advertía en la literatura mexicana un fuerte movimiento de rebelión contra el tipo de regionalismo impuesto por los novelistas de la Revolución. A la actitud crítica de ensayistas y poetas, correspondió en la novela un proceso de confesión violenta y desorbitada. Agustín Yáñez había abierto una zona profunda de la subconsciencia provinciana en *Al filo del agua,* sacando a luz los remordimientos de quienes sentían, pero no confesaban, la ineficacia del sacrificio de sangre colectivo. Juan Rulfo insistió y abrió más la herida. Tres años después de la publicación de *Pedro Páramo,* Fuentes lanza su primera novela: *La región más transparente.* En ella experimenta con todo el caudal técnico que absorbiera de sus abundantes lecturas de los maestros de la novela moderna europea y norteamericana: hay contrapunto, a la manera de Huxley y Dos Passos, monólogo interior y asociación libre de ideas, al modo de Joyce, mitología contemporánea, al estilo de Kafka y Faulkner, brutales incisiones en la realidad ambiente, en la mejor tradición existencialista. Por los resquicios de tan apretado y complejo aparato literario vislumbramos la fisonomía del pueblo mexicano en un instante crítico de su desenvolvimiento social. Esta fisonomía surge como en los retratos cubistas: el parecido no está en la superficie sino en la ilusión óptica que produce el entrelazamiento de planos. Fuentes es, fundamentalmente, un escritor de ascendencia lírica: cada relato suyo vibra como una experiencia poética. La especulación de tipo social o filosófico pugna por entregarse a ese mundo más propicio para las imágenes que para los conceptos. Frente a una realidad brutal que demanda un planteamiento directo, la visión calidoscópica de Fuentes no se acomoda del todo en *La región más transparente*.

En *Las buenas conciencias* (1959), novela de la vida provinciana y de aguda crítica a la hipocresía y oportunismo de una familia encopetada, Fuentes descarta los recursos técnicos de su primer experimento y narra ceñido a normas de objetividad intachable. No participa directamente de la querella de su héroe: la expone con sencillez deliberada, pero sin sacrificar la riqueza de su complejidad psicológica. Lejos está ya del simbolismo kafkiano de que se valía en sus cuentos para ajusticiar a los culpables de la hecatombe social moderna. Su crítica de entonces, fría y feroz, ha encontrado un poderoso cauce de fondo humanitario.

En *La muerte de Artemio Cruz* los límites de la forma narrativa y las proyecciones de su pensamiento social alcanzan un sólido equilibrio. Lo que fue experimental simultaneidad de planos en *La región más transparente* es ahora nítida teoría del tiempo aplicada a la estructura novelesca: Fuentes establece un balance psicológico de las unidades del tiempo y, superando la cronología convencional, logra dar a través de un personaje la visión panorámica de la sociedad mexicana de su época. Carpentier había ya experimentado con una teoría similar en *El acoso, El camino de Santiago* y *Viaje a la semilla*. La visión que ofrece Fuentes no se desborda jamás: por el contrario, aparece rigurosamente delineada por la tensión del lenguaje poético, cargada de símbolos y de experiencia directa de la vida. Es preciso insistir en esa *tensión* característica del estilo de Fuentes; su lenguaje fluye con ímpetu natural, motivado siempre por la comprobación del hecho poético que esconde la realidad. El vigor lírico y el tránsito ordenado de las imágenes determinan un aspecto importante de su estilo y constituyen uno de los factores de la tensión que lo individualiza.

Cambio de piel, dice el crítico peruano Julio Ortega, "es pariente joven de *Rayuela*". Estas sencillas palabras resumen nítidamente un panorama crítico que tiende a desaparecer sofocado en la avalancha de complejos, caprichosos y vastos comentarios a que ha dado origen la novela de Fuentes. Porque si bien es cierto que en esta obra Fuentes se solaza espléndidamente en el juego y despliegue de sus recursos, la verdad es que parte de una problemática planteada ya por Cortázar y discutida por Sábato, y busca salidas a las cuales el autor de *Rayuela* les puso ya un rótulo con palabras de Sartre. La rica perspectiva de hechos, lugares y personajes que Fuentes maneja a través de un supremo Narrador, corresponde a la actitud de enjuiciamiento de la realidad que Oliveira y los suyos discuten en filosóficos y excéntricos seminarios en París y Buenos Aires. Se trata de un proceso totalizador —punto de partida de una teoría del conocimiento— que cierra su círculo en causas finales, imagen de una imagen que pone al hombre frente a la única verdad incontestable: la realidad encierra su propia y original bomba de tiempo y nuestro esfuerzo por apagarla no hará sino apresurar su mecanismo de muerte; un soplo histórico ambicioso y suicida en sus consecuencias, hace que el mundo gire entre los dedos del Narrador como una veleta hecha de espejos y que en cada reflejo se repitan los seres y sus circunstancias, vale decir, el *mirage* de un tiempo que no se mueve y de un espacio vacío.

La historia fragmentada —entrada de Cortés y del Narrador y sus espejos de Cholula— sirve, como en las novelas de Carpentier, para darle tiempo al tiempo, es decir, para inmovilizarlo y permitir que en él jueguen su destino máscaras de hombres y mujeres, preocupados de representar un auto sacramental en una apropiada zona de nadie: allí donde se entrelazan los subterráneos de las pirámides con los atrios del Domingo de Ramos y las ruinas de un campo de concentración. La humanidad es una multitud de extras que persiguen el auto negro, "galgo de lujo", donde viaja el Director y sus estrellas arrastrando el tiempo como un rollo interminable de película virgen que, no obstante, parece haber sido revelada ya varias veces. Sobre esa película un hombre y una mujer luchan encarnizadamente con sus dobles, una civilización absorbe el gas que la asfixia, una voluntad de supervivencia se acomoda como un lazo en el cuello del Narrador. *Cambio de piel* es un deslumbrante espectáculo narrativo, novela y anti-novela, clave y síntesis de un escriba que brillantemente abrió y cerró todos sus caminos.

Las voces se buscan a través del tiempo y se afirman unas a otras tras una armonía que, finalmente, se convertirá en silencio. *Farabeuf* (1965) de SALVADOR ELIZONDO (1932-) aparece como una exigente edificación verbal en el aire enrarecido de una realidad reducida ¿o elevada?, a un plano puramente conceptual. Los seres que pueblan esta fábula insisten en salirse de foco, no para huirle al confuso ámbito que no logra darles forma, sino para multiplicarse en otros proyectos de tiempo y espacio. John S. Brushwood acierta plenamente cuando, al definir la novela de Elizondo, dice:

"La mayoría de los críticos estará de acuerdo en que la novela en años recientes ha asumido características generalmente asociadas con la poesía. Es nítidamente el caso de *Farabeuf*. La intrincada urdimbre y repetición de incidentes crean un efecto que no puede definirse sino en los términos usados por el autor. El hecho de que la novela trate de un incidente histórico nada tiene que ver con el efecto total, ya que su significación histórica es destruida en el proceso de escribir la novela. Es posible decir que el incidente sucedió en la Rebelión de los Boxers y envuelve el desmembramiento de un ser humano. Es también posible, aunque menos satisfactorio para una mentalidad literal, decir que el Dr. Farabeuf se relaciona con este incidente y con una mujer que juega más de un papel. Prosiguiendo este desarrollo sabemos que el desmembramiento se asocia con el coito, y el orgasmo con la muerte. Sin embargo, todo esto no dice gran cosa, porque es la experiencia misma que contiene la única verdad de la novela" (*The Spanish American Novel,* Austin: The University of Texas Press, 1975, p. 281).

Un posible nexo Fuentes-Elizondo se complica cuando un año después de la publicación de *Farabeuf,* FERNANDO DEL PASO (1935-) parece retomar la imagen que Elizondo ha dejado en el aire y relacionándola al México contemporáneo, le da forma piramidal —capítulos ascendentes y descendentes en que ciertos hechos se repiten con diferentes significados hasta convertirse en signos de una crónica personal poéticamente mitificada—, en *José Trigo* (1966) y en *Palinuro de México* (1979).

En esta última novela del Paso se mueve con elegancia de un medio de expresión a otro, de la pintura a la historia, de la crónica biográfica a la poesía, dando vueltas eternamente en una realidad de imágenes amarradas por una obsesión barroca. Su fábula sobrevive en sonidos, en espacios de murales o tapices, murales que insisten en retornar al vacío de la superficie donde se fijó el primer color, tapices que se deshacen para llegar al comienzo de una madeja de hilo que no tiene fin.

MARIO VARGAS LLOSA (1936-). No es fácil sintetizar en unas pocas páginas la contribución de Mario Vargas Llosa a la nueva novela latinoamericana. Pocos autores despiertan hoy un afán tan acucioso entre los críticos como este novelista peruano: la bibliografía sobre su obra va adquiriendo dimensiones monumentales. Además, Vargas Llosa es un certero crítico de su propia producción: en entrevistas voluminosas, Vargas Llosa analiza la estructura de sus novelas con admirable y detallada precisión, deshaciendo misterios, atando cabos, sugiriendo referencias cruzadas, aludiendo libremente al proceso evolutivo de su técnica narrativa, sin perder de vista la actualidad de sus innovaciones. Acaso esta minuciosa conciencia de lo que hace y no propone hacer le haya dado a Vargas Llosa una injusta reputación de escritor "geométrico", poniendo en segundo plano su auténtico impulso de visionario y sus criollas raíces de experimentador vital.

Pienso que la crítica, especialmente la doctoral, debería dejar en paz a Vargas Llosa por algunos años; permitirle que se junte con lo que echó a andar en *La ciudad y los perros* (1962) y no termina de moverse, formarse, estructurarse, ni fijar ese peso libre de las obras cíclicas que, ocupándose de toda una sociedad y una época, se juegan el esfuerzo de una vida en fijar unas pocas claves y unas pocas, poquísimas respuestas.

Para mí la contribución novelística de Vargas Llosa ha probado ya su fuerza innovadora en tres planos: el de la relación autor-lector, el de la función dinámica del lenguaje y el de la posibilidad de un intento de novela-total. Esto puede parecer una simplificación excesiva de un fenómeno que es complejo, pero si en tales planos se advierten las aristas donde se cortan las superficies escondidas y múltiples espacios entrelazados, la amplitud y la hondura del humanismo de Vargas Llosa, puede uno moverse no ya exclusivamente entre conceptos formales, sino en una obra que asume la significación de un vasto testimonio social.

Inspirándose en procedimientos de simultaneidad temporal y espacial que de la narrativa pasaron al cinematógrafo y del cine volvieron a la novela, Vargas Llosa puso en práctica un sistema de activar y sintetizar la experiencia de una realidad determinada incorporando al lector al dinamismo esencial del narrador y de los personajes. La evolución de este sistema aparece nítidamente en sus grandes novelas: *La ciudad y los perros, La casa verde* (1965), *Conversación en La Catedral* (1969), *La tía Julia y el escribidor* (1977), *La guerra del fin del mundo* (1981), *Historia de Mayta*

(1984), borrando las fronteras formalistas entre narrador (o narradores) y personajes, negando la necesidad de las viejas fórmulas transicionales, mientras buscaba una ecuación esencial para su arte narrativo: la de *acción* y *palabra*. Vargas Llosa no narra una historia, la hace *suceder* por medio del diálogo transformado en acción. El dinamismo del lenguaje en sus novelas depende del grado en que las palabras llegan a recrear un acto (pasado, presente o futuro) convirtiendo la evocación o el *raconto* en un suceder inmediato (*La casa verde, Conversación en La Catedral, Los cachorros*), pero depende también de la medida en que tal suceder deja de ser anecdótico y pasa a ser reflejo de una experiencia que cambió al personaje y, por lo tanto, al lector. Este proceso que en una época llegó a identificarse con técnicas esencialmente cinematográficas, halló su forma literaria en el *nouveau roman* francés y, evolucionando, adquirió un sentido de libertad inmediata, soltándose, abriéndose, haciéndose acción, en la novela-crónica de norteamericanos como Capote y Mailer. Vargas Llosa trata de agotarlo en sus posibilidades, manejándolo con audacia en todas sus acepciones de tiempo y lugar, y en sus ricas imágenes producto de las raíces populares de su lenguaje. La actitud de amplia apertura frente a la realidad, la certeza de que en toda acción coexisten imágenes de diversa significación, dimensión y profundidad, le llevan, por otra parte, a intentar un conocimiento global y determinativo de cuanto significado pueda descubrir en los hechos y en los seres que contribuyen a dar forma a esa acción.

El concepto de novela-total que sustenta Vargas Llosa difiere del que expresa Ernesto Sábato en *El escritor y sus fantasmas*. Para Vargas Llosa la novela es un instrumento de conocimiento y un vehículo para actuar, mientras que para Sábato la novela es expresión de una concepción del mundo y un modo de afectar cambios en la realidad. La acción en la narrativa de Vargas Llosa es básicamente conflictiva, no es ordenadora ni definidora, no propone ni simboliza soluciones. Sábato y Cortázar, en cambio, comprenden que es posible aceptar el caos como una forma de orden siempre que el personaje declare en actos o palabras su voluntad de perderse o salvarse en esta comprobación.

Vargas Llosa es, entonces, un reactivador de la realidad que ha condicionado a sus personajes. Se ha dicho que Vargas Llosa, particularmente en *La casa verde,* presenta las consecuencias de hechos que no pasan aún en el tiempo de la novela (cf. Luis Loayza, Revista *Amaru,* 1, Lima), probando, paradójicamente, que en realidad sí acontecieron, puesto que los personajes actúan motivados por ellos. Esas vidas están escritas un poco a la manera en que Melquíades "escribe" *Cien años de soledad:* el novelista es una máquina del tiempo que las re-escribe en forma de actos que son recuerdos. Pudiera decirse, en consecuencia, que Vargas Llosa se enfrenta a la sociedad metiéndose por los intersticios de la realidad. Sus novelas son ecos de ecos de hechos; como si los hechos de una vida, para existir, debieran repetirse, reflejarse, rehacerse, quitándose la falsa forma que tratamos de darles al no comprender su ulterior sinsentido. No es de extrañarse que de una escuela de humanidad (*La ciudad y los perros*) Vargas Llosa se abra al desorden de una deshumanización macabra (*La casa verde*) en que los personajes tienen tantos nombres como vidas y tantas vidas como fracasos y renuncias y que, ya en camino de aprehender una realidad nacional (*Conversación en La Catedral*), descubra que el ritual previo exige una negación de los mitos sagrados del país, la humanización (profanación) de toda una cosmogonía al servicio de la muerte.

Acaso lo más difícil de comprender en el arte de este portentoso escritor es su individual alienación frente al mundo que lo conmueve y lo compromete: revolucionario en la confrontación de los problemas inmediatos del mundo en que vive es, sin embargo, apolítico en el contexto de sus novelas; no le falta el humor (cruel, ácido, contrapunto descarnado de grotescas situaciones y *argot* de bajos fondos); deliberadamente anti-romántico, no ha sido una gran pasión tema de sus novelas, ni la ternura, aunque sí, de un modo indirecto, la compasión. Esto pudiera ser causa de cierta interior frialdad que advierte en sus historias hasta el lector menos avisado. Dijérase que está siempre escuchándose detrás de fiera reserva. Vargas Llosa es escritor que nunca se muestra desarmado: quiere anular las distancias entre narrador y lector, pero jamás entre el lector y Vargas Llosa.

Mientras tanto, Vargas Llosa asienta brillantemente su fama de estricto artesano literario, ensancha cada vez más su mundo creativo, empieza a dejarse ir hacia el verdadero fondo de una patria y unas gentes que le duelen, y por aquí va entrando a un camino donde pudiera encontrarse con quien aparentemente, ha sido hasta hoy considerado su extremo opuesto: el doliente y delirante Arguedas.

CARNAVAL: LA DICTADURA Y EL EXILIO

No puede ser mi intención dictar juicios de ética social si me expongo, por el puro placer de una investigación animada y estimulante, a la lectura de novelas que ya no son novelas, sino ejercicios carnavalescos para narrar la ruina y la descomposición de eso que en otro tiempo fueron la familia, las instituciones burguesas y el "individualismo latinoamericano". Sé que hay cronistas críticos que con rapidez de cirujanos de Asistencia Pública aplican la fórmula consabida, cortan y pasan al siguiente paciente que espera. Comprendo por qué lo hacen y escucho con atención. No me convencen.

Entiendo por qué la economía de nuestras repúblicas semicoloniales representa una estafa y por qué del caos económico resulta nuestra ruina social. El imperio prospera en nuestra bancarrota, crece y se multiplica, provoca conflictos bélicos, vende armas, implica a segundos y terceros, divide y reina sin contrapeso, con mano ajena armada, por supuesto. Todo esto lo sé. Pero estas anti-novelas —por llamarlas de algún modo—, parecen llegarnos desde un mundo que existe *debajo* de nuestros bulevares y avenidas, de rascacielos y cementerios, supermercados y carreteras. Como si las poblaciones marginales fueran la avanzada de una humanidad que ha comenzado a romper los límites de su clandestinidad y, en esos momentos, el escriba le saca punta al lápiz, dispone sus elementos de trabajo y se lanza. Y aquí viene lo importante. ¿Cómo se lanza? Pudiera preguntarse asimismo ¿Por qué se lanza? ¿De dónde vienen sus armas de narrador?

Tengo a mi vera un canasto lleno de novelas que leí hace algunos años y me apresto a la empresa de la relectura y de la investigación. Hay que empezar por alguna parte. Escojo —no estoy seguro si al azar— *Tres tristes tigres* (1965) de GUILLERMO CABRERA INFANTE (1929-). Siento que debo hacer un esfuerzo para entender por qué me dejó un sabor agridulce en la boca, una sensación de recordar algo que nos sedujo y hoy hemos perdido, como la imagen ésa de la enamorada que Arsenio Cue se empeña en desmenuzar para desilusionar a su amigo Silvestre mientras beben sus cervezas y comen sus camarones junto al Malecón de La Habana.

¿Qué lectura habré de preferir entre tantas posibles? ¿La lectura nostálgica? ¿La crucigramática? ¿La más doliente de "Los adioses"? Porque resulta que muchos conocimos de pasada esa Habana de los garitos y cuadros núdicos en que el señor y la señora Campbell —a quienes el MC del Tropicana confunde con los de la sopa—, descubrían el trópico regentado por George Raft. Y no nos gustó. Pero también hemos conocido La Habana post-1959, ésa que a Cabrera Infante decididamente no le gusta. Y ambas, de algún modo secreto que les duele al narrador y al lector por igual, se hallan en esta novela y aparecen y desaparecen por turnos en *fade outs* y *fade ins* que el ojo de la cámara va pelando cáscara por cáscara hasta sacar lágrimas.

Incuestionablemente, entonces, es la lectura de "Los adioses" que se impone. ¿Adioses a qué? preguntaría mi profesor de retórica con el graznido que corresponde a su demanda. Adioses a un mundo que fue una ciudad, a los viajeros que la recorrieron, la conocieron y la quisieron y que deben enterrarla ahora no con lutos de velorio, sino con sones y calambours, con erudición literaria y lujo barroco de índole decadente, es decir, como tiene que desperdirla un personaje ingenioso, complicado y doliente, que nunca hizo las pases consigo mismo y, por supuesto, menos con los pequeños dioses que se la revelaron: La Estrella (¡pequeña diosa!), Cuba Venegas (Cuba la Isla), Arsenio Cue, Codak, Silvestre, Bustrófedon, Eribó, ninfas de todos tamaños, colores y aromas. Y, naturalmente, el mar que no logra contenerla, calles, parques, cielos, noches, lunas y semáforos, los signos del tiempo.

—¿Qué buscas? —me preguntó Cue.
—El mar.
—El mar, chico, siempre recomenzado (*Tres tristes tigres,* Barcelona: Editorial Seix Barral, 1965, pp. 309-310).

Primera lectura, en consecuencia, la novela como mar, sin principio ni fin ni fondo, inconmensurable, sujeta en el espacio por la gravidez de su ritmo interno, y en el tiempo por las fases de la luna y, principalmente, las fases de La Estrella y Cuba Venegas. Tempo lento, decía Thomas Mann. Sin embargo, este mar existe fuera de la novela y dentro de La Habana. En sus calles, de noche y de madrugada. A veces al atardecer. Sus olas, por lo tanto, llevan y traen gentes que funcionan a base de luz (no se menciona el ron que lo llena y lo cubre todo). Su sentido —de la ciudad, de la novela—, no está en lo que tales personas pierden o ganan en este movimiento, sino en la sorpresa con que caen derrotadas, la resignación triste, la sonrisa forzada de la negra cantante ballenera yéndose a pique en la región más transparente del aire. Quizá la ironía de la novela, de una ciudad así, sin moraleja alguna, se esconde en ese carrito convertible que en los años 50 va a ¡60 kilómetros por hora! por las carreteras lácteas que Kerouac iba a recorrer a pie más tarde ¡a 100 millas por minuto! Entonces, se dirá, claro que hay una moraleja. ¿Por qué no?

Estuvimos un rato hablando de ciudades, que no es un tema favorito de Cue, con su idea de que la ciudad no fue creada por el hombre, sino todo lo contrario y comunicando esa suerte de nostalgia arqueológica con que habla de los edificios como si fueran seres humanos, donde las casas se construyen con una gran esperanza, en la novedad, una Navidad y luego crecen con la gente que las habita y decaen y finalmente son olvidadas o derruidas o se caen de viejas y en su lugar se levanta otro edificio que recomienza el ciclo. ¿Linda, verdad, esa saga arquitectónica? Le recordé que parecía el comienzo de *La Montaña Mágica,* en que Hans Castorp entra en escena con lo que Cué llamó "el ímpetu confiado de la vida", llega al sanatorio, petulante, seguro de su salud evidente, de alegre visita de vacaciones al infierno blanco, para saber días más tarde que él también está tísico. "Me alegra", me dijo Arsenio Cue, "me alegra esa analogía. Ese momento es como una alegoría de la vida. Uno entra en ella con la prepotencia de la inmaculada concepción de la vida pura, sana, y al poco tiempo comprueba que es también otro enfermo, que todas las porquerías me manchan, que está podrido de vivir: Dorian Gray y su retrato" (p. 302).

Esto daría para una lectura filosófica o metafísica de *Tres tristes tigres.* Sería forzar demasiado la resistencia y el juicio del lector. Los críticos especialistas en Cabrera Infante prefieren siempre una lectura cibernética y le entran al lenguaje con traje y herramientas de hombre-rana, examinándolo, palpándolo y sajándolo. Se les escurre, es claro, porque no paran mientes en que si un escriba de nuestro siglo trata de inventar un lenguaje siempre será para negar *todo* lenguaje:

Proponía entonces una literatura en que las palabras significaran lo que se le diera la gana al autor, que no tenía más que declarar al principio en un prólogo que siempre que escribiera noche se leyera día o cuando pusiera negro se creyera rojo o azul o sin color o blanco y si afirmaba que un personaje era mujer debía suponer el lector que era hombre y después que el libro estuviera escrito, suprimiera el prólogo (aquí Silvestre saltaba: jump) antes de publicarlo o empastelar las letras de la máquina de escribir al azar (esta frase le gustaría al B. si la leyera, estoy seguro) y mecanografiar entonces .wdyx gtsdw n'r hiayseos! r'auiu drfty/tp? O querer ver un libro escrito todo al revés, donde la última palabra fuera la primera y a la inversa, y ahora que sé que Bus viajó al otro mundo, a su viceversa, al negativo, a la sombra, del otro lado del espejo, pienso que leerá esta página como él siempre quiso: así: (p. 264).

La página que sigue es naturalmente ¿ininteligible? No, frente a un espejo se lee a la perfección. Al antipoeta-mago Altazor le ocurría lo mismo (cf. cap. "Rompecabezas"). Y si no es el trabalenguas ¿qué otra lectura propone el veterano lector para la novela de Cabrera Infante? Pudiera ser la del rollo de celuloide, porque *Tres tristes tigres* se adelanta en mucho a los libretos carnavalescos de la más reciente generación de narradores cinematográficos argentinos. La novela de Cabrera Infante viene armada dentro de los encuadres rotos del Hollywood clásico y parece componerse de rollos que el proyeccionista confundió dándose gusto, especulando y discutiendo a diestra y siniestra sobre los poderes que posee la pantalla de plata para transportarnos a mundos míticos de la provincia latinoamericana, esos que Puig descubrirá en "Playa Blanca" o "Vallejos" y Cabrera Infante a lo largo de El Malecón. Ambos, se pensará, son narradores de películas que les hicieron mal, que les hirieron en lo más hondo de la santidad pueblerina. A uno se le puso el cuero duro y el amor sarcástico. Al otro le volvió ácido el romanticismo inspirado por las ojerosas estrellas rubias y lo empujó a la violencia del sexo, a la cama, debajo de la cama y dentro de la pared. "...porque Santa Fe, ustedes deben haberlo adivinado, era arcadia la gloria, la panacea de todos los dolores de la adolescencia: el cine..." (p. 38).

La raíz de celuloide que hermana a Cabrera Infante y a Puig aparece bellamente ilustrada en el capítulo XII de "Bachata" (pp. 336-338) con historias de Bela Lugosi, Lon Chaney, Jr., Nina Foch, Simone Simon, historias tan íntimamente sabias, tiernas y jugosamente escritas que parecen salir del Teatro Chino donde alguna vez estarán las huellas digitales de Manuel Puig.

Cuando se dice "cine" en este contexto no se sugiere que estos narradores escriban novelas como libreto. Se alude, más bien, a la presencia de un ojo-lente, mano que encuadra, enfoca, filma, edita y crea. Por eso Cabrera Infante ve a La Habana en movimiento y la sitúa en planos predestinados, la ilumina, la apaga, le pone colores o la deja en blanco y negro. Además, Cabrera Infante no actúa solamente como el camarógrafo: ha escrito la música asimismo y los arreglos, escogió los intérpretes y les grabó sus canciones. Es, pues, autor del guión, director, productor y, al comienzo, ruge como el león de la Metro.

Como se puede ver, hay en *Tres tristes tigres* varios libros, algunos de los cuales debieron quedarse inéditos (pienso en las maestras pero descartables parodias de Martí, Carpentier, Guillén, Novas Calvo a propósito del asesinato de Trotzky) y otros pudieron haber sido podados generosamente. El libro que vale por todos, la verdadera novela, se narra en los capítulos titulados "Ella cantaba boleros", historia plena de ron, cantada, sufrida, de amor triste, milagroso, vidente, pavana de gentes de campo disfrazadas de encueradas estrellas del cabaret, desganadas, unas calvas, otras enanas, ofendidas, triunfantes, danzantes crepusculares de un sisma de ceniza y mar muerto, enamoradas de sombras, tan descarriadas y puras como el cadáver que la ciudad-tigre devuelve al campo finalmente en una encomienda de celofán y sobre una carroza con caballos musicales. Son ellas la melodía que Silvestre tratará de recordar (pp. 296-297).

La Estrella y su maremoto de sudor y amor, su voz de barcaza perdida, Cuba Venegas ("porque es mejor, mucho mejor, ver a Cuba que oírla y es mejor porque quien la ve la ama, pero quien la oye y la escucha y la conoce ya no puede amarla nunca", p. 278) hecha canción después que se deshizo en los crueles *makeups* de la madrugada, éstas son las princesas del circo antiépico.

Novelas hay en que vive una ciudad alumbrada por luces otoñales de una pasión cambiante y sin futuro, París en las páginas un poco ebrias —calvados—, de Remarque, o París en las de Martin Du Gard con el presentimiento de una muerte colectiva, o El Cairo en los crepúsculos dorados de Durrell, y estas novelas ardiendo en las fogatas de una época agonizante son el anuncio de un apocalipsis y un renacimiento heroico. En la novela de Cabrera Infante, demasiado vasta y regodeada, no está presente ese resplandor futuro, su propio peso la aplasta, más aún, se ahoga en la amargura inútil y el desamparo de sus héroes. Pocos años después de esa interminable y brillante ·farra nocturnal, La Habana vivirá de día con la llegada de unos barbudos pálidos, cargados de rifles y granadas, Batista caerá como un melón pasado, se apagarán destilando cera y baba los garitos y prostíbulos de la ciudad jardín y con ellos se va a apagar también para siempre el mar de ron y la pista de neón en que corrieron su lingüística locura Arsenio Cue y Silvestre y todos los demás...

Tres tristes tigres queda como un veloz y refulgente espejo de la juerga que acabó mal. ¿Nada más? Nada menos. Pero, acaso, mucho, mucho más. Porque si bien es cierto que sólo vimos las imágenes de la desesperación final, y no hubo pueblo, ni resistencia, ni lucha ("Estaba asustado porque pensó que era un herido en un atentado, un terrorista al que le estalló una bomba o tal vez un perseguido por el Sim, pero le dije que yo no me metía en nada, que no me interesaba la política y que lo más cerca que había visto a un revolucionario era a la distancia focal de dos metros cincuenta", p. 283) algo queda, sin embargo, una tristeza y una ternura por la madrugada que ya terminó en día, nostalgia de las cantantes que se derritieron con dulzura, de voces que se desinflaron con furia, vigor y fantasía, de un ritmo que ya apenas es un eco, de palabras que han quedado como pellejo de buche secándose al sol. Sabemos, al menos, que ese mismo sol empieza a quemar otra vez.

Valió la pena esa postrera visión de La Habana magnífica y ebriamente agónica:

Miré para La Habana. Había como un arcoíris. No, eran nubes, rabo de nubes, coloreadas toadvía por el sol. No podía ver el mar desde el muelle, sino este espejo verde, azul, gris sucio y ahora casi negro. La ciudad sin embargo se veía iluminada por una luz que no era artificial ni la del sol, que parecía propia y La Habana era lumínica, un espejismo radiante, casi una promesa contra la noche que empezaba a rodearnos (p. 353).

Y también se recordará la sentencia inapelable del hablante primero:

—Pero yo la amo. Es una sabrosa bella durmiente blanca ciudad. —No la amas. Es tu ciudad ahora. Pero no es blanca ni roja, sino rosada. Es una ciudad tibia, la ciudad de los tibios. Tú eres un tibio, Silvestre, mi viejo. No eres ni frío ni caliente. Sabía que no sabías amar, ahora sé que tampoco puedes odiar. Eres eso, un escritor. Un espectador tibio. Con gusto te vomitaría, pero no puedo porque ya vomité todo lo que podía. Además, eres mi amigo, qué coño (p. 354).

Se ha decaído con tranquilidad y cansancio, es cierto. La última página será un gran y reiterativo silencio. La penúltima. Porque en el apéndice de esta novela está sin duda su más sorprendente secreto: la comedia no ha finito. Vuelve a comenzar y es el mérito profundo de este narrador, crear una novela como se crea el movimiento perpetuo, con el soplo del Verbo, de un solo verbo, el pretérito.

Pasado.

Pienso que un novelista como el argentino MANUEL PUIG (1932-) decidió alguna vez hacer una marca profunda en una sociedad que lo hirió también profundamente. Diga lo que diga para restar importancia a su empresa, estoy convencido de que una razón muy seria —tuve la tentación de decir "de vida o muerte"—, lo ha llevado a escribir estos folletines de la violencia, de la perversión, el crimen, el desmayo moral glamoroso de las heroínas cinemáticas y la miseria de la gran ciudad que son sus novelas. Nadie, que yo sepa, ha escrito con tanta crudeza y detalle escatológico acerca del dominio corporal machista montado en cueros y con espuelas, fustas, cadenas y manoplas, sobre el honorable y antiguo matriarcado de la sociedad hispana, también en cueros.

Dícese que instado Borges a dar una opinión sobre este cuerpo narrativo pronunció una frase fuerte. Quizá se refería a la materia novelada. Pero y este extraño, inquietante arte narrativo ¿qué es? Es esto lo que me preocupa. Si una persona cualquiera quisiera responder al desgarro de una humanidad como la que representa Puig, soltaría tal alarido que la suya no sería ya protesta sino una aplastante renuncia. La víctima, denigrada y ofendida, debe recurrir a la única salida digna: transformar la queja en una constatación fría y directa, dura y despiadada, del daño hecho. El narrador, testigo presencial, regula la emoción, procede a templar el lenguaje, asordinando, desenfatizando. Pero, tal cosa no basta. Desmitificar. Sí, y más aun. Desnaturalizar. Algo así como poner todas las renuncias juntas en un gran globo y pincharlo. Considerar compasivamente a los grandes del costumbrismo y, luego, reírse de ellos a mandíbula batiente. Profanar. Bueno. Hallarse un lenguaje que corresponda a esta realidad del hombre *roto* de nuestro siglo, el lenguaje ultrajado de una antinarrativa en derrota.

Oí a Manuel Puig hablar sobre sus libros una vez y contar cómo ellos no aspiran a la seriedad con que son tratados por sus críticos. Prefería no hablar de literatura sino de cine. Dijo que se fijaran en sus títulos. En una república literaria de títulos para asustar al mundo, dijo, los suyos se ponen y quitan con una sonrisa. Todos pensamos en héroes y tumbas, yo el supremo, la guerra del fin del mundo y, a su lado, poníamos una mujer araña, unas boquitas pintadas, pendejos celestiales y otros menesteres. No podíamos creerle.

Comencé a comparar una novela de Puig con las *Tres grandes novelas* de Vicente Huidobro. En una de éstas Huidobro, explosivo y provocador, crea una bella novela antipolicial. Todo en ella funciona al revés. Destruye una estructura ya clásica.

En *The Buenos Aires Affair* (1973) Puig empieza por titular su libro en inglés y producir, de entrada, un equívoco. ¿Qué es esto? Crónica roja, por supuesto. ¿Qué más? Vamos por parte. La deconstrucción empieza temprano. Cada capítulo lleva como epígrafe un diálogo de una gran dama del cine hollywoodense. El dicho admirable y la resolución vergonzosa. De tal cosa estaban hechas las princesas del dólar. Seguimos. El narrador usa el lenguaje clínico escueto de un inspector de homicidios, así se nos presenta a la heroína como aprendiz de artista escultora antes de que sea violada por una bestia salvaje que le vacía un ojo de un fierrazo. Conclusión primera:

Desde entonces hasta su vuelta a la Argentina cuatro años después, Gladys tuvo relaciones sexuales con seis hombres en el siguiente orden: 1) Francisco o Frank, mozo de cuerda de la firma donde trabajaba, un joven mulato portorriqueño casado y padre de tres hijos; 2) Bob, su exjefe de Washington; 3) Lon, un pintor de raza negra a quien conoció durante una arriesgada excursión solitaria a un teatro off-Broadway; 4) Danny, estudiante de Historia en la Universidad de Washington, de paso por Nueva York para las fiestas de Pascua, y portador de un regalo de Mary Ann; 5) Ricardo, mexicano desocupado que Gladys conoció en Acapulco durante sus vacaciones; 6) Pete, el marido de una vecina de piso. Los motivos que llevaron a Gladys a esos acoplamientos fueron los mencionados a continuación (*The Buenos Aires Affair*, México: Joaquín Mortiz, 1973, p. 51).

Primera señal de alarma. La descomposición de Gladys, como quien dice su reducción al absurdo, —al coito de emergencia—, se produce en USA, en Nueva York. La narración se da en un solo plano púdicamente obsceno. La línea narrativa es circular y cerrada, comienza con la desaparición de Gladys y se cierra en su reunión con su madre en Nueva York. Pero, el discurso de novela policial se interrumpe de repente.

Desde la página 59 hasta la 75 el narrador cambia de vía y entra a una corriente joyceana en que pasan temores, sórdidos episodios sexuales, violencias, todo dentro del ritmo que marca Gladys en el proceso de una masturbación. Algo ha sucedido, grave. El lenguaje se abrió y corre parejo ahora, no exactamente dentro de la realidad descrita, como un reflejo múltiple de los hechos, una sensación acústica del transcurso del tiempo personal, como si las cosas, y sobre todo las personas, llevasen consigo una floración de palabras, un crecimiento de sonidos. Las palabras se encadenan, no necesariamente las ideas, mucho menos los recuerdos. Se apunta hacia sensaciones. El narrador hace como que va abriendo la materia narrativa, el lector solamente observa y se esfuerza por organizar una estructura. Esta táctica resulta positiva porque el narrador en verdad está dando información que será útil más tarde, desde un punto de vista policial. Así son también los diálogos en que sólo se escucha una voz. La información en este caso se da en forma implícita.

Y ahora la historia de Leo. Esto se parece a un argumento de Philip Roth, se dice el lector. Hasta cierto punto; el hecho, en sí mismo, carece de importancia. Al encuadrarse la historia de Leo en secuencias cronológicas advertimos que el parecido no es verdaderamente con Roth sino con Buñuel, el surrealista chocante y combativo de *Le chien andalou* y *L'âge d'or.* Las escenas son de una brutalidad primitiva (cuchillada en el ojo, Buñuel, fornicación anal asesina en Puig) y de un simbolismo aberrante. La primera conclusión resulta desconcertante. No es parodia lo que hemos leído, es de veras una novela de suspenso acomodada en la estructura del viejo género detectivesco. Hay aquí, en las sombras, un Van Dyne que, en medio del relato, pierde la huella por una razón muy sencilla: el crimen mismo no es hoy lo realmente importante. El criminal, menos. La sordidez asquerosa de la violación de nuestro mundo no deriva del rompimiento de las reglas del juego social ni de la anomalía moral del hechor. No se trata de comprobar qué causa el delito ni tampoco quién lo cometió, sino *cómo* se hizo. El proceso será deleitoso para el que pesquisa. El lector sacará conclusiones si lo desea. He aquí el secreto de la novela policial de Puig: la revelación del misterio de la carne. Como si la violencia del mundo se concentrara de un golpe en el acto de enfrentar sexo contra sexo. Sólo que en las novelas de Puig un sexo gana siempre. El otro nace para ser destruido y, naturalmente, vejado y cuarteado. Sobre su novela policial pende, amenazante y cruel, un feroz miembro viril, eje supremo de la acción, punto de mira y objeto final de toda alternativa. (Para un fondo teórico de esta estrategia literaria véase *El beso de la mujer araña,* Barcelona: Seix Barral, 1976, pp. 168-171, nota). Cómo puede haber, entonces, algo de paródico en este arte de Puig. Sus folletines *son* simplemente folletines para lectores que los leen y los saborean como tales. La impresión de parodia deriva de las circunstancias en que son narrados. Puede haber en esto una ilusión óptica. En los años de Dumas y Hugo quizá Puig hubiera respetado las convenciones éticas separando claramente el bien del mal, aludiendo a la justicia y al destino, sometiéndose a las reglas del juego pasional, en suma, al amoblado entero de la ideología social burguesa y a la estrategia del realismo. Hoy respeta las leyes del folletín hasta donde es posible respetarlas para que funcionen dentro de las circunstancias del fin del mundo. Lo sabido: el amor es un sórdido encuentro de destrucción mutua; la sorpresa: el juego pasional se rige no por leyes de un código cristiano, sino dentro de una cosmogonía fatalista originada y determinada por el firmamento de Hollywood. Las estrellas siguen siendo estrellas, pero ahora se manejan con seudónimos y su poder mítico es regentado por conglomerados multinacionales. Esta cosmogonía se expresa con especial nitidez en *The Buenos Aires Affair* en que cada capítulo viene precedido por un epígrafe ejemplar tomado de diálogos en que participan estrellas como Greta Garbo, Norma Shearer, Vivien Leigh, Lana Turner, Rita Hayworth, Bette Davis. Lo que dicen los astros es un simple truco para que brillen las estrellas. La venganza vendrá después. Cuestión de pantalones y braguetas.

Que en todo esto se encierra un arte dirigido por seguro instinto crítico, no cabe duda. Puig deja en cada una de sus novelas uno o más fragmentos de prosa "excelsa", como advirtiendo que, si de querer se trata, podría dar lecciones al más pintado de los estilistas latinoamericanos. Estos fragmentos son, indudablemente, gran literatura. Léanse, con mucho provecho, páginas como las del *happening* erótico de Sigfrid en la ópera (*The Buenos Aires Affair*), el despertar de la recién casada en la isla-prisión del noble vienés (*Pubis angelical*).

Esta conciencia de oficio literario le plantea al lector aficionado a las indagaciones críticas un problema de raíces o, al menos, de antecedentes. Confieso que el tema me resulta enmarañado. Porque es posible que Cabrera Infante haya experimentado con el arte de la parodia lingüística antes que ningún otro novelista latinoamericano de nuestros días. No me refiero al jugueteo Dadá de los poetas vanguardistas que escribieron novelas. Pienso en la difícil prueba del tablero de signos barrocos, arte de reproducción dirigida que ambiciona colmar hasta el límite la superficie decorada y traspasarla con sonoridades claves y alusiones secretas. Pero ¿no es exactamente por aquí que anduvo Manuel Puig? Pudiera ser que exista una línea paralela al desarrollo de la "novela total" (Sábato, Vargas Llosa, Fuentes) que nos lleva al plano de la más pura tradición de géneros populares, todos basados en la expresión oral (folletín, telenovela, monólogo radial) donde autores como Puig hicieron sus armas. Puig, como se sabe, tiene un pasado legítimo como aspirante a cinematografista. Sin duda, este movimiento (la palabra calza con los libretos de Puig y los shows de Cabrera Infante) alguna vez tuvo su complemento elitista dentro de la tradición del arte extravagante, la ópera: véase el *Bomarzo* de Manuel Mujica Laínez.

Hay otra posibilidad, y ella puede ser fascinante. La novela que se propone un programa circular de referencias congénitas, propiciando el juego ilimitado de intertextualidades pudo originarse entre nosotros en un momento en que el narrador dudó de la eficacia de un discurso literario que fundaba ciudades, selvas y montañas, pero le resultaba inútil para traducir las relaciones de un mundo que se deshacía y la angustia de quienes, impotentes, se deshacían con él. Recuerdo la impresión que me produjo la lectura de *La vida breve* (1950) de Onetti. Eran mis años de universidades. Me inquietó tanto como *The Dubliners* de Joyce. En ese ámbito hundido de seres que no llegaban a comunicarse, que de cada intento salían más destruidos y sufrientes y empecinados en su tarea de zapa reconocí un trayecto familiar y los nuevos signos de un lenguaje que no volvería ya a ser "realista" según el modelo de nuestros maestros. Onetti cerró la primera puerta. Lo demás vino precipitadamente. Se clausuraron los establecimientos de la gran ciudad y se apolillaron, derrumbados, los postes telegráficos de provincia. Un hombre como Onetti se habrá enfrentado solo con sus palabras obligándose a descubrir lo que no comunicaban, habrá escuchado a otros y de todo el barullo sin sentido sacaría una llave pequeña y con ella le dio cuerda y echó a

341

andar a esos congéneres suyos, oscuros y tristes, bastante absurdos, por un mundo sin mucha dirección y casi ninguna esperanza.

Después vinieron las novelas que no narraban nada, a no ser que se narraran a sí mismas, los aventajados y jóvenes caminantes de ciudades fantasmas, los sobrevivientes de una civilización que alguna vez leyó y creyó en la realidad de lo que leía.

De esta compañía de solitarios implacables en la proyección de su angustia salió Manuel Puig; más tarde salieron también Néstor Sánchez (1935) autor de *Nosotros dos* (1966), *Siberia blues* (1967), *El amhor, los orsinis y la muerte* (1969); y Héctor Libertella (1945) de *La Hibridez* (1965), *El camino de los hiperbóreos* (1968), *Aventuras de los miticistas* (1971) salieron restregándose los ojos para no sentir tanto la luz del día que hería su visión de militantes del cine, oficiantes de estrellas gloriosas y astros lustrosos, historiadores de modestas vidas medidas en sufrimientos anónimos de años-luz.

Hace su entrada, entonces, LUISA VALENZUELA (1938-) y la impresión que producen sus narraciones es la de una búsqueda continua y un asedio inmisericorde. La búsqueda está llena de preguntas para las cuales no siempre hay necesidad de respuestas. Vemos las pistas de la pesquisa a lo largo de un camino tortuoso, muchas veces absurdo. ¿Qué sucede en ese camino? He ahí el mundo de la fábula, hechos que se encadenan en la irracionalidad de una memoria creadora. El asedio es alrededor de sí mismo, enconado o doliente o nostálgico, pero también satírico, es decir, autodestructivo.

Estos solitarios se defienden con una conciencia lúcida de su angustia y de sus esperanzas inconfesadas. Creo que Cortázar fue muy sabio cuando le buscó al exilio una explicación y una salida dinámicas, voluntad positiva. Tuvo eco. Porque la irrealidad de la actual ficción latinoamericana no ha sido nunca escapista —en el sentido modernista de la palabra—, y los narradores intentan siempre apuntar al peso de una condición de vida en la que ellos no son seres excepcionales, sino piezas de una estructura social en ruinas. Por eso narran, observan y comentan de tal modo que la novela se transforma en un acto colectivo, en un *happening,* en el cual no es posible distinguir ya la voz cantante, el punto de vista del narrador, la forma, y por eso la novela se vuelve sobre sí misma para considerarse críticamente como un medio de conocimiento y de expresión masiva que supera todas las clausuras impuestas por los géneros literarios.

Las novelas y cuentos de Luisa Valenzuela ofrecen un ejemplo nítido de la metamorfosis que describo. El carnavalismo de la novela argentina contemporánea se decanta en sus relatos; ahí están las armas del combate en su papel único, fijo, intachable; la relación entre gentes que se penetran y se destruyen sin haberse comunicado jamás, excepto quizá en el momento de la destrucción, pero conscientes de la ausencia que representan, conscientes asimismo de que no habrá retorno, aunque la resistencia sirvió para dar un alegre dinamismo a la empresa del viaje clásico.

Amor existe en estos relatos y pasión también, pero no abandono como diría el tango. Aquí nos miramos las caras no solamente unos a otros, sino nuestras propias caras y más-caras, y nadie nos cuenta cuentos. Sabemos la verdad y, como en el mundo narrativo de Onetti, no la escamoteamos, la dejamos tranquila, intocada, para que nos hunda. Nos duele, claro, pero resistimos y seguimos, no adelante, seguimos sencillamente.

En los bellos relatos de *Cambio de armas* (Hanover: Ediciones del Norte, 1982) la heroína siempre "seguirá", no importa cuánto cachivache sentimental vaya arrastrando, cuánta muerte encadenada, por qué derroteros sin meta. Allí está la estación, allí el autobús y la partida. Serán el *leitmotiv* de su ceremonial de la alienación. Así partirá El siempre: con "La palabra asesino" en los labios, en "Ceremonias de rechazo", cuando "De noche soy tu caballo" y por un "Cambio de armas".

En una de las *nouvelles* centrales de su libro —"Cuarta versión"—, Luisa Valenzuela maneja dos narraciones simultáneas. Una, sostenida por el trance amoroso de dos personajes más bien opacos, esconde una segunda narración, hábil, dramática, inquietante. En ésta, la voz directora analiza las posibles estructuras de la primera novela, dispone una estrategia narrativa (pp. 22, 23, 26), critica e interpreta. Ambos discursos avanzan en contrapunto, se apoyan, atentos, subsisten en simbiosis. Sin embargo, no es difícil determinar qué intrigará más al lector. Del primer plano quedará una voz paródica (p. 19 es clave), un romance aterciopelado y un desenlace melodramático. En cambio, del segundo se levanta un proyecto de novela testimonial sobre la persecución política, la tortura, el exilio, el asesinato, que Luisa Valenzuela prefirió no narrar de modo directo, sino sugerir en una poderosa metáfora: "Cambio de armas". "Esta, dice, parece ser la historia de lo que no se dice" (p. 22). Antes, la voz directora ha dicho: "Pero me consta que hubo otras corrientes más profundas, encontradas. Lo sé porque yo también recorrí esos senderos y ahora me apoyo en Bella y en su aparente desparpajo para recrear la historia y ella, protagonista al fin, sólo aporta los elementos menos comprometedores, nos habla de una busca de amor, sólo de eso: los desencuentros, los tiempos más o menos eróticos con Pedro, las esperas, las angustias, los temas de siempre" (p. 23).

Y concluye: "Hasta el punto de que su pretendida autobiografía indirecta, su novela testimonial, acabó desinflándose en partes y haciendo sólo alusión pasajera a los hechos verdaderamente trascendentales" (p. 24).

"Cambio de armas" —como mi propia *nouvelle, Coral de guerra* (México: Editorial Nueva Imagen, 1979)—, se basará en un episodio "verídico" sobre el cual la voz narradora estructura el misterio de la pasión asesina. Estos episodios abundaron durante los años del terror estatal en Latinoamérica.

El arte de Luisa Valenzuela está en el manejo maestro de las escasas armas con que se efectúa la destrucción interna, ésa de la cual no mana sangre, ataque a fondo de alguien que ama porque odia y de otro que se rinde para matar. Proceso lento, sutil, sabio. Esa voz que en "Cuarta versión" y en "De noche soy tu caballo" juega con los tonos verbales de una parodia equívoca, de pronto se hace grave y pesa con el monótono grito mudo de la Plaza de Mayo, con las caras y nombres de los desaparecidos, sus rostros de fotografía ambulante, sus sonrisas que retratan nuestro propio vacío e impotencia. Arte es éste que se basa en lo que no se dice, cuyo poder deriva de un silencio que es, en verdad, una larga pausa anunciadora.

La sátira, una extensa metáfora, es en muchas de estas novelas un mecanismo de autocensura. El mejor ejemplo, acaso, de virtuosismo en el manejo de los usos contradictorios de signos de comunicación masiva lo ofrecen las novelas de OSVALDO SORIANO (1943-), escritor exiliado durante años en Europa, hoy de vuelta a la Argentina después del desmonte tragi-cómico de los militares.

Triste, solitario y final (1980) fue su primer triunfo literario. Se pregunta el lector desconcertado qué puede llevar a un narrador argentino a escribir una novela sobre Stan Laurel y Oliver Hardy, el flaco y el gordo, los inefables payasos del malentendido, del paso en falso, la caída fenomenal, el lloriqueo sin lágrimas, los dedos en la corbata y el sombrerazo fatídico. Pero ¿es, en realidad, una novela sobre el gordo y el flaco? Obviamente, no. Es decir, lo es y no lo es. También es una novela acerca de John Wayne, el vaquerísimo Atila, inventor del revólver automático, del derechazo al mentón del mundo y del caballo parapléjico. Además, es la historia de un periodista llamado Soriano, filósofo del Luna Park y de la Boca, soñador y poeta de los más tristes tangos, gordo glorioso en los pocos rounds que duran sus encuentros.

¡Ah! Pero es, cuesta decirlo, aún *otra* novela, secreta, fascinante, diestra y pícara parodia de las otras ya mencionadas, un intento de épica cómica, *sumum* de tiras cómicas dominicales. Dicho de otro modo, la legitimación literaria de los dibujitos en que los personajes hablan a través de burbujas que se alzan de los labios y se eternizan apretadas en signos de exclamación, puntos suspensivos y explosiones onomatopéyicas.

Vamos por partes. En esta parodia de fotonovela la sublimación del lenguaje narrativo conduce a eliminar las descripciones en favor del diálogo brevísimo, lenguaje tan desnudo, representativo y directo que el narrador parece estar traduciendo directamente de las tiras cómicas norteamericanas. Es éste un *tour de force* premeditado y rayano en el virtuosismo. No hay más que comparar el sintético lenguaje de *Triste, solitario y final* con la riqueza de niveles y sonoridades en *Cuarteles de invierno* para comprender en su amplia dimensión el experimento lingüístico de Soriano.

Sobre esta base descansa el peso de varias estrategias narrativas. La primera es un autocuestionamiento sobre la índole del proyecto novelesco. ¿Quién narra? Dice el periodista recién llegado de Buenos Aires:

—Estoy escribiendo una novela sobre Laurel y Hardy y pensé que usted...
—¿Cómo se llama? Pregunta el detective privado Marlowe.
—Soriano. Osvaldo Soriano.
—Cuénteme quién es usted —dijo Marlowe.
—Vivo en Buenos Aires. Trabajo en un diario. Desde hace algunos años investigo la vida de Laurel y Hardy. Quería escribir algo sobre ellos, una biografía o una obra de teatro. Me costó decidirme. Por fin empecé una novela. Quería conocer Los Angeles para ubicar la acción con detalles. Estuve juntando plata para venir. Tuve que empeñarme un poco. La devaluación de la plata argentina ponía los dólares cada vez más lejos (La Habana: Casa de las Américas, 1980, pp. 37, 38, 41).

La segunda estrategia consiste en buscar los factores que darán credulidad y significación a tal clase de épica; dos se convierten en esenciales: la violencia y el absurdo. Como quien dice el absurdo por partida doble. He aquí una trama caprichosa y antojadiza, sin base en una realidad reconocible que, sin embargo, adquiere una superintencionalidad a medida que sentimos —no digo "comprendemos"—, que su razón de ser es la violencia. Pero ¿la violencia aplicada a qué? ¿en qué circunstancias? ¿con qué propósito?

Presentimos que la novela es, en verdad, la metáfora que envuelve a una realidad superior, paradigmática, concluyente. Toda la farsa, la compañía de muñecos impredecibles, su cadena de violencias gratuitas, su movimiento ininterrumpido hacia la destrucción total, significan la existencia real de un mundo y de un sistema condenados al autoexterminio: se trata de la parodia del imperio conocido una vez en la historia como la civilización del celuloide, la cosmogonía de la pantalla en tecnicolor, la filosofía del cromo, de la espuma de vidrio y el celofán, el sistema del hongo apocalíptico. ¿Los Estados Unidos de América? Precisamente, en la gloria de su barrio sideral llamado Hollywood.

Dice Laurel:

—Una vez Buster Keaton me dijo que habíamos cometido un error, porque nuestros argumentos se basaban en la destrucción de la propiedad privada y en el ataque a la policía. Decía que la gente se reía de eso, pero que en el fondo nos odiaba (p. 23).

Dice el detective Marlowe:

—¿Es que no entiende? Estoy cansado de tanta comedia. No quiero ganar dinero en esta cloaca. Es inútil andar a los tiros. No hay nada que defender. Creo que nunca lo hubo. Ahora todo el mundo tiene un muerto en la familia y el que no, está solo como un perro. Este país ha estado sumergido en la mierda desde hace muchos años, pero la gente decía que el olor era de margaritas silvestres. Cuando los vietcong empezaron a revolver la mierda, la cosa cambió. ¿Usted ha visto gente feliz aquí? (p. 42).

¿Se trata de algo así de serio? ¿Por eso escribió Soriano sobre el gordo y el flaco? No, no exageremos, porque su novela alude asimismo al otro gran tema del cambio de siglo: la soledad sin remedio del hombre que reconoce su lugar en la tierra a través de su propia enajenación. Marlowe, el patético detective privado, su gato muerto de hambre y Soriano, son los personajes que no se bajaron a tiempo del planeta perdido en las tinieblas del espacio sin nombre. Como los muñequitos despaturrados de Matta. Alguna vez fueron héroes de una novela romántica. El laberinto los

347

condujo a un desierto de Dalí, a un espejo de Picasso.

¿Quién sobrevivirá? ¿John Wayne? El Frankenstein que camina repartiendo patadas en el trasero, fumando pitos de dragón, el misionero que al mover las aspas de su molino de viento echa abajo las bambalinas del mundo. Tiene demasiados dientes, demasiada sangre, movimiento perpetuo. ¿Charlie Chaplin? Un hombre sin cara y sin edad. Dudoso final. La novela no concluye verdaderamente. Siempre comienza de nuevo. ¿Por qué? Está en la naturaleza del cine: el mundo narrativo en un carrete, la máquina de sueños que inventó el popcorn, el reino de las tinieblas, los caminos del hombre que se pierden en el ocaso, la historia del *fade in,* el destino del *fade out.*

Pobrecitos nosotros, dicen las criaturas de Soriano y de Puig, que nacimos en las tinieblas del biógrafo, vivimos en la luz de la pantalla y desaparecimos en los nichos de las butacas sin número, acomodados en la baranda que separa la platea del paraíso.

En 1980 Soriano publicó *No habrá más penas ni olvido* y en 1982 *Cuarteles de invierno,* a mi juicio su novela más lograda. En ésta ha cambiado su ritmo narrativo haciéndose ahora más lento y reposado; los encuadres, a fondo, destacan las figuras de un viejo boxeador, grande y pesado como un ropero, y un cantor de tangos sin perfil claro que hace de narrador, borrándose hacia un segundo plano. El ambiente es de pueblo chico, cerca de Buenos Aires. Estos "Cuarteles de invierno" le permiten a Soriano decantar su singular discurso carnavalesco hasta la última gota. La antiépica quintaesenciada. Nada se presta para crear un clima heroico, los personajes vienen ya derrotados, parecen salir de otro film, de un estudio clausurado. Se mueven desde una crisis modesta a otra aun más patética. El enemigo se apoca, las armas de la infamia son de barrio pobre, olvidado.

"Y de repente...", como dice el fulano de "la balada del loco", empezamos a sentir que una grieta se abre y por ella comienza a colarse una luz y de ella nacen otras luces, poco a poco, de la madeja enredada surge un diseño inesperadamente nítido. Nos sentimos sobrecogidos al comprobar que los anti-héroes han descubierto el último resabio de dignidad y, con ella, de valor y resistencia. ¿Cómo íbamos a pensar que en el boxeador veterano ardería de pronto una llamita de solidaridad? ¿que del loco vagabundo vendrían los planes para la empresa clandestina, audaz, revolucionaria? ¿y del cantor gardeliano la decisión final de jugárselo todo, sacrificarse por una causa sin futuro y bajar de la cruz, con sus propias manos, al Cristo noqueado?

La comedia de situaciones, resbalones y costalazos se ha convertido en otra cosa... Soriano destapa la ferocidad de la represión armada a nivel de provincia. De la nada emerge y se impone un sentimiento solidario que transmuta a los combatientes y les da al fin el halo revolucionario que nunca soñaron conquistar.

Soriano trabaja a base de fórmulas que ha perfeccionado en un proceso de constante y cuidadoso afinamiento. Como en su primera novela, aquí también se da la "pareja" del hombre y su doble, el binomio de los contrastes. Antes fueron "el gordo y el flaco", ahora son "el gigante y el chico", nunca dos lados de una medalla sino pedazos de personas, fragmentos que de un modo trágico llegan a juntarse en un momento de vida o muerte. No sugiero una estrategia cervantina. Tan sólo la fuerza que lleva a una mano a extenderse para ayudar al caído y, en ese instante, la modesta revelación, el milagro que revela la humanidad allí donde parecía no haber esperanzas, el cantor se levanta en la persona del boxeador sacrificado, uno y otro ascienden en el cuerpo del vagabundo loco a una consagración irreal.

A primera vista descubrimos un viaje —si es posible, el legendario—, las circunstancias y alternativas que deciden el destino del púgil y del cantor durante la fiesta carnavalesca organizada por el poder militar. Pero, a estas alturas del relato nos enteramos de que hay otra trama, la grande y verdadera fábula escondida detrás de la historia modesta de los viajeros: la epopeya en la confrontación del poder brutal de la dictadura, la tortura, la resistencia y la reafirmación de la dignidad individual.

El lector descubre la gesta de a poco, como debe ser, a través de frases ocasionales, alusiones, recuerdos de una acción ya olvidada, gestos, al parecer, inconcebibles (cf. capítulo V y pp. 132, 144-146, cito de la edición de Bruguera, Barcelona, 1982). En un momento culminante la pareja se ha convertido en una trinidad. Ningún énfasis perturba el crecimiento interior de personajes y fábula, nada estridente, jamás se interrumpe el ritmo impuesto por el asordinado narrador. La escena clave —la rebelión de Rocha—, se impone con el peso de un acorde final.

Soriano parece haber cerrado un ciclo: el carnaval. El humor cumplió su papel. Una vez más comprobamos que la risa es la puerta por donde empiezan a salir los tiranos.

Y ahora digamos unas palabras sobre HUMBERTO CONSTANTINI (1924-) y su novela *De dioses, hombrecitos y policías* (México: Editorial Nueva Imagen, 1979). Frente a la parquedad de Soriano, siempre discreto y eficaz, la estrategia literaria de Constantini parece un ejercicio barroco, tantos son sus recursos, tan frondosa la estructura de su novela, tantos los trinos de su lenguaje. Lo admirable es que, como un director de orquesta avezado e intachable, nunca pierde el dominio sobre la numerosa compañía de personajes y las situaciones que los condicionan. El movimiento es lento y los instrumentos se emplean a fondo recorriendo con amplitud la gama de sonidos, acordes y pausas. Si el lector se deja llevar, concluirá satisfecho, regocijado a sus anchas porque, aun cuando la comedia "ha finito" cincuenta páginas antes del final, las que sobran constituyen en sí nudos maestros, codas necesarias, indispensables.

La estrategia narrativa consiste aquí en usar un número de voces de características propias, intransferibles: la voz del narrador principal, José María Pulicicchio, pulcro sonetista, quien escribe y compone la narración; la voz de los dioses del Olimpo, floridamente clásicas y fatídicas, la voz de los comisarios, policías y matones, brutalmente popular; las voces esporádicas de los ateneístas, poetas y poetisas de la sociedad Polimnia, ya sea en diálogos, monólogos o a través de sus indescriptibles composiciones y, por fin, una voz hecha más de silencios y pausas que de palabras, presencia quizá de un dios menor, atribulado en el exilio de México, tirando los hilos de los muñequitos que han salido a vivir y a morir su pantomima.

Estas voces, arregladas en más o menos exacta cronología, van desarrollando la trama, añadiendo oportunamente su trocito de información o comentario, recapitulando, resumiendo; crean suspenso, hacen reír, desvirtúan, divierten, denuncian.

La sociedad poética es el símbolo de una población media argentina prisionera de un régimen de grosera violencia y enredado sadismo. Gente ingenua, de moral burguesa, cerradamente doméstica, perfecciona la única virtud que puede redimirlos: una afición a hacer versos de poetas vergonzantes. Los celos de una apasionada esposa causan la hecatombe. Los poetas son denunciados como conspiradores. La policía secreta tiende sus redes y se dispone a caerles encima con fuego de metralletas. Los dioses se apiadan —un Hermes cosquilloso, una Afrodita de cintura rubia, una Atenea tenaz, un Hades implacable—, los salvan y coronan con laureles de amor. Otros inocentes son torturados en su lugar. Los poetas del barrio triste y el patio cargado de glicinas reanudan sus juegos florales. Pulicicchio, dueño ya de su Irene, redacta la crónica de la odisea, relato que "fuera más tarde utilizado sin ningún escrúpulo por cierto desconocido novelista de segundo orden con el delirante fin de construir en torno de él una absurda, ridícula y poco verosímil historia, donde caprichosamente intervendrían Dioses, malvados policías y espléndidos mortales, a quienes, como a todos los mortales, rondaba de manera incesante la inexorable muerte" (*Op. cit.,* p. 223).

Gracia, según Simone Weil, es lo contrario del *peso,* y así como hay narradores de cuya pluma salen libros como ladrillos, a estos otros, los de la *gracia,* les nace el cielo de las manos. Inventan, se repiten, se les acaba el resuello, sabemos que nos engañan y hasta cómo nos engañan y siempre les pedimos más.

¿En qué consiste el milagro de estos escritores? En varias cosas, algunas nuevas, otras no tanto, pero todas manejadas con ciencia de esgrimista.

MEMPO GIARDINELLI (1947-), un narrador nato, inventa otro narrador-personaje en sus novelas y cuentos, y éste muestra una chispa, una garra, que se la envidiaría el propio Giardinelli. Porque el hablante —ya sé con qué rima esta palabra en una novela como *El cielo con las manos* (1981)— parece haber aprendido a narrar en la calle, con su patota esquinada, o junto a las límpidas praderas de la mesa de billar. Es un narrador de bar, de periódico de barrio, de crónica roja, amarilla o verde como la esperanza. Hace una novela de nada. ¿De nada? Qué va, pone toda una vida en cada parrafito dialogado. Sabe inventar la ilusión de un amor total, ni más ni menos que echar a andar a Beatrice, otra vez, pero ahora en serio, no como en la *Vita nuova* donde es sólo una niñita. Y la llama Aurora. Todos sabemos que es un engaño y hasta nos damos cuenta que el romance se parece a la vida con mayúscula. El milagro está, obviamente, en que lo creemos a pie juntillas. Pues amor más amor que éste del adolescente por Aurora no existió nunca y en dos episodios memorables se transmuta en la culminación de la adolescencia —como quien dice el orgasmo de la primera vida— y, luego, en agarrar el cielo con las manos, es decir, el orgasmo de la primera muerte. El narrador posee a Aurora mirando por el agujerito de una puerta en su casa de Resistencia y veinte años más tarde, en México, llegará a poseerla de veras, para perderla. En el transcurso de esos años se hará hombre y, naturalmente, se acabará el milagro.

Otra cosa, este narrador descubrió el misterio del tango: nada vale la pena, todo es una farsa, lo mismo da ser tonto que un gran profesor. Cambalache. ¿No es eso la parodia? El hombre está solo, el pasado no existe, y como el futuro tampoco existe, y el presente ya es pasado; total cero. Se canta para hacer un poco de tiempo que nos hace falta. Ya vendrá el momento del olvido con el mate amargo en la mano.

Pero no es todo. No, pues se narra aquí una pequeña historia de un exilio grande como el mundo, un exilio que no es solamente el de quien vuela su sputnik pegadito a la órbita de la Aurora, no, mucho más grande. ¿Perder un país, un idioma, una dignidad que alguna vez fue el traje azul que nos poníamos los domingos? Más, mucho más grande. Esa gente que nos echa y nos cierra la puerta de nuestra propia casa sabe por qué lo hace. No tiene para qué decírnoslo. El mal del siglo XIX no era más que una vulgar influenza si lo comparamos al nuevo mal del siglo que nos está reventando a todos estos días, dice el narrador sin muchos aspavientos, con humor cruel. Lamenta su nostalgia, y hasta llora por el universo que alguna vez vislumbró sapeando a la Aurora desnuda por las rendijas de una ventana. Cuando llega a ver desde cerca ese mismo universo y logra tocarlo y meterse y revolcarse dentro de él ha sido para comprobar que siempre estuvo vacío, gloriosamente vacío.

Casi diría que a todos nos sucede lo mismo, como si conformáramos una generación perdida. Somos jóvenes todavía, y sin embargo aquí nos tienen, desperdigados por el mundo como si proviniéramos de un hormiguero al que alguien pateó. Y salimos todos, los que nos salvamos, los que no pudimos soportar la temperatura ambiente del país, salimos para impregnar de nostalgia todo, cualquier cosa que se nos pone en frente, sobre cualquier tierra. Y esa nostalgia no es sólo una palabreja traicionera, lacrimógena. Es una sensación concreta. A veces los mismos argentinos nos resistimos a reconocerla, porque no queremos darnos cuenta de cuántas pérdidas estamos pagando, quizá porque en ocasiones es legítimo que uno se haga el tonto ante la perspectiva de recuentos que inexorablemente arrojan saldo negativo. ¡Cuántos muertos, cuántos desaparecidos, puede evocar cada uno de nosotros! Es una lista que nadie se atreve a memorar todos los días. Hemos perdido un país, Jaime, hemos perdido amigos, costumbres, olor, encanto. Y los rostros de los muertos se aparecen, algunas noches, en los sueños de los compatriotas. Y debe ser por eso que por las mañanas nos encontramos, algunos, con esas caras de culo que espantan. Y estamos llenos de miedo (*El cielo con las manos,* Hanover: Ediciones del Norte, 1981, pp. 75-76).

¿Cómo se puede decir esto sin sugerir un existencialismo de biblioteca? Violentando el lenguaje, reconociéndole su función creadora pero enfrentándose a él como a un objeto vulnerable. Nada dice este narrador que no se levante por los aires para desinflarse luego igual que una vejiga rota por su propio aliento. Lo sublime y lo grotesco son los términos dialécticos entre los cuales se distiende la metáfora de Giardinelli para definir su mundo narrativo y hacerlo vivir.

Giardinelli, se dirá, domina el arte de la parodia. Es poco decir. Pues hacer el testamento de una adolescencia que aprendió a ver el mundo al revés, en medio del fracaso de todos los valores que nos pusieron al nacer a modo de ajuar de bautismo, no es broma, a menos que pueda considerarse divertido el clavadista que salta de cabeza a una piscina sin agua.

Arte duro, difícil, angustiado, el de manejar la amargura con gracia, la desesperación cantando. Es eso la parodia: *para-aidein*. Giardinelli canta, reflexiona, luego, habla. Su habla es la popular de su tierra, pero golpeada y herida, alisada con filo de navaja, y el humor que la alumbra es ácido, nunca irónico, más bien abierto y sonoro, el humor de los costalazos y palmadas de buen circo provinciano (léase el episodio del adolescente enamorado en el retrete), humor de la comedia española, cervantino, entonces, en su brutal inocencia.

El cielo con las manos es una novela del exilio que siempre existió sobre la tierra; la hazaña del narrador: aprender a vivir con su soledad. Saber, al fin, esperar y resistir. No lo dice claramente pero se le adivina: cambiará esta vida y la edad de oro estará allí aguardando en Resistencia del Chaco, es decir, el viaje clásico habrá terminado. Como si partir fuera siempre un no saber perder el tiempo, pues la llegada era lo importante y, bien miradas las cosas, para esto no valía la pena haber salido.

La desacralización como un arte de contrastes puede que sea el concepto clave de este modo de narrar. Elevar el cáliz para dejarlo caer. Buscar los términos precisos de la idealización para negarlos. Acaso la escena de la posesión final —el cielo con las manos— define esta fórmula mejor que nada:

La penetré y sentí que me iba de este mundo, que entraba en un sueño loco en el que de pronto se escuchaba un galope y aparecía el general San Martín montado en blanco corcel, para violar la intimidad de mi habitación, petrificándose en estatuaria actitud, con el animal recargado en las patas traseras, mientras el general apuntaba al norte con su sable corvo, en el preciso instante en que el murmullo de una multitud, que no se veía pero cuyos gritos eran atronadores, aclamaba un discurso de Perón en Plaza de Mayo, y luego a aquel galope lo seguía otro, igualmente decidido, y el que entonces llegaba era Zapata, que en realidad era Marlon Brando, bueno, no se sabía bien, en todo caso la caracterización de uno y otro era tan perfecta que eran uno solo, aunque yo sospecho que más bien se trataba de Brando porque venía acompañado de Anthony Quinn, vestido de campesino zarrapastroso.... Cada personaje llegaba y ocupaba su lugar, en la misma medida en que mi sexo ocupaba lugares, abarcaba espacios, se metía en lo recóndito de Aurora; y así entraron, también, Henry Kissinger estirándole los bigotes a Katy Jurado, un Nikita Kruschev asombrosamente joven que tomaba el té con el Marruco Valussi, Carlos Monzón que incursionaba haciendo sombra con la sombra de Manolo Martínez, el gordo Angulo y el gordo Cárcamo, en pelotas, corriendo detrás de una mina en cueros que a lo mejor también era Aurora, o Lucía Méndez, quién sabe, igual estaban las dos, claro, y hasta Mao Tse-tung en camisón, que huía de las severas amonestaciones de la mamá de Borges, y todo sucedía vertiginosamente mientras yo amaba a Aurora (*Id.,* pp. 162-163).

Parecido al amor. Parodia. No del todo, he aquí otra vuelta al tornillo, porque en esta broma suculenta se va el primer acto de un destino que, comenzando antiheroico, concluye trágico. Como en un cine de pueblo chico, en penumbras, oyendo el pasar trabajoso de la película por los engranajes del viejo proyector, el atardecer del héroe y su heroína se mancha, entra Chaplin a destiempo y el rollo se enrolla en el suelo, mientras el narrador pide luces.

¿Qué les hizo el cine a todos estos padres de la patria? ¿Al maestro Cortázar, a Puig, a Soriano, a Giardinelli? Les enseñó, quizá, a convertir la violencia en carnaval, al poder en objeto de risa, es decir, a la soledad en el modo de encontrar esa luz que hace tanta falta.

Ha sido la tarea del exilio. Ante la infamia, la risa; dentro del caos, el carnaval. La medianía resistió. La insignificancia trágica del torturador le devolvió, al fin, la mano. De su gesta tristemente sucia no quedó, no quedará nada.

No siempre, sin embargo, la metáfora del exilio fue tan directa y previsible. Hagamos un poco de historia.

El exilio como tema y condición no es, por supuesto, nada nuevo en la literatura latinoamericana. Pudiera decirse que a través de los siglos es más bien sello de una tradición y muchas veces anuncio de un renacimiento.

"Sólo saben lo que es Chile los que lo han perdido."

Dijo en 1794 don Manuel Lacunza y esta frase que me gustaría llamar nerudiana, es una entre muchas que revelan igual nostalgia, cariño y desazón entre los sabios del siglo XVIII que, penando su destierro en cortes europeas, cumplieron enciclopédicas tareas al rendir homenaje a la patria lejana. Destierro fue ése de jesuitas historiadores, cronistas, botánicos, teólogos. Sufrían castigo no por razones políticas, sino por celos de poder y veleidades jerárquicas, pero también por sus arrestos de innovadores y la intrepidez de sus concepciones sociales.

Hoy, cerrándose el siglo, la plana mayor de la literatura latinoamericana vive en el exilio y, comparando, vienen a la mente los nombres de los patriotas y liberales del siglo XIX que sentaban la base de una cultura humanista desplazándose a través de América y Europa. Nadie en el exilio latinoamericano actual debería levantar la voz, sin embargo, para hacer declaraciones heroicas ni ensayar trinos románticos. La voz del exilio es contenida, deja su testimonio en páginas que examinan un acontecer histórico grave pero no del todo decisivo y aseguran la integridad de una cultura que no se divide ni se retrae, que resiste muy por encima de las incertidumbres de la época.

Ignoro el número exacto de escritores latinoamericanos que viven en el exilio preparándose para el regreso. Repartidos por el mundo, algunos de ellos han conquistado renombre internacional, otros depositan sus manuscritos en editoriales de fama y aguardan, aguardan años. Muy pocos, poquísimos, parecen haber quemado sus puentes. Todos siguen escribiendo para su patria a sabiendas que allá resulta

356

difícil leerles, que se les va olvidando. Todos se identifican como exiliados, ninguno como emigrante. Esta línea no parece cruzarse a voluntad, es línea de tiza invisible que van marcando los meses y los años. Defienden su lenguaje como signo de identidad y dignidad intelectual. Será el último apoyo en el naufragio.

Obligado al destierro por la ferocidad de la persecución neofascista, el narrador latinoamericano comienza por ofrecer su testimonio de testigo presencial. Su obra es crónica de hechos vividos, novela-reportaje. De su capacidad para medir el tono del relato depende en este caso la eficacia del cronista como novelador. Pienso que son contadas las narraciones latinoamericanas que, siendo testimonios, se elevan al nivel de una obra de creación literaria. Podría señalar algunas: *El color que el infierno me escondiera* (1981) del uruguayo Carlos Martínez Moreno; *Tejas verdes* (1974) del chileno Hernán Valdés; *Cerco de púas* (1977) de Aníbal Quijada Cerda, también chileno; *La canción de nosotros* (1975) del uruguayo Eduardo Galeano. Hay otras. Las nombradas son ejemplos de especial significación.

El testigo se agota, su público se vuelve indiferente, la tragedia se ha convertido en anecdotario. Entonces, el narrador cambia de foco. Empieza a considerar el personaje en que él y sus compañeros de exilio se han convertido. Analiza su condición, le busca raíces, considera las circunstancias. Si toca fondo le da a su obra un relieve que parece ser la marca del arte contemporáneo: la alienación. Descubre que tan exiliado es él en el destierro como su camarada que se quedó dentro de la patria ocupada por los testaferros de la violencia y la tortura. Comprende que no hay fronteras para el exilio, que la palabra *regreso* no es un término de dimensiones geográficas, sino sociales. Ya lo hemos dicho, no hay exilio sin regreso. Pero, no hay regreso sin un cambio personal profundo y otro, tan grande, de la condición social que lo produjo. Transformarse, sin quererlo acaso, en activista. Sus libros son condenados no por lo que denuncian, sino por la conciencia que despiertan en quienes los leen.

Latinoamérica ha tenido una poderosa novelística de la angustia existencial del alienado interior. Onetti, Sábato, Arguedas, Revueltas, han escrito novelas que acusan la ruina física y moral de nuestro tiempo, el refinamiento del abuso, la degradación, el crimen. Lentamente, el exiliado de afuera empieza a reconocer estas mismas condiciones en el lugar que lo acogió; la solidaridad se transforma muchas veces en comilitancia. Reconoce a sus pares en escritores marginados y en medio de la subcultura del ghetto europeo o norteamericano. El grupo se transforma en núcleo, la significación se multiplica.

El *Libro de Manuel* de Julio Cortázar ya no puede ser leído como el testamento de una célula de expatriados argentinos; requiere una atención más amplia y honda. Es tanto el libro de la alienación en París como en Buenos Aires. La ambivalencia es un espejismo. Todos vamos embarcados en el viaje de La Joda, el grupúsculo de acelerados que complota contra la dictadura lejana; y con los heroicos clandestas que planifican metódicamente en las poblaciones marginales de la patria. En el romance de sombría grandeza está como una bomba de tiempo el desgarro que acompañará nuestro regreso.

Avido de recursos el narrador recurrirá a la crónica, a los recortes, a las cartas, a la ficción y, también, recurso mayor, a la metáfora. Probará fuerza en el arte de la autocensura. Y habrá quienes en tal ejercicio se probarán maestros. Pienso en el caso de JOSE DONOSO (1925-) y sus dos novelas del exilio chileno: *Casa de campo* (1978) y *El jardín de al lado* (1981). La primera, el tipo de novela que Mármol hubiera escrito sobre Rosas si en vez de ofrecer un testimonio histórico hubiera aplicado los componentes de su metáfora al núcleo mismo de la gran familia burguesa en ruinas. Donoso acondiciona su metáfora en dos planos: el uno inmediato que alude a la Casa, la oligarquía, los sometidos, los guardianes torturadores, los marginados y el Loco que perora desde su ventana. El otro, es el plano de proyección social: decadencia de la oligarquía, fracaso de los "niños" en rebelión, triunfo de la servidumbre, invasión de los vilanos, caos. Sus indios —un tanto disfrazados como los personajes de *Zaïre* de Voltaire—, representan el coro.

Si se explicara la metáfora a un nivel primario, sin considerar la riqueza opulenta del texto y sus múltiples refracciones, nos referiría al triunfo del Poder Armado, a la ausencia estratégica de la aristocracia local (el picnic), el fracaso político de los "niños" (la "revolución en libertad"), los desmanes contra la población ultrajada y ofendida, y la presencia acusadora del Loco, encerrado en su bastión, declamando incesantemente sus "últimas palabras".

Pero, Donoso ha ido más lejos. Si los indios tienen algo de operático y la familia un tanto de raigambre victoriana, y los niños, mucho del dadaísmo comprometido (*MIR,* dirán algunos en Chile), y los sirvientes otro tanto de la conscripción de la miseria, la ferocidad y la ignominia de la eterna leva latinoamericana, y los jefes triunfantes mucho del militarismo prusiano y de la loquería hitleriana, el narrador, en verdad, ha pasado sobre los límites formales de su metáfora para tocar los signos de una enajenación universal. Como Günther Grass, como García Márquez.

La metáfora propiamente tal deja de ser necesaria al narrador de *El jardín de al lado.* La condición del exilio se da ahora en términos de crónica inmediata y carnavalesca, esperpéntica dirían los españoles. El narrador escoge el punto de vista de un *doble, ¿o triple?*, personaje que escribe una novela dentro de otra novela, vive una crisis matrimonial y desaparece, al final, cuando el lector descubre que no fue ese narrador el móvil y centro de la atención, sino su mujer, hasta entonces un misterioso personaje de segundo plano. Donoso ha ejercido antes este virtuosismo narrativo; pero ahora viene acompañado de escarceos profundos en niveles de contradicción social, autocuestionamiento de la novela que se escribe y de la que no llega a escribirse, y un juicio crítico decisivo para juzgarse en su propia condición disyuntiva. Porque el exilio impone un tipo de compromiso que no es el mismo para quien lo vive dentro o fuera del país. Julio, el narrador aparente, se cree determinado a relatar *su* experiencia del Golpe, sus días de prisión y peligro; para hacerlo escoge un tono mayor. El *do de pecho* cae, por supuesto, en oídos indiferentes. Esa experiencia fue una entre miles, otros torturadores, otros exiliados también quieren contar su historia. Aquel Golpe que nos deshizo ya no figura en la primera plana de los periódicos y nuevas revoluciones saltan desde la pantalla de la TV. Julio queda solo, pesando el fardo que, de pronto, está vacío. Nadie lo escuchará ya. La gran novela que quisiera escribir seguirá siendo siempre una página en blanco, los signos revoloteando en una atmósfera hostil, envenenada. Se ha jugado el todo por el todo en una confrontación de su propia esterilidad. Cuando se calma en su nuevo oficio de profesor universitario, ha dejado de ser el alienado romántico. Se ha convertido en un emigrante. Uno más. También ella, quien ha oficiado exitosamente de cronista, ha rendido su testimonio. Debiera volver. No se puede, no serviría ningún propósito. Otros reencontrarán el camino. Diez años de lejanía hicieron de todos y cada uno un *extranjero*.

Conservadora como es, por lo general, la gente chilena siempre ha creído en principios sociales inmutables. Durante años la clase dominante se dividió entre carreristas y o'higginistas, como si las campañas de la independencia fueran cosa flagrante y actual y como si los héroes de la Patria Vieja bajaran noche a noche de sus caballos de bronce y de yeso a dirimir superioridades en las plazas de la capital y de la provincia. Hoy, muchos en Chile creen ser portalianos, no porque conozcan lo que fue, lo que hizo y dijo Portales, sino más bien como reacción a tiempos de violencia y de caos y por afición a la masa de cemento, fierro y vidrio que es el edificio de la UNCTAD, hoy rebautizado *Portales* en la Alameda, que fue de las Delicias, y que ahora se llama Bernardo O'Higgins. En los años en que las barbas se pusieron de moda —llegaron a Chile con *Lo que el viento se llevó* y reflorecieron bajo el influjo del art-noveau y el desarreglo romántico de los jipis—, la imagen del rasurado Portales cayó en descrédito. Los generales, tijeras en mano, la revivieron.

Pasión de historiadores, en una nación de historiadores, ha sido también seguirle muy de cerca y detalladamente la pista de altos y bajos a la vieja oligarquía chilena. En el campo de la novela las pesquisas mayores comenzaron con Blest Gana y continuaron con Luis Orrego Luco. Tarea investigadora y crítica desde adentro y de primera mano fue la suya, aunque nunca del todo profunda. Sin embargo, ambos establecieron una norma que dejó huellas, sugirió proyecciones sociales y abrió ricas posibilidades narrativas. Desde un comienzo la novelística de la gran burguesía chilena ha considerado al oligarca y al roto como contrapuntos de un mismo mundo social, *dobles* misteriosos, poderes en simbiosis, creándose y destruyéndose inextinguiblemente, creciendo en un proceso monstruoso de consanguinidad, hundiéndose con el país y salvándose en crisis memorables, respetando la única fuerza que da carácter épico a la sociedad chilena.

Los más notables ensayistas chilenos del siglo XIX y XX han especulado acerca de este fenómeno sin resolverlo claramente. Lo intuyen y lo discuten un tanto caprichosamente relacionándolo directamente a la historia patria; es el caso de Vicuña Mackenna, Lastarria, Letelier, Venegas, del Solar, Cabero, Encina y Subercaseaux. Tanto la Mistral como Neruda lo interpretan en su obra poética, pero ni Huidobro ni de Rokha lo entendieron porque eran militantes y dogmáticos campeones de las clases sociales que representaban.

Dentro del esquema aludido las pocas guerras y revoluciones en que se ha visto envuelto Chile han sido interpretadas como contiendas de "caballeros" y "rotos". Ni la clase media ni los profesionales del militarismo han jugado en ellas sino papeles marginales, principalmente como cronistas o jueces encargados de aplicar las penas impuestas por el grupo triunfador. Esa rivalidad, sin embargo, en el fondo no es tal, al menos no debe interpretarse como una nítida oposición. El roto y el futre pueden enfrentarse y, al fin, se entenderán aunque se destruyan.

Para el lector que no nos conoce íntimamente resultará siempre extraño que las novelas más auténticas sobre el roto, las más humanitarias y hasta fraternas, han sido escritas por futres: *El roto* de Joaquín Edwards Bello, *Juana Lucero* de Augusto D'Halmar, *La viuda del conventillo* de Alberto Romero. A lo que pudiera añadirse que pocos escritores de la clase alta chilena penetran tan a fondo en la psicología del gran señor descarrilado y vergonzante como Manuel Rojas, proletario, en su *Punta de rieles*.

La síntesis de este fenómeno de psicología social la ha conseguido brillantemente José Donoso en novelas como *Coronación* (1958), *El lugar sin límites* (1967) y *El obsceno pájaro de la noche* (1970). Pienso en diferencias de niveles, en la complejidad del análisis hecho a base de intuiciones, de estructuración metafórica y autocuestionamiento crítico del narrador. Donoso presintió dos obstáculos en la narrativa realista de principios de siglo e intentó dos posibles salidas: por una parte, advirtió eso que los narradores de la generación del 38 intuyeron como razón central del fracaso del criollismo en la aplicación mecánica del psicologismo de la novela francesa y española de fin de siglo a una realidad caótica y explosiva como era la de Chile en la época del Centenario; desde otro punto de vista, motivado a fondo por una crisis de alienación personal sintió que en el derrumbe de una clase con sus símbolos y mitos, sus autodefensas quebradas, su economía en bancarrota y su poder político en pleno ocaso, había algo más que un proceso de ajustes sociales y una revolución proletaria en marcha, vio, como Onetti en el Uruguay, el deterioro en el mundo elemental de la comunicación individual y colectiva, la sensación, si no la conciencia, de un sentido de perdición en un plano metafísico, la discordia, qué digo, el desgarro brutal que preside como una corona de sangre a la caída final de un poder y la soledad que esparce sus tinieblas sobre las ruinas.

Formado en una tradición literaria sajona, consciente de los poderes secretos del lenguaje analítico cuando se vuelve excluyente, tendencioso y eminentemente alusivo, Donoso trabaja lo que antes se llamaba la "novela psicológica" abriendo capa a capa la densidad de un misterio, rechazando la evidencia clínica, profundizando más bien la síntesis violenta de la metáfora, oscuramente consciente de las propuestas de Derrida, pero más inclinado a aventurarse en prácticas deconstructivas que se asocian a la novela inglesa contemporánea.

Donoso ensayó sus metáforas en *Coronación* y en *El lugar sin límites.* En *El obsceno pájaro de la noche* (Barcelona: Seix Barral, 1970) dio plenamente en el blanco, pero fiel a sus sentimientos de enajenación convirtió el blanco en su propia negación, lo enturbió entonces y de su monstruosa desfiguración logró, al fin, la buscada estructura del caos.

No me parece justo aquilatar aquí el peso y el sentido o sin sentido de los juegos formalistas con que la crítica norteamericana y no pocos jóvenes estudiosos latinoamericanos han dedicado a la obra de Donoso. Aficionados a convertir toda moda en iglesia y toda iglesia en jerarquía metodista, estos *joggers* del análisis estructuralista trotan de alto abajo y a todo lo ancho de *El obsceno pájaro de la noche* con entusiasmo y celo de corredores primaverales. En buena salud y fortuna se les convierta.

Me parece mucho más acertado y conveniente señalar tan sólo algunas coordenadas críticas útiles para una lectura de la novela que se ajuste al texto y al contexto de la sociedad en que se originó y a la intención metafórica de Donoso.

Adelantándose a un método que sería característico en *Casa de campo* y en *El jardín de al lado*, Donoso narra una novela dentro de otra novela y establece pistas necesarias para el lector en las páginas descriptivas del "escritor que fue Humberto Peñaloza": pp. 151, 218, 237, 242, 252-259, 488. Añade algunas observaciones sobre el "escritor" y su época, vale decir, describe al típico escriba de la bohemia del famoso bar Hércules (¡ah los inviernos vinosos con la oratoria triste del Cadáver Valdivia, la belleza histriónica de Rojas Jiménez y la sombra nocturna y pasajera del joven Neruda!).

Este escritor que fue Peñaloza, en acto de enajenación o de iluminación mental, presiente la escisión moral del hombre que se esconde en la roñosa sociedad del traspatio de la gran burguesía chilena, y separa el mundo de su decadencia en dos nítidos sectores: el de los fantasmas del pasado (don Jerónimo, Inés, la Beata, las monjas, las viejas) y el de los monstruos del presente (Peñaloza incluso). La imagen del Boy, con todas sus posibles identidades, metafóricamente representa el fin del poder dinástico de los Azcoitías, descrito más a nivel individual:

> Pero Jerónimo no mató a su hijo. El espanto de verse padre de esta versión del caos logró interponer unos segundos de sorpresa paralizadora entre su primer impulso y la acción, y Jerónimo de Azcoitía no mató. Eso hubiera sido ceder, incorporarse al caos, ser víctima de él. Y encerrado durante semanas en el cuarto del recién nacido, conviviendo con él y alimentándolo con sus manos, llegó a decidir por medio de sus conversaciones con su secretario y confidente, el único con acceso a su encierro, que muy bien: esta burla brutal significaba, entonces, que lo abandonaban las potencias tradicionales de las que él y sus antepasados recibieron tantas mercedes a cambio de cumplir con el deber de guardar Su orden en las cosas de esta tierra (pp. 161-162).

Y, luego, descrito en términos groseramente claros a nivel político de clase:

> No te permito que digas que no te interesa la política de tu país. Es una blasfemia. Significa que gente advenediza y ambiciosa, toda clase de radicales descreídos, podrán trastornar las bases de la sociedad tal como Dios la creó al conferirnos la autoridad. El repartió las fortunas según El creyó justo, y dio a los pobres sus placeres sencillos y a nosotros nos cargó con las obligaciones que nos hacen Sus representantes sobre la tierra. Sus mandamientos prohíben atentar contra Su orden divino y eso justamente es lo que está haciendo esa gentuza que nadie conoce (p. 174).

En un nivel inmediato el mundo exclusivista de los monstruos —con su estructura social de monstruos de primera, segunda, tercera y cuarta categoría—, pudiera parodiar el de los privilegiados Azcoitías y toda su parentela (pp. 256, 406-407), pero el escritor que fue Peñaloza rechaza tal cosa por simplista y procede a conferir categoría ética y estética propia al universo recién creado por sus designios sociales, en contraste con el universo endemoniado y condenado de los "normales". Descalifica, en consecuencia, a los escritores realistas:

Además, ¡qué limitadas las aspiraciones de estos escritorzuelos que creían en la existencia de *una realidad* que retratar, qué tediosos los pintorcitos de mentalidades competitivas y nacionales, qué toscos sus apetitos, qué literal la chismografía que les proporcionaba entretenimiento! (p. 242).

¿Y cuál es ese orden que reemplaza al de los estereotipados? Un orden que crea el mundo interior del Boy, *realidad* creada, trémula perfección de una subjetividad que supera los moldes gastados de la naturaleza.

Y cuando una tarde el hermano Mateo mostró junto al fuego los astrolabios y mapas de la geografía total del universo, que no era más que el cielo y la tierra de los patios, ya habían llegado entre todos a la determinación de que serían innecesarios, puesto que Boy debía crecer con la certeza de que las cosas iban naciendo a medida que su mirada se fijaba en ellas y que al dejar de mirarlas las cosas morían, no eran más que esa corteza percibida por sus ojos, otras formas de nacer y de morir que no existían, tanto, que principales entre las palabras que Boy jamás iba a conocer eran todas las que designan origen y fin... Boy debía vivir en un presente hechizado, en el limbo del accidente, de la circunstancia particular, en el aislamiento del objeto y el momento sin clave ni significación que pudiera llegar a someterlo a una regla y al someterlo, proyectarlo a ese vacío infinito y sin respuesta que Boy debía ignorar. Los monstruos eran todos excepciones (p. 243).

El toque mágico de esta observación —un eco o la segunda voz de un dúo dentro de *Cien años de soledad*—, nos provee con una extraña conclusión. El caos-infierno no es ya el de la Rinconada, ha pasado a *ser* el mundo de afuera. Una voluntad creadora superior impone su capricho primigenio, las cosas nacen a la semejanza de nada, las criaturas participan del Soplo de una deidad descuidada. Es quizá, como he sugerido, el único instante de esta enferma epopeya en que los personajes flotan estáticos en un espacio compartido con los seres repetidos del mundo ficticio creado por García Márquez, punto crítico de la metamorfosis de la Rinconada, estado superior en que las sombras crecen complacientes en el absurdo recién descubierto y regimentado. Allí se probarán sus vestidos de mitos esperpénticos, poderosos ahora en la seguridad de que su rareza ha pasado ya a ser la norma del futuro.

Hay en Donoso una tristeza básica que nunca se convierte, sin embargo, en signo de sentimentalismo. Es una forma de decaer con pudor, quebrazón hacia adentro, defendida por cierta dureza de huesos y timidez hombruna, signo criollo del punto de honor que representan el poncho y las espuelas colgados para siempre en las vigas que defienden las arañas. Es curioso que sus lectores jóvenes no reparen en esta carencia de énfasis y desplante en un lenguaje como el suyo, de tan fino, fuerte y cortante mediopelo. Se dirá, acaso, que falta pasión en sus novelas, que ellas son romance sin ningún romanticismo, con un gran apego a la cama pero no del todo al ser que se ama.

¿Qué golpeó a Donoso en los años de su aprendizaje chileno? ¿Al vigoroso periodista de *Ercilla*? ¿Al diestro narrador de *Coronación*? Quizá fue un secreto que se le reveló temprano en su conciencia de cronista de una época dura y amarga. Hoy, el cerco que lo rodea es demasiado firme para jugar a las adivinanzas. No lo mueve nadie. Ha tenido sus *divertimentos* y los ha gozado: *Tres novelitas burguesas* (1973) y *La misteriosa desaparición de la marquesita de Loria* (1980). Pero, no está allí eso que los chilenos llaman su *firmeza*, ella se esconde, arde e ilumina desde infiernos internos, brilla con la nitidez y la belleza de sus impecables estructuras en *Casa de campo* y *El jardín de al lado*.

La consideración de la ruina de un clan familiar parece revelar siempre una trizadura interior por debajo del comentario aparentemente despiadado del narrador. Otro tipo de anti-épica social que aparece en años recientes añade otros matices a esta resonancia al mismo tiempo que revierte valores, temas, personajes y estructuras. A primera vista, *Un mundo para Julius* (1970) de ALFREDO BRYCE ECHEÑIQUE (1939-) da la impresión de ser la parodia de un *roman fleuve* de fin de siglo. La lectura nos envuelve en engañosa ligereza, se complica la inasible trama con personajes ricos en contradicciones, y excéntricas o patéticas posturas. Poco a poco, sin embargo, empezamos a caer en el juego que manipula el narrador. En este relato nada fluye, nada cambia. La razón del drama no se da jamás en primer plano, no hay confrontaciones ni acusaciones. De un modo sutil la condición servil y ofendida de los trabajadores domésticos así como la miseria que se enrosca encadenándose en el ruedo de Lima —que Zalazar Bondi llamó "la horrible"—, se ve y suena, huele y duele, no frente a nosotros, sino marginal, tangencial, de medio filo. No hay alegatos ni diatribas, tampoco alegorías ni metáforas, ni siquiera nostalgias de pobrezas junto a riquezas, sólo la lejana desazón de un niño que siente el golpe y tan pronto lo acusa, lo olvida, con una sonrisa provocada siempre por el hada-madre, la mujer de dulce hálito dorado y blanco que santifica al mundo antes de emascularlo.

Bryce comparte con Donoso la sabiduría de los signos criollos, el ritual y la danza del traspatio, las cocinas y reposteros de los empleados domésticos, la clase sin rostro propio, aplanada y aplomada en anónima humillación. Donoso es continuador de ciclos de siglos, nieto de Blest Gana y Orrego Luco. Bryce, en cambio, se suma en la diferencia. Su discurso narrativo luce el desenfado de los 60; su novela es ciclo de un actor singularísimo, un Julius a quien tratan de sorprender con un mundo que no ha existido nunca y que, sin embargo, se mantiene próspero en la fantasía del historial pituco latinoamericano. Quieren escamotearle el alma con pases de magia adinerada. Le rodean brujos de la dulzura —Susana—, de la farsa seductora —Juan Lucas—, y el círculo de parias a sueldo, sus ángeles protectores. Además, Julius cuenta con un vecindario de fantasmas —una princesita, Cinthia—, y el santoral del colegio de monjitas norteamericanas. ¡Y cómo se adoran Susana y Juan Lucas, darlings, para sacarle el jugo a la novela del españolismo, a los soles y dólares de la banca limeña, a la telenovela de los Jaguars y los Mercedez-Benz!

El crítico apresurado se da gusto proclamando el auge de

un neo-barroco. Mejor aún, de un barroco al revés. Pero pienso que se equivoca, pues se trata más bien de claves hipnóticas en el balbuceo profundo de un niño orejón, soñador y desolado, que descubre noche a noche la sintaxis a contrapunto con la jerga de la casta apolillada, de los cementerios escolares, los country clubs prefabricados, las iglesias del barrio alto donde ya no llegan los mendigos pues sucumben a la presión de la puna.

Proustiano, a su modo, pero sin aspavientos, Bryce despierta ecos curiosos. La recreación del mundo aristocrático limeño despierta en sus novelas una nostalgia agridulce, casi ebria, con ese aire disperso que, a veces, mueve Scott Fitzgerald para descolocar a sus personajes. Las gentes de Bryce se aíslan para hablar de cosas que no corresponden a nada, aunque tal vez sí correspondan a sombras de seres desaparecidos, sentados en sillas invisibles, pensando absortos en tardes que vivieron junto a piscinas doradas en tardes calurosas.

El de Julius es un mundo al que sus parientes desean reemplazar con otro mundo de calcomanías. Quienes lo desean son Susana, su madre de dulce, glamorosa matriarca, fundadora del huevo azul sin arrugas, y Juan Lucas, elegante señorito, creador de la llave ganzúa del *jet-set* y supremo domador de Jaguars en los safaris del campo de golf. No lo consiguen ni les importa. El mundo de Julius seguirá siendo su niñez dolorosa, querendona y cruel. Sobre ese mundo, una sola estrella: Cinthia, niña mágica, uno de los personajes más perturbadores y misteriosos de la nueva novelística peruana.

Pocos años antes que escribiera Bryce *Un mundo para Julius,* y continuando innovaciones iniciadas por Marta Brunet y María Luisa Bombal, un grupo de novelistas chilenas explora el tema del matriarcado en la alta sociedad chilena. Talentosas, en algunos casos brillantes, después de una o dos novelas de éxito, no insistieron sin embargo; fue el caso de María Carolina Geel, María Elena Gertner y Margarita Aguirre. En mi opinión, MERCEDES VALDI-

VIESO (1925-) las representa acertadamente con sus novelas *La brecha* (1961) y *Las noches y un día* (1971). El eje de estas novelas es una mujer que desempeña una función unificante en la familia de la gran burguesía chilena: la abuela. Desde atrás, se levanta una imagen tradicional, paradigma de modales y estrategias sociales. Sometida al vasallaje que le impone un hombre machista, patriota, agresivo, pero sobrio y discreto, esta mujer reina en su casa y en el seno de la familia. Reina sin corona, dama del anillo de plata con que se anuda la servilleta en la gran mesa de nuestra oligarquía. Ella mantiene las riendas del diario vivir, puertas adentro; controla el orden doméstico, ese movimiento continuo de niños, sirvientes, parientes y familiares; preside las ceremonias de iniciación de los jóvenes en los ritos de la clase alta. La decisión final siempre la tomará el hombre. El acondicionamiento lo habrá dirigido ella. El ritual exige que se cubran las apariencias.

Gabriela Mistral vio venir el duro período de la decadencia de la ilustre casa chilena e hizo sus campañas. Llegado el medio siglo, la sociedad chilena se enfrenta al dominio político del socialismo de medio pelo —el Partido Radical, la Democracia Cristiana, el Partido Socialista—, que llega a ser gobierno con Aguirre Cerda, Frei y Allende. La reacción oligárquica es violenta: gobierno de González Videla y dictadura militar de Pinochet. No olvidemos que en 1973 la alta burguesía chilena —latifundista, industrial, valores bursátiles—, se juega sus últimas cartas.

Desde Marta Brunet, y pasando por María Flora Yáñez y la Bombal, la novela chilena se distrae evocando pasionales historias de una casa de campo en discreta ruina, fundo en provincia, matrimonios en círculos exclusivos, nacimientos celestiales, y a veces monstruosos, allegados, hospicios, viajes y baúles portentosos.

La alusión a este fondo y condición de la historia social de Chile convierte a las novelas de Mercedes Valdivieso en documentos de la época, así las lee la crítica chilena. Se buscan las claves personales y, sin duda, se pierde el tiempo. Valdivieso apunta a una tradición que no se completa aún en la sociedad chilena. Su lenguaje narrativo es, a la vez, amplio y restrictivo, se mueve con pericia en los niveles sin tiempo; asocia, proyecta, reflexiona, enreda hilos y los abandona. Es posible que sea la argumentación ponderada, lenta, sólidamente fundamentada entre líneas, que le da a las novelas de Mercedes Valdivieso su particular significación literaria.

LA NOVELA DE LA LIBERACION

En la década del 60 cuando una generación decidió desafiar el *status quo* burgués y la agresividad del capitalismo norteamericano por medio de una alienación voluntaria y drástica —el beatífico éxodo de los niños de las flores, de la yerba y del ácido lisérgico—, o por medio de una confrontación violenta (París, Montevideo, Buenos Aires, El Salvador), comenzó a culminar un extraño proceso social en Latinoamérica que confirió a parte importante de nuestra narrativa una fuerte proyección política. Hoy sabemos que el gobierno de Nixon definió su conducta respecto a Latinoamérica sobre la base del Informe Rockefeller que, en un cambio fundamental de estrategia, recomendó el fin de la política de eufemismos de Kennedy y el comienzo de una abierta colaboración con el militarismo neofascista.

En esos años el proyecto político y cultural de la Revolución cubana coincidió con la actitud revolucionaria de importantes sectores intelectuales latinoamericanos expresada a través de combativos órganos de prensa —*Marcha,* por ejemplo—, y de Encuentros de Escritores, como los de la Universidad de Concepción en Chile. Ha de notarse que uno de estos Encuentros en que se reunió por primera vez la plana mayor de la nueva narrativa latinoamericana (estaban Carpentier, Sábato, Fuentes, Roa Bastos, Viñas, Benedetti, entre otros), coincidió con la reunión de Punta del Este en que la delegación norteamericana intentó por primera vez polarizar abiertamente los campos de la insurgencia y de la contrainsurgencia en nuestro continente.

La ofensiva gorila trajo como consecuencia inmediata una

forma violenta de censura y persecución contra los escritores progresistas de países como Uruguay, Argentina, Chile, El Salvador, Guatemala. Algunos de estos escritores se plantearon la disyuntiva en términos absolutos. "La revolución no se hace con poemas —le dijo un estudiante a Neruda—, se hace con rifles". Neruda, como se sabe, respondió que Ernesto Che Guevara, en su mochila, junto a sus municiones, llevaba un ejemplar del *Canto General.*

La brutal represión desencadenada en ese período les costó la vida a Conti, Castillo, Urondo, Heraud, Dalton y a muchos otros. El exilio se abrió como una repentina tierra de nadie para marcar un nuevo hito en el tiempo del desprecio y de la infamia. Pero el exilio que, a través de nuestra historia política, ha cobrado visos de institución nacional, comenzó a mostrar esta vez signos que profundizaban su significado. A primera vista, apareció como el momento culminante de un largo proceso de enajenación, una condición sin fronteras, un espacio, un éxodo forzado o voluntario, por razones políticas o económicas. Pero también era un exilio interior de los marginados y perseguidos en su propia patria, resuelto en la ecuación de la resistencia, dentro o fuera del *establishment,* estructurado en la clandestinidad, expresado muchas veces por las artes de la autocensura. Era el momento de narrar con sentido trágico y entonación patética los detalles de la crónica policial. Una vez más el escritor latinoamericano levantaba la voz para hacerse oír en el mundo occidental, golpeando puertas, acumulando horrores.

Llegó el momento, inevitablemente, en que los escritores del exilio superaron la etapa del patetismo y el testimonio presencial. Porque, lógicamente, se comprendieron mejor otros aspectos menos obvios de la crisis latinoamericana. Desde luego, no era el nuestro un caso único y peculiar. El éxodo es identificado en nuestro tiempo como una marca de la decadencia de una sociedad, una ruina que se da con los signos equívocos de la entropía. ¿Llegamos a un fin que es un comienzo? Pero, el exilio es también sello definidor del arte contemporáneo, cruel muestra de la quiebra total de un sistema de valores.

En tal condición toda aberración es posible. Un régimen gorila da pruebas de su "proyecto cultural" reconociendo a la tortura y al desaparecimiento de personas como formas de las bellas artes, con o sin ayuda del opio que informó a Thomas de Quincey. Los equívocos de la tortura, los signos secretos de la destrucción como *sumum* del orden, como credos y actos de pasión, dan base a inusitadas imágenes de la dictadura (*Pedro y el capitán, Cambio de armas, Coral de guerra*). El estado de angustia en la expresión de la enajenación física y moral que Onetti había hecho signo de su *otredad*, adquiere un doble fondo revolucionario en las narraciones de Musto, Conti, Galeano.

La condición del exilio se transforma en una metáfora de la incomunicación, del amor-odio, del hoyo que deja la succión tras el hundimiento (*Libro de Manuel*). El tiempo del desprecio —cárceles, campos de concentración, la clandestinidad—, revela otro tiempo más digno, el de la solidaridad al margen de ideologías (*La canción de nosotros*).

La resistencia es una fuerza creadora que, según Cortázar, preserva "el amor, el juego, las alegrías para vencer al terror y al desprecio" y esa alegría puede asimismo ser una gloriosa parodia de sí misma (*Mascaró, cazador americano*).

El coro es una voz, una sola voz sombría, un discurso romántico para negar todo sentimentalismo, una sola metáfora que nos ampara al atravesar el campo de batalla y dar nuestro último salto mortal.

La alienación interior, así planteada, nos hace comprender el absurdo como categoría de lo real, el terror igualado a lo grotesco (*La guerra interna* de Volodia Teitelboim).

Esta narrativa no alega ni predica. El lector saca sus conclusiones, aprende, por ejemplo, que el poder es una trampa y que los practicantes del arte del oprobio llegan irreparablemente a cerrarse ellos mismos el nudo del condenado porque descubren, al fin, su propia vocación: como el patriarca en las tinieblas de su otoño, han aprendido que su recompensa es la soledad en la antesala de la muerte.

Es posible que en el cambio de siglo estemos llegando al

umbral de nuestro último exilio: punto de partida es siempre el regreso. Esta vez nos iremos hacia adentro para mirarnos y lo que veremos será un espejo roto en el cual las imágenes se reproducen creando la fantasía de una nueva vida.

La poesía, acaso, tenga la última palabra.

Hay libros que destinados a convertirse en vida de acuerdo a una estética estricta y celosamente concebida, se transforman por las circunstancias de una muerte en otra cosa, en un arma fulgurante, revuelo febril de máscaras e imágenes, documento dirigido a otras épocas que vendrán, a niños y jóvenes que hoy crecen para leernos cuando nuestros recuerdos serán también clave de un futuro inmediato. Así pasa con *Mascaro, el cazador americano* (1975), la novela épica —*mock-epic*—, de HAROLDO CONTI (1925-desaparecido), con su estructura paródica de *romanzo* renacentista y su metamorfosis repentina dentro de la fábula misma que narra. Hoy el libro renace cuando leemos sus apresuradas páginas finales a sabiendas que Haroldo Conti fue de la partida en el último viaje del circo heroico, testigo secreto de una hazaña bañada en sangre.

Concebida como una parodia de acontecimientos portentosos, la novela adquiere la forma y el significado de la clásica *Stultifera navis:* odisea sin límites, humanidad que pasa por ruta de criollos pueblos fantasmas, embarcada en un carromato de circo pobre, con un viejo león jubilado a cuestas y antihéroes que desempeñan el papel de volantines y payasos en la fulgurante arena y la misión revolucionaria en las sombras de la resistencia. Hacia la liberación va el circo jugando a despertar la imaginación de los absortos parroquianos, cuando, en verdad, despiertan una conciencia sembrando su mensaje con gestos de pantomima y poniendo las peligrosas bambalinas en manos desprevenidas e inocentes. El lector debe reconocer a tiempo este doble fondo de la narración; pasará primero por una compleja y difícil trama de saltimbanquis comprometidos, avanzará luego por la huella que en apariencia no conduce a ninguna parte, los hechos aparecerán nimios, la rutina será de muertos de hambre que caminan sobre el alambre afirmándose en una solidaridad instintiva, el lenguaje parecerá áspero, popular, escandaloso, fraternal. Sentiremos que la historia esconde un mensaje en las palabras claves que se repiten a manera de un *leitmotiv*. De pronto esta historia se rompe como una granada que lanza sus luces y sus muertos en la soledad de un enfrentamiento final en la huella que rehusa cortarse.

Los héroes representan su mímica hasta el último, hasta que descubren, emocionados pero no quebrados, que el enemigo también representó la suya y que los signos de comunicación clandestina les eran conocidos y los poderes de sus armas no iban a retraerse en el desenlace.

Esta es la tragedia: los dioses castigan la ambición del héroe, pero, irónicamente, se saben burlados por la misma eficacia de su crueldad. Mascaro, el cazador, seguirá imbatible en el camino y seguirán asimismo el Príncipe Patagón y Oreste y Nuño, Perinola y Sonia, quienes habrán perdido una identidad que acaso no era necesaria. Cuando en realidad comienza la lucha revolucionaria contra el zafarrancho de la tropa de rurales que siempre pasa a la carrera en sus caballos, el circo no cabe ya en su pobrecita carpa, las pruebas y acrobacias dejaron de ser actos de magia personal, todo un pueblo, un país se ha levantado y sale a la calle incendiada a dar la cara.

Lo importante es que la estructura de la novela de Conti responde a tiempo a esta súbita transformación de la metáfora que la sustenta. El *tempo lento* de sus dos primeras partes se rompe de pronto. Desaparece el diálogo en *staccato,* se aplana y extiende el lenguaje para concentrarse, apretado y quemante, en unas pocas páginas finales donde se narran las torturas y la resistencia.

Como el *Libro de Manuel* de Cortázar, esta novela de Conti es un llamado hacia el futuro, sobrevivirá como un signo de alarma, continuo, empecinado, cartilla para aprender la alegría de la lucha revolucionaria, mapa indispensable para salir a la guerrilla sabiendo que ella no tendrá fin, puesto que en su empresa de liberación Mascaro seguirá siendo un retrato pegado en los muros con el signo de peso por su captura, seguirá sonriendo callado, inalcanzable, cercado y a salvo, presente.

Ayer, antes de ayer, no sé con exactitud, comenzó un verano y pensé que sí es cierto, que así como dice el uruguayo JORGE MUSTO (1927-), algo insólito ha sucedido en las calles, no con precisión, ni de origen claro, pero sin equívocos tampoco, algo en las hojas de un árbol, en las luces del atardecer muy vasto, y más que nada en la conciencia súbita de que todo está sucediendo no aquí, donde estoy, sino allá en la ciudad pequeña que fue mía una vez, un barrio de calles pobretonas pero sentidas, con tráfico viejo y anhelante, músicas criollas, bares de luces amarillentas y mucha, mucha fe en lo que iba a venir.

Y leía a Musto y debo decir que sentía lo mismo que cuando, estudiante en Santiago, leía a Gorky, el de sus Universidades, a Hamsun, a Istrati. Como escuchar el balbuceo de muchas canciones a la vez, cerca de los viejos muelles de un río, el rumor de una idea que no se acaba nunca, le da vueltas al barrio, al parque, a la ciudad, a la joven acodada en los crepúsculos de la calle Maruri y, alarmado, me lleva a recordar a los Nazis de entonces, 1938, a los pacos de ahora. El sentimiento no es de cólera ni de orgullo, es de una tristeza muy grande, como todos los entierros pobres de la Avenida de la Paz, todas las torturas subdesarrolladas de la Novena Comisaría, los caballos que morían en los pozos del Cementerio General, los balazos melancólicos que disparaban los estudiantes desde el Cerro Santa Lucía.

Eso que tengo en el oído es la voz del narrador de la novela de Musto, *El pasajero* (La Habana, 1977), voz de este hermano grande, comprensivo, callado, tolerante, siempre lejano, un hombre que nació con la despedida en los ojos y en las manos, que no nació para quedarse, ni aquí, ni en Montevideo, ni en ninguna parte, con una falla pequeña, siempre repetida al bajarse de la cama por las mañanas; el hombre que no tiene dedos para Cristo e insisten en crucificarlo de a poco, sin entender que no habrá, no podrá haber ningún milagro. Es tan grande y, al mismo tiempo, tan vacía y triste su presencia que hasta el acto de sacrificio y heroísmo ha de salirle, al final, como adelantado o atrasado, es decir, no a tiempo. En las mujeres despierta ternura, no pasión; en los hombres confianza un poco asombrada, la seguridad que nos da una hora repetida simplemente porque no hay otra disponible.

Este hombre tranquilo, acaso demasiado tranquilo y asentado en sus melancólicas costumbres —el mate, la caña, el cigarro, la tallarinada, el vino, la mitad tibia y honda de una cama, a veces gordita, a veces seria y de pómulos salientes, a veces de caderas firmes y audaces—, debe hacer la revolución en nuestros países. ¡Si no es para la risa! Y no, no es para la risa. Este, éste es el hombre. Los trabajadores estarán por allá en sus fábricas y en sus cordones industriales, los estudiantes en sus plazas y bulevares tirando piedras y neumáticos. Pero este hombre sin retórica de ninguna clase, qué digo retórica, sin lenguaje, puro pensar, fumar, sacar la cara siempre y no rajarse nunca, este hombre empieza a hacer la revolución. Se entiende que no es la revolución rusa, ni la china, ni la revolución cubana. Es, como dirían los periódicos dominicales, una revolución sui generis: la única que se puede hacer, la que nos imponen de repente, ésa que nos obliga a ponerle el hombro como si fuera un problema doméstico, y sí lo es. Con toda razón no se entienden sus alternativas en el gran mundo de la política internacional. Sólo se reciben las noticias de última hora: la tercera parte de la población del Uruguay está en el exilio o en las mazmorras o desaparecida; 50 mil argentinos desaparecen; un millón de chilenos desterrados.

Entonces, se empieza a comprender al personaje sin nombre de Musto, se empieza a sentir con él, que es como decir a vivir y combatir junto a él y sus gentes que son las mismas de Galeano, de Conti, de Constantini y, entonces, el pasajero está de pie y muestra tanta estatura como el Extranjero de Camus, pero también una solidez y una rara consistencia que el otro no parecía tener o quizás la tuvo al revés, y, de pronto, nos damos cuenta que Jorge Musto ha creado el personaje clave de estas novelas de la liberación.

Es posible que la revelación nos desconcierte y haciendo

suma de las características del Pasajero lleguemos a un gaucho ideal inventado por Güiraldes, o al *cowboy,* super, de Hemingway, al hombre solo, estoico, duro y sentimental, predestinado a un heroísmo anónimo y medido. Pero, es claro, esto no es convincente. Una de las cosas más curiosas de los enfrentamientos latinoamericanos es que gran parte de quienes disparan desde azoteas, entre visillos, a la carrera, desde motos o automóviles, son apacibles jóvenes que una vez trabajaron en bancos, compañías de seguros, escuelas u oficinas públicas. Mueren sin haber tenido tiempo para organizar su cólera. Una palabrota, una chupada a un cigarrillo cinematográfico, y ¡bang! nos fuimos de espaldas. Quedó el humo. Se comprende la ternura un poco compasiva de Carola. En la marginación del Pasajero hay mucho de desamparo: así me hicieron, parece decir, pero no lo dice. Musto no alega, ni arenga, ni siquiera se duele. Se enoja, eso sí, y aun su enojo nos llega asordinado, como para no despertar a nadie de su siesta. Poco a poco, sin embargo, ha ganado de nuestra parte una adhesión sin razones, un fervor solidario basado en cosas y en hechos, no en ideologías. Su narrativa tampoco es un testimonio ni una confesión. Se detallan los manejos de una célula clandestina, las trampas policiales, la prisión y las torturas bestiales, la muerte. Nada viene con etiquetas. Es el pasar de los días, las tardes de lluvia, los cafés en penumbra, el encuentro súbito, algo muy leve de simpatía, hasta de cariño y mucha, mucha ternura. Y en el fondo de estos días y estas noches un hombre velando, sin ansiedad, más bien tranquilo, seguro del hueco que le aguarda y del hueco que deja para que lo ocupe otro.

Narrador seguro y sabio, en perfecto control de situaciones, incidentes, pausas, Musto escribe su historia como a sabiendas de que habrá de salirle clásica. Nada menos. Juega con el lector, no demasiado, solamente lo necesario para darle un doble fondo a su novela. Cruza dos o tres referencias —una para Cortázar, en serio, otra para Sábato, con filo irónico—, la más decisiva se refiere a Galeano: "¿Si lográramos atravesar esos pantanos, si llegáramos a un suburbio después de despegarnos el barro de los huesos, dónde encontrar un rincón para un sueño de tres o cuatro horas y un pantalón y una camisa limpios? Me acordé de una novela de Galeano, donde un evadido, exhausto, es recogido, cuidado y alimentado por un lumpen de latente conciencia política. Pero desconfié inmediatamente de que la realidad, en este caso, etc." (p. 151).

Supongo que Musto se planteó el grave problema del final. Supongo. Pensó, acaso, que el pasajero no podía narrar en primera persona su propia muerte. Pero, le echó para adelante y así concluyó su novela. Al poner el punto final quizá pensó —supongo solamente—, que creaba una enorme duda. ¿Se salva el Pasajero y queda para contar el cuento? No creo que esto importe mayormente. Es de ilusiones que hablamos y la que crea Musto se defiende bellamente, resiste porque está hecha de eso que forma la esencia de la resistencia: la entrega entera por puro amor, nada de odio; como la mano que estiramos sin pensar para sujetar al mundo cuando se viene abajo.

El tono de Conti se anuda con el de Galeano y el de Musto. Quisiera explicar uno esto por medio de alguna teoría literaria. Pero, no se puede. Se trata de algo más complejo. No tiene que ver con libros, sino con un modo de actuar y con una forma de lenguaje y, además, lo que estos narradores le han puesto de testimonio personal, de historia de varios mundos y edades. Por ahí va la infancia de barrios o pueblo chico, la adolescencia encandilada, soñadora, conflictiva, y luego una juventud en que se juega toda una vida sin que necesariamente la selle ninguna muerte. Es un modo de vida que poseen en común, una manera de cantar y moverse dentro del ámbito inconfundible de la ciudad-río o de la ciudad-mar, una actitud de espera en los muelles. El movimiento es de una perenne fuga, no resultado del acoso, no siempre, más bien de saber que el camino recorrido no es sino un compromiso para seguir andando, que la huella no se acaba mientras existan víctimas y éstas sigan resistiendo y los testigos se comprometan y, a su vez, salgan a la pelea. Se dirá que en el acento porteño hay una melodía y unas metáforas a nivel de pueblo —al menos para el oído del forastero—, pero es también a nivel de murga o de circo, en Conti, y de vagabundos en Galeano, y de marginado en Musto. Sea como sea, todos terminan por lanzarse al ruedo.

La canción de nosotros (1975), de EDUARDO GALEANO (1940-), es obra de la madurez temprana de un novelista. De estructura nítida, armada sobre el cruce de caminos entre unos pocos personajes —Mariano-Clara, Ganapán-Pitanga-Buscavidas, Fierro—, comienza y concluye en pleno movimiento. Cuando aparece Mariano no sabemos de partida si su hazaña se inicia o concluye, sabemos que busca, que ha regresado —¿de qué, de dónde?— lo que encuentra es precisamente el final de una batalla y el principio de otra, la decisiva y, quizá, la última. En el curso de ese movimiento caerá, se fugará de la prisión, recibirá el amparo de desconocidos, pasará el tiempo y volverá a retomar los hilos de un compromiso y una lucha en medio de nuevos compañeros. Desde el pasado de nuestra sórdida historia de pueblos sojuzgados irán apareciendo los grandes temas de la novela de la liberación latinoamericana: la conspiración, la clandestinidad, la prisión, la tortura, la solidaridad, el papel de la mujer en la resistencia. Sobre estos temas y por encima de todo esquema político cobra relieve la imagen de una sociedad caída y ultrajada por poderes armados, comedores de hombres, mujeres y niños, agentes calificados en el oficio de la infamia, graduados del fascismo europeo y de las academias policiales y militares norteamericanas, ases del exterminio, inventores de la capucha y la picana, guías brutales de la desorientación y locura de los prisioneros.

Gana cuerpo, además, otra imagen: la del intelectual que renuncia a todos los fueros burgueses, que clausura las salidas falsas y allí donde el héroe o antihéroe existencialista ponía: "No-exit", raya y escribe clara y duramente: "Por aquí", es decir, por el reconocimiento de una conciencia de clase y de un deber revolucionario.

Galeano hilvana las piezas de su testimonio con un lenguaje de hondo sentido poético. No hay otro novelista en su país que le iguale en el manejo de esta habla de raíz popular y proyecciones líricas. Como García Márquez, Galeano viene del periodismo, de ahí su maestría y naturalidad para convertir sus crónicas en épicas inmediatas de vastas sugerencias y apretada exposición. Nada hay en su prosa de forzado. Los diálogos son de una autenticidad impecable, las descripciones suscintas. La fuga de Mariano sobre los muros de la prisión, a través de campos y pueblos fantasmas, su encuentro con el hermitaño, la aventura de Buscavidas y Ganapán en el barco abandonado, la cacería de Fierro, pueden contarse entre los mejores relatos de la literatura testimonial latinoamericana. Algunos de estos hechos son de conocimiento común y parte ya de la leyenda de la resistencia uruguaya; aparecen y reaparecen en textos de otros autores, como Martínez Moreno y Jorge Musto. Pero nunca pierden su significación, se repiten como un leit motiv de una guerra civil; de la sustancia misma de estos episodios se desprenden las cavilaciones del narrador sobre la índole y las raíces del compromiso: "Yo lo escuchaba y lo miraba y hubiera sido fácil irme y chau. Pero me quedé. Pensaba en la tierra nuestra que había perdido la inocencia y había sido castigada, golpeada con palos y cachiporras, vaciada, quizás asesinada. Pensaba en los encadenados y en los desterrados, en el preso que se ahorcó y en los incontables muchachos que se fueron. Tantas veces hemos creído que se murió la tierra nuestra. Hasta hemos dudado, Clara, tantas veces, de que haya existido alguna vez... ¿Y adelante qué hay? ¿Otro agujero más grande todavía? ¿Una vaquería, un baldío de hombres y con costa para turistas? ¿Un mercado de esclavos en oferta? ¿Una fuente de carne humana para vender a países que hablan otras lenguas y sienten de otro modo? ¿Eso, y nada más que eso? ¿Una tumba para presos, una cárcel para muertos?" (La Habana, 1975, p. 200).

Galeano ha hecho escuela. Le siguen en su país y en los países vecinos. No me refiero solamente a la escuela literaria y a imitaciones de tono. Contagia su prosa, pero contagia asimismo la profundidad, la seriedad y la valentía con que acepta el compromiso político. Galeano ha cumplido bien la consigna de Cortázar: ha hecho la revolución en su literatura.

Novelistas como Roa Bastos, Conti, Musto, manejan una ideología política a través de símbolos o metáforas, respaldándola con referencias históricas. DAVID VIÑAS (1929-), en cambio, enfoca la problemática social argentina de lleno y en primer plano, sin preocuparse mayormente si desde tal punto de vista pueda o no trascender hacia una estructura esencialmente estética.

Viñas cala hondo y directamente en algunos temas que escritores de una generación anterior como Eduardo Mallea soslayaron tan sólo, más inclinados a la especulación y a los diálogos existencialistas. Todos ellos se sintieron atraídos por la trayectoria histórica de fuerzas sociales que se disputaban el poder político y económico del país, pero mientras Mallea —como Borges, el poeta—, da relieve a los valores éticos de una "nacionalidad" antigua, y castiza, pegada a la tradición de la tierra, Viñas busca incansablemente los factores políticos que han creado el caos y la ruina de la nación en el siglo XX. Sus novelas son escarceos implacables en la compleja condición de la clase media argentina. Literariamente, parecen ser el extremo opuesto de la narrativa hablada de Mallea y Sábato, o de la prosa contada de Cortázar. Viñas golpea y clava, abre con ímpetu los secretos de una crónica sangrienta, no para declamar o denunciar, sino, más bien, para exponer una miseria diaria de gentes uniformadas en moldes de fatalismo un poco inconsciente y muy sin esperanzas. No es de extrañarse, entonces, que su novela de mayor difusión haya sido *Los hombres de a caballo* (México: Siglo XXI, 1968), historia de soldados en un país que durante décadas no conoció sino el predominio de la urbanidad, la filosofía y el arte de gobernar de las fuerzas armadas. Semejante historia arrastra una especie de corolario invisible: en la cúspide del poder se esconde el signo secreto de la gran derrota, único desenlace posible para una empresa de guerra que comienza y termina con un asalto contra sí misma en la persona del pueblo subyugado.

Viñas destapa un mundo que conoce íntimamente. El machismo educado por la academia de guerra y el otro, prepotente y ostentoso de un civilismo futbolero y tanguista, se expresan a través de enconados conflictos familiares, en la rutina del servicio y, particularmente, en la moral del triunfo a toda costa de sujetos nunca seguros de su origen ni de su destino. Pero, es sobre todo una concepción de la vida como lucha brutal aunque solapada de sexo contra sexo, de machismo contra pasividad, que mueve a estos seres de cuartel, con o sin uniforme. El operativo que sirve como núcleo central a la novela será de estrategias militares y políticas en el plano oficial del narrador, tendrá sus claras referencias revolucionarias, en el fondo, sin embargo, acabará marcando a los antihéroes con signos de triunfo o fracaso, con el ascenso jerárquico o con la cama que se cierra y se pierde para siempre.

Hay una dureza constante en los relatos de Viñas, un insistente e instintivo desprecio por todo sentimentalismo, una continua reafirmación de la voluntad contra cualquier clase de renuncia. El lector, instintivamente también, busca la grieta bajo tanta firmeza e ímpetu, el remanso, alguna luz en la avasalladora masa narrativa:

Sí: nació mi hijo y se llamó José María; era el destino marcado por los astros, las aterciopeladas y tenaces hadas de Gabriela. Una sola vez lo levanté en brazos; no se parecía a mí ni a nadie: 'Es muy feo', comenté...

El hombre se va alejando, en sorda y cínica lucha por impedir que la jaula doméstica complete sus alambres. La mujer va hundiéndose y el hijo crece:

Me ahogaba. Al final opté por irme del dormitorio. En la penumbra de la sala, al salir, tropecé con un bulto arrinconado: era José María. "¿Qué haces ahí?" "Nada, papá." "¿Hace mucho que...?" "No, papá. Recién llego." Pero desde esa noche, cada vez que lo observo, advierto algo en su mirada. No sé muy bien. Como si permanentemente estuviera a punto de llorar... (p. 266).

En alguna parte, quizá en la razón misma de esta opulenta y poderosa riqueza narrativa, se descubre el tono menor, la mínima ternura que redime y explica el drama interior nunca revelado del todo.

Viñas tiene una vigorosa obra de ensayista y otras novelas, *Cayó sobre su rostro* (1955), *Los años despiadados* (1956), *Los dueños de la tierra* (1959), *En la semana trágica* (1966), *Cuerpo a cuerpo* (1977), que afirman su alto lugar en la narrativa argentina contemporánea.

Me parece oportuno insertar aquí un breve comentario acerca de tres libros chilenos que, concebidos como testimonios, superan, sin embargo, el límite histórico y anteceden a un ciclo de novelas que el crítico René Jara ha denominado "la novela chilena del golpe" (cf. *Los límites de la representación*. Madrid: Ediciones Hiperión, 1985).

La primera vez que se lee *Tejas verdes* (Barcelona: Ariel, 1974) de Hernán Valdés, se tiene la sensación de haber visto un film prohibido, un encadenamiento de violentos noticieros, sostenido *close up* de un ejercicio de prácticas bélicas destructoras. El horror y la vergüenza vienen después, como acción retardada. Valdés narra una crónica novelada, de ahí la ambigüedad del tono y la sorpresa inicial del lector. *Tejas verdes* es un diario donde se anotan ciertos hechos en la vida de un escritor joven que ha sido arrestado por misteriosos civiles, torturado por agentes secretos e interrogado sobre catres de fierro bajo el ataque de picanas eléctricas. Valdés se da maña para que la exposición de los hechos no revele ninguna estrategia literaria. La estructura temporal del relato es cerrada, es decir, la acción depende tanto del hecho inicial —la detención—, como del período de dos meses de enajenación que culmina en un desenlace conocido de antemano. El movimiento acelerado de la trama está determinado por el uso de un lenguaje funcionalmente popular. Valdés establece de inmediato un punto de vista que evita todo equívoco entre el narrador y el lector. Hay quienes se mueven, administradores del caos, y quienes permanecerán inmóviles: prisioneros, exiliados, desaparecidos. El conjunto constituye un microcosmos donde un grupo de individuos vive en carne propia la explosión de una sociedad que revienta por los cuatro costados. Los personajes, encerrados tras una alambrada en un mundo en que se disuelven las máscaras y se derrumban los mitos nacionales, se nos aparecen de pronto como navegantes clásicos de las barcas de locos del medioevo, presos de una verdad que nunca se define, incólumes en la desesperación.

En *Cerco de púas* (La Habana: Casa de las Américas, 1977) Aníbal Quijada Cerda no pretendió escribir una obra literaria; dejó que los recuerdos de sus prisiones y torturas se armaran por sí solos encontrando espontáneamente el trayecto de la parábola. De ahí su grandeza y su dramatismo. Por instinto narra con la mesura filosófica de Manuel Rojas, con la ironía triste de González Vera, con el patetismo seco y hondo de Baldomero Lillo. *Cerco de púas* tiene la pureza y la simplicidad de los auténticos clásicos chilenos de principios de siglo. Los Diez habrían reconocido a Quijada como hermano. Tan sutil y transparente como Prado, maneja, sin embargo, las armas blancas de un lenguaje forjado en la faena de los puertos sureños de Chile. Mazo de naipes, armazón de hechos claves y personajes de una pieza, su libro no tiene parangón en nuestra literatura testimonial. Para siempre quedarán algunos de sus relatos —"El hombre calafate", "El aullido volador", "Halcón", "Retrato de un perro amarillo"—, muestras de una realidad violada y escarnecida, de una resistencia y un heroísmo que, a la larga, iban a borrar de los muros chilenos toda huella de la sangrienta dictadura.

La índole del libro de Ilario Da, *Relato en el frente chileno* (Barcelona: Blume, 1977) por otra parte, es nítidamente política y su forma, más bien, la del reportaje directo. La lección que deja es clara: quienes trataron de liquidar el movimiento obrero chileno fallaron el golpe, olvidaron que una marcha de liberación es como el curso de un río: se afloja, se ensancha, se estrecha, puede interrumpirse pero nada la detiene, surge y resurge, avanza implacable. Ilario Da dice esto con sencillez, con todo el poder de la resistencia de quien cayó a los 18 años, fue arrastrado de un campo a otro de torturas hasta que los conoció todos, soportó cuanto suplicio físico y psicológico le aplicaron los expertos de la contra-insurgencia y vivió y sobrevivió para contar el cuento con voz varonil, noble, plena de confianza en su victoria final. Ilario Da, a los 21 años de edad, ha escrito un testimonio memorable, a la altura de los más conmovedores documentos antifascistas de nuestro siglo.

El testimonio se transformó en novela entre nosotros cuando de un sentido confuso de responsabilidad hubimos de pasar bruscamente a reconocer nuestro papel en el acto final del derrumbe. Curiosamente, en vez de aparecer las máscaras, en ese instante desapareció todo afán de disimular y empezamos, no sin espanto, a vernos las caras. La historia se iba transformando en novela y ésta en examen de conciencia y en dolorido acto de imaginación. Del conjunto de esta narrativa chilena surge un cuadro abismante, por lo contradictorio, de nuestra crisis nacional desde fines del siglo XIX hasta el último tercio del siglo XX.

Cuando Salvador Allende muere en La Moneda se descubre una escalofriante correspondencia histórica, un texto y un contexto: su sacrificio en el palacio de gobierno envuelto en llamas y espesas columnas de humo, bajo el bombardeo de apocalípticos Hawk-Hunters, tiene su contraparte en el suicidio del presidente Balmaceda (1891) en una noche de asaltos, saqueos y masacres. La coincidencia se ha hecho notar abundantemente. Yo mismo he buscado la proyección personal de Allende en el suicidio de Balmaceda (cf. *El paso de los gansos,* Barcelona: Laia, 1976).

JORGE EDWARDS (1931-) en una novela clave para comprender los antecedentes del golpe militar de 1973 —*Los convidados de piedra* (Barcelona: Seix Barral, 1978)—, por boca de uno de sus personajes centrales ofrece la versión conservadora de la relación Balmaceda-Allende:

Don José Francisco había creído a pie juntillas, inspirado en teorías inglesas, que todos los males de Chile provenían de los excesos del poder ejecutivo, un poder que prodigaba las prebendas y los cargos públicos a fin de mantener el dominio de las conciencias, y que emprendía, antes de contar con el financiamiento adecuado, obras que la pluma de don José Francisco, en esos años de ardor juvenil, fustigaba con el adjetivo de faraónicas, precipitando así, con ese irresponsable manejo, el déficit fiscal y su secuela inevitable, la desvalorización de la moneda... Por eso, llegado el momento, cuando todos los caminos pacíficos se habían revelado agotados y cuando se había visto que la hidra de la tiranía extendía sus tentáculos desde el palacio de La Moneda, manejada por la mano maquiavélica del Champudo y apoyada por el pueblo ignorante, en la demagogia, en los advenedizos del más variado pelaje, en una turbia mezcla de siúticos y hampones, no había quedado más remedio que levantarse en armas (p. 97).

La alusión a Balmaceda (el Champudo) y a la Guerra Civil del 91 están determinadas aquí por un contexto que no sólo define la posición conservadora —momia—, de entonces, sino también, de ahora y en un curioso reverso, la interpretación izquierdista de lo que sucede actualmente en La Moneda. Esto ayuda a comprender la compleja índole de la novela de Edwards, porque en ella se esconde una confesión de parte de una clase social: la novela *es* la expresión de la oligarquía chilena a través del coro de voces de una tertulia de conservadores más o menos marginados —por edad, por ruina económica, por fracasos familiares—, momios eufóricos que celebran en una riquísima casa el fracaso de la Unidad Popular, la caída de Allende y el triunfo de las Fuerzas Armadas. Dice uno de los narradores:

Había que concluir que éramos hijos del fuero parlamentario, del cohecho, de los privilegios caciquiales, y nuestra rebeldía se manifestaba en un espíritu de destrucción y autodestrucción, una exasperación anárquica, sin posibilidades de acción social efectiva, puesto que se basaba, en el fondo, en el desprecio, en un desdén clasista que llevó a Silverio a la encrucijada de esa tarde en la playa del pirata, en las primeras ondulaciones de las dunas del sur, junto al árbol seco. En él se produjo, por el hecho de tocar los límites, un vuelco de noventa grados (aunque quizás, visto de cerca, ese vuelco no fuese más que otro matiz de la misma realidad, una nueva y engañosa máscara), pero nosotros continuamos encadenados al mismo banco, obnubilados, cómplices y víctimas del mundo que nos había parido (p. 91).

La conciencia-hablante del grupo, su cronista, comprende la razón profunda de esta marginación culpable que no es sólo una escapada ocasional ante la ruina del país, sino un modo de ser, una individualidad que, parchando agujeros, sobrevivió el hundimiento, pero no sobrevivirá ni siquiera al tipo de salvataje a lo bruto con que lo ampara la Junta: "Lo que sucedía era que Sebastián, igual que todos nosotros, los que habíamos sobrevivido y estábamos reunidos ahora en ese jardín donde las carcajadas, el tono de las voces, subían a cada momento, había sabido mantenerse a prudente distancia de las situaciones extremas. Había dado la impresión de jugar con fuego, pero había jugado, igual que nosotros, muy a la segura. Porque siempre habíamos podido desdoblarnos, en los instantes álgidos, en un actor y un espectador. El impávido espectador, prematuro hombre de orden, morigeraba los arrestos románticos de su otro personaje. Así nos preservamos en vida hasta girar la primera curva de la edad. Así nos preservamos para ser pasto del tiempo" (p. 18).

Este retrato de una clase va hasta las raíces de una condición social y, por ello, sin proponérselo acaso, deja tan al vivo las marcas de nuestra crisis moral. No sé cómo se habrá leído en Chile la novela de Jorge Edwards. Todos sabemos que predomina entre nosotros una tendencia a parar, esquivando, el golpe, nunca aceptamos que venga dirigido contra nosotros, siempre hallamos el modo de atenuarlo, explicándolo, cargándoselo al vecino. Edwards es implacable. No conozco otro novelista chileno que haya disectado con tan fría, honda y cruel exactitud al momiaje chileno. No se trata de un resentimiento agresivo, sino de una tentación mayúscula y pícara de herir por donde más duele eso que mejor se conoce y se desprecia. Matta, el pintor, lo ha venido haciendo también desde hace años, pero Matta le da proyecciones enciclopédicas y surrealistas a sus geniales sátiras. Benjamín Subercaseaux cumplió su deber, asimismo, brillantemente. Sin embargo, él, que debió hacerlo en una novela, no pudo y debió dejar sus reflexiones, magníficas por lo desnudas, agudas y despiadadas, sobre nuestro "caballero" y nuestro "roto" en los ensayos de *Contribución a la realidad*.

El narrador principal de *Convidados de piedra* repite una verdad que al chileno le es de sumo familiar: cierta oligarquía, la arrogante y super-segura de sí misma, ha vivido cargando con una imagen ideal —sajona—, encima de una realidad mezquina, simplemente quebrada, a veces vasca, a veces andaluza. De ahí que el ámbito de esa crónica sea, en particular, un pueblecillo junto al mar, pero, en el fondo, Valparaíso, el gran puerto de la vieja burguesía de ancestro inglés —la de Edwards Bello, entre otros—, gringos y gringas casados con el poderío comerciante y aventurero de la zona. Hilvanados los recuerdos con excéntrico descuido, no puede hablarse aquí de un núcleo narrativo ni de un héroe ni de una heroína. La madeja se soltó y enredó hace tiempo, lo que queda es, precisamente, el enredo en el suelo, en las ruinas de casonas veraniegas, en departamentos de Viña que fueron de lujo, en acciones de una bolsa en bancarrota, en camas de hospital de caridad, en piezas de conventillo, en un cementerio pobre, fosa común de despistados, acelerados, pobres de espíritu y de recursos, sociedad de padres de la patria que vinieron a menos, bajáronse de los monumentos y, amarrándose los pantalones, comenzaron a darse vuelta la chaqueta, viraron el terno y, simplemente, no les sirvió de nada.

Todo antihéroe de la nutrida saga del descalabro de la gran familia chilena tiene aquí su papel y lo representa al máximo: el gestor de los dones y privilegios del latifundio, el impostor que se juega el fundo, el automóvil y la reputación de su suegro al póker, todos los caballeros cornudos, todas las reinas sueltas de cuerpo, todos los adolescentes pajeros, los pijes matones y los patriarcas de mandíbulas batientes.

¡Qué galería de un criollo y orgulloso museo de cera! ¡Qué costalazo en el Palacio de la Risa!

¿Y la salvación? ¿No existe? ¿Y la redención? ¿No hay?

Vámonos de a poco. Jorge Edwards destruye desde adentro y tiene sus razones. Por muy frío y sagaz que aparezca su narrador, es obvio que también él es un creyente y que, pasada la tremenda juerga del recuerdo, la tomatera de un toque de queda a otro, agotadas las botellas de Macul Cosecha, de Curvoisier y de Veuve Cliquot, consumidos los chupes y pailas, mantendrá él su pequeña esperanza, su lucecita al fondo del túnel, tan parpadeante y frágil, pero, al mismo tiempo, tan real y decisiva.

"Desde adentro", pues, alude a un acto de malabarismo. Quienes divagan, rememoran y brindan, quienes exaltan la sacrosanta espada del general, quienes crean, entonces, el supremo alegato de la dictadura, son, simultáneamente, descalificados por una voz desconocida o, más bien, por un silencio que les condena a medida que hablan y recuerdan. Esta ruina de gente es quien celebra una victoria, su propia derrota; en verdad beben a la salud de la vergüenza y la humillación que constituyen su genuina herencia.

La clase media chilena no ha sufrido embates literarios tan despiadados como éste que Edwards dirige contra la oligarquía. Sin embargo, las bases de una crítica a fondo ya están en las novelas de Alberto Romero (*La viuda del conventillo*), Eugenio González (*Más afuera, hombres*) y Carlos Sepúlveda Leyton (*Camaradas, la fábrica*). Creo además que no se puede entender del todo el alegato de *Convidados de piedra* sin contrastarlo, por ejemplo, con los irónicos y, hasta cierto punto, patéticos retratos del medio pelo chileno en las novelas de Guillermo Atías (1917-) *El tiempo banal,* 1955; o con las combativas historias de Luis Enrique Délano (1907-1985) *La base,* 1985; o en la lírica narrativa de Oscar Castro (1910-1947), *Llampo de sangre,* 1950.

De éstas y otras obras emerge ya con claridad el fondo ideológico de la lucha que después de los gobiernos de Aguirre Cerda, Ríos, Ibáñez, Alessandri y Frei, se convertiría en masacre al fin de los mil días de la presidencia de Allende.

Una cosa más. La novela de Edwards se sostiene firmemente por medio de un lenguaje narrativo de entrañable chilenidad: lenguaje del pije y del huaso apatronado, procaz, violento, soez, reflejo de una sociedad agresivamente machista y clasista, clave siniestra de la tribu defendida con eufemismos pacatos y lemas chauvinistas. Su equivalencia, en términos de oposición igualmente violenta, está en el lenguaje *choro* de viejas novelas como *Angurrientos* (1940) de Juan Godoy (1911-1983), y otras más recientes a que ya haremos referencia. Esta observación es oportuna porque una de las fallas obvias de cierta narrativa reciente sobre el Golpe es, precisamente, la falta de autenticidad en el lenguaje.

Edwards buscó con paciencia y, a mi juicio, con habilidad, la salida del entrevero creado por sus *Convidados de piedra.* Tuvo en varios de sus momios y momias la posibilidad de consagrar a un héroe o a una heroína. Prefirió al gato perdido en el enredo de la madeja. Destacan rostros, algunas voces. Silverio es el pije que se desgracia, va a parar a la cárcel y reaparece como disciplinado militante comunista. Antolín, el viejo proleta campesino, firme, íntegro, asesinado a palos por el momiaje joven, resalta y conmueve. Al fin, el narrador se queda con un sujeto llamado Guillermo, venido a menos, quien, por apoyar a Allende sale al exilio y le estira la mano a la mujer que, no siendo de su clase, decide quedarse en Chile y resistir. Guillermo piensa que tal decisión es "extraña" pero que, a lo mejor, ella tiene razón. Esta débil, debilísima acotación con que termina la novela abre un pequeño hueco, ya no en el exilio, sino del tragaluz por donde podrá colarse el comienzo, al fin, de un nuevo día para Chile.

¿Dónde lo sorprendió a usted el 11 de septiembre de 1973, a usted, trabajador de la cultura, que respaldaba el gobierno de la Unidad Popular? Los interesados han respondido a esta pregunta contando su historia personal, unos con más arte y menos detalles que otros, pero nadie, me imagino, le dio un vuelco al tema como POLI DELANO (1936-) en su novela *En este lugar sagrado* (México: Grijalbo, 1976). Hubo quienes fueron a La Moneda como en el último acto de una tragedia griega, y allí les sorprendió su destino —un don de los dioses, mancha sangrienta, triste escamoteo que seguirá penando mientras haya conciencia. Se escribieron, pues, palabras épicas, desoladas o patéticas. Poli Délano optó por crear un personaje que vivió la tragedia del golpe militar encerrado en el W.C. de un cine rotativo.

¿Qué lo llevó a usar esta extraña y, sin duda, sórdida metáfora? El lector no se hace la pregunta de inmediato. No he leído ninguna reseña de esta obra en que el crítico enfrente a conciencia la significación del título, la estrategia —¿estratagema?—, de una novela que evidentemente esconde un drama de conciencia vivido en un artefacto público para producir, preservar y consagrar la mierda, junto a todas las ricas especulaciones filosóficas que la acompañan. ¡Y qué espléndido cuerpo de clásicos graffitis marca la ocasión!

Emoción hay y también pasiones, odios, amores, ternura, devoción, desesperación, fatídica entrega del ser al caos de una sociedad que vive los últimos instantes de su sacrificio con la conciencia de un seguro renacer. Sin embargo, no habrá acto, ni gesto, ni recuerdo, ni crisis interior, ni visión del futuro, que no lleve en letras doradas, grabadas como la luz radiante de una marquesina de teatro, el signo que podría llamar quevediano y hasta cervantino, para no desmerecer la angustia que le da origen a este exabrupto del vozarrón nacional.

He aquí, a mi juicio, por qué la novela de Poli Délano es una de las más significativas entre las que se escribieron como efecto directo del Golpe. Excéntrica y desconcertante. Pero, éstos no son más que adjetivos. Su substantividad es otra. Es la única que escoge la etiqueta extremista para calificar eso que dio al traste con la leyenda dorada de una democracia pura, con el canto de sirenas de estadistas, historiadores y pedagogos fetichistas, próceres que levantaron una república de Dios donde no existía sino una *maquette* de ángeles albañiles.

Como bien se sabe, los chilenos hacemos gala de un grito nacional que, en años de terremotos y en la zona de Concepción, tuve la ocurrencia de convertir en poema. Afirmamos el valor de la patria y le colgamos un desafío o, a juicio de algunos, una maldición. Roberto Parada, el gran actor, cuyo joven hijo fue degollado en 1985 —sí, tal como en tiempos de la Masorca—, grabó mi poema. Ahora, Poli Délano hace funcionar el grito en el plano de nuestra conciencia social a la luz; ¿qué clase de luz? de crímenes, traiciones, y atropellos, pero también de los heroísmos anónimos de esta era de monstruos.

Si así pensamos, que Poli Délano deliberadamente usó la

metáfora para referirla a la historia civil de un país, debiéramos por lógica dilucidar, en los pormenores de un peligroso ensayo, el por qué resulta concebible que un novelista haga del signo ya mentado la metáfora de una conspiración que acabó con nuestra vida democrática. Conozco un solo intento de tal ensayo: "Claves para un reconocimiento de Chile" de Armando Cassigoli (cf. *Literatura chilena, creación y crítica,* XV, enero-marzo 1981, Los Angeles, California, pp. 12-15).

Y ahora, *En este lugar sagrado* nos intriga una vez más con la singular pregunta. Ignoro si Délano procedió deliberadamente a estructurar un símbolo con los elementos literarios de su narración. En un plano, sí estoy seguro de que lo ha hecho: al buscar la forma que le diera unidad a su artefacto novelesco. Délano es lector estudioso de la novela norteamericana contemporánea. No sólo aprendió muchas de sus armas en la narrativa breve de Hemingway, sino también en novelas de Steinbeck, Fitzgerald, Lardner y otros realistas escuetos y programáticos de los años treinta. Dato curioso a este respecto es la gran admiración que Délano siente por Bukovsky, el más grande *outsider* de la literatura norteamericana de hoy, hombre frente a cuyo angurrientismo —uso el término en todas sus acepciones, desde la que le dieron los escritores chilenos del 38 hasta la del diccionario de la Academia, más interesada en enfermedades de la vejiga—, los aullidos de Ginsberg son puros ronroneos de gato.

De manera que decir, por ejemplo, "el golpe militar del 11 de septiembre de 1973 me sorprendió en un excusado sufriendo una diarrea causada por dos platos de porotos consumidos ese día", puede parecer un simple ardid literario. Otra cosa muy distinta es decidir si el narrador *sabe* el significado de los vuelos del trapecio vacío que busca en el aire el sentido de la metáfora que va creando. La novela del joven provinciano que, buscando su lugar en la vida, entra a rompe y rasga en medio de la alta burguesía chilena, ha sido escrita innumerables veces, partiendo con Blest Gana, como hace notar Bernardo Subercaseaux en una reseña de la obra de Délano. La transmutación de este viaje —aventura revolucionaria junto a la pasión amorosa y a la discriminación social—, en el arquetipo de una crisis nacional en que se enfrentan clases y poderes en lucha a muerte por el dominio político, no ha sido claramente planteada en la novelística chilena que siguió al Golpe. La excepción pudiera ser *Casa de campo* de José Donoso. No hay duda de que Donoso maneja a toda conciencia los múltiples mecanismos de su metáfora. En el caso de Délano, su división de la ruina nacional en porciones nítidas y de significación precisa no favorece la integridad metafórica del relato. La casa de pensión santiaguina aloja los restos de la vanguardia provinciana, ésa que apareció triunfante en los buenos años del radicalismo de medio pelo, cuya culminación política, económica y cultural se da en 1938. Pronto vendría la desintegración personalizada siempre en ciertos oscuros ciudadanos que entraron a La Moneda, no por los portones coloniales, sino por los pasillos y vericuetos burocráticos.

Cuando el narrador de *En este lugar sagrado* enfrenta directamente el momento de la ruptura, no consigue darnos sino el esquema de una quiebra. No convence la metamorfosis de Canales, el provinciano ingenuamente vividor e inconsecuente, en un militante comunista granítico. Debe uno reconocer, sin embargo, que en el absurdo duelo con el viejo nazi avecindado en Chile, Canales transmite la condición anímica de una población entera que, al menos en dos instantes de crisis, 1938 y 1973, sufrió el asalto frenético y grotescamente sangriento del fascismo criollo. La locura final del nazi amarra con firmeza los últimos actos del joven estudiante a punto de ser liberado del histórico W.C.

En justicia, y con la década del 80 terminándose, debemos reconocer que la definición de ese momento decisivo para explicar el desplome de Chile sigue siendo un misterio que desarma a nuestros novelistas.

La novela de Poli Délano es la audaz metáfora de una tremenda crisis social latinoamericana. La brutalidad de sus graffitis representados por el héroe con los pantalones abajo es, sin duda, uno de los más sorprendentes intentos latinoamericanos por parodiar las historietas yanquis de héroes triunfadores a caballo en naves espaciales, o en tanques de un pentágono de pacotilla.

ANTONIO SKARMETA (1940-), en cambio, más cerca, muy cerca de los narradores argentinos y uruguayos de su época, se aparta de rutas metafóricas e insiste en la fórmula reportaje-ficción para narrar con movimiento cinematográfico la hora cero de la brutalidad gorila y la hora uno de la resistencia, no limitando sus referencias a Chile sino aludiendo también a la lucha armada en Nicaragua (*La insurrección*, Hanover: Ediciones del Norte, 1982). Su novela más importante relativa al Golpe en Chile es *Soñé que la nieve ardía* (Barcelona: Planeta, 1975). Skármeta la habría escrito con o sin el levantamiento militar del 73. En ella no sólo rescata un idioma preservado por las gentes de nuestros barrios contra la retórica y el eufemismo del medio pelo, sino también la fuerza escondida y la tensión poética del lugar común. En el ámbito de una pensión de barrio y de una cancha de fútbol, activa un microcosmos del medio siglo chileno y sugiere las razones esenciales que pudieran explicar el descalabro del 73. Skármeta produce un coro de voces populares, recias, dolidas, tiernas, combativas. Es su gran mérito. En ellas resuena la historia de la "selección" chilena que siempre ganó "victorias morales" mientras perdía todos los encuentros decisivos por goleada. El de sus novelas es un pueblo que se maneja entre dos aguas, siempre a punto de irse a pique, pero siempre dueño del secreto de un equilibrio parchado. Gloriado, le llaman al vino triste y alegre, funerario y pendenciero, el de la razón y la fuerza, con que se sale a los combates. Los personajes llevan sobre sí una ropa que pudiera ser de circo, pero que una sobriedad excéntrica convierte en dignidad derrotada. Los saltimbanquis de Conti no pudieron dejar de ser heroicos. Estos de Skármeta apenas dejan huella. Pero, no pierden su extraña nobleza en sus caídas de medianoche ni en sus claridades de amanecidas revolucionarias. Hay un Chile muy presente aquí, no en un primer plano, sino en el terreno movedizo de los mitos populares: el Chile de Recabarren y de Allende.

Skármeta prefirió soltar al aire las quejas de una derrota para recogerlas y convertirlas en imágenes de un pueblo resistente, dispuesto a reconquistar una libertad que no define aún, pero que, usurpada, la reconoce por instinto.

A mitad de la década del 80, ISABEL ALLENDE (1942-) publica dos novelas —*La casa de los espíritus* (Barcelona: Plaza & Janes Editores, 1982) y *De amor y de sombra* (Barcelona: Plaza & Janes Editores, 1984)—, que plantean un curioso problema literario. Periodista de profesión, Isabel Allende es única entre los novelistas de su generación en hacer del Chile post-golpe uno de los temas centrales de su obra. Y crea la ilusión de la visión interna. Sin embargo, el lector pronto se da cuenta de que existen extrañas capas de vacío entre la materia narrada, el ámbito al que se refiere y el lenguaje que sirve de andamiaje. La actitud ideológica está planteada sin timideces, más bien con audacia; el Golpe aparece como un núcleo de la problemática social del siglo XX en Chile y como factor inesperado que ha venido a alterar el cuadro tradicional de nuestra estructura de clases. La trama de estas novelas parece continuar el análisis detallista de la ruina de la alta burguesía chilena que es materia principal de la obra de Orrego Luco, Edwards Bello, Donoso. Algo, no obstante, sorprende de inmediato. Pareciera que el relato avanza ayudado por artes prestadas, no conquistadas. Esto explica, en parte, la actitud vacilante de gran parte de la crítica ante su narrativa. Su compatriota Hernán Castellano-Girón, por ejemplo, dice a propósito de *La casa de los espíritus:*

"García Márquez habita por derecho propio en esta casa: las elipsis temporales para enfatizar un hecho contemporáneo, los personajes que parecen calcados de los trágicos y excéntricos héroes de las novelas del colombiano, los estilemas, los mecanismos de la imaginería y hasta los nombres (Pedro Segundo, Pedro Tercero) corresponden fielmente a lo citado. Como es obvio, este universo de segunda mano se desmorona...porque siempre a un país metafórico corresponde un país real en el espejo del texto. Detrás de la saga de Isabel Allende no existe tal país real, porque éste ha sido desvirtuado desde la raíz. Esta idea se refuerza en el hecho de que el país real —y por ende, la novela— sólo se encarna al final, cuando la crónica contemporánea del golpe de Estado en Chile aparece en el texto y se relata —también de fuentes segundas y terceras— la tragedia nuestra, la represión, la tortura, el exilio" (*Literatura chilena, creación y crítica*, XXIX, 1984, Los Angeles, California).

Creo que esta crítica severa da y no da en el blanco. No es exactamente el desenfoque producido por el espejismo de García Márquez que corroe la estructura de la novela. El país está y no está. Los hechos históricos son fácilmente comprobables. Lo que Isabel Allende parece no tener es un lenguaje narrativo propio; no hay tono que identifique claramente su voz. Su narración se mueve plena, ancha y lenta. No se crea dentro de ella magia alguna; se cuelgan imágenes sorprendentes, pero son ajenas al texto, no se proyectan verdaderamente en la conducta de los personajes. Si el narrador no se expresa con un lenguaje propio, intransferible, que para un novelista es como la huella digital de una locura genial o de un fracaso trágico, la novela es una masa descriptiva sin más asidero que el motor de la anécdota que la sostiene. La morgue de los periodistas —ese supermercado de fotos, noticias y fechas—, puede ser en sí una realidad mágica, si quien la toca le da la vida que merece. Darle vida, naturalmente, es darle voz.

El desacuerdo entre lenguaje y vidas de estas gentes y este país parece ser la quinta rueda que les falta a las novelas de Isabel Allende. Pero, sería totalmente injusto no reconocer que con cuatro se mueven impecablemente. "Los militares no son como antes", dice alguien en una de sus novelas. Por cierto que no lo son, a pesar de que muchos chilenos aún hoy, a tantos años del Golpe siguen creyendo que en el país nada ha variado *realmente* y que las hazañas de la dictadura no representan sino cambios más o menos normales en el ritmo de los semáforos que rigen la historia política de Chile. En este plano Isabel Allende acierta, sin duda; la suya es crónica animada y vasta de una ruina, una conspiración y una revuelta que marcaron la crisis de un drama de larguísima historia. Desde este punto de vista, ella continúa una tradición narrativa chilena que poco mienta la crítica entre nosotros, me refiero a los folletinistas del siglo XIX: Martín Palma (*Los secretos del pueblo*, 1896), José Antonio Torres (*Los misterios de Santiago*, 1858), Daniel Barros Grez (*Pipiolos y pelucones*, 1876). Isabel Allende acumula historia, la adereza y la deja ir. Como sus antecesores, tiene la tendencia a alargarse. Sus lectores, sin embargo, aprecian su entusiasmo narrativo.

De sus dos novelas publicadas hasta la fecha, *De amor y de sombra* es la más convincente. Nada falta aquí: la saga de dos familias, la una chilena, bien nacida, venida a menos, la otra española, con el pasado vivo de la Guerra Civil; un episodio, quizá el más siniestro en la historia de la dictadura y que fuera denunciado por la prensa internacional: la masacre de Lonquén; un romance tímido y pudoroso, con algo de telenovela; y una denuncia audaz, a ratos heroica, contra la violencia desatada por las Fuerzas Armadas. Isabel Allende ata todos los cabos, elimina los puntos suspensivos, cuenta su historia abierta y directamente, añade un final más o menos feliz y concluye repitiendo: Volveremos, volveremos. Uno siente la tentación de preguntarle *adónde* y *para qué*. Pregunta inoportuna. Tales cosas no entran en el ámbito de su ficción. La narración ha funcionado lenta pero informativamente; al fin, los personajes deben esperar en el escenario tomados de la mano. Un General ronca sus apartes con voz de cureña. Las banderas flamean en mitines-relámpagos. Isabel Allende cumple con su deber. Sigue adelante. Esta vez escribió "de amor y de sombra", pronto, qué duda cabe, escribirá su epopeya del regreso.

Mientras tanto, los libros de Donoso, Allende, circulan en Chile y se leen con voracidad y, en el caso de Allende, con inquietud, pues sus novelas apuntan certeramente al público lector del barrio alto. Otra literatura del exilio deja también su marca, pero de modo clandestino. Y este hecho provoca una reflexión. La autocensura impone su compleja disciplina sobre la producción literaria dentro del país. Se comprende. Muchas veces los resultados son admirables. Es el caso del teatro chileno de los últimos años. Pero, ¿qué papel puede jugar la autocensura en la novela del exilio? ¿qué puede mover a un autor experimentado como ARIEL DORFMAN (1942-) a escribir una novela inventando un narrador danés y situando la historia en Grecia? Me refiero a *Viudas* (México: Siglo XXI, 1981). Dorfman declara en el prólogo que tal estrategia ha sido necesaria para facilitar la entrada de su libro en los países del Cono Sur. Una novela anterior de Dorfman —*Moros en la costa* (Buenos Aires: Editorial Sudamericana, 1973), generosamente recomendada por Julio Cortázar— no tuvo repercusión en Chile. Cortázar, inteligentemente, apuntó que en ella Dorfman no hace "concesiones fáciles a la lectura". *Viudas,* por el contrario, es una novela breve, de estructura sencilla aunque novedosa, de intención abierta. ¿Por qué, entonces, no se defiende sola? Creo que la decisión de jugar hasta el límite con el problema de autoría y ámbito ha resultado, en este caso, contraproducente. *Viudas* es una historia que acontece en un país irreconocible; a ratos, el ambiente y los personajes resultan caricaturizados. El narrador, a veces narradora, describe con substantivos monolíticos. Sin embargo, este idioma inadvertidamente puja por ser nuestro. Una parábola como ésta, sólidamente ideada, se lee, y debe leerse, en un plano de universalidad. Como lector, hubiese preferido, no obstante, que estas ejemplares mujeres, tan sabias, fuertes y plenas de conciencia social, fueran simplemente mujeres de nuestra tierra, abuelas, novias y compañeras chilenas o argentinas —¿para qué disfrazarlas de griegas o danesas?— combatientes de nuestra resistencia como lo fueron las mujeres de la Plaza de Mayo y lo son las de Santiago. Y que el capitán hablara como milico o como paco. No es la nacionalidad lo que da o quita sentido al mensaje de *Viudas.* De acuerdo. Pero ¡qué fuerza hubiera ganado esta novela si a los símbolos el narrador les hubiera dado carne y huesos!

Dorfman ha probado que su alegato narrativo contra la dictadura se vitaliza y pega en el blanco cuando se adapta a los límites de efectividad que le son propios. De ahí la clara significación política y la fuerza innegable de sus narraciones breves, algunas de las cuales son memorables (cf. "Putamadre").

Los novelistas del 50 y del 70 en Chile pasaron ya el momento de la verdad: se consagró José Donoso como líder de su generación. Isabel Allende, Vicente Urbistondo (véase su *Nina Asturriaga,* Barcelona: Argos Vergara, 1984) súmanse a Skármeta y Délano en el desarrollo de una narrativa novedosa y pujante por su fondo social. ENRIQUE LAFOURCADE (1927-), quien lanzara a la Generación del 50 y le marcara rumbo con novelas de hábil estructura e ingenioso manejo de símbolos (*Pena de muerte,* 1953, *El príncipe y las ovejas,* 1961, *Frecuencia modulada,* 1968) en los últimos años ha derivado hacia una forma de crónica política sensacionalista. Si algo de nuevo vendrá de Chile en el cambio de siglo que se aproxima será, sin duda, cuando los tiempos del exilio y la dictadura hayan dado su último apagón.

En las novelas militantes —las de Otero, Conti, Musto, Galeano—, si no directa y abiertamente, al menos entre líneas, se nos da una nítida dirección ideológica. En primer plano está la crónica testimonial, desde el fondo se maneja el sentido de la historia. Sería un error, sin embargo, decir que estas novelas son políticas. Su alegato no es obvio, vale en el sentido en que se evidencia a través de la acción de personajes comprometidos en una profunda crisis existencial. Pero, también se ha dado en estos años de insurgencia y contrainsurgencia otro tipo de crónica, igualmente combativa y honda en su escarceo dentro de la conducta revolucionaria, colérica y crispada, aunque ajena a planteamientos ideológicos; su argumentación es ácida y dura, la protesta viene en el análisis de una crisis interior e, implícitamente, a través de la descripción de una situación sin salida. En su esquema novelesco predominan los pequeños círculos del inmenso infierno de nuestras ciudades; el narrador actúa como un tractor desatentado destapando miasmas de siglos donde, lenta e irremediablemente, han venido creciendo los hornos que encenderán la explosión decisiva. Un día caminé por las calles de la ciudad de México envuelto en una bruma enrojecida que se levantaba como un ciclón desde basurales lejanos. Se había producido una combustión espontánea. El viento barría las cenizas. Miles de autos y camiones, atascados en un monumental embotellamiento del tráfico, acezaban envolviéndolo todo en su aliento de gases y venenos. Las gentes hablaban de que un día, no tan lejano ya, la ciudad de México explotaría de súbito y ardería por sus cuatro costados. Leyendo a MIGUEL DONOSO PAREJA (1931-), a ARTURO AZUELA (1938-) he tenido la sensación de que ésta es la combustión que arde en sus novelas. Un accidente, no exactamente el producto de una lucha, un fuego, a la vez siniestro e inocente, se consume iracundo en sus páginas, infierno interior, laceríntico, destinado a tapiar salidas, sin esperanza de ninguna luz salvadora.

Manifestación de silencios (1979), la novela más difundida de Arturo Azuela, hace pensar en un viaducto que orientado sobre pozos de aguas negras perdiera rumbo, de pronto, y se metiera al turbulento embrollo de los bajos fondos de una sociedad sin esperanza. El propósito de Azuela es claro: una generación hace balance de la traición perpetrada contra la revolución de principios de siglo y se rebela en marchas de protesta y de silencio para ser a su vez sacrificada en las piedras de Tlatelolco, a pocos días de una fastuosa fiesta olímpica. La violencia brutal se desencadena imprevistamente; dijérase que una organización de la manopla y la picana, de la pistola y el laque, se sienta en el poder junto al gestor, al claudicante, al acomodaticio y al agente internacional para asegurarles su botín y reforzarles sus fortalezas.

Azuela mueve una numerosa compañía de personajes opacos, borrosos, indecisos. No todos convencen; algunos se desarman en el uso de una retórica elocuente, pero reiterativa. La acción se detiene, el narrador toma a un personaje, lo desmenuza, lo proyecta hacia una posible liberación que nunca se concreta, lo abandona, toma otro, pero vuelve al primero. Se presienten complejas vicisitudes. No se cumplen. Lo que pudo ser una trama ceñidamente anudada en torno al crimen cometido por José Augusto, se debilita en medio de argumentos secundarios, postergaciones, indecisión. No obstante, ciertas figuras de hombres y mujeres se afirman en sus triunfos y en sus fracasos, apasionan en el relato de sus "biografías apócrifas", logran seducirnos en su soledad y su modesto intento por alcanzar la mano solidaria en una contienda perdida de antemano. Supongo que en el mundo intelectual mexicano las claves serán fáciles de descifrar y se sabrá a quienes representan Buenaventura, Andrea, Sebastián, José Augusto; se reconocerán también los presidentes, ministros y secretarios que aserruchan el piso de la nación. Desde afuera sentimos solamente la presencia de una generación que se perdió hablando bellamente mientras el torrente de 1910 barría las defensas del legado oligárquico y otro derrumbe, entre 1930 y 1960, sentaba las bases de la institucionalización de la renuncia. Los hechos trágicos de 1968 —el movimiento estudiantil de París y su intento de respuesta en Latinoamérica aplastado por el gorilaje y la contrainsurgencia del Pentágono—, aparecen aquí como una panorámica vista cinematográfica.

Tlatelolco ha sido una trampa para más de un novelista joven mexicano. No es el caso de Azuela, quien, desde un comienzo se fija límites precisos y presenta su testimonio refiriéndolo siempre a crónicas periodísticas escritas o comentadas por sus personajes principales: articulistas, editorialistas, narradores, flotando en atmósfera ambigua, sin compromisos. ¿Dónde está, entonces, la raíz y la razón del cuestionamiento social de *Manifestación de silencios*? Creo que Arturo Azuela es heredero de una poderosa tradición de crítica social en la novela mexicana. Demasiada, por lo obvia, es la tentación de compararlo con Mariano Azuela, su ilustre abuelo. No es por ahí que le sigo la pista, sino más atrás, en los tiempos duros de la miseria que describieron Micros y Facundo, dentro de su sentimentalismo sombrío

Las descripciones de Azuela poseen un relieve cortante, más que a las palabras responden al peso de artefactos que duelen, asombran y desconciertan:

Veía la celda y los barrotes, se encogía de hombros mientras los murales se enlazaban sin orden alguno. Pasaba de las faldas de serpientes de la Coatlicue al astabanderas en el Zócalo, del altar barroco de Tepozotlán a las torres alargadas de Ciudad Satélite. Las secuencias se amontonaban: puestos de fritangas y gritos en los mercados, lenguajes de mecapaleros y pepenadores, ficheras de carnes flojas en el Bombay, en el Smyrna, en el Gusano. Después de carcajearse de un banquero, de un engreído con el rostro acicalado y la altanería en las muecas, se detuvo en la aduana de la Ciudad Juárez, observando a los braceros con las caras demacradas y las manos endurecidas, los pantalones guangos y los dedos de los pies al descubierto, zapatones grisáceos, amarillentos, como si pudiesen sostener esperanzas estériles y amarguras podridas (Barcelona: Seix Barral, 1980, p. 183).

Hay más. Azuela crea el ámbito solitario y sombrío de pasiones que superan el marco obsesivo del erotismo para sugerir una especie de cautiverio desesperado, dostoievskeano. Laura está presa, no de un hombre, sino de cosas y ambientes aplastantes: la escena culminante del encierro en un ascensor es la perfecta metáfora de su condición errante; así como la prisión final de José Augusto es la única "salida" para su afán de trucos y renuncias. En este plano se aprecia, acaso, mejor que en otros las dotes de narrador de Azuela. Aquí economiza palabras, sugiere y no describe ni explica, se deja ir en un proceso de adivinación poética que abre inesperados fondos a su historia. Por lo demás, Azuela llega sin esfuerzos a plantear conclusiones necesarias. Dice el viejo Federico: "Yo no sé quiénes somos ni hacia dónde vamos. Si tú quieres somos demasiadas historias que se disparan hacia cualquier rumbo. Palabra que me salen carcajadas de antología cuando insisten en nuestra idiosincracia. Eso es el puro relajo y de ahí no pasa. A cada rato se nos desmorona el pasado: Yo diría que con cada nueva generación. Mañana y tarde nos estamos reinventando. Ahí tienes: a los héroes los envejecemos y los vestimos de luto tan pronto como nos es posible. Los maquillamos, los sobamos, les ponemos la solemnidad pertinente y finalmente les damos una patada en el culo. Nos los encontramos a cada paso: metidos en rotondas, en columnas, en los rincones de cualquier plaza o en el centro de las glorietas. Pueden salir hasta de las cloacas" (p. 186).

Luego, una acusación surge clara y sin tapujos de la voz de Gabriel, el narrador: "Insistíamos en el deslinde de responsabilidades y el enjuiciamiento a los funcionarios culpables. La agitación permanente y la agresión verbal —en diferentes formas y como únicas alternativas— se oponían a la soberbia de los inquisidores de las alturas y a la obsoleta veneración a la historia oficial. Cientos de miles de estudiantes se habían ganado el privilegio de poner en tela de juicio la 'justicia' de los arribistas y encumbrados, de sentir en sus mentes y en sus cuerpos la herencia de una rebeldía de siglos. La rebeldía se sumaba a otras protestas —confusas, dispares, aceleradas, ingenuas o dogmáticas— y se encaraba a la sentencia de los que asumen con conocimiento de causa su vocación de reptiles. Junto a las exequias de los paladines deslavados se ponía al descubierto la mediocridad del sistema" (p. 202).

Tal es el tono y la medida de la protesta de Azuela. Que el símbolo de luchas, retiradas y desbandes sea en un momento dado una Manifestación del Silencio por las calles de la ciudad, indica hacia adónde apunta este testimonio. El lector se queda con una cierta amargura vaga, pero también con una dosis de nostalgia por estas gentes tan solas y perdidas en esos barrios estrechos que son su mundo, viviendo tan plenamente sus pasiones y, al mismo tiempo, tan recatadamente sus fracasos. Azuela parece haberles escrito una larga y monocorde misiva que tardará años en llegarles. ¿Qué importa? Vendrán alguna vez los cambios. Caerán los muros de la prisión cotidiana y se reunirán los contertulios a conversar una botella bajo el atardecer cada vez más apresurado. Sebastián hablará por todos y para todos. Lo demás se hará de silencio y de olvido. Una especie de huelga de brazos caídos, no ya de protesta, sino de resignación, y seguirá el lento, costoso, examen de conciencia, interminable, pero necesario.

Para subir al cielo, parece decir Miguel Donoso Pareja en *Día tras día* (1976), se necesita afrontar y, si es posible, comprender una situación existencial que resuma todo lo que es una vida y todo lo que puede ser una muerte. Los medios a su alcance son, para empezar, un combate erótico que viene desarrollándose a través de los años; en seguida, un pequeño ataúd donde yace una esperanza truncada y una inocencia perseguida hasta el martirio. Estos dos temas se abren como abanico y comienzan a moverse no en un plano fijo y alrededor de un solo eje, sino en múltiples posiciones y aperturas buscando significación en el vértigo. Podemos sumarnos al movimiento y dejar que personas, cosas, actos entren en nosotros y nos escarben para dejarnos huellas sangrientas; podemos, asimismo, discernir los factores claves y sentir cómo el resto se retira al modo de una marejada.

La situación erótica en esta novela es la situación del ser en el acto de conquistar, poseer, usar y masacrar. su condición, sin embargo, es de vasto registro y envuelve un número de posibilidades al referirse a una muerte que puede ser natural o el resultado de un crimen, afirmación o, más bien, error doctrinario que determina la realización del individuo en el acto del sacrificio. Esta muerte alude a la masacre de los inocentes (Guayaquil), al asesinato y resurrección del héroe (Che Guevara), a la ejecución del traidor y el sacrificio personal del verdugo, al rito criminal (Manson y su familia) y, finalmente, al deceso (de Ligia) con su significado de semilla.

Tanto la situación erótica como el enfrentamiento a la muerte aparecen presididos por la imagen del cóndor y la montaña que sirven de nexo histórico con el pasado de los pueblos americanos. La erudición es aquí experiencia, o sea, acción, y hasta el diálogo maratónico del hombre —no individualizado—, y Dolores rebalsa las palabras y contribuye a enriquecer la condición básica de amargura, angustia y soledad. No creo que el lector piense con ellos, sino a la par de ellos, observándolos en la pausa del encuentro sexual y dudando: el hombre habla un idioma filosófico de aparente congruencia, aunque soslayando los problemas o iluminándolos por medio de la reducción al absurdo.

¿En qué consiste la riqueza de esta confrontación? ¿En sus contradicciones? ¿En su dogmatismo? ¿En sus misterios? Es difícil decirlo. Lo significativo es que, a pesar de que el hombre canta en un sostenido do de pecho, se entiende que la motivación no es un alarde de descifrar adivinanzas existencialistas, sino más bien el resultado de contraponer el cuerpo a cuerpo a su propia soledad y el intelecto a sus abismos indescifrables.

Se me ocurre que Henry Miller, el venerable pornógrafo de San Simeón, definiría el mundo de esta novela, con su montaña y su cóndor, como una audaz reconstrucción de la caverna platónica. La verdad esencial surge del acto y en él se completa. No quedan huellas ni sombras. A lo sumo, gente cansada. De las personas a las imágenes no hay sino la distancia que establece una persistente nostalgia. Hay una presencia ideal al fondo de la novela que aparece solamente a través de nombres de encantamiento, modestas letanías, a veces dulces, a veces dolorosas. He aquí la mujer amada, ser que en algún pasado tuvo cuerpo y voz pero que ahora vaga entre lugares perdidos, plazas, hospitales, cárceles.

Las corrientes que mueven la narrativa de Donoso Pareja son dos: una tremenda angustia y una pasión que la combate, la absorbe y la domina. Sentimos el sufrimiento implícito en cada postura de ese enlace erótico, cruel, hermoso y absurdo como la arquitectura del árbol de los monos; pero se advierte el goce del descubrimiento, asimismo, la ascensión a los pelos de la cola, al confín en que la visión y la ceguera no se distinguen pues son los eslabones de una cadena prenatal. Esa angustia y esa pasión crean un tono narrativo de índole coral: canta el hombre, le responde Dolores; cantan los ritualistas ante la montaña y el cóndor, responden los cuerpos; canta N. y le contestan los militantes de la secta secreta y, al fin, en un solo espeluznante, la víctima al ser ejecutada; canta una voz quebrada por la ternura y la nostalgia y le van respondiendo los muertos en las escalas de las iglesias, en la plaza, en el ataúd azul; canta alguien como un oboe perdido en el bosque y le responde alguna hija en calles oscuras, extrañas. Solos, dúos, tríos, coros, todo resuena aquí en variaciones profundas, conmovedoras, desoladas. El lenguaje se mantiene en un plano de expresión colectiva, ya que no existen personajes definidos en esta historia. Un lenguaje así, que debe sostener un tono de exaltación desde el comienzo hasta en fin de una novela sin principio ni desenlace, corre el riesgo de crear su propio mundo de artificio. Donoso Pareja no se arredra.

El lector piensa en las raíces de este relato ejemplar. En mi caso recuerdo el *Infierno* de Barbusse. Quizá porque Donoso Pareja también arguye a favor de una vida que levanta el vuelo desde los más bajos fondos en un alegato que nos llama a salvarnos cayendo, y a amar destruyendo eso único que podría salvarnos. Círculo máximo de quien quiso jugarse entero para descubrir la puerta por donde no saldrá jamás.

En *Nunca más el mar* —novela del regreso de un exilio—, Donoso Pareja crea un personaje que va adquiriendo significado a través de una infancia misteriosa y poética, una juventud turbulenta y, al fin, en la madurez de un líder revolucionario, en medio de contradicciones, actos de terrorismo, persecuciones, fuga y retorno. X. no se deja captar, es algo o alguien que llegó a realizarse en un movimiento continuo. Alguna mujer lo ha traicionado, se pierde una hija, se alude a un suicidio que pudo ser un crimen. Todo esto en forma de un apasionado testimonio de dos ciudades: Guayaquil y Quito, y de sus gentes. Un país habla y se critica, se afirma y se borra, establece su derecho al caos con razones anti-históricas, igualando héroes populares con mitos nacionales, riéndose, castigándose, como si las derrotas debieran ser cultivadas para que den apropiados y valiosos frutos. No es una crisis política la que desbarata los cimientos del orden desobedecido, ni es solamente una pasión o un fracaso individual, se trata de algo más complejo. Se sabe que se falla cuando es necesario que seamos inventados para poder sobrevivir. Los personajes quisieran poder afirmarse en alguna idea de sí mismos que entrañe un acto desorbitado de voluntad heroica. ¿Qué hacer? La fuga es una tentación, fuga para regresar y enfrentar eso que nunca fuimos y comprobar que el tiempo se hizo y deshizo en nuestra ausencia.

Donoso Pareja, narrador vigoroso, de expresión encrispada, violentamente rítmica y anchamente reflexiva, sigue dándole vueltas a una historia que lo persigue dejando caer sus signos engañosos para marcarle el camino. Mientras no los descifre continuará buscando y, en el proceso, no habrá contado esa historia, tal vez, sino otra, más urgente, más íntima, la verdaderamente necesaria.

Se ha dicho que rara vez una revolución tiene de inmediato su gran literatura, más bien la precede o la sigue, pero no coinciden. Debiera añadirse que mientras la revolución avanza en su curso de violencias y heroísmos, esa literatura se está viviendo, el narrador ensaya y repite sus voces, hombres y mujeres luchan junto a él, de modo que cuando llega el momento de escribir sobre ellos se les llama a las páginas de una novela con una especie de nostalgia, de experiencia heroica desde más allá de la muerte. He sentido esto leyendo páginas de Conti y Galeano. Con igual asombro callado escucha uno las voces de la Maga en *Rayuela*. Dijérase que estos narradores manejan un poder brujo, llave para borrar fronteras entre la evocación y la vivencia directa de sus personajes. Evocan por adivinación y no con la memoria.

Parecida sensación he sentido también al leer las novelas que hasta hoy se han escrito sobre la Revolución cubana, para llegar a una conclusión que puede ser rebatible: la más poderosa y convincente, a mi juicio, es una novela que se vivió en años de turbulencia y de lucha —1951-1959—, cuando la revolución no triunfaba aún y que tuvo su forma definitiva en la década del 60: me refiero a la novela *En ciudad semejante* (1970) de LISANDRO OTERO (1932-). Comprendo que la ambiciosa concepción de Alejo Carpentier en *Consagración de la primavera* (1978) apunte más alto en el contexto histórico de las luchas sociales en Latinoamérica. Por lo demás, en esto reside el poder de Carpentier: en el radio de amplitud histórica que confiere a sus imágenes; para él un descubrimiento y una conquista, tanto como una revolución, son elementos constitutivos de metáforas que superan los límites temporales de una época y pretenden transformarse en claves de la historia entera de una nación y hasta de una cultura.

Otero narra los acontecimientos de la revolución desde su centro mismo de acción, metido en el dinamismo de los hechos que ocurren a su alrededor y de la fuerza de los combatientes que van cayendo a su lado. El suyo es testimonio de testigo presencial y militante. Como toda crónica de hechos vividos, su crecimiento deriva del poder de su fantasía histórica y del alcance de su proyección poética. El lector, bajo la impresión de tantas hazañas verdaderas, llegará a pensar que tiene en sus manos una "novela histórica". Puede que tenga razón y puede que no la tenga. La estrategia narrativa de Otero le permite sugerir la veracidad de un documento tanto como la reconstrucción poética de un presente inmediato. Básicamente, pienso que su novela se afirma en un movimiento libre e imaginativo, imponiendo un paralelismo entre lo sucedido y lo que va a suceder. Llega, entonces, más allá de los límites de la novela histórica tradicional. Otero se da un pie forzado: series de capítulos que recogen hechos determinados de antemano. La serie "Retrato de un héroe" narra la formación de un revolucionario, desde su trepidante adhesión al movimiento hasta su sacrificio en la guerrilla urbana; la serie "El nacimiento de una nación" reconstruye hazañas de la guerra por la independencia de Cuba, destaca las figuras de algunos padres de la patria y, poco a poco, va acercándose a nuestro siglo hasta enfocar directamente a los combatientes del 26 de Julio; "La educación revolucionaria" evoca la infancia y adolescencia de Julia Salazar y su evolución ideológica que la lleva a convertirse en heroína y mártir de la lucha popular en los últimos días de la dictadura de Batista; finalmente, la serie continuada, desde el punto de vista de la trama central, con títulos libres, constituye el núcleo que ata la estructura de la novela cuyo personaje central es Luis Dascal, el hombre que quiere creer en la urgencia de cambiar el destino de Cuba, pero no se decide hasta el final, cuando el desenlace ya se ha producido y Castro y sus barbudos se aprestan a entrar a La Habana.

Mérito grande del narrador es que no estereotipa a ninguno de los personajes claves, sino que les deja libre el camino para que individualmente descubran su papel de héroes o heroínas, de "ayudistas", de indiferentes o de traidores. Todos y cada uno se han jugado el pellejo en el trance y al momento de hacer el balance final reconocen que la revolución les "ha sucedido", provocándoles a enfrentar su propia grandeza o su propio desamparo en términos simplemente cotidianos. De ahí que las vacilaciones "pequeñoburguesas" de Luis Dascal se aprecian como elementos necesarios de una crisis política. No extraña tampoco el gesto de María del Carmen quien regresa de Miami para integrarse a la revolución, por más que su diálogo cumbre con Luis Dascal adquiera, inesperadamente, el tono de las melopeas de Amalia y Bello en la novela de Mármol.

Lo que trasciende de la crónica testimonial de Otero no es tanto la narración de hechos dramáticos durante el período revolucionario, como la confirmación de una orientación dialéctica en la historia de Cuba. Es por eso que las imágenes de Gómez, Maceo y Martí se integran con naturalidad en la persona de los jóvenes estudiantes, obreros y campesinos del siglo XX y lo que resulta nada tiene de extraño, sino que impresiona por la pureza del sacrificio anónimo en el ámbito de una epopeya popular. Así se explica la decisión final de Dascal:

Y aquellos muchachos, jadeantes y deshechos, desafiaron a los sensatos y moderados, a los técnicos, a los sabios y a los profetas y los estaban derrotando. Quienes los juzgaron románticos, imprudentes y aventureros no tenían nada que decir. Porque era obvio que vencían. Por ellos las palabras justicia y libertad tenían ahora sentido. Amaron la vida y se sacrificaron conscientemente... Y Dascal se sintió allí, aquella noche, aplastado por la evidencia, y ya no tuvo la sensación de ser sentimental o ridículo por sentirse así. Y decidió que sería uno más, que no debía dudar ni renegar, y que si le tocaba en suerte su nombre no sería olvidado, y era mucho mejor que deambular sin objeto y que la fuerza estaba en la participación; que estaba terminando el tiempo de morir, de arrancar lo plantado, de esparcir las piedras, y estaba llegando el tiempo grande de nacer, amar y cosechar, beber y comer del fruto de su trabajo; el tiempo de creer y actuar porque no todo es vanidad y aflicción de espíritu (La Habana: Editorial de Arte y Literatura, p. 380).

Otero ha podido narrar con éxito la gesta de la Revolución cubana en términos de un realismo americano —para situarlo en la tradición de Azuela, Guzmán, Gallegos, Rivera—, a causa de un seguro oficio literario que lo salva de toda retórica. Compare el lector el capítulo inicial de *Tres tristes tigres* con el capítulo inicial de *En ciudad semejante*. El asunto es el mismo, pero se reconocen dos formas de novelar igualmente legítimas, aunque orientadas en opuestas direcciones. Cabrera Infante experimenta y deslumbra. Otero sobriamente informa. Al brillo espectacular del monólogo del M.C. en El Tropicana de *Tres tristes tigres* responde Otero con los términos medidos de una sátira esencialmente política.

Asombra el conocimiento profundo de Cuba que muestra Otero, de su historia, de sus ciudades, su gente; sorprende también el uso estrictamente funcional del lenguaje popular cubano, tanto del campo como de la ciudad; convencen sus caracterizaciones de tipos de la clase alta y de tranquilos burgueses, de líderes guerrilleros, de tahúres y pandilleros de La Habana en tiempos de Batista. Otero usa el suspenso por instinto. Sabe detener el recorrido de su enfoque cinematográfico en el instante oportuno para no forzar nunca la línea del relato.

En ciudad semejante es continuación de otra novela —*La situación* (1963)—, y parte de una trilogía. Para mí que la leo como un nexo básico e imprescindible de la gran crónica de la liberación latinoamericana, es un hecho estético y un documento social en sí, ilumina los episodios centrales de la Revolución cubana desde ángulos nuevos, a veces con la visión tolstoyana de los grandes panoramas bélicos, a veces con el apunte rápido y dinámico de Hemingway. Consagra sus mejores páginas a esos héroes que no han subido y acaso no subirán jamás al pedestal de ningún monumento y quienes de la tierra de nadie pasan, en la novela de Otero, a la tierra y la historia de todos.

En 1932 un general de malas fiebres que curaba sus humores y los de sus protegidos con jugo de paraguas, celebró el año nuevo asesinando a veinte mil campesinos salvadoreños. Después, años después, se retiró a su finquita en Honduras y allí lo apuñaleó por la espalda su hombre de confianza y el general tuvo que decir sus últimas palabras con la cara metida en el plato de sopa. ROQUE DALTON (1935-1975) quedó para contar el cuento, primero en un célebre poema —"La segura mano de Dios"—, y luego en una desorbitada novela —*Pobrecito poeta que era yo...* (1976)—, concebida a la manera de las novelas totales de nuestro siglo, es decir, como un texto abierto y múltiple en que primero se destruye la forma tradicional del género y con ella se destruye el lenguaje literario convencional, a la vez que se hace un balance desordenado, brutal, absurdo, de una sociedad y una época, mientras agoniza un individuo excepcional en cuya condición se revela en un instante y de manera mágica —o sea, poética—, la condición del mundo. Escribir esta clase de obra significó para Dalton abrirse como un cráter vivo. Con la erupción se destapó un país y el narrador quedó en campo abierto, vulnerable al fuego cruzado de los escuadrones de la muerte, y entre sus ráfagas asomó la cabeza. Sin embargo, puede decirse que Roque Dalton murió solo, habiendo dicho todo lo que tenía que decir, con un disparo en un oído, mientras dormía, asesinado por un vasto conglomerado de espías y traidores que velaban, apuntando, su sueño.

Su novela es un baúl sin fondo y sin tapas. Dalton supera todo problema de formas, como se ha dicho, al abrir el relato y derramarlo a través y por encima del tiempo. Fundamentalmente, le obsesiona la idea de destruir la sociedad salvadoreña disparando contra ella en salones de tiro al blanco intelectual, salones de mucha bebida y jolgorio, donde se masacra a personas e instituciones de histórica respetabilidad. Dalton venía preparado para éste, su postrer vuelo de Altazor. A quien conmina es a la generación del 60, la gloriosa partida de bomberos sin incendios, de bombarderos sin guerra, de acorazados de bolsillo, plenos de furia y de risa, clavándose agujas como fakires de la acupuntura lisérgica, tatuándose en el pecho los graffitis de los estudiantes parisienses del 68, pasando de una tertulia arzobispal a un gallo en chicha volcánica, apagando las luces del Izalco, revolviendo el ponche con los huesos de palitos del general Martínez, viajando de incógnito por las cortes de Praga y Moscú, por las academias de Buenos Aires y Santiago, pensando seriamente en el Partido y, al mismo tiempo, burlándose cruelmente de él.

Los jóvenes héroes comulgan en el Internado y, tarde o temprano, les devuelven la comunión a los jesuitas, un poco al modo de Stephan Dedalus. Se reeducan en las cavernas platónicas del jazz existencialista y proceden a revolcar, revolver y vomitar las páginas enciclopédicas de la cultura oficial. Pero, más que nada conversan. El suyo es un *Paradiso,* qué duda cabe, y una *Rayuela,* sobre todo una *Rayuela.* El diálogo de salvadoreños en La Campana es el diálogo de Argentinos en París y el de los cubanos de Lezama Lima junto al Malecón. Se arma más o menos así: los cófrades se encuentran en una cava a mediodía, amanecer del bebedor, después de una noche turbulenta en que se bebió y fumó por el campeonato y se depositaron inmensas ideas en el vaso de guaro y en las orejas de una asombrosa negra-cachalote y, más tarde, en las orejillas de alfajor de la patronesa nacional de las artes marciales en la cama, y los amigos deben curar la cruda con menjurjes suicidas para comenzar el nuevo seminario; se habla, entonces, con pasmoso ingenio de este mundo en el que confieso que he bebido, y del otro donde la dormiremos. Así dicen que hablaban Hemingway y Errol Flynn en La Habana. Después viene el vacío, una lluvia repentina, un sol o una soledad y, ciertamente, una gran angustia. Los amigos se separan en la oscuridad, salen a la calle y, no se sabe qué ha pasado. Excepto que se adivina un amanecer y se vislumbra a alguien en la cama, con los ojos abiertos; una ola ancha y encrespándose revienta su rocío de espuma en la amplia esplanada de toda la novela.

Dalton es un narrador característico de la generación del 60. Su drama fue escribir en El Salvador donde nadie había de leerlo. Si le hubiera alcanzado un poco de la rapsodía sombría de *Rayuela,* quizá le habrían prestado atención, pero en los años 70 ya la Maga había vuelto a Buenos Aires y la humanidad que se llamaba Rocamadur murió sin que nadie lo notara. Así pues, Dalton no escribe de la revolución ni de la guerrilla. Su novela precede a la guerra civil, la anuncia. He aquí un país que es propiedad de 14 familias, del cual puede darse la siguiente estadística: "El último censo general de la población de El Salvador señala que en nuestro país, de acuerdo a las cifras recogidas en la sección número 34 ('Distribución de la población por profesiones y oficios') existen 367 entrenadores de fútbol, 16 embalsamadores titulados, un 'cirujano naturalista', seguidor del método del doctor Asuero contra las enfermedades nerviosas mediante el uso del estilete que representa las ramificaciones del trigémino, dos mil trescientos músicos, 337 operadores de aparatos para proyectar películas cinematográficas, diez corredores de valores para la bolsa, 96.543 personas sin ocupación definida y 4 poetas" (Costa Rica, EDUCA, p. 379).

¿Cuántos millones de trabajadores del campo ganando unos pocos centavos al día? Pero también hay pintores y músicos y narradores y ateneos y academias y universidades y clubes de colonias, además de los nocturnos, y hay cuerpos de diplomáticos que hasta ganan el concurso de Miss Universe. Dalton se mete con todos: los militares y la guardia, la CIA, los partidos políticos, la intelectualidad oficial, los grandes patronos de las artes, del café, del azúcar y las industrias. Con nombres y apellidos recoge en su mosquitero grandes, no tan grandes y mínimas figuras de la cultura latinoamericana. No se libra nadie. Clava con alfileres de la *belle époque* y revuelve el artefacto en la herida. Una muestra, de las más delicadas:

—¿Qué es un poeta marxista? A ver Gabino...
—Yo sólo conozco a dos o tres. Lenin es uno. Y Brecht.
—Y Neruda.
—¡Nunca me hagas eso! Neruda es Rubén Darío con menos tragos, que ingresó al Partido Comunista.
—Ustedes son unos sectariazos...Neruda es el más grande poeta

vivo que escribe en español. Y a todos nosotros nos tiene hasta las manitas, hasta donde dice Collins, hasta donde dice INRI, con su tremenda influencia.

—Dios te oyera.

—Paso. Discutir estas cosas con comunistas aficionados da caspa (p. 183).

También puede decir sin arrugarse: "Yo dije: mi infancia es un arma secreta y si se adivinara frutos al final, reclamaría la patente. Los tiempos actuales pueden perdonarme: no rememoro con rencor, amo los días de hoy, sin inconvenientes" (p. 95).

Pobrecito poeta que era yo... es una novela antiépica, profanadora, desmitificadora, que pasa como un vendaval sobre la retórica seudo-popular del criollismo centroamericano. Su lenguaje, audaz, frenético, barre con las vacas sagradas de una narrativa que, a través de los años, levantó su templo a la república del parche, de la picana y del petardismo. Dalton maneja en su novela el diálogo corrosivo de una subcultura en hervor de resurrección. El propósito de Dalton en esta novela maestra de autobiografía y crítica social es destruir, a veces por oposición o, a veces, paradójicamente, o por gigantismo lingüístico, las bases mismas de la organización oligárquica de El Salvador.

El humor de Dalton es rabelaisiano y quevediano, busca la risa y la provoca desarmando la torta jeráquica de la sociedad salvadoreña, jugando con palabras, frases y contextos. Un capítulo de esta novela, titulado "El party", sirve para mostrar la fuerza destructiva de su lenguaje. El ambiente, cuidadosamente elegido, es el de una tertulia social-literaria. El tono del diálogo —76 páginas, sin interrupciones descriptivas ni transiciones—, es de alta elocuencia cómica; el lenguaje impone su riqueza popular, oral. En la corte de una tradición ateneísta, uno de los jóvenes vates, arrinconado en la mesa del guaro, define:

Hablo de la literatura. Lo que en el fondo ya quiero decir es que vayan mucho al infierno todos los gerifaltes de las generaciones anteriores a nosotros, que huelen a jocote de corona, o a camándula de vieja pícara de puros viejitos pacíficos, seráficos (saco), dundos, lorocos, terengos, guaguacetes, tarailos, bembos, pentágonos; puras gallinas chorombas hipnotizando leones, ignorantes gallinas sapas y chocas que no se atrevieron a pedirle el chiquirín a nadie con todas sus letras, en un endecasílabo afilado como una estrella de chumelo (puyo por lo de estrella, me lo chupas por lo de chumelo). Exceptuando, claro está, a don Chico Herrera Velado, que ése sí no tenía lombrices de tierra en la lengua y era honrado con su verba a carta cabal y con su pluma ya no se diga, y por eso se volvió viejito prohibido, cieguito abandonado, exiliado al haz del volcán de Izalco (p. 150).

A mi juicio, *Pobrecito poeta que era yo...* es una de las novelas latinoamericanas más importantes de la segunda mitad del siglo XX. Desconocida en su época, creación soberbia de un joven combatiente, queda como testimonio directo del derrumbe de un sistema social y del intento heroico de una generación por crear un preámbulo ideológico a la lucha guerrillera; es, entonces, la historia de un compromiso decisivo y final.

He leído *Un día en la vida* (San José de Costa Rica: EDUCA, 1981. Primera edición: El Salvador, 1980), novela de MANLIO ARGUETA (1935-), pensando en los años que pasé por su tierra sin ver realmente a su gente, mirando sus hermosas carreteras del litoral y del interior, sus playas como flores abiertas en la arena oscura, su mar misterioso, alevoso, las faldas de sus montañas volcánicas cubiertas de lava histórica, sus senderos de tierra y pedruzcos, sus ojos de agua, sus ranchos humeando en los atardeceres, su pequeña gran ciudad hecha de cristal y de cielo, presintiendo siempre una desgracia inmensa, pero, en el fondo, no queriendo ver, ausentándome en un juego de enajenación que nunca, en verdad, pretendió ser inocente puesto que el final violento, la explosión de sangre y muerte, no podía para mí ser un desenlace sorpresivo.

Escritores como Argueta —otras novelas suyas: *El valle de las hamacas,* 1968; *Caperucita en la zona roja,* 1977—, vienen de ninguna parte, no hay para ellos pasado alguno, ni tradición, ni maestros, ni historia literaria. Aparecen como en la sierra de repente sale un hilo de agua, del corazón de la roca, del fondo enmarañado de una cañada. Hemos estado observando largo tiempo y no hemos visto sino el vapor del viejo cráter enredando sus coronas sobre las enredaderas salvajes y, de pronto, allá va, como una culebra hecha de aire, creciendo, agarrando vuelo, convirtiéndose en corriente y luego en torrente, inatajable, ancho y poderoso, invadiéndolo todo. Desconcierta pensar que nadie, nada, preparó las cosas para la llegada de un narrador como éste, puro y simple, hondo y complejo, combativo, pleno de poesía, con voz propia, inconfundible. ¡Pensar que en Sonsonate vivió Darío, soñando frente al Izalco, para decirle cosas sutiles y muy de vanguardia a A. de Gilbert! Manlio Argueta va dejando caer las frases como piedras. Narra en medio de un coro de voces salvadoreñas que se individualizan a veces en sorprendentes monólogos —"Lautoridad", "Ellos", "Adolfina conversa en la catedral"—, o cantan una lírica elegía a los perros —"El chucho es mi hermano"—, o recuentan las leyendas del Cadejo y la Siguanaba. Son voces que salen de la tierra con la misma dureza, ternura, crueldad y desamparo que las voces de Rulfo en *El llano en llamas*. Nadie ha contado así la muerte de los salvadoreños, ni el poco de vida con que se prenden fuego. Pienso en Salarrué, pero el viejo maestro que con tanto amor y ternura iluminó su mundo de cipotes, era escritor-caballero, virtuoso, donosamente mágico. Manlio Argueta escribe con callos en las manos.

¿Qué cuenta? Un día en la vida de una mujer campesina, una eternidad de hambre, injusticia, impotencia, pero también el nacer de una conciencia revolucionaria que, poco a poco, va entendiendo de qué preguntas está hecho el mundo y qué respuestas irán creciendo para conquistar la tierra. El hombre intenta luchar. La Guardia le cae encima, lo tortura y lo asesina. ¿Quién es la Guardia, este poder de muerte, implacable y ciego? No tiene más nombres que los mismos de los campesinos a quienes mata, y el mismo rostro y la misma lengua, sólo que al vestirse de kaki y ponerse correas, kepí y fusil de gringo, esa lengua pierde la dulzura del campo, de sus árboles, flores, pájaros, y sólo dice hijueputa y dispara.

No aparece el patrón por ninguna parte. No existe más que como un poder sobrehumano, en algún cielo incomprensible: es como ese dios en las alturas que el perro nunca ve en la parábola de Kafka. ¡FLASH! Pasa el patrón en su limusina o en su yip. Y ha desaparecido. Queda el polvo espeso atrás y los chiquillos desnudos, panzones, y los perros pulguientos corriendo. La Guardia vive y mata por él, junto a los colonos de la finca, ahí cerca para darles verga, bien vergueados y, ahora último, para descabezarlos a machetazos y agujerearlos con balas del pentágono. Es, por lo tanto, una sola familia y un solo gorila no más.

¿Quién es el dueño, quién el gobierno? No hay. Para la familia de esta tierra tan ajena no se da la autoridad en forma de institución, ni el poder individualizado. Se trata de un homicidio general que cae como rayo desde un palacio invisible. Así se ha vivido siempre, así acaban los viejos, los niños; pero los hombres y las mujeres ahora comienzan a desaparecer. Al menos ya saben esta parte de la historia. Van a dormir al monte y a morir en la encrucijada.

Manlio Argueta idealiza a sus campesinos y maldice a la Guardia. No importa. No se lee una novela como ésta para deleitarse con las sutilezas de un esmerado arte de narrar. Su arte es otro: crear vida desde la tierra, enaltecerla un instante con la luz de un heroísmo anónimo, darla a los cuatro vientos. Dejarla estar. La trama es mínima: se levanta la mujer para participar en un rito de vida que comienza con el lucero del amanecer colándose entre las varas del rancho; junto a ella están José y los niños, el perro, las gallinas, los chanchos. El movimiento es igualmente ínfimo, de un cantón a otro, de un rancho a otro rancho; el desenlace, abrupto: desaparece un hombre, decapitan a su hijo; José, agonizante con un ojo afuera, es arrastrado hasta el rancho por la Guardia. La trama, el movimiento, la novela, se reducen a un acto de vida, de muerte y de resurrección, porque, al final, cuando la mujer debe sacrificar a su compañero para salvar a los hijos, a la nieta, ya militante, redime al pueblo, consagrándose a la lucha que marca la reiniciación del rito, esta vez dedicado a la liberación.

Como los grandes narradores populares de otros tiempos, como Nicomedes Guzmán, como Hamsun o Istrati que leímos en nuestra juventud, Manlio Argueta ha dicho con sencillez algunas verdades profundas sobre la heroica historia de su gente; más que una novela parece haber escrito un breve canto épico de guerra y de esperanza.

Una tarde del mes de junio de 1944 aparecieron en el aire más transparente de Guatemala unos bombarderos norteamericanos manejados a control remoto desde Panamá y rociaron la ciudad con sus descargas mortíferas. Después de la catástrofe, un señor diplomático que se desempeñaba como embajador de los EE.UU., declaró que la democracia reinaba una vez más en Centro América. Salió Jacobo Arbenz del palacio de gobierno e ingresó el coronel Castillo Armas. El proceso no fue tan breve y las consecuencias se hicieron sentir por muchos años. Porque Guatemala había saldado sus cuentas con un largo linaje de dictaduras y había coronado la empresa con la nacionalización de vastas pertenencias de la United Fruit Company y esto, que podía sentar la pauta para otras naciones latinoamericanas, no pudo ser tolerado por los consorcios internacionales. El episodio constituyó en verdad la primera confrontación en grande con un nuevo tipo de insurgencia latinoamericana. La historia de tal confrontación ha sido narrada varias veces y en variados tonos. Juan José Arévalo, el primer presidente democrático guatemalteco después de la caída de Ubico, puso los puntos sobre las íes en su combativo libro *El tiburón y las sardinas,* el poeta Luis Cardoza y Aragón le dio proyecciones sociológicas al evento en *Guatemala: las líneas de su mano* y Miguel Angel Asturias, como se sabe, mitificó la lucha y expuso las inmensas raíces del conflicto en su trilogía de novelas "bananeras". Desde la caída de Arbenz, seguida mucho después por el asesinato de Castillo Armas y el derrocamiento de Ydígora Fuentes, Guatemala ha sido frente abierto en que luchan a muerte fuerzas militares y guerrillas populares. Los coroneles-presidentes se suceden como las estaciones del año, predominando siempre algún tipo especial, entre loco de primavera y loco de verano.

Este es el mundo y la historia que ARTURO ARIAS (1950-) presenta en su novela *Después de las bombas* (1979). En una superficial lectura el lector dirá que por aquí pasó Asturias dejando marcas visibles: mucha palabra suelta en un viento surrealista, algo de María Tecún y el Fortín de San José. Esta impresión es errada. Arias ha recogido todos los hilos del contexto histórico, les ha dado dirección y sentido, los identifica en sus relaciones políticas, los afirma con un lenguaje que sólo por excepción se emparenta con el de Asturias y, sobre tal base, crea una estructura original. Dice el narrador:

Lo que quiero hacer es decir todas esas cosas que callan los demás. Recordarle al pueblo de aquellos grandes años antes de las bombas, ese pasado que nos fuerzan a olvidar. Poder llenar todas esas páginas en blanco que coleccionan polvo en nuestras bibliotecas. Detesto estos tiempos. El sueño de la revolución era mejor. Quiero traer esos tiempos de vuelta. Con palabras... Claro, claro. Y con lo chistoso que sos harás reír a los generales.

Los haré reír. Se reirán y reirán y reirán tanto que se hincharán la panza y explotarán.

Pobrecitos los generales.

Exageraré. Mentiré. Chingolo dice que para ser entendido hay que mentir. Es otra manera de penetrar dentro de alguien. Empezar mintiendo rápida y furiosamente, empezarán a oírme. Las mentiras son sagradas, Amarena.

Volvete palabra entonces (México: Joaquín Mortiz, 1979, pp. 147-148).

La figura central es un adolescente —a los 13 años todavía se calma con un "pepe de hule"—, quien busca ansiosamente el rostro del padre que se le ha perdido; es, pues, un doble detrás de la mitad que le falta para hacerse hombre. La madre está al centro de la historia como un eje que divide al mundo en dos partes: el secreto y el silencio (antes de las bombas), la revelación y la liberación (después de las bombas). Ella maneja el tiempo como una puerta batiente; detrás, las tinieblas; adelante, de par en par, la luz. Es ella quien posee el poder de la palabra, ése que creará un sentido revolucionario en la búsqueda de Máximo. Pero, por grande que sea tal poder, la liberación vendrá solamente al conjuro de otra mujer, la amante, en cuyos brazos Máximo revivirá la historia de su padre, el luchador revolucionario. Bajo la protección de ella Máximo se salvará de la tortura y de la muerte. El coro —sus compañeros de barrio—, se hace oír con un habla callejera, pariente de la nueva onda mexicana y muy cercana a la onda salvadoreña de Dalton y Argueta. Otro coro —del señor presidente, de los generales, la guardia, el arzobispo, el embajador—, resuena al fondo con ronquido de matraca, amenaza, condena. Un solista aparece al comienzo de la novela y explica la historia en términos de mitología maya-quiché.

Lo que asombra en esta forma narrativa no es tanto la solidez de las secuencias temporales, sino el hilo invisible que va haciendo del tiempo una trama y de los personajes un gran espectáculo carnavalesco. En medio de la música, las danzas, los disfraces y el fuego de artificio, la narración cae como un telón sin fin, con el peso de un irónica moraleja. En una nuez, con sus caminos y recovecos de perfección, se ha narrado la pequeña parábola: en una treintena de años el niño que busca, la madre combatiente, el padre desaparecido, se encuentran por fin en el único desenlace posible, el de la lucha que recomienza. El narrador ha trastocado sabiamente todos los papeles: Amarena, la mujer liberadora (la mujer araña, diría Puig) resulta ser la hija del pastor de la Union Church, las derrocadoras de la dictadura son las prostitutas, el héroe escapa hacia el exilio disfrazado de "marine", con pasaje y dos pasaportes proporcionados por Mr. Wright, ocasional compañero de cama de Amarena.

Dos son los momentos culminantes de la liberación de Máximo; el acto sexual donde acaban, por fin, sus complejos, y el baile de máscaras donde el carnaval permite al pueblo apoderarse de las calles:

Abrazados, al calor de la piel quemando a la otra, contracción tras contracción, voces y palabras, las uñas rasgándole la espalda temblorosa, esa oreja empapada entre su boca, piernas anudadas, nalgas apretadas y pujando, estremeciéndose.

Encontraré a mi padre a través de las palabras. Lo traeré de vuelta a la vida con las palabras. Construiré una catedral de palabras. En mis palabras encontraré el universo y entenderé el eterno presente a través de mis palabras. En mis palabras encontraré, acabaré... (pp. 146-147).

Después, estarán todos en la calle, la corte enloquecida, las campanas tocando, las bandas y murgas desfilando, el poder se ha ido de las manos del general: "La bulla. Hizo temblar la casa presidencial y el general Araña Sobrio salió corriendo al patio en calzoncillos. Se tropezó con la reposadera, empezó a brincar en un pie, se fue de espaldas contra el pilar que aflojó las tejas del techo del corredor. Las tejas se vinieron para abajo cn una nube de polvo rojo. Sólo los pies desnudos se asomaban por debajo de la montaña que se formó sobre él. Todavía movía los dedos gordos" (p. 194).

Esta novela de los años 70 ha dejado muy atrás el patetismo de Asturias, ha liberado el lenguaje saliendo a la calle. Esa alegría que Cortázar pedía para el exilio, se gana ahora en la revuelta. Parten los gorilas dejando una huella de condecoraciones y de armas. La banda los despide con una nueva trova y ellos comienzan la danza de la muerte.

Durante la década del 50, como presintiendo el cambio de rumbo, agitador y programático, que se vendría poco después, jóvenes prosistas establecieron su círculo de tiza y desde allí comenzaron a tirar sus piedras. No les preocupaba la eficacia de su puntería, en verdad les divertía el ejercicio y, ejercitándose, hablaron de un modo original. Se inventaron una onda y transmitieron para oídos especializados. La revolución sexual y los niños de las flores y de los pitos habían ya invadido las ciudades de Latinoamérica y perforaban las fronteras. Su reacción era, en ciertos lugares, contra la seriedad militante de los reformadores sociales. En otros, se declararon parricidas, posición poco original. En Chile se dio un grupo talentoso, elegante y elitista, de graduados de colegios particulares que miraban con nostalgia hacia las boutiques del *nouveau roman* a la vez que se observaban en el espejo de Lawrence Durrel y se encontraban parecidos. En México, los más emprendedores tomaron el toro por las astas y escribieron con desenfado, emoción bromista y ojo de cine nuevo, sobre el mundo que se nos venía abajo. Propusieron una forma novedosa de novelar. GUSTAVO SAINZ (1940-), señaló la época con su novela *Gazapo* (México: Joaquín Mortiz, 1965). Otros onderos le acompañaron con bastante éxito de público y de crítica: Vicente Leñero, José Agustín, Juan Tovar, René Avilés Fabila. De *Gazapo* dijo Emmanuel Carballo: "En cuanto a estructura y estilo, *Gazapo* es una novela que rompe con las más próximas y casi siempre ineludibles maneras de novelar en México: las de Yáñez, Rulfo, Fuentes y García Ponce —para citar, entre muchos, cuatro ejemplos—. Narrada en primera y tercera personas...cuenta la historia de varios jóvenes de la ciudad de México, jóvenes disimulados y astutos, fáciles de ser presas de sus propios entusiasmos, y que como conejos jóvenes (de allí el título del libro, véase la página 8) descubren en el transcurso de la obra el sentido de la amistad, entrevén los secretos del amor y encuentran aborrecible y tedioso el mundo en que viven" (*Gustavo Sainz,* México: Empresas Editoriales, S.A., 1966, p. 7).

Carballo fue más lejos: "Desde 1958 en que aparece *La región más transparente* de Carlos Fuentes, —dijo—, no se había dado el caso de que un prosista, casi desconocido, ocupara de pronto un sitio junto a los escritores 'famosos' y 'consagrados'. Con Gustavo Sainz se repite el caso de Fuentes y, años atrás, el de Juan Rulfo, quien en 1953 se da a conocer con *El llano en llamas*" (*ibid.*, p. 10).

Sainz interpreta la realidad desde el punto de vista de una lente crítica que observa y penetra en una multiplicidad de planos; no desorganiza tales planos, los acepta en su formalismo simbólico, a la vez fijos y en movimiento, haciendo variar sus significados por medio de una corrección de lentes y de ángulos, es decir, a través de la técnica del *replay* televisivo. Sainz enfoca y graba, escucha y repite, sin llegar a superimponer realidades pero, corrigiendo y reiterando, produce una eficaz ilusión de simultaneidad. Sus collages auditivos nunca entrañan una invasión de planos, siempre les respeta sus orillas. El narrador no cuenta, entonces, sino que hace oír las voces de la historia y sugiere el movimiento que las inspira. El poder de su lenguaje se multiplica en la reiteración y es el lector quien, a la postre, se afana por estructurarlo y darle un sentido de continuación. Ese movimiento cambia constantemente; las variantes que comprobamos en el texto son parte mínima de las posibilidades de cada personaje. De allí su riqueza y la fascinación que ejerce sobre el lector.

Básicamente, poco sucede en la novela: un barrio vive a través de tiempos vagamente medidos; dijérase que los cambios de luz determinan las vicisitudes de la trama. Nada comienza y nada va a concluir.

Explicando la novela dice Sainz:

"En ella narro dos historias. En la primera, un adolescente que rompe con su primer ambiente (la familia) trata de adaptarse a un segundo (los amigos, la vida en soledad, las aventuras de soltero). Fracasa en el intento. Entre él y sus amigos media un vacío abismal. Se deja entrever que en el amor encontraría cierta felicidad, pero para él amor es conquista. La segunda historia, atada por completo a la primera, es la crónica desenfadada de una seducción. Con Menelao y Gisela creo un curioso e ingenuo clima erótico. Pero los muevo más en el terreno de las posibilidades que en el real.

El narrador de la novela es Menelao, el protagonista principal. Utiliza todas las personas gramaticales para llevar a cabo su cometido. La presencia de una grabadora y de varias cintas grabadas permite desarrollar la historia en varios planos y, también, que los personajes puedan leer, o mejor dicho oír, sus propias aventuras. Y detener, fijar, paralizar, fotografiar estas aventuras de manera que uno pueda moverlas en el tiempo y cambiarlas de sitio en el orden de la historia, aunque esta vicisitud se presenta nada más como posibilidad.

En *Gazapo* nada parece suceder directamente, y todos los testimonios son oblicuos. Es decir: el lector conoce los hechos después de tres o cuatro rebotes. A veces los hechos dan la impresión de estar sucediendo, y no es verdad: se trata de cintas magnetofónicas que suplantan a la acción.

En todos los casos, los sucesos del mundo exterior apenas parecen herir la conciencia de los personajes. Por otra parte, su mundo interior, cuando existe, es hosco. Generalmente es nulo, y excepto Menelao, ningún otro personaje se permite pensar. Quiero decir, pensar como reflexión" (*ibid.*, pp. 5-6).

¿Qué se consigue con todo esto? Desde luego, lo que se propuso Sainz: reorganizar una materia anecdótica para conferirle una multiplicidad de significaciones. Fundamentalmente, sin embargo, el logro principal pudiera ser otro. Sainz ha novelado unos años dentro del microcosmos donde crece un sector de la población mexicana de hoy. Estos jóvenes, tristes, cómicos, cínicos, inocentes, son parte del mundo creado por el éxodo del campo y la provincia hacia la monstruosa gran ciudad. Se salvarán algunos, y será en extrañas circunstancias, absurdas por sus ofertas de violencia y de estafa; aprenderán no ya el viejo arte de los pícaros que vivían sin trabajar; éstos serán maestros en el oficio de la renuncia, el disimulo y escamoteo. Hablarán el lenguaje de la entrega forzada, falsificando su realidad con los signos aprendidos en la frontera, hipotecando en su nuevo estilo los valores propios a favor de los que exporta el fementido gran vecino por medio de las descargas eléctricas de su satélite embaucador.

La vida del barrio viene enlatada con una fecha falsa. El pantaloncito *jean* ya no esconde nada. La flecha marca hacia donde regalan la píldora del frenesí y la del descanso. Pero como no es posible que nos vayamos todos al otro lado, por el momento hay que marcar el paso en la pantomima de Sanborn's. Cada quien engaña a su debido tiempo y de acuerdo a los términos de su propia sobrevivencia. El padre y la madre de Menelao se aplican en su engaño mutuo, Menelao engaña a Gisela y ésta a sí misma, Vulvo a Nácar y Nácar a Vulvo y a medio mundo, Tricardio a Menelao y a Gisela, la tía católica a la tía evangélica. La bola se hace y se deshace al vaivén de los casettes. Por "arriba" y por "abajo". Mientras tanto se puede reír, vestirse, desvestirse, con mucho juego de palabras y sabiduría callejera.

¿Qué pasará cuando el equipo de Menelao entre a la cancha de Tlatelolco?

Sainz no se pronuncia. La nueva onda pronto deja de ser nueva. Por alguna razón misteriosa y que mucho tiene que ver con el arte de Gustavo Sainz, hay en *Gazapo* una fuerte dosis de tristeza derrotada, una melancolía profunda metida al fondo de los múltiples tonos de su grabadora, como el conocimiento de que el tiempo ya pasó y no trajo ni dejó nada. Esos niños se han perdido en las vueltas infinitas de la cinta en que se graban y se borran. *Gazapo* puede ser, más que un hermoso alarde de mecanismos narrativos, la singular novela de una gran desesperanza.

Quien habló de la Nueva Onda primero no pensó en "ondas auditivas", sino en modas; me refiero a un modo de escribir que, bien pensado, no era sino un modo de hablar: la palabra y la frase vivas tomando forma en la calle, en el café, la Preparatoria, el cine. Pero, al lector desprevenido le llamó más la atención el revuelo acústico de esos cuentos y minibiografías que el contexto social de donde nacían. Recuerdo haber escrito hace años unas páginas periodísticas sobre un libro de José Agustín elogiando su manejo maestro de la grabadora portátil. Me impresionaba este narrador cargado de baterías y admiraba el filtro de su poder creador para escoger lo cómico y lo excéntrico, la fraseología audaz, el *slang* de ese mundo juvenil en que México se vaciaba perdiendo para siempre su retórica "revolucionaria" y ganando la inconsecuencia ingeniosa y dura de la Frontera, el habla chicana del otro lado del río.

Lo curioso es que el narrador con grabadora era importación directa de los norteamericanos. Desde que Oscar Lewis noveló antropológicamente a la *Familia Sánchez,* no faltó año en que no nos deslumbrara un libro arrancado de las entrañas de un pueblo, de un barrio, por la implacable aspiradora de una grabación de múltiple y certera puntería. *Juan Pérez Jolote* (1952) de Ricardo Pozas A. se leyó en su época como una novela, no como un documento antropológico. Los relatos de Castañeda sobre un don Juan de yerbas, ácidos, visiones y alucinaciones fueron devorados no por los cultistas lisérgicos, sino por la legión de realistas mágicos que pronto iban a descubrir a García Márquez. Estados Unidos, como de costumbre, vengábase de su vecino y le colgaba su creciente dosis de barroca decadencia implantándole la grabadora en su literatura, poniendo a su alcance el germen y la tentación de una antinovela sintética, fácilmente triunfadora. Pero, como de costumbre también, los norteamericanos no contaban con el ácido humor mexicano y la malicia para convertir a la grabadora en un artefacto sin enchufe ni baterías. Porque el documento antropológico en manos de Agustín, Vicente Leñero, Gustavo Sainz, se salió de madre y lo que entraba por el pituto microfónico pronto empezó a salir desacralizado, pícaro, pánico, destructivo.

Es posible, sin embargo, que uno de los mejores ejemplos del trabajo de la grabadora sin motor, liberada, no sea de esos narradores, sino de una periodista que parece hacer novelas sin notarlo: ELENA PONIATOWSKA (1933-). Me refiero en particular a su novela-testimonio *Hasta no verte Jesús mío* (México: Era, 1969). No sé cómo leerán en México este libro. Me imagino que no faltará quien alabe su autenticidad y quien lo maneje como documento político de reivindicación social. Elena Poniatowska tiene para mí una capacidad de transformar lo que toca en materia de fábula desamparada y tierna. Hay siempre una soledad muy grande y una nostalgia sin esperanzas en su gente y en las casas y ciudades donde viven y donde mueren. Esto se demuestra en *Querido Diego, te abraza Quiela* (1978), un relato bello, emocionado y fino, sin alardes, lleno de un misterio que parecía desaparecido cuando dejó de escribir Stephen Zweig (*Cartas de una desconocida*). Para la historia de Jesusa —María de Jesús Palancares—, no se crea que Poniatowska enchufó la grabadora y que la obra nació de la oscuridad y la nada. A menos que la nada sea un milagroso diseño de vidas cosidas unas a otras como pañitos de pobre, trapos de mesones y de rastros, gran Mercado de las Pulgas de una Revolución anti-épica, bola de patipelados en cantinas polvorientas, guerra cristera de espíritus famélicos, muertos sin rumbo y generales cesantes. Pareciera que Elena Poniatowska hubiese desafiado a las legiones de la Revolución a entrar a la historia por el ojo de una aguja bíblica. Todos vienen, tras años y años de miseria nacional, previa danza de la muerte, vienen, digo, a pasar por la puerta estrecha de una mujer que vivió en la huella desde nacer y que da testimonio para el mundo, sacando lecciones tan viejas como el tiempo y tan nuevas como su desamparo que se perfecciona día a día. Se dirá que es un friso de la desesperanza de México, pero no es tal cosa. Pienso que se trata del reverso de ese friso: eso donde se agolpan las costuras y los remates, donde las imágenes pierden sus rasgos en la rudeza del hilo y se pierden los caminos y se deshacen los ambientes y los paisajes, los rostros se desdibujan y sólo flotan viejos fantasmas. Si las novelas de la Revolución mexicana fueron un mural histórico, esta novela de Elena Poniatowska es lo que sobrevivió a ese mural una vez desteñido, carcomido y purificado por el roce de las manos de quienes lo vivieron muriendo. Voz multiplicada en el deslinde de una vida que nunca deja de ser muerte sabia, da testimonio aquí ante sombras de quienes la mujer no espera nada. Que saquen otros las lecciones y moralejas, ella, como el viejo triste de D'Halmar, al final dirá simplemente: "no me sucedió nada sino la vida, no vi nada sino el mundo".

Habrá críticos que sientan la tentación de buscarle a esta novela —¿puede, en verdad, llamársela novela?—, rasgos de la picaresca mexicana. Otros dirán que es un argumento contra el machismo. De la picaresca tiene en un plano anecdótico el movimiento de una figura maltratada, pero dura, sufrida y estoica, que narra situaciones ejemplares y dice su desprecio del mundo. Sin embargo, no sermonea aquí ni se moraliza, no se atan nudos entre las andanzas de la Jesusa y los amos y matones que la esclavizan. Eso, como se sabe, lo hizo José Rubén Romero al contar las aventuras de Pito Pérez. El personaje de Poniatowska escapa toda categorización, es único en su miseria. La condición suya es la del paria que soporta y lucha, se somete al hombre y se rebela, cae al fin abandonada de todos. El padre está presente como una sombra más, pasa sin tocar la suerte de los hijos, tranquilo en el abismo que no entiende y del cual no podrá salir jamás. Nada de autos de responsabilidad individual. Víctimas son todos de una sociedad en ruinas, de una revolución que perdió su rumbo, si alguna vez lo tuvo, y de una última renuncia ante el sacrificio de la víctima expiatoria.

En cuanto al alegato feminista, sí puede hacerse dentro de un conflicto de contradictorias significaciones. Tan ofendidas son las mujeres como los Emilios y los Efrenes, los soldados como las cantineras, los ladinos como los indios. Otros narradores prefirieron darle al paso de un mundo de injusticia a otro de malos recuerdos el hálito de una trágica grandeza. Elena Poniatowska escoge un vuelo narrativo más rasante, escueto y duro; la proyección de su historia es testimonial. Al fin, una sola voz queda sonando. No es sino cuando la mujer exige soledad y silencio, que la narración comienza a llenarse de otras voces. Segura seña de que María de Jesús de Palancares no vivió y resistió en vano.

En 1979 MARTHA ROBLES (1948-) sorprendió a la crítica mexicana con la publicación de su primera novela, *Memorias de la libertad;* se habló de su pericia técnica, de virtuosismo lingüístico, de la profundidad de su análisis social. *Los octubres del otoño* (1982), su segunda novela, no puede ser juzgada a la luz de la primera. Martha Robles parte aquí de una concepción novedosa y la trabaja con audacia salvando sabiamente los obstáculos. Natalia, la narradora en primera persona, u otra voz que habla a través de ella, representa a un grupo de jóvenes que vivió la desquiciadora experiencia de los años 60 y llegó apasionadamente al hito del 68 —Tlatelolco—, sin encontrar un camino o creyendo encontrarlo en la indiferencia, la parodia, el sacrificio o la renuncia.

Los peligros de representar deliberadamente a una generación en los marcos de una novela, los conoce Martha Robles. A mi parecer, de los personajes cuyas biografías clandestinas se revelan en la novela, solamente dos representan un genuino compromiso con la problemática del 60, ellos son Berenice y Angel. Los demás quisieran cargar con la angustia y el sentido de adivinación y fracaso que esos dos aceptan valientemente, pero la carga se resbala de sus hombros, no es de ellos, al menos en los términos trágicos, heroicos o antiheroicos, que poseen para la joven revolucionaria sandinista y para el "viajero por la tierra" que llega de ninguna parte y desaparece hacia ninguna parte. Esta comprobación pudiera resultar grave porque implica cierta falta de adecuación en la narradora. Si Natalia habla en nombre de una generación y se salva en la metáfora de la escritura —dar sentido a una vida a través de la forma—, puede haber o no participado en los percances que arrastran como río sin rumbo hacia Tlatelolco. O quizá lo que en verdad fue su experiencia encuentra también su definición en otra metáfora. Esta posibilidad sorprende. Porque si a Natalia no le ha sucedido nada más que la falla de un matrimonio, condenado desde el comienzo, y no vino cayendo por los escalones del 60 como habrá sucedido con algunos de sus compañeros de café, otra cosa le impulsa a escribir, al fin, en nombre de una generación. Y esa otra cosa tendrá que aparecer como una clave que el lector debe manejar comprometiéndose asimismo en la lectura.

Digamos, aun a riesgo de simplismo, que la década del 60 no puede reducirse únicamente al jipismo de los niños de las flores, ni a la yerba ni al ácido lisérgico, ni al despelote de la promiscuidad para afrontar el juicio final. Habrá que reconocer el acto de febril inteligencia de la revuelta de París, el discurso de Berkeley destinado a reemplazar la Voz del Amo en la civilización de la RCA Víctor, la masacre de México y la Revolución cubana. Esa década fue también de los Tupamaros, del MIR y del Ché, perdiendo la huella que debió haber encontrado un poco más al sur. Quiero decir que la narración de Natalia presupone todo eso. No es *su* relato, pero cabe plenamente en la forma que ella ha escogido.

La lección que uno aprende al aceptar ese discurso tácito es el valor inconmensurado de las pausas. Los personajes centrales de esta novela viven precisamente por eso que la narradora no les permite decir. Su complejidad deriva de su condición incompleta. El narrador es aquí más sabio por no saber algo decisivo de esos seres. Esto nos lleva a considerar la escritura como resolución del experimento de Martha Robles. Al decidir que la forma será el único modo de enfrentar la prueba final, Natalia es como un pescador que lanza su línea a un mar sin fondo. Sentido no es, entonces, lo que busca Natalia. En cambio, puede ser contacto. Su línea no busca cortar otra línea, sino confundirse con ella.

Martha Robles conoce muy bien las reglas del juego. Dice el terapeuta Lucas Rollo en un "encounter" memorable:

> Los jóvenes como ustedes padecen de un mal social. Los años sesenta los llenaron de ideas contrarias al desarrollo natural de su formación. Sus observaciones son obvias: creen en familias cerradas, con ideas religiosas y madres conservadoras. De pronto se les abre a las mujeres las puertas de la universidad. Oyen hablar de Marx, de Freud, de las locuras sartreanas, del mito de la revolución cubana: males colectivos, como sus respuestas, igual que sus reuniones rocanroleras y sus protestas contra una autoridad mal comprendida. Les tocó una sociedad en crisis, desalentada por el capitalismo; sin promesas, sin ejemplos (pp. 54-55).

Martha Robles nos da la intimidad palpitante de la autobiografía clandestina de Natalia, documento que, una vez leído, sigue penando insistente, misterioso, poético. *Los octubres del otoño* se levanta con vuelo lento y hermoso por la pasión que lo sostiene y el ímpetu de su poesía doliente, combativa, sensual.

"¿Hay una historia?" se pregunta RICARDO PIGLIA (1941-) en la primera línea de su novela *Respiración artificial* (Buenos Aires: Pomaire, 1980) y se responde, luego, con cierto tono de inseguridad: "Si hay una historia empieza hace tres años". Esta condicionalidad es importante porque define en buena medida la índole de su narración. Piglia fragmenta en tal forma la historia que su obra resulta, al fin, una extraña organización de cabos que no necesariamente se van a atar. Desde este punto de vista, ha escrito una novela hilvanando con virtuosidad y firmeza un número de cuentos cortos, hecho de especial valor literario puesto que Piglia es —como Cortázar—, un escritor básicamente borgeano. Pienso que podría decirse sin temor de equivocarse ni de ofender al gran anciano que *Respiración artificial* es la novela que Borges nunca llegó a escribir. Ojalá que Piglia no se ofenda tampoco.

La "historia" a que se refiere Piglia envuelve a un joven escritor, Emilio Renzi (ha publicado una primera novela), y a su tío, el Profesor Marcelo Maggi Pophan, quien se presenta al lector del siguiente modo: "Te saluda: el Profesor Marcelo Maggi Pophan. Educador. Radical Sabattinista. Caballero irlandés al servicio de la reina. El hombre que en vida amaba a Parnell ¿lo leíste? Era un hombre despectivo pero hablaba doce idiomas. Se planteó un solo problema: ¿cómo narrar los hechos reales?" (p. 20).

El profesor está embarcado en la tarea de realizar, finiquitar y definir, en una metáfora trascendente, lo que ha concebido como una vida heroica y una muerte que no la desmerece. Necesita un modelo y escoge al padre de la patria Enrique Ossorio, figura histórica no sin mancha, pues, bien miradas las cosas, podría presentársele como un padre de la patria al revés, ya que para muchos, acaso la mayoría de sus contemporáneos, Ossorio es un traidor. (Borges, como se sabe, ha dejado la cartilla sobre el tema.) El episodio básico, entonces, constituye una bella y misteriosa especulación sobre el carácter de un hombre que habiendo vivido ya su hazaña —enemigo de Rosas, primero, secretario privado suyo y espía al servicio de Lavalle, después, exitoso buscador de oro en California, solitario exiliado en Nueva York (solitario a medias, pues su historia se la cuenta a una joven prostituta negra de Martinique)—, siente que debe escribirla para darle el sentido final: una gran duda se resuelve en una gran victoria solamente a través de un gran fracaso. Después de lo cual, recostado sobre una tumba se pegará un irónico balazo.

Renzi se da a la búsqueda de los documentos y la obra que el Profesor Maggi —su nombre pudiera ofrecer una clave—, ha dedicado a Ossorio. La pesquisa lo lleva a Concordia, modesta población de Entre Ríos, donde ha concertado una cita con el Profesor. El encuentro aclarará todo. Antes de la revelación final Renzi conoce a Tardewski, a Marconi, al conde Tokray. Ya ha conocido al senador Luciano Ossorio, nieto del prócer.

Cada uno de estos personajes ofrece una clave y un argumento, la clave para descifrar la concepción heroica —victoria igual fracaso—, del Profesor, y el argumento, un testimonio personal que ilumina los principios de una teoría destinada a explicar el aporte (una trampa) de la intelectualidad europea a la concepción del "ser argentino".

Tardewski, filósofo, discípulo de Wittgenstein, lleva la voz cantante en ambos aspectos de la estructura narrativa: la suya es *la* representación del hombre que decide, en el instante preciso de su vida, renunciar a todo, abriendo el camino hacia la nada victoriosa. Parte de su testimonio toca uno de los temas fundamentales de su narración: Kafka, más grande que Joyce, precedió, anticipó, interpretó y conoció personalmente, con todo el horror necesario, a Hitler, comprendió su locura y dejó testimonio de su apocalíptica insignificancia envuelta en un huracán personal. Tardewski proporciona la debida bibliografía del tema.

En cuanto a Marconi, menos ilimitado en su patético fracaso, más exclamativo y sin gran substancia, su testimonio es, más bien, un agente catalítico que produce una brillante disertación literaria por parte de Renzi. Tres figuras se balancean peligrosamente en su escenario de marionetas: Lugones, Arlt y Borges. Del primero queda una caricatura devastadora:

Lugones por supuesto era abstemio, practicaba esgrima, decía disparates sobre filología y traducía a Homero sin saber griego, dijo Renzi. Un tipo realmente ridículo este Lugones, para decir verdad: el modelo mismo del poeta nacional. Escribía de tal modo que ahora uno lo lee y se da cuenta de que es uno de los más grandes escritores cómicos de la Argentina. Comicidad involuntaria, dirá usted, pero creo que allí residía su genio, dijo Renzi. Esa capacidad desmesurada para ser cómico sin darse cuenta lo convierte en el Buster Keaton de nuestra cultura... Un cómico de la lengua, eso era

Lugones, dijo Renzi (pp. 147-148).

De Arlt queda una exégesis paradógica, acompañada de un elogio equívoco de Borges:

No se preocupe, Marconi, dijo Renzi, ya no existe la literatura argentina. ¿Ya no existe? dijo Marconi. ¿Se ha disuelto? Pérdida lamentable. ¿Y desde cuándo nos hemos quedado sin ella, Renzi? dijo Marconi. ¿Te puedo tutear? Hagamos una primera aproximación metafórica al asunto, dijo: la literatura argentina está difunta. Digamos entonces, dijo Marconi, que la literatura argentina es la difunta Correa. Sí, dijo Renzi, no está mal. Es una Correa que se cortó. ¿Y cuándo? dijo Marconi. En 1942, dijo Renzi. ¿En 1942? dijo Marconi. ¿Justo ahí? Con la muerte de Arlt, dijo Renzi. Ahí se terminó la literatura moderna en la Argentina, lo que sigue es un páramo sombrío. ¿Con él terminó todo?, dijo Marconi. ¿Qué tal? ¿Y Borges? Borges, dijo Renzi, es un escritor del siglo XIX. El mejor escritor argentino del siglo XIX...su ficción sólo se puede entender como un intento consciente de concluir con la literatura argentina del siglo XIX (pp. 160-161).

¡Qué Renzi tan pícaro! Sus palabras harán sonreír al maestro, esa sonrisa de Borges, asombrada, desolada, desdeñosa. Continúa Renzi:

¿Qué hace Borges? dice Renzi. Escribe la continuación del Martín Fierro. No sólo porque le escribe, en *El fin,* un final...sino porque además toma al gaucho convertido en orillero, protagonista de estos relatos que, no casualmente Borges ubica entre 1890 y 1900. Pero no sólo eso, dice Renzi, no es sólo una cuestión temática. Borges hace algo distinto, algo central, esto es, comprende que el fundamento literario de la gauchesca es la transcripción de la voz, del habla popular. No hace gauchesca en lengua culta como Güiraldes. Lo que hace Borges, dice Renzi, es escribir el primer texto de la literatura argentina posterior al *Martín Fierro* que está escrito desde un narrador que usa las flexiones, los ritmos, el léxico de la lengua oral: escribe *Hombre en la esquina rosada* (pp. 163-164).

Después de lo cual, vuelve Renzi a Arlt, ¡y cómo vuelve!:

El que abre, el que inaugura, es Roberto Arlt. Arlt empieza de nuevo: es el único escritor verdaderamente moderno que produjo la literatura argentina del siglo XX... ¿Cómo entonces esperar de mí que hable de Arlt? dijo Marconi. Porque digo yo, con perdón de los presentes, ¿qué era Arlt aparte de un cronista de *El Mundo*? Era eso, justamente, dijo Renzi: *un cronista del mundo*. Después de lo cual vos me dirás, sin dudas, que podía ser un cronista de las pelotas pero que escribía mal. Exacto, dijo Marconi, en esta parte yo te digo que Arlt escribía mal...pero aparte de eso, dijo Marconi, la verdad que escribía como el culo. ¿Quién? dijo Renzi ¿Arlt? No, Joyce, dijo Marconi. Arlt, claro, Arlt, dijo. Me merece el mayor de los respetos, pobre cristo, dijo Marconi, pero la verdad, escribía como que quisiera arruinarse la vida, desprestigiarse a sí mismo... Exacto, dijo Renzi, escribía mal: pero en el sentido moral de la palabra. La suya es una *mala* escritura, una escritura perversa... Hace lo que no se debe, lo que está mal, destruye todo lo que durante cincuenta años se había entendido por escribir bien en esta descolorida república. Cita de Borges, dijo Marconi: descolorida república (pp. 165-166).

En alguna página Piglia se refiere con simpatía a lo que él llama *le roman philosophique,* y será, se dice uno, porque su inicial idea fue, acaso, escribir una novela filosófica; pero el resultado no ha sido eso, sino una *novela literaria,* es decir, una novela sobre la literatura, un poco al modo de los grandes críticos ingleses del siglo XVIII. Dice Piglia: "La erudición define la forma de los relatos" (p. 164). Está hablando de Borges, pero pudiera hablar de sí mismo, de sus propios relatos, donde la erudición no sólo "define" la forma, sino que la determina. No en vano Piglia también cita a Gombrowitz. Por otra parte, como Umberto Eco, Piglia se mueve desde la filología y la crítica de la literatura, a la literatura de la filología y de la crítica. En este sentido, creo que Piglia es uno de los máximos representantes de una nueva forma de liberación de la novela latinoamericana: la liberación de la palabra teórica por medio de la ficción.

Acabar con un género, parece decir Piglia, no es destruirlo, sino re-crearlo dentro de sí mismo y para sí mismo. *Respiración artificial* es, en última instancia, una novela acerca de una novela, esta última, la que no se ha escrito y debe escribirse para dar sentido a una vida y a una idea de esa vida. Cortázar habló de *Modelo para armar.* Piglia armó ése y muchos otros modelos para darse el condenado gusto de desarmarlos. "En este sentido" —dice Héctor Mario Cavallari en un enjundioso artículo sobre *Respiración artifi-cial*—, "la novela puede encararse como 'modelo textual para armar' y situarse en el marco de un intenso y alusivo diálogo en torno de las tareas actuales de la crítica argentina y, por extensión, latinoamericana, en la presente fase his-tórica del subcontinente" (*Memoria del XXIV Congreso del Instituto Internacional de Literatura Iberoamericana*, Stan-ford University, 1985).

No debemos olvidar que la novela de Piglia viene con un fondo de resonancia, cámara de múltiples sonidos, alusivo a una precisa condición histórica. No en vano el senador vive sus últimos años de cautiverio angustiado por el sistema de espionaje que maneja el truculento y astuto Arocena. Son tiempos de fronda en la Argentina, pero no como los de Rosas en que la mazorca suplía los medios de convicción inmediata y brutal. Y son tiempos de códigos que esconden el golpe y convierten la lucha política en una espesa red de sorpresas y traiciones. La novela dentro de la novela que es-cribe Piglia se transforma, entonces, en un plan para liberar al individuo de la trampa profunda que le pone una sociedad policíaca, a través de su estrategia de terrorismo estatal. De ahí la importancia del planteamiento final del Profesor: la resistencia, que a la postre triunfará sobre el terror y la vio-lencia, es como la energía del agua golpeando invisiblemente contra la dureza de la piedra: "Hombres ciegos hablan de una salida, no hay una *sola* salida. Debemos aprender del agua cuyo movimiento desgasta con el tiempo la dureza de las piedras. Los duros siempre son vencidos por el dulce fluir del agua de la historia" (p. 74).

En una sociedad en que ya no se da la oportunidad de vivir las grandes experiencias y profundas aventuras, por-que sólo son posibles las parodias de tales cosas (p. 137), el Profesor, con todos los hilos en sus manos, concluye simple-mente que no vale la pena vivir sino defendiendo firmemente principios de decencia, conciencia, dignidad y valentía. So-brevive, por tanto, en la metáfora del héroe, más allá del misterio de su desaparición.

La historia sí existía, entonces, al menos desde el instante en que Ossorio y el Profesor tendieron su puente a través del siglo. No es de extrañarse que esa historia, como una inteligente y secreta clave, haya sido puesta en forma de mensaje y desenlace adelantados, a los inicios mismos de la novela:

Así, esa vida (parecía recomendarme Maggi) debe ser escrita a partir del suicidio, y en el comienzo del libro deben estar estas líneas que Ossorio escribió antes de matarse. Escuche Ud.: pues con la muerte en mí tengo experiencias. Camino odioso, peligrosísimo, el de la soledad. Para todos mis paisanos o compatriotas: Que yo no obrase en esta guerra sino por mi propia convicción. ¿Habremos de estar siempre alejados de la tierra natal? Hasta los ecos de la lengua de mi madre se apagan en mí. El exilio es como un largo insomnio. Sé que fuera de mí nadie creerá en mí en todo el resto del mundo. Se han de descubrir muchas infidencias todavía. ¡Ah, viles! Adiós hermano. Quiero ser sepultado en la ciudad de Buenos Aires: éste es el mayor deseo que le pido haga cumplir; se lo ruego por el Sol de Mayo. No se desapasionen porque la pasión es el único vínculo que tenemos con la verdad. Respeten mis escritos, debidamente ordenados, a los que yo aquí nombro como sigue: mis Anales. ¿Quién va a escribir esta historia? Sea cual sea la vergüenza que me alcance no quiero yo renunciar ni a mi desesperación, ni a mi decencia. Me gusta y siempre me ha gustado su ante firma y permítame que la imite: —Patria y Libertad— Y he de tutearte, Juan Bautista, con tu permiso, por esta vez. Tuyo. Tu compadre, Enrique Ossorio, el que va a morir (pp. 36-37).

436

Epílogo

A estas alturas, viviendo años luminosos nuestra literatura, pero años que también son los de una era de abismantes crisis sociales, la tentación de recapacitar y sugerir conclusiones es tan fuerte como peligrosa. Prefiero recordar tiempos de aprendizajes literarios, cuando en las aulas universitarias de Latinoamérica se absorbían con veneración las enseñanzas del maestro Ortega y Gasset y se propalaba su fe en la deshumanización del arte y su visión agónica de la novela como un vasto y decadente almacén de abarrotes cerrando ya sus tapas, al borde de la ruina. Dudosa o errada, esa visión contagió a varias generaciones de críticos. Un castigo divino los esperaba: pronto se hizo lugar común entre los creadores poner en duda la existencia de una crítica latinoamericana seria y responsable. Pero así como el doctor Luis Alberto Sánchez escribió una maciza historia para probar que hablaba de una *América, novela sin novelistas,* así también quienes descartaban nuestra crítica de una plumada acabaron argumentando distraídamente en plan de críticos bíblicos.

¿Qué ha sucedido, entretanto, al margen de las aceleradas sentencias, rectificaciones y dudas? Podría decirse que la novela burguesa —la novela "rollo", como decía Cortázar—, ha muerto, que los conceptos tradicionales de estructura novelística, desarrollo lineal del argumento y personajes, no funcionan ya. Muy cierto. Sin embargo, los intentos de *nouveau roman,* de novela-espejo del lenguaje y antinovela, tampoco duraron mucho tiempo; y los esfuerzos por esconder toda aventura experimental y todo inexplicable reflejo de una realidad imprecisa bajo la capa negra y carmesí de un realismo mágico, no son hoy sino memorias de magos jubilados.

La novela latinoamericana vive impetuosamente. Qué duda cabe. El discurso narrativo, hecho crónica de una nueva Conquista y una segunda Independencia, ficción y realidad de una sociedad en constante proceso de mitificación y desmitificación, incorpora a la literatura signos de inminentes crisis sociales que determinarán nuevos rumbos para la cultura latinoamericana. Vendrán cambios y el naipe con que se jugó la brisca de la "nueva novela" se tendrá que barajar una vez más y caerán comodines, reinas y reyes serán destronados, las cartas que un día fueron de triunfo caerán al pozo, olvidadas.

Si en tiempos recientes la voz de nuestros novelistas, de épica pasó a ser jocosa, hábilmente ejercitada en parodias y carnavales, es posible que vuelva pronto a los tonos heroicos. Novelas recientes reabren esa ruta; un aliento vasto, totalizante, propone una concepción tolstoyana del arte de narrar en *La guerra del fin del mundo,* así como una concepción renacentista en *Terra nostra.* Cualquiera que haya sido la recepción crítica a esta novela de Carlos Fuentes, nadie pone en duda la ambiciosa planificación de temas, tiempos y personajes. Fuentes practica una forma de ficción-ensayo para plantear problemas claves de la sociedad latinoamericana. Novela histórica, pero anti-histórica, ficción enciclopédica que carga con el peso de viejos mitos y nuevas fábulas portentosas, *Terra nostra* sigue siendo un problema de difícil solución para la crítica. Es curioso observar que en los grandes temas manejados por Fuentes, de algún modo, se filtran voces extrañas, indecisas y misteriosas, como si la penumbra metafísica de Rulfo le estuviera penando y resistiera sus intentos por dispersarla. Y es más interesante aun advertir que en tal recodo de nuestra historia literaria a la voz de Rulfo se una la de Arguedas y, en otro plano, el de la ciudad monstruo, la imprecisión de las voces de Onetti.

Con estos tonos, altos y profundos a la vez, oscuros, dudosos, viene ascendiendo un contracanto que no se opone, sino que complementa ese rememorar de tiempos perdidos. Es el contracanto de la épica coral de una novela como *La guerra del fin del mundo*. Vargas Llosa ha buscado siempre la forma narrativa que le permita crear una imagen integral de los conflictos sociales y pugnas ideológicas que determinan la historia del Perú. En esta *Guerra*, esa búsqueda lo lleva por un mundo extraño ante el cual responde con viejas y nuevas armas. Narra a base del episodio ejemplar la rebelión de los canudos en la provincia de Bahía a fines del siglo XIX, que abre de par en par una época, en la creencia de que una simple acción épica armará por sí sola la múltiple imagen de un modo conocido tan sólo a través de la experiencia mitificante.

Y luego son las campanas, esas campanas que llaman a mitines, concentraciones y nostalgias de los discursos de Neruda, sones cristalinos, hondos, en el aire delgado de las más altas sierras, voz de oro que suena triste y sigue sonando hasta la primera estrella de la noche, campanas que el difunto José M. Arguedas continúa tañendo, notas claras y vastas, las que vuelven a escucharse en relatos viejos como el mar narrados ahora por jóvenes Adelantados. Abro el *Canto de sirena* (1977) de GREGORIO MARTINEZ (1949-) y vuelvo a escuchar a José María Arguedas, pero no en la sierra, sino en las pampas de Nasca e Ica cerca del mar. Y, pensándolo bien, quizás no sea la voz de Arguedas. El negro Candelario Navarro, con sus 81 años a cuestas, es un narrador que no repite filosofías de nadie, su erudición es milenaria, su arte de huaquero es eximio, vividor pegado a los arenales y roqueríos, destapador de cuerpos ansiosos y estrepitosos, y abrazador y penetrador, besador de siglos, desbocado don Juan de arena, lleno de arrugas que repiten los mapas dibujados por sus abuelos en las mesetas de Nasca para regir las estaciones del placer y del sufrimiento, la suya es voz que viene de una civilización marginada en el buen lado del desierto. Candelario regresa a Coyungo, como Juan Preciado a Comala:

Bajé del camión con las piernas entumecidas y sentí una estrechez dolorosa en las sienes, pero no era de cansancio ni de mareo, no, porque la opresión me vino en el momento que pisé el suelo. Era la misma tierra muerta del pampón que había dejado el año 14, pero el contorno me desorientó, era otro, no quedaba huella de lo que dejé treintaidós años atrás, las casas eran de otro modo, de adobe y encaladas, todas con una puerta y una ventana pintadas de verde, y en conjunto la ranchería parecía un pueblo, un pueblo perdido y sólido, levantado insensatamente en medio del arenal, sin un árbol, sin una sola vegetación de adorno donde poner los ojos, único el verde de las puertas y las ventanas, para sentir la esperanza había que voltear hacia el río, pero allí también ya la vegetación resultaba demasiado enmarañada y salvaje. No sabía adónde dirigirme, miraba el panteón sembrado de nichos, flotando en el calor y la flama, arriba en la ranchería, sobre el morro donde Volantelacas puso una cruz de mayo que seguía allí y tuve la sensación de haberme apeado en un pueblo de muertos donde lo único viviente era el calor... (Lima: Mosca Azul Editores, 1977, p. 70).

Entonces, no es Arguedas sino Rulfo. No del todo. En un momento Candelario sentirá el poder de la tierra en un imán de voluntad propia:

Entonces le digo a Volantelacas, mira, esta tierra parece oxidada, sí, mi dice, aquí comienza la pampa de Marcona, todo es fierro, y ese cerro que ves allá, ese cerro es un imán. Ya en la noche vi la luz del faro que habían puesto allí para que los barcos no se acercaran mucho a la orilla del mar porque la fuerza del imán gigante que era el cerro podía atraerlos como si fueran de juguete. Toda la noche caminamos aprovechando la fresca y aguijoneados por el miedo de que el sol nos encontrara todavía en esa pampa mogosa, sin agua, sin una sola sombra. El tiempo se nos deshizo en el camino, se volvió polvo, las distancias eran solamente la inmensidad plomiza perdiéndose por los cuatro costados de la tierra, digo cuatro costados por decir, pero nosotros no veíamos ninguno. Por aquí no ha pasado Dios, dijo Volantelacas, miré las huellas viejas, las muñigas descoloridas, y sentí en todo el cuerpo el vacío del desaliento (p. 113).

Esta es una de las voces más puras de la nueva novelística peruana. No solamente un eco, porque Gregorio Martínez ha destapado otro mundo con su propio Dios y sus poderes, otro mar y otra utopía para llegar a la misma soledad, rebeldía y desamparo de los pueblos de Arguedas, Rulfo y García Márquez.

El poder sexual de Candelario —poblador de caceríos, creador de jolgorios continentales, curandero de lunas, esposas y mareas—, es tan sólo un signo de la escritura bíblica de Nasca. Por encima de tal fuerza, acondicionándola y orientándola, dándole peso y permanencia, está un orden sagrado de pesos y personas:

Toda hay par, viene así, emparejado macho con hembra, esas nubes delgaditas como algodones que suben de acá para la sierra son hembras y los padrones de nubes que brotan allá arriba y se quedan suspendidos en el cielo esperando a las que van de acá, esos son machos... Viento también hay hembra y macho, ese ventarrón que viene y se lleva los techos es macho y el viento suavecito que sopla antes de las doce es la hembra que después a la una de la tarde regresa, siempre leve, como acariciando todo lo que toca, luego se desata el ventarrón, el macho, que hasta brama como un toro y quiere tumbar las casas, los guarangos. Ahora en Inglaterra dicen que están vendiendo viento en conserva, como portola, ese viento no es hembra ni macho más bien debe ser un viento amariconado (p. 124).

Me parece que en todo lo que ocurre en el mundo hay una norma, un principio, que a todo, sea animal, piedra, carro, guarango, río, camarón, lagartija, gusano, mesa, cuchara, pelo, sudor, piojo, a todo lo volvemos gente, lo tratamos como si fuera cristiano con ojos y boca y cara que lo miro y digo, efectivamente, es gente, no me estoy confundiendo, esa norma creo que existe, y nace, se cría, en el propio ideadero del hombre, seguro que el género humano de miedo a la soledad, a la oscuridad sin fondo que significa estar solo, se imagina, inventa, que todo lo que lo rodea es gente y para mayor seguridad le pone nombre y apellido y le atribuye una cara y hasta dice es bueno, es malo (pp. 149-150).

En la voz de este narrador peruano se afianza la continuidad de una nueva tradición en la literatura latinoamericana: eso que creímos punto culminante de una crisis en la década del 60, no fue sino una punta del ventisquero que comenzaba a aparecer. Gregorio Martínez muestra algo más de su pureza y estatura.

Las voces se han buscado y se encuentran a través de los años que van y de los años que vienen. Desde la realidad contradictoria de nuestras tierras y sociedades se ha levantado un mundo de ficción que asombra a pueblos de otros continentes. Quizá, en vez de literatura, nuestros novelistas crean un filtro mágico, como dijo Paul Valéry. En los narradores que continúan deslumbrándonos con sus crónicas de un mundo que no acaba de armarse, moverse, ilusionarse y ordenarse, está presente uno de los signos más poderosos de nuestra cultura: nacimos de una fábula y de una fábula seguiremos tratando de hacer una verdad.

BIBLIOGRAFIA MINIMA

Abreu Gómez, Ermilo. *Clásicos, románticos, modernos.* México: Ed. Botas, 1934.

Aínsa, Fernando. *Las trampas de Onetti.* Montevideo: Ed. Alfa, 1970.

Alazraki, Jaime. *Jorge Luis Borges.* Madrid: Taurus, 1976.

Alegría, Ciro. "Notas sobre el personaje en la novela iberoamericana". *La novela hispanoamericana.* New Mexico: University of New Mexico Press, 1951. 47-58.

Alegría, Fernando. "Miguel Angel Asturias: novelista del viejo y del nuevo mundo." *Memoria del Octavo Congreso del Instituto Internacional de Literatura Iberoamericana.* México: Ed. Cultura, 1961, 131-141.

—. *Novelistas contemporáneos hispanoamericanos.* Boston: D.C. Heat & Co., 1964.

Alegría, Fernando & González, Manuel Pedro & Loveluck, Juan & Schulman, Iván. *Coloquio de la novela hispanoamericana.* México: Tezontle, Fondo de Cultura Económica, 1976.

Alonso, Amado. *El modernismo en La gloria de don Ramiro.* Buenos Aires: Ed. Conis, 1942.

Anderson Imbert, Enrique. "Notas sobre la novela histórica en el siglo XIX." *La novela iberoamericana.* New Mexico: University of New Mexico Press, 1951. 1-24.

Andrea, Pedro F. de. *Demetrio Aguilera Malta, Bibliografía.* México: Ed. Libros de México, 1969.

—. *Miguel Angel Asturias, Anticipo bibliográfico.* México: Ed. Libros de México, 1969.

Ara, Guillermo. *La novela naturalista hispanoamericana.* Buenos Aires: Eudeba, 1965.

443

Arrom, José Juan. *Esquema generacional de las letras hispanoamericanas.* Bogotá: Instituto Caro y Cuervo, 1963.

Atenea, Concepción: Universadad de Concepción, Nº 380-381 (abril-septiembre, 1958): dedicado a los dos Encuentros de Escritores Chilenos, celebrados en 1958.

Azuela, Mariano. *Cien años de novela mexicana.* México: Ediciones Botas, 1947.

Barrenechea, A.M. *La expresión de la irrealidad en la obra de Jorge Luis Borges.* Buenos Aires: Paidós, 1967.

Bellini, Guisepe. *La narrativa de Miguel Angel Asturias.* Milán: Instituto Editorial Cisalpino, 1966.

—. *La protesta nel romanzo ispanoamericano del novecento.* Milano: Ed. Cisalpino, 1957.

Benedetti, Mario. "Arraigo y evasión en la literatura hispanoamericana contemporánea." *Marcel Proust y otros ensayos.* Montevideo: Número, 1951.

—. *Literatura uruguaya siglo XX.* Montevideo: Alfa, 1970, 2a. edición.

—. "Roa Bastos entre el realismo y la alucinación." *Letras del continente mestizo.* Montevideo: Arca. 1967.

Blanco González, Manuel. *Jorge Luis Borges.* México: Ediciones de Andrea, 1963.

Bleznic, Donald W. *Variaciones interpretativas en torno a la nueva narrativa hispanoamericana.* Santiago, Chile: Ed. Universitaria, 1972.

Brushwood, John S. *The Romantic Novel in Mexico.* Columbia: Missouri, 1954.

—. *Mexico in its Novel.* Austin: Univ. of Texas Press, 1966.

—. *The Spanish American Novel. A Twentieth-Century Survey.* Austin: University of Texas Press, 1975.

Bueno, Salvador. "Alejo Carpentier, novelista antillano y universal." *La letra como testigo.* Santa Clara, Cuba: Univ. Central de las Villas, 1957.

—. *Medio siglo de literatura cubana.* La Habana: Comisión Nacional de la UNESCO, 1953.

Campos, Jorge. "Las novelas de Uslar Pietri." *Insula,* 17, Nos. 188-189 (1962), 5.

Carballo, Emmanuel. *El cuento mexicano del siglo XX.* México: Empresas Editoriales, 1964.

—. *Nuevos cuentistas mexicanos.* México: Biblioteca Mínima, 1955.

Carpentier, Alejo. *La novela latinoamericana en vísperas de un nuevo siglo y otros ensayos.* México, D.F.: Siglo Veintiuno Editores, 1981.

Carrión, Benjamín. *El nuevo relato ecuatoriano, Crítica y Antología.* Quito: Casa de la Cultura, 1958, 2a. edición.

Cometta Manzoni, Aída. *El indio en la novela de América.* Buenos Aires: Ed. Futuro, 1960.

Cornejo Polar, Antonio. *Los universos narrativos de José María Arguedas.* Buenos Aires: Editorial Losada, 1973.

Correa, Gustavo. "La novela indianista de Mario Monteforte Toledo y el problema de una cultura integral en Guatemala." *La cultura y la literatura iberoamericana.* Berkeley & México: Ediciones de Andrea, 1957.

Dellepiani, A.B. *Ernesto Sábato. El hombre y su obra.* Nueva York: Las Américas P.C., 1968.

Díaz Arrieta, Hernán (Alone). *Don Alberto Blest Gana. Biografía y crítica.* Santiago: Nascimento, 1940.

Domingo, José: "E. Caballero Calderón o un hispanoamericano en París." *Insula,* 21, No. 233 (abril 1966), 5.

Dumas, Claude. *"El Siglo de las Luces* de Alejo Carpentier, novela filosófica." *Cuadernos Americanos,* 21, cxlvii (1966), 187-210.

Durán, Manuel. *Tríptico mexicano,* México: Sep-Setentas, 1973.

Escobar, Alberto. *La narración en el Perú.* Lima: Ed. Juan Mejía Baca, 1960, 2a. ed. 1969.

—. *"La serpiente de oro* o el río de la vida." *Patio de letras.* Lima: Ediciones Caballo de Troya, 1965, 180-257.

Esquenazi Mayo, Roberto. "Introducción" a *El Cristo de espaldas.* Nueva York: Macmillan, 1967.

Flasher, John J. *México contemporáneo en las novelas de Agustín Yáñez*. México: Porrúa, 1969.

Flores, Angel. "Magical Realism in Spanish American Fiction." *Hispania,* 38, No. 2 (mayo 1955), 187-192.

Foster, David William. *The Myth of Paraguay in the Fiction of Augusto Roa Bastos*. Chapel Hill: The University of North Carolina Press, 1968.

Fuentes, Carlos. *La nueva novela hispanoamericana*. México: Joaquín Mortiz, 1969.

García-Carranza, Araceli. *Recopilación de textos sobre José Lezama Lima*. La Habana: Casa de las Américas, 1970.

García, Germán. *La novela argentina*. Buenos Aires: Ed. Sudamericana, 1952.

García S., Ismael. *Historia de la literatura panameña*. México: UNAM, 1964.

García Ramos, Reinaldo. *Recopilación de textos sobre Juan Carlos Onetti*. La Habana: Casa de las Américas, 1969.

Garro, J. Eugenio. *Jorge Icaza, vida y obra, bibliografía, antología*. New York: Hispanic Institute, 1947.

Gertel, Zunilda. *La novela hispanoamericana contemporánea*. Buenos Aires: Editorial Columbia, 1970.

Ghiano, Juan Carlos. *Ricardo Güiraldes*. Buenos Aires: Editorial Pleamar, 1966.

Giacomán, Helmy F. *Homenajes*. New York: Amaya— Las Américas, 1971-1973. Homenajes a Alejo Carpentier, Miguel Angel Asturias, Carlos Fuentes, Mario Vargas Llosa, Julio Cortázar, Gabriel García Márquez, Fernando Alegría, Agustín Yáñez, Juan Rulfo, Ernesto Sábato, Juan Carlos Onetti, José María Arguedas, Augusto Roa Bastos, Enrique Anderson Imbert.

Goic, Cedomil. *Historia de la novela hispanoamericana*. Valparaíso: Ediciones Universitarias, 1972.

González Boixo, J.C. *Claves narrativas de Juan Rulfo*. León: Universidad de León, 1984, 2a. edición.

González Echevarría, Roberto. *Alejo Carpentier. Bibliographical Guide*. Westport, Conn.: Greenwood Press, 1983.

—. *Historia y ficción en la narrativa hispanoamericana: coloquio de Yale*. Caracas: Monte Avila Editores, 1984.

Harss, Luis. *Los nuestros*. Buenos Aires: Sudamericana, 1966.

Henríquez Ureña, Max. *Breve historia del modernismo*. México: Fondo de Cultura Económica, 1954. 2a. edición, 1962.

"Homenaje a Miguel Angel Asturias." *Revista Iberoamericana*. XXXV, núm. 67 (enero-abril 1969).

Irby, James E. *La influencia de William Faulkner en cuatro narradores hispanoamericanos*. México: Tesis. UNAM, 1956.

Jara, René. *Modos de estructuración mítica de la realidad en la novela hispanoamericana contemporánea*. Valparaíso: Universidad Católica de Valparaíso, 1970.

—. *Los límites de la representación*. Madrid: Fundación Instituto Shakespeare, 1985.

Kuteischikova, Vera N. *Roman Latinskoi Amerika u XX veke*. Moscú: Nanka, 1964.

Larco, Juan. *Recopilación de Textos sobre José María Arguedas*. La Habana: Casa de las Américas, 1976.

"La novela iberoamericana contemporánea." *XIII Congreso Internacional de Literatura Iberoamericana*. Caracas: Universidad Central de Venezuela, 1968.

Leal, Luis. *Breve historia de la literatura hispanoamericana*. New York: Alfred A. Knopf, 1971.

—. "Jicoténcal, primera novela histórica en castellano." *Revista Iberoamericana*, 25, No. 49 (1960), 9-31.

—. *Mariano Azuela, vida y obra*. México: Ediciones de Andrea, 1961.

Leonard, Irving A. *Books of the Brave*. Cambridge: Harvard University Press, 1949. (trad.: *Los Libros del Conquistador*. México: Fondo de Cultura Económica, 1953).

—. "Romances of Chivalry in the Spanish Indies." Berkeley: *University of California Publications in Modern Philology, 16, 1933.*

Lezama Lima, José, et al. *Cinco miradas sobre Cortázar.* Buenos Aires: Tiempo Contemporáneo, 1968.

Lichtblau, Myron J. *El arte estilístico de Eduardo Mallea.* Buenos Aires: J. Goyanarte, 1967.

Lipp, Salomon. "Mario Monteforte Toledo. Contemporary Guatemalan Novelist." *Hispania,* 44 (1961), 420-427.

Liscano, Juan. *Rómulo Gallegos, vida y obra.* México: Organización Editorial Novaro, 1968.

Ludmer, Josefina. *Cien años de soledad: una interpretación.* Buenos Aires: Ed. Tiempo Contemporáneo, 1972. 2a. edición, 1985.

—. *Onetti: los procesos de construcción del relato.* Buenos Aires: Editorial Sudamericana, 1977.

Magaña Esquivel, Antonio. *La novela de la Revolución.* México: Instituto Nacional de Estudios Históricos de la Revolución Mexicana, 1964-65.

Manrique Cabrera, Francisco. *Historia de la literatura puertorriqueña.* New York: Las Américas, 1956.

Mariátegui, José Carlos. *Siete ensayos de interpretación de la realidad peruana.* Lima: Biblioteca Amauta, 1952.

Márquez Rodríguez, Alexis. *La obra narrativa de Alejo Carpentier.* Caracas: Ediciones de la Biblioteca, Univ. Central de Venezuela, 1970.

Martínez, José Luis. *Literatura mexicana del siglo XX, 1910-49.* México: Robredo, 1949-1950 (2 vols.).

Meléndez, Concha. *La novela indianista en Hispanoamérica (1832-1839).* Madrid: Imprenta de la Librería y casa editorial Hernando, 1934.

Menton, Seymour. *Historia crítica de la novela guatemalteca.* Guatemala: Editorial Universitaria, 1960.

—. *Prose Fiction of the Cuban Revolution.* Austin: University of Texas Press, 1975.

Miliani, Domingo. *Uslar Pietri, renovador del cuento venezolano contemporáneo.* México: UNAM, 1965.

Morfi, Argelina. *Enrique A. Laguerre y su obra.* San Juan, Puerto Rico: Instituto de Cultura Puertorriqueña, 1964.

Navarro, Joaquina. *La novela realista mexicana.* México: La Carpeta, 1955.

Neale-Silva, Eduardo. *Horizonte humano. Vida de José Eustasio Rivera.* México: Fondo de Cultura Económica, 1960.

Onís, Federico de. "Tomás Carrasquilla, precursor de la novela moderna." *La novela iberoamericana.* New Mexico: University of New Mexico Press, 1951, 133-151.

Ortega, Julio. *La contemplación y la fiesta.* Caracas: Monte Avila, 1969, 2a. edición.

Ortiz, Alicia. *Las novelas de Enrique Amorim.* Buenos Aires: Compañía Editora y Distribuidora del Plata, 1949.

Petit de Murat, Ulises. *Genio y figura de Benito Lynch.* Buenos Aires: Eudeba, 1968.

Polt, John R. *The writings of Eduardo Mallea.* Berkeley: Univ. of California Press, 1959.

Portuondo, José Antonio. *El heroísmo intelectual.* México: Fondo de Cultura Económica, 1955.

Rama, Angel. *García Márquez y la problemática de la novela.* Buenos Aires: Corregidor Marcha, 1973. [Sobre *Gabriel García Márquez: Historia de un deicidio,* Mario Vargas Llosa].

—. *Diez problemas para el narrador latinoamericano.* Caracas: Síntesis Dosmil, 1972.

Reyes, Alfonso. "*El Periquillo sarniento* y la crítica mexicana." *Obras Completas,* IV, México: Fondo de Cultura Económica, 1956, 169-178.

Rodríguez Alcalá, Hugo. *El arte de Juan Rulfo.* México: Instituto Nacional de Bellas Artes, 1965.

—. "*Hijo de hombre* de Roa Bastos y la intrahistoria del Paraguay." *Cuadernos Americanos,* 21, cxxvii (1963), 221-234.

—. *Historia de la literatura paraguaya*. México: Ediciones de Andrea, 1970.

Roggiano, Alfredo. "El modernismo y la novela en la América Hispana." *La novela iberoamericana*, New Mexico: University of New Mexico Press, 1951, 25-45.

Rojas, Angel F. *La novela ecuatoriana*. México: Fondo de Cultura Económica, 1948.

Ruffinelli, Jorge. *El lugar de Rulfo*. Xalapa: Universidad de Veracruz, 1980.

—. *Crítica en Marcha*. México: Premiá Editora, 1979.

Sánchez, Luis Alberto. *Proceso y contenido de la novela hispanoamericana*. Madrid: Gredos, 1953.

Selva, Mauricio de la. "Demetrio Aguilera Malta." *Diálogos con América*. México, Cuadernos Americanos, 1964.

Silva Castro, Raúl. *Panorama de la novela chilena (1843-1954)*. México: Fondo de Cultura Económica, 1955.

Sommers, Joseph. *After the Storm*. Albuquerque: The University of New Mexico Press, 1968.

—. *Yáñez, Rulfo, Fuentes: La novela mexicana moderna*. Caracas: Monte Avila, 1969.

Souza, D. Raymond. *The Poetic Fiction of José Lezama Lima*. Columbia: University of Missouri Press, 1983.

Spell, Jefferson Rea. *Contemporary American Fiction*. Chapel Hill: University of North Carolina Press, 1944.

Suárez Murias, Margarita C. *La novela romántica en Hispanoamérica*. New York: Hispanic Institute, 1963.

Torres-Ríoseco, Arturo. *Novelistas contemporáneos de América*. Santiago: Nascimento, 1940.

Valenzuela, Víctor M. *Anti-United States Sentiment in Latin American Literature and Other Essays*. Bethlehem: Moravian Bookshop, 1982.

Vázquez Amaral, José. "Técnica novelística de Agustín Yáñez." *Cuadernos Americanos* 17, 2 (1958), 245-251.

—. "La novelística de Agustín Yáñez." *Cuadernos Americanos*, 24 (Feb. 1965), 218-239.

Weber, Frances Wyers. "*El acoso:* Alejo Carpentier's War on Time." PMLA, 78 (1963), 440-448.

Zum Felde, Alberto. *Indice crítico de la literatura latinoamericana. La narrativa.* México: Editorial Guaraní, 1959.

INDICE DE NOMBRES

457